北方新金融研究院

NORTHERN FINANCE INSTITUTE

致力于新金融领域的政策研究，服务京津冀协同发展国家战略，为天津金融创新运营示范区建设献计献策

NFi 新金融书系
NEW FINANCE BOOKS

敏捷银行的实践

——以创新为第一动力

赵志宏 ◎ 著

中国金融出版社

责任编辑：张　铁
责任校对：潘　洁
责任印制：程　颖

图书在版编目（CIP）数据

敏捷银行的实践：以创新为第一动力/赵志宏著．—北京：中国金融出版社，2023.4
（新金融书系）
ISBN 978－7－5220－1967－3

Ⅰ．①敏…　Ⅱ．①赵…　Ⅲ．①商业银行—技术革新—研究—中国　Ⅳ．①F832.33

中国国家版本馆 CIP 数据核字（2023）第 061620 号

敏捷银行的实践——以创新为第一动力
MINJIE YINHANG DE SHIJIAN：YI CHUANGXIN WEI DIYI DONGLI
出版发行　中国金融出版社
社址　北京市丰台区益泽路 2 号
市场开发部　(010)66024766，63805472，63439533（传真）
网 上 书 店　www.cfph.cn
(010)66024766，63372837（传真）
读者服务部　(010)66070833，62568380
邮编　100071
经销　新华书店
印刷　河北松源印刷有限公司
尺寸　170 毫米×230 毫米
印张　29.75
字数　416 千
版次　2023 年 4 月第 1 版
印次　2023 年 4 月第 1 次印刷
定价　88.00 元
ISBN 978－7－5220－1967－3

NFI 新金融书系
NEW FINANCE BOOKS

北方新金融研究院由中国金融四十人论坛发起，与天津市人民政府战略合作，致力于新金融领域的政策研究，为天津金融创新运营示范区建设献计献策，并服务于京津冀协同发展国家战略。

北方新金融研究院以建设独立、专业、开放的现代化智库为目标，积极开展高层次、有实效的研讨活动，努力提供一流的研究产品。自 2016 年 3 月成立以来，北方新金融研究院已经举办多场闭门研讨会、宏观政策解读内部交流会、“金融支持实体经济”系列座谈会和国际交流活动，形成《NFI 要报》《NFI 决策参考》等系列成果多期，为天津市相关决策部门提供了重要参考。

北方新金融研究院设立的北方新金融研究院“新金融书系”，专注于京津冀协同发展、金融支持实体经济以及新型金融业态等领域，并基于研究和研讨成果，出版系列图书，力图打造兼具理论、实践与政策价值的权威书系品牌。

“新金融书系”由中国金融四十人论坛旗下上海新金融研究院（SFI）发起，立足于创新的理念、前瞻的视角，追踪新金融发展足迹，探索金融发展新趋势，求解金融发展新问题。

“中国金融四十人论坛”是一家非营利性金融专业智库平台，专注于经济金融领域的政策研究与交流。论坛正式成员由 40 位 40 岁上下的金融精锐组成。论坛致力于以前瞻视野和探索精神，夯实中国金融学术基础，研究金融领域前沿课题，推动中国金融业改革与发展。

序　一

党的二十大报告向我们揭示，当前中国发展进入战略机遇和风险挑战并存、不确定难预料因素增多的时期。中国式现代化的推进与最终实现，要求我国必须“加快构建以国内大循环为主体、国内国际双循环相互促进的新发展格局”。而这是以科技自强自立、数字经济及社会数字化转型、绿色发展、乡村振兴等多个领域及目标的突破、进取为基础的。敏捷银行的数字化创新将是其中的关键动力。

科技既是我国继续发展的瓶颈也是未来希望和发展空间所在，是建立起可长久持续的竞争优势的出路所在。党的二十大报告也将科技提升到了更高的位置，提出了“科技强国”“新一轮科技革命和产业变革深入发展”“健全新型举国体制，强化国家战略科技力量”。银行亟须通过数字化敏捷创新，让银行所拥有的金融资源、特殊能力能更加有效地注入科技产业、重大项目研发、科技人才培养甚至科学研究中去，推动从科学到科技再到产业的整个科技链条的提升完善，为我国科技发展（尤其是科技产业生态、卡脖子关键性技术、影响重大的基础性技术研究等）贡献银行力量。从本书中，我很欣喜地看到，国内银行机构正在就此探索银行中介模式嬗变及进化的方向和路径。

本书介绍到，银行业界已经在主动跳出银行机构自身的舒适区，主动变革传统业务模式，主动拥抱科技型企业。比如银行已在建立“技术流”的信用评价手段，尝试以此替代传统上主要依赖财务数据的信用评价方法，以提高金融资源对科技型企业的可得性，让金融服务更好地适配相关科技类主体普遍存在的“轻资产、重知识、高技术”特点。我相信，只要银行在自身经营中继续积极拥抱科技变革，积极拥抱数字化转型，持续借力数字科技敏捷创新，就一定会创造出、进化出更多服务于科技第一生产力的方法手段，就一定能在推进我国科技自强自立战略方面作出与其所掌握的金融资源相匹配的贡献。

世界互联网大会乌镇峰会发布的《中国互联网发展报告 2022》显示，“2021 年，我国数字经济规模达到 45.5 万亿元，占 GDP 的比重达到 39.8%”。2021 年 10 月，在中央政治局就推动我国数字经济健康发展进行的第三十四次集体学习中，习近平总书记指出“数字技术、数字经济是世界科技革命和产业变革的先机”，是“未来发展制高点”，并将智能化综合性数字信息基础设施的建设称为“打通经济社会发展的信息‘大动脉’”。在党的二十大报告中，建设“网络强国、数字中国”被列入我国未来发展经济、推进新型工业化的六大主题之一。数字技术、数字经济发展到今天，已经远远超出狭义的数字产业本身，已经成为社会生产要素加快流动流通、不断重构组合出各种创新模式的主要推动力，正在深刻改变着越来越多的行业、产业。

银行在我国金融体系中一直占据主导地位，银行机构的数字化进程、数字化创新水平将直接决定我国金融资源、金融服务的数字化程度，从而也将是数字经济即数字产业化、产业数字化发展进程最具决定性的因素之一。本书让我们更加深入地感受到，从移动支付的无处不在到数字化生态中金融服务的深度嵌入，再到越来越多的银行 APP 直接融合数字政务提供“一网通办”服务，无一不体现着银行机构及银行体系数字化创新对于推动社会数字化转型持续深化的重要意义。

气候问题已经成为全球必须共同努力应对的“绿天鹅”风险。本书亦对银行如何支持绿色及 ESG 发展进行了探讨，为业界提供了参考和启发。应对气候挑战至少在两大方面亟需银行敏捷创新支持。第一个方面是气候融资。关于社会应对气候问题所需资金的总体规模，有多个不同机构做过评估，目前虽然仍未达成统一的明确数目，但都无一例外地认同气候融资的资金需求规模非常巨大。银行在气候融资中将发挥核心作用，在我国尤其如此。气候融资又可分为新能源发展相关的融资与传统产业实现绿色转型的融资。无论是新能源融资还是转型融资，其中都有很多新问题需要银行敏捷创新才能得到切实有效解决。第二个方面是相关市场建设与运行中的金融服务支持。气候问题的最终解决将在很大程度上依赖于绿色、减碳经济机制的建立与完善。其中包括围绕绿色减碳的完整产业链的形成、全社会各类主体内生绿色减碳动力的充分激发等。这要求建立和完善与“绿色、减碳”相关的各类权利、权益市场，以实现权利、权益的充分流转、流通。货币作为社会通用的一般化价值标尺，银行作为货币运营机构，银行体系作为社会公共的价值流通基础设施，亟需敏捷创新以促进与绿色、减碳相关的各种市场体系的建立健全。

农村问题在我国社会发展中的各项工作中一直占据着非常突出的重要位置。这一方面是因为我国农村人口比重较高、农村地域覆盖范围非常广，农村发展好坏在很大程度上决定着社会整体发展水平的高低。另一方面也是因为农村的发展水平事关我国粮食安全。尤其是随着我国城镇化水平的不断上升，实际从事农业生产的人员数量面临压力，粮食安全越发值得重视。党的二十大报告里强调了要“全方位夯实粮食安全根基”。在人口迅速老龄化以及科技日新月异的当下，我国十四亿人口粮食安全的保障将主要来自农村农业生产方式、涉农产业经营模式的革新。这其中大有银行作为空间。银行可充分发挥资金资源丰富、网点布局广、数字化基础能力扎实、商业经营经验丰富、业务能联结社会生活生产多个领域等优势，敏捷创新，推动农村信用体系加快建设，完善农村金融服务基础设施；为农村农业生产经营引入更多先进理念，促进城乡要素更为高效地流动；协同农村与社会各界推动食物供给体系的创新发展，助力农村大幅度提升农村农业生产的效率；增加农业生产效益，丰富农民收入渠道，改善农村生活水平，建设宜居宜业和美乡村，让更多农村人口安居乐业，在助推我国高质量发展新格局形成的同时，筑牢国家粮食安全防线。

本书让我们真切感受到作者以及银行从业者以数字化敏捷创新为第一动力，针对银行敏捷转型所做出的思考和努力，由此看到了敏捷银行助推上述几大领域取得突破性进展，促进我国形成双循环新发展格局的巨大空间。

博鳌亚洲论坛理事会秘书长　李保东

2023 年 2 月于北京

序 二

赵志宏先生的《敏捷银行的实践——以创新为第一动力》（以下简称《敏捷银行的实践》）从实践的角度，阐发了商业银行与科技创新之间的动态关系。商业银行作为一种堪称古老的商业体，如何与不断演进的现代科技创新实现互动，如何在保留金融中介本质 DNA 的前提下实现自身进化，如何走向未来?《敏捷银行的实践》就像一部生物学教科书，将银行这种特定的商业体置放在一个二维坐标系中，横轴是时间，纵轴是科技创新的演进方向，清晰地描述了银行在这个坐标系中的动态投影，揭示了驱动银行科技创新活动的内在动因，并用真实案例演示了敏捷银行进化的图景。

回归到商业银行这一物种的本质，抽象来看其有两个基本功能：时间维度上，实现资金的期限转换，从而在金融体系中创造流动性，融通资金；空间维度上，消除资金需求方和供给方的信息不对称，从而在资金的流动过程中附着上风险，将资金变成资本。

银行在货币体系中赖以生存的基本价值是，在以期限转换方式解决借贷双方信息不对称问题的过程中，成为货币体系中的放大器，通过乘数效应创造货币。因此，商业银行不是孤立的存在。在其所处的货币体系中，除标准的商业银行外，还有类银行机构、影子银行，以及更晚出现的互联网金融平台等，它们共同构成了一个复杂的生态体系。在这个生态体系中，商业银行经营所面临的风险，首先当然是来自期限转换功能本身导致的期限错配风险，其次是信息不对称产生的道德风险；同时，经营风险还会通过对手交易发生传染。

若放到整个经济体增长活动这一更为宏观的背景下，站在更高的视角去观察，可将银行定位得更为明晰。在标准的经济增长函数中，银行兼具两种角色。首先是资本配置的角色。银行是资本形成链条中最重要的环节：将资金与风险组合起来，让资金得以成为资本；并将资本配置到经济体系中的合适位置，让资本注入经济循环体系，形成具有有效回报率的资产。其次，银行本身也是社会全要素生产率提升的受益者，享受着科技创新发展带来的好处，不断地在借助科技创新提升自身在风险识别和资金匹配方面的精度和效率。

回顾中国银行业的历史进程可以发现，科技创新要素作为一个关键推动力大范围地影响到行业发展，肇始于2000年的中银香港重组。在中银香港重组过程中，与财务重组同等重要的就是把10家银行IT系统重组成一个一体化的IT基础设施。当时中国银行在香港控制的新华银行、盐业银行、浙江兴业银行、国华商业银行、金城银行、中南银行、广东省银行和中国银行的香港分行及其中两家的深圳分行，各自IT体系差异很大，操作系统从DOS到UNIX都有，技术上的先进程度参差不齐。最终以中国银行在沙田的电脑中心为基础，经过近两年时间的整合，建成中银香港后来的一体化技术中心，达到能与同时期汇丰银行和恒生银行的系统比肩的水平。

正是从中银香港案例开始，此后建设银行、中国银行、工商银行的重组改制，IT系统提升皆是重组工作最为重要的工作模块。这不仅是为了上市时向国际投资者呈现技术能力，证明银行的现代化程度，更是银行自身管理和业务发展的需要，是从科技角度推动《巴塞尔协议》的实施。在之后各个股份制银行的重组上市中，IT系统的升级与优化得到进一步重视。与国有大型银行相比，股份制银行要在有限资产负债表规模、有限营业渠道、有限产品服务的约束下，实现更为广泛的客户触达、更精确的产品设计和投放、更显著的风险资本回报率提升，最重要的战略就是强化科技能力。从底层的IT系统到上层的科技战略，都需要展现更快的进步速度、作出更高屋建瓴的战略布局，这样才能像迅捷龙一样，在霸王龙占据食物链顶端的猎场上找到自己的猎食空间。赵志宏先生的职业经历，从国有大型银行到股份制银行，亲身参与和领导过银行的上述历程，可谓身在此山中了。

经过将近二十年的不懈努力，中国银行业实现了质的飞跃。所谓“质”，除了资产负债表体系的变化之外，就是科技能力的不断提升。这个过程是动态和普惠的。后来者可以通过采用更先进的科技体系“弯道超车”，而先发者则有更多数据积累，能更有效地把握系统迭代的方向。整个图景与宏观经济的增长函数是一致的。这一阶段的科技创新，在进化的维度上出现三个层层递进的变化：（1）IT系统本身的升级——运算速度更快的硬件，更好的软件系统，更加精良的装备；如果需要找到一个数量化的指标来说明，那就是“算力”；我们可以大致估算，2021年中国银行业的整体算力大约为5210 PFLOPS，如果回到2000年，这个指标则约为4.5 PFLOPS。（2）在此基础上，是科技创新推动了业务流程再造；有了科技手段的加持，对风险资本的计算更加精确，进而推动了业务流程的创新，涵盖资产负债管理、风险管理、产品设计、渠道管理和客户定位等诸多领域。（3）再往上，是整个银行战略的提升；将科技创新战略前置于银行的中长期发展战略，将科技创新要素镶嵌于银行的经营活动全流程，以科技创新来突破资产负债表的局限，优化风险资本配置，从科技创新的视角来更精准地运营产品、渠道和客户。

但是，随着中国经济开启新的增长范式，商业银行在科技创新方面将不得不，或者说正在面对新的挑战和问题。新的挑战至少表现为以下方面：（1）银行业生态变得更为复杂；新的参与者，尤其是基于移动互联网的类银行金融实体进入产业生态；金融体系中参与方的对手交易变得更复杂；对于单个商业银行而言，表征风险的协方差函数同样更为复杂，风险更容易在生态体系中传染和放大；比喻而言，除了传统的风险毒素，可能会有新的病毒进入金融体系。(2) 由于虚拟经济体（如元宇宙）的出现，资本供需双方的信息不对称程度实际上是加深了，道德风险分布曲线出现了显著的长尾效应。(3) 数字资产的出现，以及风险资本与虚拟数字资产的匹配，是传统商业银行面对的一个巨大挑战；传统意义上的银行，是将资本配置到实体资产上，可以认为，资本和资产的性状都是基于同样的底层收益回报率函数；但是，数字资产的收益率函数却未必能用传统的现金流折现收益来计量，那么商业银行应该用什么办法来计量资本的回报率，以匹配数字资产的价值计量，必定会成为一个难题。(4) 经济体的科技进步推动了资金流动，要求银行期限转换功能变得更为准确和高效；与此同时，监管要求趋严带来交易壁垒上升，增大了期限转换的摩擦系数，导致操作层面的期限错配风险显著增加。(5) 新世代的客户提出了更加个性化的银行产品需求，表现出更为复杂的效用函数形式；在商业银行产品和渠道开发中，需要识别更加海量的自变量和协方差关系。这些挑战不仅体现为商业银行日常经营过程中愈发繁复的工作量，也体现在资产负债表的稳定性变化上。这些挑战意味着，中国银行业在经过二十年的科技创新长跑之后，又来到了一个“后现代化”的十字路口。

如何应对这些挑战，各个商业银行都在思考自身的应对之策。从每年各家银行发表的年报可以看到，各家各派在勤修武功。“剑”也好，“气”也好，各家的打法自然都有着自己的路径依赖。《敏捷银行的实践》基于作者的亲身实践，提炼出“敏”和“捷”两个字，“敏”是内功心法，“捷”是外家技巧，“敏”和“捷”结合起来，其协同效应就将大于“内”和“外”各自功法的效力了。《敏捷银行的实践》第二篇到第四篇的实践案例明确体现了敏捷银行体系的内外协同效能。

《敏捷银行的实践》在理论体系和实践案例两个方向上推进了对科技创新在商业银行进化过程中作用的理解。首先是整个理论体系的构建。虽然书名是“实践”，但是本书同样重视对敏捷银行生态创新理论体系的阐述。在第一篇中，开宗明义地提出了敏捷银行的能力体系，包括项目管理创新、经营管理创新、技术创新支持和协作方式创新，层层递进；这个立体的能力体系的构建，本质上是修炼应对前述挑战的“内功”。

其次，本书回归到对敏捷银行与银行生态的关系的原理探讨。而在剖析了敏捷银行生态的培育方法之后，《敏捷银行的实践》进一步延伸，建立了敏捷银行创新活动的框架体系。数据资产如何与商业创意联系，商业创意如何规模化以获得放大效应，外部监管和交易市场如何构建，在本书中都进行了深入讨论。本书还在这些讨论的基础上勾勒出一个更为具体也更为完整的框架。这个技术化的视角，相当于生物科学中的进化论视角，从蛋白质的不同结构到 DNA—RNA 的组合，进而以此为基础可以涵盖和解释整个商业银行科技创新生态的演化。

第二篇、第三篇、第四篇分别定位在风险管理创新、产品服务创新、科技转型创新三个维度，对大量的翔实案例进行了分析。这些分析也是上面敏捷银行能力体系理论框架的运用和延伸。如果说读者对作者有更进一步的期待，那么可能是希望作者以后在敏捷银行理论体系中进一步提出量化分析工具，并将本书中的案例进一步放大和展开，其中很多案例可以发展成为商学院的经典案例。

《敏捷银行的实践》所提供的中国银行业科技创新理论体系和案例库，其视角全面、内容完整；从这个意义上看，这是一本研究中国商业银行如何在新时代通过科技创新实现持续进化的“《物种起源》”。

翊景资本管理合伙人　丁琳

2023 年 2 月于北京

自序

2022年12月召开的中央经济工作会议提出，“要更好统筹供给侧结构性改革和扩大内需，通过高质量供给创造有效需求”“把实施扩大内需战略同深化供给侧结构性改革有机结合起来”。银行业作为我国最主要的一股金融力量，应该积极响应中央精神，持续推动金融供给侧结构性改革，以支持经济供给侧结构性改革的不断深化。

疫情三年，凸显了“数字化”对经济、金融供给侧结构性改革的重要意义，大大加快了社会经济、行业企业、金融机构数字化、敏捷化转型进程。这从疫情防控本身对数字化手段的依赖，到疫情期间“数字化”在办公、营销、交易、供应链管理中发挥的实实在在的作用，再到数字化程度不同的市场主体受疫情影响程度的明显差异，都能切实感受到。

党的二十大在全面论述社会主义现代化国家的基础性、战略性支撑时，提出“科技是第一生产力、人才是第一资源、创新是第一动力”。中共中央、国务院2022年12月2日发布《关于构建数据基础制度更好发挥数据要素作用的意见》，此前中国银保监会已发布《关于银行业保险业数字化转型的指导意见》，中国人民银行发布《金融科技发展规划（2022—2025年）》《金融领域科技伦理指引》，为银行业通过敏捷银行创新实践实现数字化转型指明了方向。

笔者在2019年出版的《敏捷银行——金融供给侧蝶变》一书中提出，银行应“坚持以市场需求为导向，以客户为中心，从外部差异化、内部简约化和精于协同三方面着手构建敏捷银行能力，成为敏捷金融企业。”时至今日，持续而广泛的银行转型实践证明，以“敏捷银行”为银行数字化转型所需要的能力支撑体系的特征总结是恰当的、准确的。“敏捷银行”是银行在外在特征上不断向更高级形式转型的使能力量，值得银行持续坚持实践。敏捷银行的实践既是银行以数字化创新为动力锻造敏捷能力体系的实践，也是银行在创新动力推动、敏捷能力使能下实现形态进化的实践。银行在形态上的不断转型、进化，与敏捷能力体系的持续完善互为呼应、彼此促进，合力铸成“面向生态的新一代开放式金融数字系统”。

敏捷银行支撑的数字化转型以科技为第一生产力。事实上，在全社会正步入深度数字化的大背景下，银行科技已不仅仅是自身经营的第一生产力，银行凭借科技能力优势、用户规模优势以及网点分布优势，正在成为全社会构建美好生活的数字金融服务入口，银行科技已成为构成社会第一生产力的关键成分之一。例如，一些商业银行正纷纷利用其服务体系在全国范围内通用且具有较高标准化程度的优势，将各省市割裂的政务服务串联打通，为流动人口等“人户分离”的客户群体提供“跨省通办”的全新服务体验。

敏捷银行支撑的数字化转型以人才为第一资源。人才在数字化转型中非常重要，渤海银行这两年的科技人员增长了5倍。“求才之道，须如白圭之治生，如鹰隼之击物，不得不休；又如蚨之有母，雉之有媒，以类相求，以气相引，庶几得一而可及其余。”求才招人之道，一要眼光准，下手快，志在必得，出手必得，不得不罢休。二要抓住关键人，招到一个关键人，会带来整个团队。但是科技人才增长再快，也赶不上业务部门需求增长的速度，因此渤海银行针对内部有一定基础的员工开展数据分析培训，在内部建立起初级数据分析师、中级数据分析师、高级数据分析师和数据科学家的人才梯队。渤海银行的内部数据分析培训与数字化转型项目实践相结合，学以致用，通过科技和数据调动人才的优势，提高服务实体经济的质量和效率。当然关于这一点也存在一些忧虑，现在围绕数字化人才的竞争已经影响到企业的竞争。高端量化分析人才跨企业流动较为频繁，已成人才市场红海。银行必须提升自己的综合吸引力以留住这类高端人才。比如，渤海银行正在建立适合极客等类人才的交互平台，以及其他一些相关的企业级交流平台，让他们能够穿梭在业务部门之间，穿梭在平台之间，更好地协助他们提升技能，从而加强企业的吸引力、向心力。

敏捷银行支撑的数字化转型以创新为第一动力。需要注意的是，中国人民银行发布的《金融领域科技伦理指引》明确指出金融科技创新要坚持“金融为本、科技为器”原则。银行金融中介的本质是根本，不能改变，银行应继续充当好期限中介、信息中介等本分之角色；同时，银行又是科技变革的受益者和最重要的践行者，科技创新要素已经深深嵌入银行从流程到战略再到整体效用函数的方方面面，银行尤其需要在坚守金融本质的基础上高效运用“数字化技术利器”，开展好数字化创新，充分利用数字化技术进化具体承担中介职能的方式，而这也正是银行敏捷转型过程中最具创造性和能动性的环节，是数字化转型真正“转起来、动起来”并迈向成功的关键所在。

当前，打造开放生态平台、投入场景生态建设、实施生态银行转型已成为大多数银行数字化创新工作的重心所在。当然，银行数字化创新也发生在银行日常经营的各种细节之中，如借助数字化创新全面评估客户金融需求，实现从过去的千人一面走向千人千面，甚至一人千面，在客户消费旅程和企业价值链条中提供定制化服务。

“敏捷银行”作为商业银行数字化转型的基础使能支撑，自身也需要在数字化创新中不断完善从项目级敏捷到生态级敏捷的能力体系。敏捷银行领先实践显示，银行尤其需要关注四种敏捷变化趋势和五种主要的敏捷能力。

五种敏捷能力包括项目级敏捷、企业级敏捷、流程级敏捷、平台级敏捷、生态级敏捷。

四种敏捷变化趋势是：在项目管理创新上，从项目级向企业级提升，形成企业级敏捷；在管理创新上，从部门级向流程级转化，形成流程级敏捷；在技术创新支持上，从重量型向轻量型蝶变，形成平台级敏捷；在协作方式创新上，从封闭式向开放式扩展，形成生态级敏捷。

项目级敏捷是指在产品设计、产品开发、客户运营以及全行的各种数字化项目过程中形成跨条线、跨部门的联合作战团队，确保项目开发和服务交付过程中的敏捷协同、敏捷迭代。

企业级敏捷是指业务和IT融合为敏捷组织，运用具有指数级发展潜力的技术和算法，共同构建面向未来的多维系统架构，形成“乐高积木式”的企业级能力组合，用标准化、组件化、参数化的“零部件、元器件”，实现产品服务的灵活配置，从而改变过去非模块化的“意大利面”模式，让差异化、个性化、定制化更易实现。比如，渤海银行基于“航母”加“驱逐舰”的敏捷推进方式，驶向差异化、个性化、定制化的星辰大海。航母即业务中台（新一代核心业务系统），驱逐舰代表业务板块的各类应用系统。航母和驱逐舰双方配合建造施工，成型后则敏捷协同作战。

流程级敏捷是指站在端到端的用户流程应用视角来考虑问题，从跨部门的流程整体来寻找优化点和创新点，寻求流程整体性能的优化和提升，以及在企业内的价值最大化。在流程优化后，还要建立流程长效机制，建立流程的“河长制”，开展流程治理，以PDCA路径开展流程持续改善甚至再造，维护流程标准操作手册。

平台级敏捷是指在银行数字化转型历程中，科技研发已然成为银行最为核心的工作之一；银行需要打造技术敏捷中台、数据敏捷中台等，通过统一的基础技术平台及架构规范，让科技创新更加轻量化、敏捷化。

生态级敏捷是指组件化、参数化的内部简约化也正在拓展为生态级概念，数字化转型和创新转向开放式已成为业界潮流，高性能开放银行平台已成为生态方合作的基础，银行要跟业务、技术的合作伙伴共建生态。同时，这也给商业银行带来机遇和挑战，需要银行能够从生态视角多维度识别风险因子及其组合变化的影响，进一步拓展风险管理能力的边界，使风险管理融入生态价值创造过程。

敏捷银行转型不会总是一帆风顺的，创新并非一路坦途，投入不一定立刻形成产出。随着数字化转型的持续深化，尤其当敏捷创新遭遇一些挑战、挫折时，如何正确看待银行敏捷创新实践中的各种创造性工作的价值，乃至如何从整体上恰当审视银行数字化转型的投入产出比，越来越成为值得决策者关注的基础性问题。它将决定决策者对于敏捷创新、数字化转型的耐心，事关银行转型之路的方向与可持续性。

首先，数字化的投入有点像荷塘效应，前面的成效不一定会很明显，因为它是一个由点及面不断融合成体系的过程。银行的数字化转型是全社会数字化转型的一部分，只要我们从各自的角度持续推进数字化，相互间持续融合进化，达到一定量级时，就会产生爆发式增长。比如滴滴打车，最早是需要大量的地推人员的，运营很重，后来流量增长到一定量级，就会形成自运营体系，边际成本递减，同时收益呈指数级增长。数字化的前期投入有点类似基础设施投资，效果的喷发释放需要规模首先越过一定的临界值。从业界来看，现在整体业务处于领先的各家银行，都是数字化能力比较突出的。而它们无一例外，都是若干年前就已高度重视数字化的布局。比如某银行 2014 年就已推出“物联网金融”品牌，通过物联网技术来变革供应链金融模式，解决钢材贸易链中的融资难题。此后，该行长期坚持投入，才会有后来的发射人造卫星，才能够构建起物联网联盟，才能够整合到足够的各方数据，才能够推出网络货运平台“支付结算 + 融资一体化”等数字化业务方案，解决货运司机缺乏正规贷款融资通道及融资贵等实体经济中的痛点。

其次，银行决策层在数字化以及科技投入产出观方面也需要与时俱进。从长周期的视角来看，当下银行打造生态是数字化转型的一种实践模式，而数字化转型本身则是银行科技化建设的一个阶段性任务；未来，银行科技化建设还会进入后数字化转型的更多新阶段，永远不会停止。

概括而言，迄今为止银行在科技上的投入产出关系方面大致经历了三个阶段，目前正处于第四阶段，未来还会有第五阶段、第六阶段……在第一阶段，科技投入与产出几乎是一一对应的，比如 CRM 系统的开发部署、ATM 的铺设和更新能带来多大的业务流程效率提升、节省多少人力等，比较清晰。在第二阶段，科技投入与产出的关系开始变得间接，但产出收益仍然能被相对清晰地定量估算，这个阶段比较有代表性的例子是代发业务、存款转理财业务等的发展。在第三阶段，科技投入与产出的关系已经难以定量评估，变得模糊，拥有强大的溢出效应。这个阶段科技价值已经超越了帮助银行获取直接利益层面，更多的是体现在为银行创造发展机会、助力银行获取机会上。比如各个银行积极竞标财政零余额账户，显然不是为了眼下具体的利益，也不同于代发业务中比较明确的衍生机会，而更多的是为了获得未来的潜在业务机会和可能性。现在，科技投入与产出的关系更多属于第四阶段，是一种机会成本的概念，也就是如果不保持科技投入，就会失去参与“游戏”“竞争”的可能性，尤其将失去与未来新科技、新模式、新业务对接的入场券。比如与各地政府合作推动的“一网通办”业务，如果没有长期坚持的科技投入、扎实的数字化基础，就无法参与。又比如在疫情冲击之下，为了稳消费，不少地区的政府开展投放消费券的活动，但这类活动不会是长期的或经常的，在数字化敏捷组装基础能力方面有足够准备的银行，就能够以较低的投入抓住这一业务拓展机会。再比如目前业界非常看好的产业互联网、智慧供应链金融等蓝海，全是数字化系统甚至 AI 系统之间的直连、对话，没有良好的数字化、自动化能力，即便进了蓝海也只有被淹的份儿。

此外，我们还需要正视现实背景变迁的影响，此一时彼一时，在投入产出上避免刻舟求剑，应因时调整产出预期。银行必须认识到，银行生态化建设及数字化转型面临的挑战正在加大。主要体现在两方面：一是由于银行早年反应的迟缓，很多数字化生态机遇均已被之前更为敏锐的互联网科技平台所抢占，剩余的或新产生的生态机会仍然在继续被这些科技平台所“虹吸”；二是传统互联网整体的流量红利已经开始显现增长疲态，传统互联网正在从增量市场步入存量市场，在不改变技术范式的情况下不太可能再出现之前全行业都指数式增长的态势。近年来，陆续有大型银行决定关闭或转变其尝试多年的电商平台，也表明银行当下的数字化场景及数字化生态建设需要转换思维视角，不能仍然惯性化地对照前些年互联网科技生态的发展规律，不能停留于对过去几年互联网企业在崛起阶段的打法的解析、总结、借鉴，不能仍然简单地模仿、重走前些年互联网科技生态企业已经抢先走过的老路，数字化投入产出的预期也应随着社会整体的科技发展趋势、经济形势大背景的变化而有所调整。

当然，以敏捷银行为能力支撑的数字化转型已是行业洪流，不管具体的一家银行机构能否妥当地处理好数字化转型的投入产出等问题，洪流都将继续奔涌前行，总分行联动、行内外协同的敏捷银行实践都已是银行的必然之选。

清代书法家倪后瞻曾在《倪氏杂述笔法》阐述书法实践的三阶段，似可借喻敏捷银行实践的三重境界：“所谓初段，必须取古之大家一人为宗主……常有一笔一画，数十日不能合辙者……我到此，心愈坚，志愈猛，功愈勤，无休无歇，一往直前，久之则自心手相应。”在敏捷银行实践的第一阶段，可选定一个标杆银行，借鉴其企业级架构领先实践经验，建立模块化、组件化、参数化的乐高积木式配置能力，以便闭门造产品服务之“车”，出门能合客户化、差异化、定制化之“辙”，开辟第二曲线利润边际增长。“……中段功夫，取晋、魏、唐、宋、元、明数十种大家，逐家临摹数十日……此时要步步回头，时时顾祖，将诸家之长点滴归源，庶几不为所诱。然此时终不能自作主张也。”在敏捷银行实践的第二阶段，选择若干目标市场客户，运用开放银行技术与客户共同创新，实现在生态银行服务上从寄生转化为寄居，在第二曲线实现营收和利润线性增长。“盖终段则无他，只是守定一家，又时时出入各家，无古无今，无人无我，写个不休。写到熟极之处，忽然悟门大启，层层透入，洞见古人精微奥妙，我之笔底迸出天机来，变动挥洒。回头视初时宗主，不缚不脱之境，方可以自成一家矣。”在敏捷银行实践的第三阶段，在定位市场实现共建生态和自建生态，摆脱同质化窠臼，构筑差异化竞争优势，在第二曲线实现营收和利润指数级增长。

“不慌不忙，盈科后进，向后必有一番回甘滋味出来。”“盈科而后进，放乎四海。”水要先填满小河小沟，然后奔向大海。上述敏捷银行实践的三重境界表明，数字化转型大潮下的敏捷银行实践要走向决定性胜利，就必须坚持长期主义，从容些，专注些，坚定地把握培育好科技、人才、创新三要素，勤于学习，勇毅笃行，循序渐进，发掘培育符合自身禀赋的破局点和使能者，成为客户美好生活的陪伴者和最佳体验财资管家。

赵志宏

2023 年 2 月于天津市河东区

目录

第二篇　敏捷银行风险管理创新实践

第三篇 敏捷银行产品服务创新实践

第四篇　敏捷银行科技转型创新实践

引　言

当前，敏捷银行实践的核心要务在于数字化敏捷创新。

我们正处于“百年未有之大变局”的历史时期，史无前例的新冠疫情全球大流行、事关全人类命运的全球气候变化挑战、国际地缘冲突的风险加剧、逆全球化潮流的涌动、来势迅猛的老龄化等与持续迭起的科技变革（尤其是数字科技变革）形成前所未有的历史性交汇，数字化当仁不让，正在成为应对各大变局最值得依赖的核心手段之一，是我们身处大变局中的希望所在。党的二十大报告中，数字化相关内容也是“建设现代化产业体系”部分最主要的构成之一。就连2022年卡塔尔足球世界杯比赛，也可能因为“数字化”而成为整个足球史上的一个里程碑。数字化赋能的“智能裁判”系统SAOT在本届杯赛中的广泛采用，大大改变了越位判罚效率，提升了准确度，为全世界球迷带来全新的观球体验。

尤其在我国三年疫情中，数字化更是弥足珍贵的亮色。首先，数字化是我国防疫模式能够取得重大成就的关键前提。其次，数字经济在疫情冲击之下表现出强大的逆势增长能力。2022年，除汽车以外的我国全社会消费品零售额393961亿元，同比下降0.4%。同期，全国网上零售额137853亿元，比上年增长4.0%。其中，实物商品网上零售额119642亿元，增长6.2%，占社会消费品零售总额的比重为27.2%。并且，线上的服务消费已经开始显现出显著的社会总消费带动能力。据某外卖平台测算，全国272个地级以上城市中开通外卖配送服务后三年的社会消费品零售总额年均增速比开通前三年提高了13.8%。此外，在抗击新冠疫情期间，线上教学、互联网诊疗、线上健身等线上服务和无接触配送有力保障了居民需求，如截至 2022 年 11 月，中国互联网医院已经超过 1700 家，在线医疗用户突破 3 亿人；线上会议、远程办公技术等为社会生产的基本稳定运行发挥了巨大作用，如腾讯会议自 2019 年 12 月底上线到 2022 年 12 月，已服务 3 亿用户、实现 14 亿次在线协同。数字化对社会运行的支撑作用同样体现在政务办理等方面，比如国家发展改革委 2022 年 11 月在《关于数字经济发展情况的报告》中公布，全国 96.68% 的办税缴费事项已实现“非接触式”办理。

数字化还是后疫情时代支撑我国经济保持合理增长的希望所在。中国信息通信研究院数据显示，2021 年我国数字经济规模已达 7.1 万亿美元，位居全球第二，占 GDP 的比重为 39.8%。若按德国、英国和美国等发达国家 65% 占比水平来看，我国数字经济发展空间依旧相当巨大。对此，我们底气十足：我国建成光缆长度超 5481 万公里，累计开通 5G 基站超 196 万个，截至 2021 年的互联网普及率达 73%、移动电话用户数超 16.43 亿户（其中 5G 移动电话用户达 3.55 亿户，约占全球的四分之三）。此外，我国在多个数字技术关键领域发明专利授权数已居世界首位；在中国早已是成熟实践的“超级 APP”等模式正逐渐被国际权威机构 Gartner 等奉为未来最为重要的战略技术趋势。

当下，我国数字化的下一个新征程也已悄然开启。在监管部门的引导下、在三年疫情的催化下，我国的社会数字治理、数字生活功能、平台生态、数字商家、现实主体间正在加快互联互通，正在迅速链接成高度开放协同的数字社会生态之网；拥有敏捷银行能力的商业银行将成为其中负责处理开放支付等特许业务的核心合作机构；数字社会生态之网也因此将在生态银行的加持下，得以升维为具有无限延展空间的数字化价值网。

更进一步聚焦于银行业、银行机构本身，因银行业务内容都是以信息、数据形态而存在和被处理，敏捷践行数字化的重要性更是毋庸置疑。2021 年 1 月 10 日，中国银保监会印发《关于银行业保险业数字化转型的指导意见》，提出驱动从点到线到面到体的全面变革。2022 年 1 月 5

日，中国人民银行印发《金融科技发展规划（2022—2025 年）》，提出八个方面的重点任务，要求金融机构制定全方位数字化转型战略，推动金融科技深度应用，加快数字化转型。

在银行的数字化转型中，技术本身是“器”。如何在坚守金融本质的基础上高效运用“数字化技术之利器”，开展好数字化敏捷创新，才是数字化转型真正“转起来、动起来”并迈向成功的关键所在。

正因为如此，如习近平总书记所言“创新是第一动力”，我们认为，敏捷银行实践在当下的核心任务及要义就是银行数字化敏捷创新构建“面向生态的新一代开放式金融数字系统”的实践，亦即数字化创新作为银行转型第一动力的实践，就是银行以数字化创新为动力打造银行项目管理企业级敏捷、经营管理流程级敏捷、技术创新平台级敏捷、协作方式生态级敏捷的能力体系的实践。至于创新实践的结果——同时也是银行敏捷能力体系反哺于银行形态演进的结果——将首先表现为银行的生态化即生态银行，继而还将继续进化出“数字银行”。

而这一切，归根结底都是要银行成全“敏捷”本义，“敏”锐感知环境变化，迅“捷”转变以适应变化，持续提升服务实体经济的质效，更好地承担社会责任。

第一篇
敏捷银行的生态创新实践

第一章　以数字化创新为动力，敏捷银行能力体系演进的四大目标

“云间东岭千寻出，树里南湖一片明。”

——张说，《灉湖山寺》

唐代张说这两句诗点透了山水风光的摇曳多姿与举重若轻，让人不得不倾服于大自然的灵动与敏捷之美。“云间东岭千寻出”，正面地推出，直显眼前。“树里南湖一片明”，则将南湖安在林间，从林间看过遥见南湖一片明光的水色。它是有角度的，带有隐现的感觉。这种与环境自然和谐、进化共生的能力，也是银行敏捷的理想境界。

图 1－1　“树里南湖一片明”

在这样层次的敏捷水平背后，又需要哪些关键支撑呢？

晋代陆机在《文赋》中写道“思风发于胸臆，言泉流于唇齿”，说的虽然是文学创作，却也是适用于其他创新活动包括敏捷银行创新的一个普遍真理，即敏捷的创造性发自内在能力的积累、沉淀。对于银行而言，持续

的数字化创新是应对时代大变局的必然之选；而数字化创新的持续敏捷喷发，同样需要以内在能力积累为基础支撑，要求银行建立并完善包含项目级敏捷、企业级敏捷、流程级敏捷、平台级敏捷乃至生态级敏捷在内的全面敏捷能力体系。

第一节　在项目管理创新上，银行要从项目级向企业级提升，形成企业级敏捷

传统银行的项目，虽然按照项目管理模式在运作，是一种在部门架构之外的柔性组织模式，有超越部门的项目目标和参与方，但正如康威定律指出，“设计系统的架构受制于产生这些设计的组织的沟通结构”，传统的组织模式是如此强大，项目也免不了从本部门、本处室的需求和诉求出发，最终实现的系统和数据也多呈现出竖井式的特征。而企业级的项目，应从一家企业的全局诉求出发，站在更高的视角统一规划和设计，强调遵从统一架构，重视流程和数据融合，所实现的系统功能也应是一个整体，且能够相互连通，以利于整体需求满足和利益实现。

当然，达成项目级敏捷仍然是敏捷银行必须首先做到的基础要求。

银行的项目级敏捷

“敏捷”项目管理理念最早是在软件工程领域获得广泛关注的。最著名的莫过于 2001 年的“敏捷宣言”。“敏捷宣言”非常简练地提出了 4 条价值观和 12 条原则，明确倡导在软件开发中应拥抱变化、目标导向、快速迭代、释放个体、推崇协作等。粗略回顾“敏捷”的诞生与早期发展，可以看到，“敏捷”之所以能在数字科技领域成为一种被广泛认可的业界共识，并进而发展成为一种行业、产业运动，本质上是因为“软件技术”灵活多变的根本特质使然，也是软件工程发展之所需。事实上，银行内部早期对敏捷思想的关注也主要限于 IT 部门。但随着行业数字化进程的持续深入，银行正逐步转型为一种以金融为本的特殊的数字体，银行业务与技术间的边界越

来越模糊。银行提供产品和服务的过程，以及银行日常的经营活动，开始呈现出越来越浓厚的“软件项目”属性，“敏捷”也随之从一种银行 IT 理念演化、拓展为对银行其他生产环节的要求。

敏捷项目在具体实施上有多种框架可参考。当然，各种框架的基本做法、措施仍然以共性为主。实施了 DevOps 转型后，产品设计人员、开发人员和运营人员会组成敏捷小组。不同于以往的瀑布式开发模式，敏捷项目在实操中一般由一系列冲刺构成；每个冲刺的时间一般不会太长，比如 1 ~ 2 周或 1 个月；每个冲刺的目标明确、任务清晰；项目成员应该在冲刺期间集中全部精力，不受其他人和事务的干扰。站会是敏捷项目的一种通行做法，通过看板管理，项目成员每天用很短的时间，比如不超过半个小时来沟通问题、检查进度。允许在项目过程中变更需求，是敏捷项目与传统项目最重要的区别之一，也是敏捷项目能够实现快速反应的原因所在。此外，敏捷项目的其他关键特征还包括减少在制品数量、强调流动价值而非强调资源效率等。

在互联网科技的影响下，项目敏捷化还体现在对灰度发布、A/B test、MVP 迭代等方法论或工具的频繁运用。通过灰度发布，可以让项目的阶段性成果（比如银行 APP 上的一个新按钮，以及 APP 中某个新添加的服务）先行在小范围的用户群里开展快速试验，以便尽早获得用户反馈，然后迅速迭代。随着方案的不断完善，再不断扩大推送的用户面。而 A/B test 则更进一步，同时在不同的小范围用户群里推送不同的项目设计方案。之后基于数据分析手段，对不同方案所采集到的用户反馈进行对比，从中选出用户反馈最优的一种方案，这样便可大幅提高项目迭代的自动化水平和效率。例如某银行远程银行中心，以敏捷项目结合 A/B test 手段的方式，制定并筛选出上千条全渠道营销漏斗策略。此外，还有银行或金融科技创新机构采用沙箱机制实践精益创新，采用 MVP 方法迭代某些功能，即先在沙箱环境里进行种子用户验证，再持续迭代、运营、推广，既保证创新的速度，又提升创新孵化的精益成效。

银行需要从项目级敏捷向企业级敏捷提升

真正的敏捷银行，在产品创新和流程优化项目中应该充分考虑企业级诉求。

首先是项目管理的企业级。产品创新、端到端的流程优化，都需要基于一个统一的目标形成企业级项目，以此为载体推进，而这也是变革组织、打破部门墙的有效模式。一些银行名义上有很多项目组，但是因为项目负责人的考核权不够，激励不足，相关部门参与项目的人很多都只是联系人，没有授权，项目成员考虑问题的出发点仍然是基于部门视角，造成不同层级重复讨论，很多问题仍然得上升到分管行领导层面才能获得解决。

其次，应充分利用全行统一的能力中心开展创新设计，减少重复造轮子，更不能再形成创新上一个个新的小竖井。比如基于客户中心和客户洞察中心开展客户运营，基于产品中心、合约中心和计价中心开展针对客户的差异化产品或产品组合定价，基于机构员工中心开展客户经理层面、机构层面等不同管理维度的统计分析，以及优化内部任务派单、审批流程；利用产品中心，业务部门需要让自身标准化程度高的产品，比如理财、信用卡、大额存单以及各类组合产品，能够与合约中心、计价中心等进行快速组装配置，实现产品的灵活计价、统一签约。

银行企业级敏捷的能力支撑：业务中台

在上面的讨论中，我们看到，银行要实现从项目级敏捷向企业级敏捷的升华，需要以全行统一的能力中心为支撑，即需要建设业务中台，实现业务能力在全行范围的敏捷共享。

业务敏捷中台从思路架构上可大致拆解为两层：原子服务层和能力中心层。原子服务是细颗粒度的，偏底层，面向业务架构师。而能力中心层则基于原子服务层，面向最终的业务人员，为他们提供能懂易用的、具有更明确业务含义的、粗颗粒度的业务服务组件。这些组件是凝聚了整体业务架构思考和行业实践经验的半成品，让前端业务人员也能够敏捷地根据自身业务活动像玩乐高、搭积木一样组装式地开发出最终业务应用。

业务敏捷中台的建设思路并非是固定的，各家银行可以结合自身实际设定具体路径。比如某银行在其业务中台建设上，首先围绕银行最基本的几种能力推进，优先打造用户中心、账户中心、支付中心、核算中心、交易中心、产品中心等。而另一家银行则通过提取新一代核心系统业务组件中具有业务价值和内涵、能复用共享的原子能力，通过流程编排组合成为能力模块或能力产品，先后构建起个人用户能力中心、账户、商户、场景、支付（结算）、对公用户（客户）、产品、现金（资产）管理、权益、营销、内容、流量、智能风控、员工、线上体验和行业（投资）研究16个能力中心。

可进一步以上述第二家银行的用户能力中心建设为例，更为深入、具体地感受业务中台的建设内容。该行以公司业务部、个人金融部作为牵头部门，在机构业务部、结算与现金管理部、金融科技部等近10个部门的参与下，通过用户能力中心打通不同生态场景用户体系，建设起统一识别、统一视图、统一认证、精准用户画像的基础用户能力。该用户能力中心包括用户连接、用户经营、用户退出等能力产品。而用户连接又由手机号码免验证码注册、“手机号码+验证码”登录、用户人脸实名认证、用户刷脸实名认证、用户实名认证信息更新等能力模块构成。用户经营则由配置用户成长计划、用户成长任务活动报名、用户成长任务达标判定、用户成长激励、用户权益列表查询等能力模块构成。用户连接中的能力模块进一步可对应到更底层的原子能力，如客户信息管理（对私）、客户管理与维护等这样的颗粒度。

业务中台能力共享机制的良好运行，需要以相应的数字化基础设施为支撑，这也是银行业务中台很重要的建设内容之一。比如，由于原子服务是细颗粒度的，为了避免原子服务数量的不断增加而导致上层不同业务渠道、不同业务场景在调用和整合原子服务过程中产生过多的重复工作，同时也为了降低原子服务间相互组合复杂度的增长速度，银行有必要建立起业务工厂、业务资产交换服务等，通过参数配置驱动，大幅度提升众多前端业务场景与大量原子服务间对接和集成的效率。这里的业务工厂、业务资产交换服务等就是一种数字化的能力共享基础设施。

需要注意，“业务中台”与银行传统中台概念有着本质的区别。“中台”对于银行而言并不陌生。在银行传统的经营管理话语体系里，一直有“前台、中台、后台”之分。虽然传统的中台本身也是能力和资源的支撑者，但受限于传统技术范式，传统的银行中台并不能充分体现能力、资源的复用性，更多地体现为流程环节上的“中间性”，更遑论模式输出。而我们当下所讨论的业务中台，是数字化业务中台，是以云计算范式为前提的，是实现了业务能力及资源的充分复用和流动的新中台概念。数字化业务中台本身具有很强的技术属性，因为它的实现就是通过数字技术手段来完成的；同时，业务资源在很大程度上也呈现为数据要素、数字资产。这也正是笔者在《生态银行——敏捷进化实践》一书中提出的观点，业务中台、技术中台、数据中台三者其实是“银行云原生中台的一体三面”的含义之所在。

业务中台将带来银行经营模式的全面敏捷化转型。业务中台的基本目的是实现能力共享，但其与传统的各种业务能力平台的区别在于，业务中台不仅仅是业务能力的聚合，不仅为前端提供能力支撑，还将向前端输出业务模式，要求前端的运营和经营随中台完成模式重置。

换言之，数字化业务中台具有非常强烈的“业务指挥”或“业务指导”属性，它应该向前端业务人员、业务组织提供开展工作的方法论。至于前端，则可在业务中台的赋能之下，获得进一步解放，规模上可更加小巧，在具体临场实践的决策中则可更为自主，业务行动上更加灵活自由，即更多地呈现为“特种兵”之态。在2022年初爆发的俄乌冲突中，乌克兰的前线作战单元就是在美国等提供的强大中台能力的加持下，以分散、灵活的特种兵小团队形式对抗俄罗斯相对传统的大兵团作战模式，成为颠覆战局走势的一个重要因素。某银行基于其业务中台营销能力中心，将个人金融、网络金融、财富管理、私人银行、信用卡等业务部门的活动统一聚集，微信、银行自建生活APP等多渠道一键布放，实现统一用户、统一活动、统一权益，各业务部门的活动无需二次登录，一个平台参与活动，其他平台状态同步，为用户提供了全渠道的一致体验，彻底改变了前端人员的营销作战模式。同时也实现了各渠道间的交叉引流，形成流量积聚。

渤海银行则将业务中台建设模式明确阐释为“航母”加“驱逐舰”的共同推进方式。航母即业务中台（新一代核心业务系统），驱逐舰代表的是业务板块的各类应用系统。航母和驱逐舰双方配合建造施工，成型后则协同作战。

在渤海银行的业务中台话语体系中，驱逐舰需要利用航母的核心支撑能力以及远距离作战能力，比如舰载机等关键战斗装备。这些核心支撑能力就好像业务中台的客户中心、产品中心、计价中心等企业级核心能力，可以为各业务领域的应用系统提供强有力的支撑，比如标准且唯一的客户信息，规范的产品处理和计价模型等，确保企业内的高一致性和标准化。而航母也需要借助驱逐舰的侦察保卫等能力来体现更大的战斗能力，这意味着业务中台的核心能力并不是直接服务于客户或行内员工的，必须借助于某业务领域专门的应用系统才能实现业务价值。

渤海银行之前已经建设了很多孤岛似的应用系统（独立运作的驱逐舰），相互之间缺少协同，也缺少企业级共享能力作为支撑。随着业务中台建设的进行，原有应用系统会逐步整合，分批次对接到新“航母”上。原有的驱逐舰（各应用系统）在这个过程中也会逐步完成翻新和改造。例如原有应用的用户体验、操作流程得到改善，并可在剔除淘汰过时旧功能的同时进一步构建出适应业务发展的新功能，让驱逐舰焕然一新后再度与航母携手投入新的战斗中。

银行业务中台的建设并非一蹴而就的“规划—建设”项目，而是一个“边建设、边完善”的长期迭代过程。再好的业务中台规划，也无法准确预测未来全部的业务应用需要。因此在后续的业务创新过程中，当业务中台无法满足要求时，应允许阶段性地建设独立的“业务烟囱”，以及时满足创新业务发展之需。然后，经过一定的实践经验积累后，再按更为标准化的业务中台建设方法进行归拢，通过“业务端自上而下战略解析”与“技术自下而上提炼能力”相结合的方式，渗析和综合出相应的原子化能力组件及业务能力产品（中心），推动业务中台的持续优化。

第二节　在经营管理创新上，银行要从部门级向流程级转化，形成流程级敏捷

银行既有的大部分流程都是成型于前数字化时代的。因此，在数字化已相对广泛和深化的当下，尤其需要银行从经营管理角度对流程实施数字化重塑，实现流程级敏捷。

研发创新流程的敏捷

以往银行业的很多创新都是点状的，是对部门级流程中的局部流程进行创新和优化提升。当创新工作步入深水区时，就需要以用户设计的理念站在端到端的流程视角来考虑问题，不能只盯着局部看，而要从需求本质出发，坚持第一性原理，从流程的整体上寻找优化和创新要点，对流程再设计，使用户价值最大化。

有的银行已完成科技立项开发、产品创新等单项流程的优化，但是全行端对端的研发全流程仍然显得颇为繁复。如何从供应链端到端流程视角，对从项目立项、财务审批、科技立项、采购招标、合同签订到开发上线（合同履约）全流程实施全面质量效率优化仍然是一个富有挑战性的问题。

导致全行级层面流程繁复的一个因素是流程干系人对投入产出效率考量的不放心。其实，严把投入产出关最好的方式是靠资源计价，不怕部门诉求多，需要的研发资源多及成本多，如果部门需求对应的价值高且产出高，只要 ROI 合适，就可以接受。

在具体解决方案上，其一，财务部可以与科技部商讨，由财务部根据全行预算计划制定科技预算总额度，科技部根据科技预算总额度进一步细化各业务条线的研发预算子额度，并与各业务条线委员会沟通确认。确认后，各业务条线的研发预算子额度由科技部统一报备财务部。以后业务部门发起的立项申请，由业务条线委员会与科技部进行立项审批，在业务条线的预算子额度内的，都可以由业务条线委员会直接审批，财务部可以不

用再进行财务审批。其二，在科技研发预算方案上，也可以考虑对续建系统的敏捷需求授予一定的预算额度，在预算额度内由业务部门分管领导和科技部门分管领导进行审批，以利于在预算得以控制的前提下加快立项审批效率。其三，要加强对科技研发费用投入产出比的后评价。其实所有研发项目的成本都有分摊的数据，针对每个业务条线或者总行部门，财务部可以将这些研发费用计入各条线或者部门的成本里面做模拟计算，从 ROI 或者 EVA 上看看是否合理，以便指导下一年度的预算额度分配。其四，在操作层面，科技研发立项流程需要横跨、打通科技部的需求管理系统、总行办公 OA 系统和财务共享作业平台。纯线下传签操作的采购审批流程，流程节点较多，每个流程操作环节的时间点无法留痕，从而无法真实准确地统计流程的时间消耗，也不利于流程的持续分析和改进。因此，应无条件地推进全流程线上化操作。尤其是采购审批流程，完全可以搬到 OA 系统里面实现线上传签。同时各个系统之间的接口要全部打通，实现“一次申请只需要提交一次，一套文档材料自动流转全流程，每个环节审批意见都能查询”，这样才能进一步实现移动办公、移动审批。可以考虑使用内部移动办公 APP 将这些流程都串接起来，多个系统之间去掉重复或者相互重叠的环节，实现端到端的环节衔接。其五，对于需要加急审批的项目，比如监管部门要求限期完成的项目，应在流程审批上给予灵活度和授权机制的支持。包括将这些项目列为特急项目，各个环节都要“见单即审”，提供绿色通道快速完成审批。在预算上也要给予一定灵活额度随时能够支用，满足项目倒排工期的实际需要。

业务流程的敏捷

银行除了应该实现全行级的研发创新流程敏捷外，在业务流程上同样需要实现全行级敏捷。而这需要银行首先完成企业级业务流程模型体系的梳理、构建。

企业级架构转型方法论的核心思想是，通过流程建模实现标准化，进行跨部门流程整合，从而打破部门壁垒，提升集中运营流程效率。流程展现了业务执行的步骤，由外部客户事件或者内部事件触发，包括角色、职责、业务规则等信息。流程模型共分为五级：一级业务领域、二级价值流、三级活动、四级任务、五级步骤。其中一到三级反映了企业为客户创造价值的所有端到端活动，最小颗粒度到三级活动，重点回答企业做什么的问题；三到五级反映了企业内部的价值创造过程，最细颗粒度到五级步骤，重点回答企业怎么做的问题。

例如，渤海银行数字化、敏捷化转型以中台设计为抓手，率先完成企业级业务流程模型的建设，并持续坚定地投入，持续重梳制度、再理流程、业务模型化、功能模块化，逐步绘就了一张完整的从客户、产品、渠道、定价、合规、审批、合约、账户、产品服务、核算到统计报送等的全行“业务流程地图”，为通过标准化、模块化的业务组件快速响应市场变化与客户需求奠定了坚实的基础。当需要创新产品或建设新的业务模块时，就可对照“地图”，找定位找边界，找差异找变化，找影响找关联，明确哪一段坐飞机、哪一段坐火车、哪一段坐汽车、哪一段只能步行，最终从可行走的路线中择优选定执行路线；定好路线、配好预算，打车买机票就容易多了。以票据池产品创新为例，通过联通授信管理组件、客户信息管理组件、机构员工组件，即可实现协议数据自动填写，额度一站式管理。在票据交易快贷产品的创新中，基于上述“地图”，可快速贯穿客户渠道、客户信息管理、客户关系管理、用户服务整合、支付结算、清算、合约管理、存款、对公贷款、员工渠道、反洗钱、黑名单、授信管理、财务会计等业务组件，实现业务办理的全在线全联通。业务流程地图可让业务边界的划定更为迅速，也大大减少拉抽屉的需求纷争，以更短的时间明确需求以及需求变化导致的周边影响；需求确定的效率、质量提高后，也会加快科技的开发，提升测试验收的效率与精准性。

此外，在业务流程上推进平行作业模式也是银行实现流程级敏捷的一种重要方法，能够帮助银行实现经营管理的敏捷性、精准性。国内就有不少银行已在实践业务条线、风险条线授信业务的平行作业。

例如，近年房地产项目接连暴露出的问题，实质上反映出商业银行在房地产项目授后管理上比较粗放，加之银行员工普遍缺乏专业项目管理知识，在授后管理过程中，存在重抵押轻管理的思想，容易被名义抵押率、未售货值所迷惑，对项目自身经营管理关注较少，授后管理流于形式。

为了解决房地产项目授信业务过程中的上述问题，某银行在分行推进前中后台多部门联动的平行作业模式，充分挖掘内部及合作伙伴的资源。该行在确定有自身员工专人驻场、巡场，对房地产项目进行全方位监督管控的同时，还额外引进多家具有资产评估师、工程监理师、工程造价师资质的项目监管公司，对存量和新增房地产项目实行全封闭监管。该行统筹多方资源，各部门基于“四眼原则”的并行和融合，对项目公司的印鉴、证照、账户、资金、合同进行协同监管，掌握项目的日常运行、开发建设、成本管控、招商运营、财务收支、租售情况等关键信息，对各环节风险实时监控，实现了对房地产项目授信风险的有效把控。

流程敏捷需以组织架构敏捷为保障

无论是项目级敏捷还是流程级敏捷，抑或技术层面的敏捷，银行企业级敏捷的全面实现、长期保持，最终还得落脚于组织，需要银行在组织模式层面上推进变革，在组织架构上提供保障。

敏捷银行需要尽力打破部门墙，转变以科层式组织架构为基础的传统职能式管理模式，以技术中台、数据中台、业务中台等能力中台为依托，在前端培育起一批跨条线的、获得充分授权的、具有全职能特征的、彼此间既松耦合又可自由协同的、高度灵活机动的轻型团队，打造扁平化的柔性企业组织。

银行组织的敏捷化，也是银行从“产品经营”到“客户运营”的转型。需要银行改变以产品中心为导向的传统思维定式，更坚决地以客户中心为导向，统筹风险、运营、科技等能力资源。比如某银行根据客群敏捷运营需要，将数据分析人才前置嵌入财富平台部的业务团队之中。另一银行则将 APP 等多个渠道的整体把控均统一交由首席产品经理负责，以便能向目标客群提供更加一致、平滑的跨渠道体验。

银行组织的敏捷化变革还需要有自上而下的推动力。例如，渤海银行成立了总行高管层全体参与的数字化转型领导小组和办公室，即“蓝海办”。这个办公室融合了业务 IT 人员，牵头推进产品、客户、计价、机构员工、合约、实物、核算等10个能力中心的基础设施建设，打造渤海银行的航空母舰。渤海银行还通过自顶向下的组织及激励制度设计，鼓励在产品设计、产品开发、客户运营以及全行的各种数字化项目过程中形成跨条线、跨部门的联合作战团队，确保项目开发和服务交付过程中的敏捷协同、敏捷迭代。

银行甚至可从一些先进制造业的敏捷化实践中吸收借鉴敏捷组织的建立经验。例如，某钢铁集团，在一天之内，生产中各环节常常会发生成千上万个异常点，这些异常点的情况如果能够被实时、准确地采集为数据，及时输入生产管理系统，将能够基于数据分析甚至AI算法手段，大幅度提升集团生产的精细化、智能化水平。为此，集团成立了传感工作室，研究并实施低成本、可复制的数据采集及分析处理方法，对冶炼过程中的时间、温度、振动、粉尘、气体、压力、声音、位置等多种类型信息进行采集处理，不间断地为集团的生产系统管理平台提供数据资源，逐步成为集团数据蓄水池建设与运营不可或缺的一股敏捷力量，为健全集团管理平台的数据体系发挥了重要作用。除此之外，该钢铁集团为了有序推动机械、电气自动化、液压等专业相关工作开展，实现技能提升、资源共享、专业攻关等目的，还从各分厂选取专业综合能力强的人员，成立电气、液压、机械、自动化等设备专业敏捷工作室。该系列工作室围绕降本增效、疑难问题攻关、设备智能化应用、专业技能提升四大职能，以PMO项目、重点工作等形式开展和推进工作。该钢铁集团借助传感工作室、设备专业敏捷工作室等敏捷组织模式为有专长的优秀员工提供了发挥空间，充分挖掘了集团自身潜能，更重要的是，敏捷工作室的设立，让对传统部门职责及流程规则的各种优化、调整成果有了“归属”和“担当者”，从而大大激发了广大员工踊跃参与及设立更多敏捷工作室，更积极主动地持续推动集团各种业务、产品、流程的改进，显著催化了集团数字化转型进度。

当然，敏捷银行的组织敏捷不能单靠前端“轻型团队”，还需要继续保留和加强位于科技部门内的科技人才“中央部队”，整体上构建起“科技联邦”模式。如前所述，前端轻型团队与业务高度融合，能够发挥灵活机动的优势，及时响应业务诉求。而科技部门的“中央部队”则负责建设敏捷银行企业级的基础技术平台，负责建立企业级的统一技术规范，为内嵌前端的轻型团队提供基础支撑和火力支援。同时，通过全行“科技联邦”式的组织架构，也让银行能够建立起业务科技融合型人才在全行前—中—后台、在科技—业务之间顺畅流动、良性循环的动态组织通路。

具体而言，比如信息科技部门的企业级大数据智能技术开发团队，即包含AI工程师、算法工程师等骨干在内的“中央军团”，可与散布于全行各业务条线部门的智能模型建模专家团队形成“智能联邦”式组织架构，将业务领域级和企业级智能分析的敏捷战力有机组合起来，构成企业级敏捷能力的重要部分。

进一步来看，“科技联邦”“智能联邦”还可与外部生态合作伙伴合作，支持生态级敏捷。比如，信息科技部的大数据智能“中央军团”与风险管理部门的“建模部队”合作开发出的建模成果，既可为银行内风控服务，也可为银行外同业或企业提供服务，直接赚取无需本行资本投入的中间业务收入，实现指数级价值扩增。

建立“河长制”式的流程管理责任体系

第一，“以客户为中心”服务体系的落地需要建立完善的流程管理责任体系。

管理的目的，一言以蔽之，做正确的事和正确地做事。前者是战略管理的要义，后者是管理运营的目标，要求银行不断降本增效，提升客户体验，提高执行力。流程是各类业务和管理活动的载体，为了提升银行各项业务和服务体验，提高管理效能，就需要持续强化各项业务的流程梳理，推动流程优化机会点的发掘、改进与监测，并以此为基础建立各业务的标准化规范化管理，以PDCA［Plan（计划）—Do（执行）—Check（检查）—Action（改进）］戴明环推动流程持续改善，真正把流程打造成银行的核心竞争力。

为了达成这个目标，就应在全行范围内建立起流程管理责任体系，其主要作用是明确流程管理职责边界，推动打造以客户为中心的端到端流程价值创造和协同服务体系，并根据客户需求和市场环境变化持续迭代优化流程。这个流程不是部门级的流程，而是客户视角的企业级流程。它突破了传统的组织边界，从服务客户的角度思考一个完整的解决方案该通过什么样的端到端流程交付给客户，如何持续不断地优化这个流程，让客户体验到最佳感受，同时，实现内部管理的降本增效。在流程责任体系里，根据不同端到端流程的颗粒度和涉及的参与方不同，流程的责任人和执行人也不同。要对梳理出来的每一条端到端流程都应明确流程管理责任人，比如建立流程的“河长制”，以避免各部门推诿扯皮，流程割裂，造成交付给客户的产品服务效率不高、体验不佳。

第二，端到端流程责任体系建立的要点与示例。

以对公信贷全流程为例来看看如何建立流程责任体系。

流程模型从银行价值链和业务价值创造的视角去梳理业务，以客户为中心，通过五级建模标准，规范化、层次化、结构化、标准化地描述业务本质。

以对公贷款领域为例，可从客户和银行角度去分析该领域价值，梳理对公贷款全流程，明确主要流程活动和价值流向，这样就能清晰地看到银行对公贷款领域价值创造的完整过程。再向下拆解一层，每一个流程活动都能够满足客户一个端到端的诉求，并可以通过流程图清楚地看到每个流程活动包含的关键环节、涉及部门及主要责任人。

如图 1 -2 所示，以“签署贷款合约流程”为例，银行可以看到对公贷款产品合约的签署流程、重要环节、执行人，如客户经理、定价审批人员、法律审查人员、放款审查责任人员、合同签署人员、押品权证管理人员、营运经办人员，每一个任务执行的过程以及每一个任务的归属部门和责任人也可以很清楚地展现出来，进而可以清晰地切分职责边界和岗位职能。

流程责任体系就是要明确一个完整的端到端流程的责任人、不同流程环节的责任部门或者岗位责任人，支撑流程的责任人等。比如上述流程因为涉及公司部、审批部、风险部、营运部、资产质量部等，支撑流程甚至涉及办公室（信贷档案管理）、法律部（合同签署），所以这种跨越多部门和条线的流程需要一个分管行级领导牵头担任流程责任人，建立这个完整流程的“河长制”。流程责任人需要不断检视这个完整流程的运行状况（通

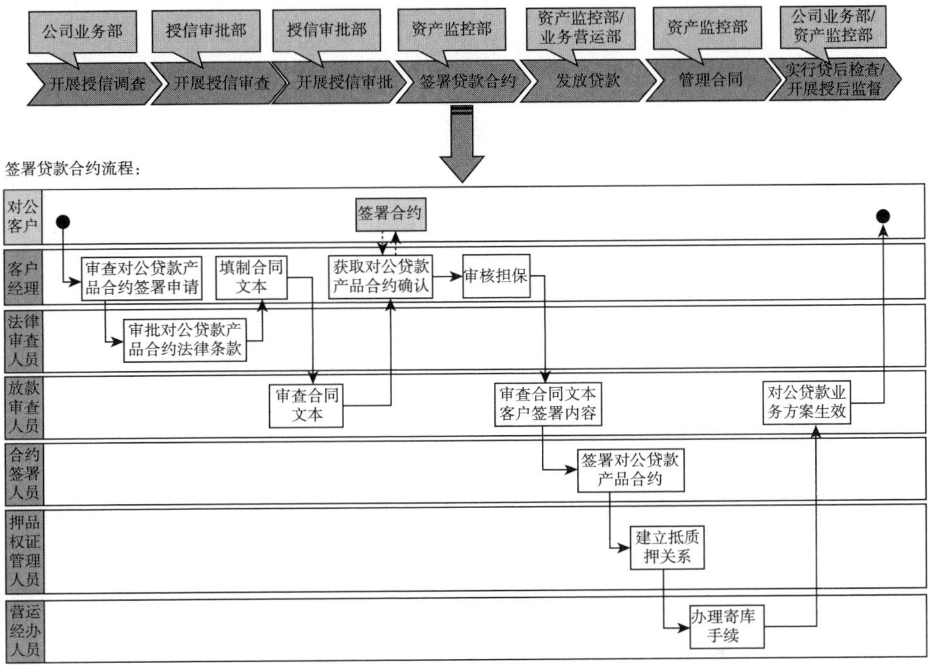

图 1－2　对公信贷流程图示例

过效率、成本、质量、体验、风险控制等维度）、与同业的比较等，以PDCA路径持续改善，保证从客户视角能持续交付好的服务价值。

第三，端到端流程“河长制”责任人的主要职责。

“河长制”责任人的主要职责包括：（1）开展流程梳理和建设，形成“可视化流程视图”公用流程资产，建立基线流程资产，并在此基础上持续进行迭代升级。（2）了解分析流程运行现状，确定流程输入输出，形成清晰的流程运作逻辑关系图与操作文档，识别核心价值创造流程。（3）开展流程价值分析，有效甄别价值增加和非价值增加的流程环节，寻求减少冗余流程环节和提质增效的机会点。（4）识别流程关键质量指标，开展对时效性指标、质量指标、客户体验指标、风险控制指标的监测与控制，测量记录业务流程当前的基线水平，提出改进目标，改善提升流程绩效。（5）推进流程标准化建设，明确标准化流程文档的建立规则，流程输入输出表单的管理及维护。从定义流程边界—细化流程颗粒度—构建流程地图—指导工作实践出发，推进五级精益流程的标准化建设。（6）梳理完善业务流程文件制度体系。建立系统、清晰、规范的业务流程制度体系，确保各项操作管理规范、有法可依。（7）推进流程数字化建设，通过数据挖掘技术开展流程数据洞察，进行流程稳定性评估、流程运营监测、流程绩效表现等过程控制。建设流程 IT 化支持等流程关键运行和支持保障能力。（8）以流程优化为载体，以创造客户价值、提升客户体验为目标，驱动端到端流程的持续优化改善。

例如，华为建立了基于业务流程架构的流程分层管理体系。华为对于公司战略及体现客户价值创造的主干流程，建立了集团统一管理的 GPO（Global Process Owner）、BPO（Business Process Owner）责任管理；对于执行流程，建立了较为灵活的 RPO（Regional Process Owner）、CPO（Country Process Owner）责任管理。通过落实管理责任，降低流程运作成本和风险，持续提高流程运作效率和质量，实现业务的有序管理。

第四，利用 VSM 推动持续改善：以房贷场景发卡为例。

VSM（Value Stream Manager）是指运用精益工具技术精简流程，目的是辨识和减少产品服务过程中不能为终端客户提供增值的浪费。

VSM 用于优化流程的主要工作步骤包括：（1）将流程当前状态的价值流图表化，计量过程的总时间、作业时间和间隔时间；（2）流程各工作步骤现状价值分析；（3）计量增值环节时间占比，找出最耗时的流程步骤；（4）把握改善机会，明确改善目标；（5）通过 E（消除）C（合并）R（重排）S（简化）的方法，开展流程优化；（6）绘制改善后的价值流程图；（7）计量在流程能力、财务效益等方面的流程改善成效。

目前 VSM 已成为同业流程优化领域广泛应用的方法之一。比如某银行将 VSM 方法运用到房贷场景办理信用卡项目中。该银行为提升发卡量，梳理房贷场景中的内嵌发卡流程，将客户联动申请房贷和信用卡流程所需时长确定为优化目标。该行分别针对前后两个流程分析现有跨职能流程图、绘制 VSM 流程价值图、分析增值非增值环节，找到耗时比较严重的流程非增值环节，通过 ECRS 对关键环节开展优化，提出改善建议与举措。改善后流程耗时大幅下降，流程能力得到提升。

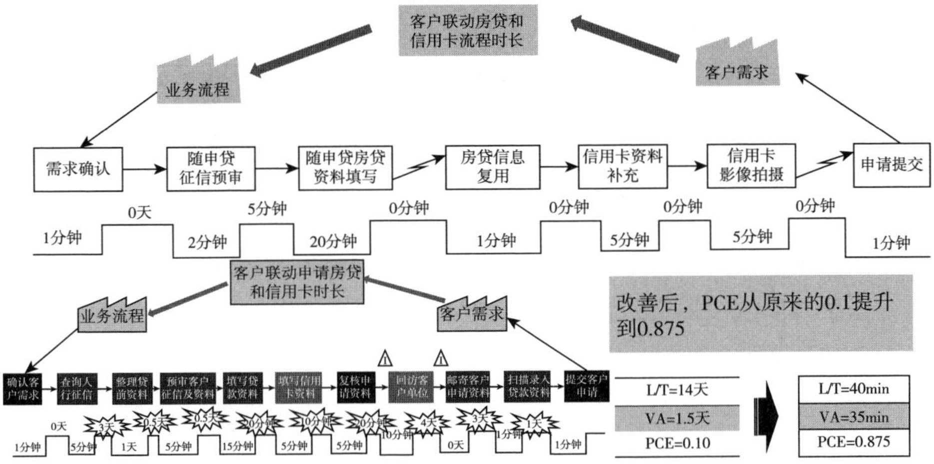

图 1-3　某银行在房贷场景办理信用卡项目中运用 VSM

PCE（Process Cycle Efficiency，流程周期效率）反映了流程创造价值的环节用时占全流程时长的比例，比如上述案例，原 PCE 按 1.5 天/14 天计算，约为 0.10。优化之后，创造价值的流程环节用时从原来的 1.5 天缩短到 35 分钟，PCE 提升到 0.875。

同时，银行还可以测算出该流程的全流程成本（包括人工成本、运营成本、系统成本等），测算成本优化带来的财务收益，包括房贷客户同时申办信用卡转化率提升的比例，以及申办信用卡成功后带来的财务收益。

第三节　在技术创新支持上，银行要从重量型向轻量型蝶变，形成平台级敏捷

“技术”是银行数字化转型的基本底色，科技研发也已成为银行最为重要、最为核心的“业务工作”之一。研发过程也需要顺应时代变化，从过去的重型过程逐步转向轻量型的敏捷过程。

银行需要在云原生技术、低代码开发等驱动下，逐渐建立平台化的技术体系，即利用统一的技术平台服务于多个项目及应用，通过容器化的技术让应用功能得以快速落地，并可以支持多技术栈的诉求。无论是云原生还是DevOps、微服务、分布式，所带来的敏捷，都是底层技术平台化后所形成的敏捷。例如某银行通过手机银行、掌上银行APP、供应链融资、业务中台等一系列基于分布式微服务的典型项目，率先尝试采用统一的技术平台来实现应用研发，通过自主研发分别建立了服务于渠道类应用研发和服务于产品类应用等的多个技术平台。另外，该行在数据中台的项目中也充分考虑了数据应用的可扩展性和灵活性要求，采用了容器技术对底层技术资源快速封装。

与此同时，伴随着技术平台化趋势的持续推进，敏捷研发应该更多是依赖于DevOps平台。DevOps平台模式在整合多种类型开发部署工具的基础上，采用流水线的方式实现应用的敏捷研发、持续集成和持续部署，大大提升了整体研发效率。研发平台和研发工具的统一，要求研发人员按照统一的、标准的方式、一致的步调来完成软件研发过程。也只有此类由银行集中力量磨炼而成的“精兵”才能在云原生时代快速学习并掌握好、运用好各种层出不穷的、代表先进技术的“新武器”。

敏捷研发需要从“需求的形成”这个源头上开始。在项目前期的需求收集、分析工作中，业务部门和科技部门应当充分协作，相互融合，充分理解，甚至可以形成敏捷团队。需求的提出和传递可快速、高频率地进行，而不必积攒成一大块儿需求才立项、研发。这当然需要业务和科技紧密协作。但同时，在进入项目的研发阶段后，还是应以科技部门为主，以统一的技术平台和敏捷研发过程为基础，采用更加规范和标准化的研发过程快速形成研发成果。

技术敏捷中台

技术敏捷是敏捷银行的根本前提，是敏捷的硬约束。而实现技术敏捷的核心关键是技术中台。

技术中台本身是一种云计算的概念，为银行提供技术架构、科技开发、运维等基础能力方面的敏捷保障。首先，技术中台应该是建立在银行算力基础设施的敏捷化转型基础上，即银行的算力设施应该实现云原生化，算力资源能够根据运算负载实时弹性伸缩，各种数字化系统的部署容器化，并进一步为应用编排及应用管理建立起高度自动化的一站式环境，确保各个系统的高可用性、高稳定性。其次，银行应该借助技术中台，实现主要系统和应用的微服务化、分布式化转型。其中最为重要的是打造分布式核心。另外，技术中台应该为银行敏捷开发提供全链路的技术工具支持，提升技术研发过程的自动化程度，让技术研发人员能够从繁琐的操作中解脱出来，更多投入更具创造性的研发工作中；同时也能强化全行研发知识和经验积累的系统性，降低对特定研发人员的依赖，实现银行技术研发生产的流水线化、规模化。最后，技术中台还应该具备高度自动化、智能化的应用性能监控、故障感知与监测能力，并能通过故障注入、全链路压力测试等实现更为主动的数字化运维模式，获得更强的技术风险防范能力，让业务运行更加平稳。

渤海银行自主研发的云原生、分布式、微服务技术平台“磐石”就是一种较为典型的银行技术中台。“磐石”不仅具备多模态、分布式、微服务应用的技术支撑能力，而且提供云上系统、云上和云下系统间的企业级集成能力，是面向金融业务的金融云应用基础技术平台。磐石平台体现了基础技术的“金融级能力”，能支撑高并发、高可靠、高稳定的性能诉求。一般行业的高并发是每秒几百笔到几千笔交易，金融级则要求万笔级别。至于高稳定性，一般行业要求系统可用率达 99%，要求恢复能力应该是 4 ~ 12 小时不等，不同行业要求差异较大，不一而足；金融级则要求系统可用率达 99.95% 以上，在恢复能力方面要求 30 分钟以内，因为客户和用户对金融级服务的容忍度非常苛刻。磐石平台交易并发能达到十万笔每秒，可用率达 99.95%，恢复能力小于 15 分钟。

磐石平台在云原生领域的技术创新和各项技术指标上已达到同业先进水平，特别在金融级分布式能力、异构平台集成和一体化研发等方面做到了同业领先。磐石平台具备将各类平台连通的能力，能够将分别基于云技术平台、传统 IoE 平台和一般开放性平台（X86）的各类异构系统无缝地集成起来，扫清了在业务层面实现充分协同的技术障碍。

磐石云原生微服务分布式技术基础平台是业务中台的底层平台，是渤海银行新的交易核心系统“core banking”系统的第一阶段建设成果，代表了渤海银行“航母”从常规动力到核动力的升级，体现了基础技术的先进性，具备灵活的扩展性，也能适应未来的作战要求和信息科技创新要求。

在技术中台的支撑之下，银行的开发、运维链路已经逐渐融为一体，即 DevOps 已经成为敏捷银行的标准配置，并正在 AI 技术的加持下向 AI-DevOps迈进。比如某银行建立科技研发管理云平台，全面推行 DevOps 研发过程一体化工具，对科技项目实现从需求收集到立项再到开发、测试、部署的端到端全流程管理，显著提升交付效率。该科技研发管理云平台还支持对研发全过程进行精准数据分析，进而对研发效能实现持续优化，很好地支撑了全行超过 8000 名科技研发人员整个研发过程的全线上化大规模协同，成为该行整体敏捷的硬实力支撑。

技术中台也是将各种技术转化为业务价值的枢纽，是推动技术便利化甚至“平民化”、实现技术对业务最大化赋能的引擎。业务中台从应用研发、交付、运行所依赖的各种技术中提炼和沉淀出一些公共技术功能，形成可独立部署运行的组件，以服务方式对外提供接口访问，实现各种技术从试验到应用再到推广的快速供给。同时，这也能促进技术共享，大幅减少重复开发，提高应用交付效率和质量。技术中台不仅面向专业技术人员，而且将业务中台、数据中台运营人员、集团业务人员、生态合作伙伴等视为自身服务的用户。各种复杂、艰深的技术，通过技术中台完成组件化、服务化后，就能够很好地向上对各种业务系统及业务场景进行赋能。技术中台甚至能借助零代码、低代码开发模式等直接对一线业务人员进行技术赋能，让科技生产力更广泛地渗透到银行以及银行生态的各个角落。

某银行通过技术中台的打造，按照平台化、组件化、云原生化等通用要求对大数据、人工智能、区块链、移动开发等技术进行服务化改造，初步疏通了金融科技从基础研发到应用于产品并创造业务价值的全链路敏捷供给通道，实现了技术供给链路各项能力的尽可能充分复用。

上述思路很典型地体现在该行对 AI 基础技术的复用上。该行以智慧研发工厂与AI技术平台为基础，形成AI研发能力闭环，全面复用AI算力、数据标注能力，模型优化频率从以前1个月迭代一次提升到1天一次。在高度敏捷的AI技术供给链路的支持下，该行实现了图像及视频识别分析、语音识别分析、文本理解、智能交互、知识图谱、智能决策等多种AI细分技术针对各种业务场景的组件化服务供给，例如已经输出上百种开箱即用的单据识别服务组件，可供应用产品直接组装。

在技术中台的赋能下，该行甚至已经开始探索建设金融领域量子服务QaaS，以云服务方式提供量子计算、后量子密码算法组件等相关服务。

数据敏捷中台

数据是敏捷银行的血液，数据中台是数据血液顺畅地为全行上下输送养分、推动银行业务价值最大化的关键机制。数据中台将数据视为银行“核心资产”来加以管理、调度和利用，理顺、打通了业务与数据之间的闭环，让业务产生数据、数据服务业务，业务和数据互补。

敏捷银行的数据中台主要需从四个方面建立起相应的机制及体系。第一是解决银行数据资源分散、各自为政、数据烟囱林立的问题，建立起统一的、能兼容各种形态的数据资源的采集、存储、集成规范，让数据资源拥有统一的归集入口。第二是解决数据开发能力的重复建设问题，让常规的数据处理基础能力，如数据模型开发、关联性及血缘分析等可以在全行获得重用。第三是解决数据价值输出的标准化、规范化问题，主要是通过数据服务、数据产品以及能力中心的方式，让数据价值能更高效地嵌入业务场景中，让用数更简单、便捷。第四是数据智能的能力建设问题，包括增强分析、深度学习等算法模型的研发、共享。

例如，渤海银行在数字化敏捷转型中，将数据中台建设目标设定为构建平台化、组件化、服务化的企业级数据技术架构，持续生成共享可信的高价值数据资产，实现价值驱动的数据资产运营能力，支撑科技与业务融合的数字化创新，为精准营销、精细管理、科学决策赋能。在建设中，主要着力于数据资产中心、技术能力中心、业务能力中心的构建。其中，技术能力中心主要包括数据技术平台、AI技术平台、数据管理平台等，数据资产中心主要包括数据仓库、数据湖、业务领域集市、领域 AI 模型库等，业务能力中心则主要包括智慧营销中心、客户洞察中心、智慧风险中心、智慧财务中心、智慧运营中心等。渤海银行数据中台在技术上从传统数据仓库技术转向云原生、湖仓一体的大数据技术平台体系，集成了 AI 技术工具，通过研发智慧营销、智能风控、智慧运营等应用领域的算法模型，提升客户价值、资源效能，强化风险防控能力，通过构建高质量、标准化的企业级、领域级共享数据资产，支持业务一线的数据分析、统计建模需求。

而国内另一家银行在数据中台建设上的主要思路则是：通过数据入湖及外部数据引入，扩充数据接入范围、提升接入时效和数据多样性，实现更智能的数据洞察力，支持更实时的业务场景；按照统一数据模型、统一实施工艺对集团内外部数据进行全域数据整合，实现数据全方位链接和融通；构建数据资产类目管理机制，从数据、业务、技术三类视角出发，建立“全域数据资产版图”，方便不同类型用户按照用数习惯“找数据”。该行围绕数据资产这一关键生产要素，在对数据源、数据采集、数据处理、数据整合、数据服务、数据应用实施全链路数据管控的基础上，对数据供应架构持续优化，构建业务即时赋能的数据供应能力，满足用户对数据资产可见、可懂、可用的要求，促进数据资产价值释放。借助数据中台的建设，该行大幅度提升了数据供给的可用性、可靠性，在实现敏捷用数的同时，让数据越用越多、越用越好，为全行经营模式的敏捷化、数字化转型提供了强大支撑。

“中台化”为银行带来的最重要的敏捷变革之一在于，让人人都能成为银行数字化的共建者，而不仅仅是银行数字化成果的使用者。经过数字中台（包括数据中台、技术中台、业务中台等）化后的敏捷银行，其应用系统与应用系统内核将发生明显剥离。传统的应用系统层的重要性将显著淡化，理想情况下甚至可以没有固定、固化的传统应用系统层。数字中台化后的应用系统，其最终操作使用界面大多是可以轻便地组装出来，都可以敏捷更新替换。相比银行传统的科技建设中以软件系统交付和维护为中心的模式，数字化时代的敏捷银行在科技建设上发生了“重心下移”，是以各种能力中心建设为核的模式，能力中心、数据服务以及数据资产才是建设的重点所在，也相对更为稳定。

以数据中台为例，数据应用的最终使用者，即最前端的业务人员将能够在日常工作中随时、及时参与数据应用系统的构建中，银行在全员共用、共建的过程中保持持续敏捷迭代、进化。更具体而言，最前端业务人员，能够通过能力中心的组件化、参数化以及配置化界面，将业务实践中的经验、知识总结转化为数据应用资产等，变为数据中台的一部分，可供其他人使用。比如某银行在数据中台中打造数据超市应用，一方面打通用数“最后一公里”，改善了基层用数体验，让员工可在“超市”中挑选心仪的产品，就像购物一样简单；另一方面让基层员工也能够将优秀的业务实践敏捷沉淀为数据产品并直接上架到数据超市之中，供全行选用，充分利用数字化技术最大化地挖掘、释放全行上下的智慧潜能。该行有几家支行就针对代工客群机构分散、大部分代工客户的工资卡发卡行和代工签约行不在同一网点、代工客群难维护的痛点，进行联合敏捷创新。一是从个人客户入手，为每个代工客户生成特有画像；二是从代工企业入手，提供代工企业商机分布全景图。最终得以敏捷设计出代工客群营销数据礼包并上架数据超市，将面向代工客群的公私联动促销实践经验以数据产品的形式迅速在全行共享。

如前所述，数据中台、业务中台乃至技术中台是“一体三面”的关系，三者的一体性在“能力中心”上体现得尤为明显。三者在能力中心这一层上实现了彻底的挂接、融合。三者的区别在于，数据中台专注于塑造与各种能力中心相关的数据服务、数据资产的流动、处理，即数据的计算流，更为纵深；而业务中台则更多关注业务运转和业务交互，更侧重于横向对包括数据计算等能力在内的全面整合；技术中台则更关注数据、业务的技术要素层面，也偏纵深。但需要强调的是，这并不意味着业务中台就一定是数据中台和技术中台的应用层、数据中台和技术中台就一定是业务中台的底层；数据中台甚至技术中台也会直接赋能前端人员，并与前端人员发生交互。

第四节 在协作方式创新上，银行需要从封闭式向开放式扩展，形成生态级敏捷

在区块链、分布式云、超级自动化、越发成熟的 AI、正在被生态广泛采用的智能工作流等技术的驱动下，数字化生态已经成为一种实实在在且普遍的经济现象，已绝不只是业界在概念层面的一种酝酿、准备。相应地，企业也正在切切实实地从传统“封闭式企业”向未来“无边界企业”演化。银行同样需要顺应这种趋势，需要加强总分行间、与目标市场合作伙伴之间的密集联动，需要与客户共同推进生态化、开放式创新，更敏捷地适应经济社会的发展变化。

为了支撑“生态银行”开放创新，银行至少需要从生态级基础设施和协同活动的发生“场所”两个方面推进自身敏捷能力体系的生态化扩展。

“生态银行”开放式创新的必然性

虽然事到如今，仅凭单一企业的力量、仅靠简单的累进式创新已无法适应技术的快速迭代与市场的激烈竞争，也难以达成效益目标，但直到当前，仍然有相当一部分企业的创新还是封闭式的，其技术、研究、开发、应用的各个阶段都是在企业内部完成的；从 idea 的产生到样品、产品的全生命周期过程，都是在企业内部实现的，与外界很少交互。换言之，这类企业的边界仍然是一条实线。

封闭式创新流行于20 世纪七八十年代。很多西方的大型企业，其实都得益于封闭式创新，并由此完成了创新发展的原始积累。全球化的推进和消费者觉醒，尤其是移动互联网变革深化，要求企业创新深入客户场景的“田间地头”。企业如果不采取开放式的姿态，拥抱开放式创新和成为产业价值链和客户消费旅程的数字化合作伙伴，将越来越无法适应技术变革的激烈竞争。

开放式创新是由切萨布鲁夫（Chesbrough Henry）① 提出的。他强调了外部知识资源对于创新过程的重要性。企业不仅应当从对外输出本企业知识产权的使用权中获利，而且应该积极地购入知识产权，只要能改进本企业的经营模式即可。企业应当进一步扩展研发工作的角色范围；它不仅仅包括知识技术的发明创造，而且应该起到知识中介的作用。

开放式创新和封闭式创新最大的一个差别就是：企业的边界由原来的实线变成虚线。开放式创新中进进出出的信息交互，可以发生在研究、开发、应用以及市场推广等各个阶段，包括原始阶段的创意 idea 也可以走到外部去参与交换、交互。产品市场的开拓，同样可以由其他合作伙伴去完成。事实上，现在确实有很多公司真的就没有销售，而是完全专注于做产品，销售完全交由第三方合作伙伴去帮助完成。通过开放式创新，企业不再需要全靠企业自身去负担所有的产品、工种，从而企业能够获得更大的灵活性。开放式创新也能进一步打开企业供需两端的“喇叭口”，让企业与外界的能量、价值交换更加畅通无阻。从供给侧看，企业能够通过更开放的“喇叭口”获得更多外界助力，从而提升产品或解决方案的创新、产出效率；从需求侧看，企业能够通过更开放的“喇叭口”触达更广泛的市场机会，让产品和解决方案的价值变现更加迅速、顺畅、高效。

正如“开放式创新”其名所言，开放式创新在实施工艺上也必须采取用户（客户）驱动的开放式设计思维。比如开放式的研发创新流程可分为四步：第一步是理解客户需求（VOC），第二步是与客户一起探索（Explore）方案，第三步是用户参与形成原型（Prototype），第四步是用户（客户）参与评估（Evaluate）。基于这样一个闭环不断迭代优化，创新的产品或解决方案便可很快达成用户可使用、技术可行性和商业可持续三者的平衡。

近十年来，诸多困扰中资商业银行的问题，如网络拓展、资金承接率、存贷款定价、利益补偿、代发工资、个人零售资产激活、存款理财化等，

① 切萨布鲁夫．开放式创新：进行技术创新并从中赢利的新规则［M］．金马，译．北京：清华大学出版社，2005.

只有靠上述供给侧和需求侧相融合的开放式创新才能得以有效解决。这也正是"生态银行"开放式创新登上历史舞台的深层次原因。推进"生态银行"开放式创新，必然需要生存于业务一线的分行全程参与。分行最贴近市场、客户、同业，应积极发挥"生态银行"开放式创新的触角和探针作用。总行后台管理部门，主导经营管理各类流程，创新能力和水平更高，创新资源更丰富，应更多地承担起企业级创新实施、分行特色创新指导及全行创新项目管理的职责。

随着银行创新活动从银行内部扩展到外部，生态圈链中的各方围绕项目需求组成敏捷创新设计团队，此前的企业级项目便扩展为生态级项目，需要遵循的架构也从企业架构扩展到生态架构，项目管理则从银行的企业级向多方参与的生态级转变。

生态级敏捷的基础设施

与企业级敏捷相似，要在银行生态中建立起实质性的、稳定的、可长久持续的敏捷能力，首先必须在业务、技术、数据三大方面夯实基础，打造"面向生态的新一代开放式金融数字系统"。

"面向生态的新一代开放式金融数字系统"是指一组金融数字系统，实现生态各方以客户为中心无缝链接，企业内部敏捷协同。其主要特点包括：(1）开放性：面向生态的新一代开放式金融数字系统通过开放接口、标准和协议，使各种金融机构和企业能够互相连接和协作；（2）互操作性：面向生态的新一代开放式金融数字系统提供标准化的数据格式和协议，以便不同的金融机构和企业能够无缝地交换数据和信息；（3）可扩展性：面向生态的新一代开放式金融数字系统足够灵活和可扩展，能够满足金融生态系统的不断进化和发展；（4）安全性：面向生态的新一代开放式金融数字系统提供高度安全的保护措施，以确保用户数据和资产的安全；（5）创新性：面向生态的新一代开放式金融数字系统为金融机构和企业提供各类创新支持，持续推动金融领域的发展。

在业务基础设施方面，不仅需要为用户、服务、产品建立生态级统一模型，而且应将生态中的各类场景及各种生态伙伴纳入统一建模范畴，将其模型化、视图化，并对各种生态级的权益、活动等进行标准化、参数化。这样，穿越银行传统企业级边界的生态业务才有可能突破项目化、难复制推广的制约，向以自动化为特征的生态敏捷银行升华。比如，某银行将传统面向企业内部的企业级业务架构方法论扩展为“生态级业务架构建模及落地方法”，梳理并构建完整的“合作方分类视图”，将行外生态中的触点资源、银行自有的渠道资源统一纳入该方法论框架之下，在建模环节即实现银行内外资源与业务服务的跨界融合，从而让某银行能够以“生态之网”敏捷、泛在地连接用户、客户。

在数据基础设施方面，一是要推动生态级统一数据标准的形成、完善，推动生态范围的数据治理，构建生态内的数据共享、数据交换机制。二是银行在尽可能充分整合各种生态数据源的同时，应重视以合规为前提，建立和疏通生态数据的价值链路；例如在对个人信息“断直连”的监管要求下，银行需要针对性地调整以生态数据为基础的信用评价的实现思路。三是银行应建立强大的与生态伙伴协同的联合分析能力，比如加大联邦学习、多方安全计算等技术的研发和应用力度。

在技术基础设施方面，需要基于云原生技术，打造云上银行。银行应将自身核心能力和服务，解构为原子化的能力单元，并按照生态统一的语义规范，封装为标准化的开放 API，以供生态伙伴调用，或主动嵌入生态场景中。而生态中的其他合作伙伴也需要进行同样的解构、封装与开放。银行应积极推动生态服务枢纽如生态 API 市场的建设，以便生态中各种来自不同伙伴的 API 化后的能力能够更好地被发现，以及彼此间能快速完成整合，组装为生态级服务。生态级服务的运行管理主要依靠自动化、智能化技术来支撑。此外，生态内还应建立完整的 API 全生命周期管理及治理机制，不但需要包括 API 注册、API 发布、API 网关、API 路由寻址、API 注销或退出等，还应包括对 API 的调用、统计、监控等。再者，生态级敏捷也需要生态基于区块链等技术构建起去中心化（或非中心化）的数字信任机制和数字认证体系。

以渤海银行为例，2021 年制定了以数字化转型为重要抓手的“四五规划”，以企业级工程方法论为指导，启动了以构建业务中台、数据中台、技术中台为核心的转型工程，即建设基于分布式微服务架构的业务中台、建设基于云原生的湖仓一体大数据中台、建设“多活多芯、自主可控、开放协同”的渤海云技术中台，同步完成关键业务系统全面实现国产化的信创目标，全面构建中国特色的“面向生态的新一代开放式金融数字系统”，以便积极响应人民群众金融服务的个性化定制、全球价值链金融服务的生态化协同、金融服务 ESG 评估的敏捷化嵌入这三大趋势。

生态级敏捷的发生“场所”

开放协同是生态的精髓所在。银行要实现生态级敏捷，还需要在上述基础设施之上，打造协同活动发生的“场所”：通过构建协同活动管理平台以引导生态协同活动走向更加有序高效；通过建设协同社区尤其是开发者社区以营造更为活跃的生态协同氛围，让生态中的协同知识和经验能够以社区的形式浸润至每个生态参与主体身边，让生态协同的便利随时可得，激发生态协同的发生频度。

银行要实现生态级敏捷，应建立起对生态协同活动的统一运营管理平台。在统一平台之上，将更容易围绕产品、解决方案、服务、销售、渠道、商务以及知识产权等构建统一的生态协同规则；并以规则为基础，对生态协同活动实现统一的全链路运营管理。其中，平台最首要的运营管理任务是实现生态中不同类型资源的统筹对接。管理平台应以生态中的真实场景为驱动，定位清楚场景的需求方，比如可能是银行自身，也可能银行的客户；甄别出能为相应需求提供解决方案或相关能力支持的合格供给方，比如初创企业、政府机构、高校院所、中介机构等，可能提供的能力包括产品、技术、数据、人才等。在生态各方展开协同、探寻解决方案的过程中，管理平台应引导各方坚持从需求场景的用户体验出发，鼓励和帮助各方之间以及与用户之间充分互动，以形成富有针对性的个性化定制方案为目标持续迭代。至于生态协同活动运营工作的具体开展则可以生态门户网站等作为载体。

银行还应积极建立开放、开源开发者社区。“开发者”是数字化生态最基本、最核心的生产者。希望实现生态敏捷的银行应跟业务、技术的合作伙伴共建开发者生态，共同营造开放、融合、活跃的开发者社区氛围。具体措施可包括构建和维护线上化的生态平台技术开发知识体系，组织线下开发专题研讨、最佳实践分享等开发者系列活动。如渤海银行建设开发者门户和开放接入平台，让双方的开发者更加快速地完成对接研发，通过共同的数据标准和接口规范形成合力，快速构建生态价值。

近年来，开源模式、开源社区正在成为数字化生态建设的关键拼图，从微软巨资收购全球最大的开源社区 GitHub，到 BAT、华为、招商银行等企业纷纷积极参与开放原子开源基金会等开源社区建设，越来越多的企业正在借助软件开源做大生态，释放数字生产力。2021 年 10 月，中国银保监会发布《关于规范金融业开源技术应用与发展的意见》，鼓励金融机构将开源技术应用纳入自身信息化发展规划，鼓励金融机构积极参与开源生态建设，加强与产学研交流合作力度，加入开源社会组织等。比如，某银行与华为发起的欧拉开源社区建立敏捷联合创新机制，由银行负责提供真实的业务场景，银行与开源社区中的开发者共同开展需求分析、原型设计、验证迭代、联调测试等，完成了网络问题快速定位定界智能运维等解决方案的敏捷创新。

*　　*　　*　　*　　*

有必要补充的一点是，数字化转型金融服务也需要在国家层面实施敏捷治理。

全社会数字化转型及高质量金融服务模式的进化，需要国家层面敏捷治理。全社会的数字化转型促使金融机构构建“面向生态的新一代开放式金融数字系统”，实现生态各方以客户为中心无缝链接，企业内部敏捷协同，具有极大的行业扩展性，各行业也正在积极实践。而其开放性、互操作性、可扩展性、安全性以及创新性的特点，需要国家采取敏捷治理的模式，在数据要素层面提供流通的安全机制。

根据刘兴华 2022 年所定义：“敏捷治理，是在数字时代和信息社会中，政府基于共治、共享、责任、义务、审慎、优化等价值原则，通过创建高效运行的数字治理系统，协同发挥治理主体各自的优势和功能，主动及时感知内外部环境变化，全面深刻审视经济社会复杂系统的现状，科学预测其潜在影响和发展趋势，在此基础上快速准确作出应对和反馈，有效配置各种要素资源，并通过持续循环的学习改进，实现治理体系、治理能力和治理方式的迭代演进。”笔者认为，在金融业务领域，敏捷治理主体及其角色包括：因势制宜进行敏捷立法及执法、因时制宜实施敏捷监管及执行、因地制宜推进敏捷银行及实践。

在数据要素层面提供流通的安全机制包括：加强数字资产安全，提升数字资产流转效率，降低数字资产使用成本等。在监管部门的指引下，商业银行等金融机构需要积极参与建立有效的数字资产确权、数字资产估值、数字资产交易等机制，提升数据流通效率。国家层面及监管层面应逐步推动数字资产要素市场的建立，建立市场化定价机制，以金融服务开展数据资源整合利用，包括数据确权、明确各方责任和权利。建立交易平台，提供数据交易、评估、监管等，为数据提供交流和共享的机制，推动数据的跨领域和跨机构流通。采取税收、补贴等信息让渡补偿措施，鼓励数据交易，促进数据要素市场的发展，逐步建立数据要素的全生命周期流程使用和管理。

第二章　敏捷银行使能生态化转型的基础原理解析

“夫情动而言形，理发而文见。盖沿隐以至显，因内而符外者也。”

——刘勰，《文心雕龙·体性》

早在1000多年前，刘勰等人对文学、艺术创作的论述其实就已道出银行数字化敏捷创新中变与不变的辩证关系。

“创新驱动发展”是国家“十四五”规划的核心要义，旨在深入推进以大数据、智能化为引领的创新驱动发展战略。2022年10月9日，中国人民银行发布《金融领域科技伦理指引》（JR/T 0258—2022）标准，要求“秉持科技赋能金融定位”，指出要坚持“金融为本、科技为器”的原则。

因此，数字化敏捷创新所驱动的银行转型，并非是转变“金融”本性，而是要转变银行创造金融价值的生产方式、生产过程，即是银行“形”而非“神”的转型。银行最终的价值判断仍然是以金融为本。就像虽然AI算法也能创作“画”，但“画”美不美、有多美，对美的价值判断并不是由作画的工具如传统的画笔、未来的AI工具决定的；画作之美，仍然取决于人们心中的审美。

同时，虽然金融本质是银行转型中不变的“神韵”，但并不表示其外在形态不重要、不能变。恰恰相反，银行的金融本质内涵需要通过银行外在形态的持续创新才能在日新月异的大环境中被最佳地表达和体现。一如刘勰“盖沿隐以至显，因内而符外者也”及张璪“外师造化，中得心源”所言，“文章情”与“画作美”都需通过创作者进行“符外”或“外师”，才能在“文章”“画作”中获得最充分、最精妙的表达，而创作者的“符外”

或“外师”也正是文学、艺术活动中最具创造性和能动性的环节，这大概也是“第一动力”真正含义之所指。

回到银行，结构形态的“生态化”转型则是当下银行数字化敏捷创新应该驱动的主要方向所在。

第一节 生态银行的特质——敏捷且自进化

俄国著名数学家马尔科夫曾说过，任何一个进步的体系都是开放的，不然就会丧失其发展的可能性，因而也就会丧失其进步性的特点。

近年来，随着人工智能、区块链、云计算、大数据、移动互联、物联网等新兴技术的更新迭代，数字经济实现蓬勃发展，银行经营所处的商业环境正演化成“你中有我、我中有你”的复杂生态，银行所服务的对象、银行自身的营运整体上越来越开放，在坚持银行业务需持牌经营、应严格合规这一特殊属性的前提下，银行与外界合作伙伴的业务协同正趋于越来越深入和频繁，呈现出协同共营的数字化生态之势。我们将银行这种向外生长的新的结构性变迁趋势称为“银行的生态化”，将相应的银行称为“生态银行”，以凸显数字化时代商业银行在外向“形态”方面的开放化、广泛连接的特征趋势。

尤其在新冠疫情冲击之下，各行业面临的数字化挑战陡然升级。上述趋势更为明显。敏捷且自进化的生态银行建设已不再是一种选择，而是成为数字化转型的一种优选路径。

数字化转型为生态银行“廓清迷雾”

关于数字化有一个梗，“I really miss the old days when we were smarter than our phones”（我真的很怀念那些我们比自己的手机要聪明的旧时光）。现在的手机普遍都是“smart phone”，应用功能上也非常智能。事实上，也就是十年左右的时间，智能手机已在全球普及；不难想象我们当下讨论的那些机器学习中的热点话题，在不远的将来很可能成为高中生的选修课。

党的二十大将创新定位为“第一动力”，国家“十四五”规划提出创新驱动发展，其中一个重要抓手就是通过数字化、智能化手段激活产品服务微循环，来促进畅通内循环和打通外循环。敏捷且自进化的数字化转型是商业银行服务实体经济的“新基建”，是实现战略转型的关键推动力，为生态银行转型“廓清迷雾”。

随着零售业务模式逐渐从 B2C 转向 C2B，批发业务模式从 B2B 转向 B4B，商业银行的关注点也会从过去的“我有什么，你要不要”转变为“客户想要什么，我们就提供什么”。所以在技术不断演化的今天，商业银行需要将产品和服务进一步差异化、个性化、定制化，而这背后的支撑就是生态经济环境数字化、智能化。以数字化转型为先导，商业银行应加快探索生态银行能力建设，加速对生态伙伴的金融科技赋能，敏捷且自进化地通过多元化技术模式，构建多场景、多渠道的在线客户运营体系，将利用人工智能、生物识别、大数据等技术，为客户提供针对性、特色化的服务。

实时智能工作流为生态银行“披荆斩棘”

笔者曾经听到两个电话销售者之间的对话，甲问乙说：“你觉得人工智能会让我们失去工作吗?”乙一脸疲惫且生无可恋地回答说：“我真的希望如此!”这段对话的梗在于，人们宁可选择失业，也不屑去进行低附加值的、重复的、枯燥的劳动，用人工智能来做这些工作是社会的发展趋势。在商业机构数字化转型过程中，需要通过“自建生态和共建生态”双管齐下的形式，建立好像杠铃一样的生态和智能服务合作伙伴的协作机制。这其中需要应对四个方面的挑战：一是平台化、生态化的挑战。如何通过共建生态，基于中台智能分析，实时动态感知和响应客户在消费生态全旅程的最佳体验需求。二是安全和风险的挑战。如何通过实时智能工作流的方式，激活流程微循环的实时感知和响应，同步提升客户服务和风控的质量效率。三是资源和能力的挑战。如何通过培养更多更强的科技人才，跟上技术和市场发展的步伐，使所提供的产品服务移动界面能根据目标客户消费旅程或生产经营流程而适时展开，实现交互界面实时的动态化、个性化。

四是决策者面对的挑战。如何具备顺应时势、拥抱变化的视野和胸怀，同时主动运用科技和计量方法降低决策风险。

应对上述挑战，商业银行需要善于运用具有指数级发展潜力的技术，构建端到端的实时智能工作流。例如，智能化信贷准入要达到的效果是线上化和去人工化，客户在线发起申请，远程传递相关资料，最大程度地减少手工录入，使用 OCR 技术对文档进行文字识别，使用 NLP 技术对识别结果进行结构化处理和语义分析。结合内外部数据，银行对信息进行自动化交叉核验，识别造假与欺诈等风险。如果风险点和风险等级没有触发预设的转人工条件，则自动将数据传输至授信评分模型，计算客户评分。评分模型可以用基于大数据的随机森林、XGBoost 等作为主模型，结合专家或挡板规则模型进行调整或拦截。模型得分高于准入预设值，则予以准入。

敏捷且自进化为生态银行“固本培元”

白驹过隙，唯变不变。在“AI +”时代，客户的业务需求比电影《信条》更具技术含量，比《盗梦空间》还要烧脑。在技术创新和业务迭代升级的数字化转型过程中，生态银行的建设需要重点关注以下几个方面。

一是促进业务和 IT 更加融合，运用具有指数级发展潜力的技术和算法，共同赋能发展。通过业务和 IT 敏捷团队，共同构建包括 SOE（System of Engagement，参与交互型系统）、SOR（System of Record，产品服务型系统）、SOI（System of Insight，智能洞察型系统）在内的 SOX（面向未来的多维系统架构），形成“乐高积木式”的企业级能力组合，用标准化、组件化、参数化的“零部件、元器件”，实现产品服务的灵活配置，从而改变过去非模块化的“意大利面”模式，让差异化、个性化、定制化更易实现。

未来，基于数字孪生环境下的模型工厂，银行要将分布式思想灵活运用到技术和业务之中，打通实体空间和虚拟空间，打通内部空间和外部空间，使各部门运用数字化语言交流、银客参与式互动，实现科技与业务的充分融合，成为敏捷而自进化、与生态伙伴协同迭代的生态银行。

二是使科技能力适应云原生时代。随着分布式战争的到来，一盘散沙式的战斗机、舰艇和陆地移动装备已经无法打赢混合多云环境下的分布式战争。军事战斗需要在海上和偏远地区运用作战云和战术云功能以及认知智能。而运用与企业级业务组件紧密衔接的微服务、容器和IT服务治理等云原生技术，可以把“乐高积木式”的IT架构进行拆分和重组，以更加敏捷地响应差异化需求。就像航空母舰战斗群，能够运用作战云和战术云通信工具，以及建立在其基础上的实时智能工作流，将各种航空和水面战斗群实时智能链接，迅速部署和实施战术组合动作。

三是确保合理、安全地使用数据。例如，在《欧盟通用数据保护条例》（GDPR）于2018年5月25日生效之后，2021年4月21日欧盟颁布《AI监管草案》，将全面禁止大规模监控和利用人工智能技术的社会信用体系，对特定领域的“高风险”应用进行严格限制。我国也已颁布并实施《信息保护法》和《数据安全法》。商业银行的数字化转型需要与数据隐私保护相衔接，充分运用分布式商业模式、联邦学习、多方安全计算技术，处理好数据隐私保护、算法、算力的分布式协作，实现生态合作共赢。

四是建立科技人才培养体系。人才是第一要素，为了更好地迎接金融服务的未来，商业银行应提前布局“智能数据人”培训体系，专门培养初级、中级、高级数据分析师，以及培育数据科学家。

第二节　生态银行范式的再探讨

中国银保监会在《关于银行业保险业数字化转型的指导意见》中指出，银行业保险业数字化转型要坚持“回归本源、统筹协调、创新驱动、互利共赢、严守底线”的原则，到2025年建立形成多层次、广覆盖、有差异的数字金融体系基本框架，金融数字基础设施进一步完善，科技实力明显增强，关键领域技术自主可控，开放合作的金融数字生态系统基本形成。

笔者在《生态银行》一书中指出，就《关于银行业保险业数字化转型的指导意见》的落实、数字化转型的推动即当下的生态银行打造而言，其中的机体是自动化，灵魂是数字化运营和智能分析能力。

生态银行的范式与边际改善

首先，业界有观点认为，从数学模型本质来看，银行是“资金期限错配的优化函数”，这个“函数”本质就不是线性的，优化的解必须兼顾利差最大化和流动性风险最小，于其间取得一个平衡解。那么，这种数学模型的思路是否可以继续应用于生态银行的理论解释呢？其次，从动态角度来看，银行的运作和边际变化体现在资产和负债的久期变化上，那么生态银行的基本要素是如何在边际改善上推动银行生态体系运作的呢？

先谈数学模型之于生态银行。

诚然，数学模型是客观世界基于一定假设下的抽象，从这个角度来看，一个线性函数背后假设的复杂性要远远低于一个多项式函数。但是，自经济学“边际革命”之后，西方主流经济学的中心议题从劳动分工转向了资源在一定条件下的最优配置，走出了一条过分依赖个体主义方法论的发展道路。首先，在不确定条件下，经济人目标函数是用期望效用表示的，用期望理论表示的随机现象都与概率有关，而概率分布的存在性依赖于随机试验的无限可重复性。根据大数定律，在一定条件下概率风险可以通过无限可重复的试验而完全回避掉。然而在现实中，决策成本、流动性约束、时间的不可逆性和其他客观条件的变化可能使实验无法重复进行下去，结果就会产生决策者对不确定性产生恐惧感以及决策偏离期望效用最大化原则的现象。因此，数学方法的局限性决定了理性的边界，不建议将生态银行的整体模式用基于个体主义方法论的简单函数形式进行表达。

从理论上看，对生态银行最合适的解释是依靠辩证法。遵循对立统一、量变质变、否定之否定规律的思路，生态银行理论模型引入随机变量和概率分布表示群体行为特征，将个体理性假设和群体非理性假设融合在一个框架内，实现个体与整体、演绎与归纳的统一。随着数字化向纵深发展，尤其是元宇宙时代的到来，如何使用成本有效方法设定模型将更具挑战性，即用最少变量及合理函数形式，在一定精度范围内描述业务模式。

再来谈边际改善的实现。

从科技视角来看，其实各种科技潮流本身就是各种生态环境变量变化的综合体现，不断紧跟各种科技潮流趋势就是实现紧随生态变化而进化的过程。诚然，从科技趋势来看，有两个层面含义，一种是跟上各种具体潮流趋势，另一种是跟随潮流“变化”的变化率。用数学语言来讲，如果科技趋势是一个函数，前者是跟踪函数本身，而后者是跟踪函数的导数。一般而言，跟踪函数的导数更重要、更本质，一旦抓准了也更具威力。

所以，对于商业银行而言，在生态银行阶段，紧跟产业互联网、元宇宙等热点，更重要的是如何做到不断迭代进化，如何始终保持及时、恰当跟进科技变化，这是最具挑战性的。其实，即便是科技公司，能在这点上始终做好的也并不多。比如 IBM、GE、苹果、微软这些企业，在技术更新换代中也会陷入困境。而苹果、微软、百度能成功穿越多个技术潮流周期，实现再度崛起，就越发显得不易了。

区别于传统银行，生态银行需要在人才、管理、数据、科技等要素上突出重点，加大投入。在生态银行框架下正确配搭，提升效率，解决不协调和激励机制问题，上述要素现在或未来将是边际产出率最高的，即使目前边际效用相对低，但会在未来出现拐点。

例如，一家股份制银行正在推进“分行画像”分析设计工作，初步目标是希望形成一个分行管理现状和趋势分析框架。分行画像以机构和机构高管为主体视角，通过合规、业绩、风控、管理、创新、基础等多维度能力来刻画整体画像，计划通过可量化数据平均、离散数学函数实现多维图分析主体在上述各项能力方面的强弱。先期通过简单线性回归函数曲线图来分析主体相关能力趋势和走向，通过结合全产品线饼状图统计数据来分析主体业务产品覆盖度，另外也在积极探索对非结构化数据的挖掘和分析，以此补充刻画分行画像整体完整度。

生态银行的成分结构特征

根据《关于银行业保险业数字化转型的指导意见》中“统筹协调”的原则，生态银行的生态成长既是自上而下的，也是自下而上的；既是自外而内的，也是自内而外的，甚至是联合创意深潜共生的。

按照生物学的定义，生态系统是指在特定时间和空间范围内，生物群落与非生物环境通过能量流动和物质循环所形成的一个相互影响、相互作用并具有自调节、进化功能的自然整体。

生态银行系统是否能如生物生态般地进化，首先要看生态银行在成分结构上是否具备生物生态系统的关键特征，即需要回答生态银行系统的生产者、消费者、分解者及其生态环境是什么？

“生态银行系统的生产者”主要指产业和消费互联网以及银行所提供的信息产品和服务。这些信息产品和服务通过平台发挥作用，产生大量数据，既满足各自行业需求，又能为生态银行系统提供数据来源。数据作为数字经济时代的重要生产要素，发挥基础性和关键性作用。生态银行系统遵循梅特卡夫法则，即网络的价值等于其节点数的平方。作为生态银行系统的基础部分，网络节点越多，所产生的数据量及数据的价值就越大。边际成本变化不大，边际收益增长较大。由于规模效应，边际收益大于边际成本。

“生态银行系统的消费者”主要指银行通过寄居、共建、自建生态场景深度融合产业数据、消费数据以及银行数据所形成的数据应用。这些应用充分挖掘数据要素的生产力，准确地进行客户洞察、精准营销、风险管控、不断提高自身竞争力。在价值共创的驱动下，供需双方信息交流更加便捷及时，银行边界扩大，呈现出协同共生关系。

“生态银行系统的分解者”主要指大数据、云计算、人工智能等提供面向各种分析场景的数据增值服务应用，如实时数据应用、可视化应用等。以生产者和消费者为分解对象，将加工所得的数据、信息、知识和智慧反馈给生产者和消费者，并与生态环境相适应，完成生态系统中能量与物质的循环流动。

“生态银行系统的生态环境”主要包括基础设施、创新环境、投资和数字治理等方面。其一，基础设施包括大数据、云计算、人工智能、工业互联网、物联网、边缘计算、区块链等新一代信息技术，是数字化转型下生态银行建设的基础和先决条件。其二，对创新友好的整体环境。创新主要有基础理论创新、科技创新以及包括经营管理模式等在内的商业创新。开放、共享、包容的环境是生态银行创新发展的基础前提。其三，人才、数据要素和资本的持续投入。生态银行依托的数据分析和科技属性，需要大量且持续不断的投入。另外，数据作为重要的生产要素，本身可以作为资本。创新数据资本化模式，依据数据价值参与收益分配。而数字化人才是生态银行创新发展的基础。其四，数字治理通过构建与数字化转型下生态银行特征和规律相适应的治理体系，剔除数字化转型下生态银行发展的制约和阻碍因素，并满足监管合规要求。数字治理主要包括个人隐私与数据安全、反垄断、数据确权等法律法规、制度和政策的完善。数字治理是数字化转型下生态银行发展的保障，可有条不紊地实现生产者、消费者和分解者之间的物质和能量交换，实现生态系统的演进和平衡，把生态银行建设得郁郁葱葱。

随着数字化转型下生态银行的演进，一切金融活动都将被重构，并基于场景下沉到产业和消费领域，生产力和生产关系发生重大变化。数字化转型下生态银行系统以数据资源为基础，构建生产者、消费者、分解者与生态银行环境之间良性互动的紧密合作关系，形成边界开放的复杂网络系统，不断实现价值创造和价值分配。

银行生态进化的机制与趋势

上述分析显示，生态银行有着生态的最基本特征，是一个进化的系统。那么，生态银行生态进化的机制如何？进化的趋势是什么？

生态银行的生态进化是两个方面合力的结果：一方面来自银行内部，以敏捷为原则、以流程梳理为基础、以数字化中台为工具，高效串联行内各类创新资源。另一方面来自银行外部，要与生态伙伴实现同频共振。在此，可从人才、管理、数据、技术层面大致归纳出如下进化机制。

首先，人的要素是“魂”。

人是第一要素，高水平人才是格局、知识与专业技能最好的载体。生态银行的一部分进化动力来自生态伙伴间中高级专家的有序流动。比如 IBM 和 SAS 之间就存在一种比较微妙的关系。两家公司在商业智能和生物医疗咨询服务领域是竞争对手，但由于两家企业的总部距离很近，它们又联合起来共筑竞争壁垒。两家公司总部之间有“专家级员工互换项目”，每年有一定数量的员工可以报名参加，短期甚至永久交换到对手企业去工作。在一定的时间内，两家企业保持了在细分领域的竞争壁垒。虽然随着时间的推移，该机制在执行过程中没有很好地做到多样性人才的流动，导致基因同质化程度逐渐变高，但是这种机制本身是一种调动生态伙伴积极性的尝试，危机与共赢并存。

其次，管理要素是基础。

基于管理要素视角，生态银行在架构设计、组织模式、人员管理、绩效考核、章制体系、内部控制以及内外协同机制等方面系统化、规范化、强执行的能力将是其进化的动力之一。而这就需要对银行内部制度和流程进行梳理和优化，以战略驱动、服务驱动、风险内控驱动和体验驱动为主题场景开展流程梳理，从流程评估、痛点发掘、流程合规风险点识别以及优化方案设计和完善制度等方面提升整体精益流程改善水平，并持续按照质量管理 PDCA［Plan（计划）、Do（执行）、Check（检查）和 Act（处理）］循环进行阶段性检视、完善乃至再造。

再次，数据要素是血脉。

生态银行基本要素在溯源、运行、修正、进化的过程中都“可以”而且是“必然”通过数据要素来体现。数据要素与金融要素的结合，其解决的痛点在于降低信息不对称、提升风险定价能力以及优化资源配置效率。通过场景金融提升生态银行数据可得性；通过科技金融提升生态银行数据处理分析能力；通过管理金融提升生态银行数据全面性。所以，促进内部数据资产沉淀，强化数据协同和数据复用对于生态银行动力机制的顺畅运转尤为重要。

最后，技术要素是骨骼。

生态银行本质上基于场景所构建的服务单元，在智能技术加持下，结合数据要素，进行关系重联、智能进化，最终实现围绕用户全旅程无感泛在的综合服务过程。基于数据和智能技术，按照用户全旅程需求，智能实现节点重联，提供最佳体验和服务；基于数据和智能技术，提供千人千面客户洞察并服务长尾客户，实现价值放大；基于数据和智能技术，构建人 + 机器的创新组织形态“仿生运营”；基于数据和智能技术，构建自治自驱智能组织单元，快速智能组合，适应市场变化。有趣的是，生态系统跨界合作常用的编程语言 Python 本身就颇具生态组织特征，很容易就能在其体系中增添用于数学计算、数据搜集、机器学习、数据可视化的各种新模型，以及基于这些模型进一步开发的大量衍生库，并且高度开放，支持绝大多数开发平台，使其成为一个完整的数据科学生态系统。

而数字化转型下生态银行生态体系的演进和进化结果可从微观和宏观两个角度来理解。

在微观层面，银行通过寄居、共建、自建等模式形成以中枢企业为核心的生态场景，连接上下游企业和消费者群体，沉淀海量数据，基于数据挖掘分析和反馈，进行关系重联、智能进化，围绕用户全旅程提供无感泛在的综合服务，并对产品模式、生态关系及生态环境加以优化和改进，实现总体价值增值。

在宏观层面，随着消费以及产业互联网化，金融服务也必将随之加快场景化、生态化、在线化。银行从单纯资金输出到产业赋能，向生态共建的生态银行转型，获取流量和数据，为用户提供无感泛在的综合服务，推进产业群落发展，落实国家“金融服务实体经济发展”的要求。银行利用资金、技术等资源赋能产业，促进产业自身升级。同时，生态银行促使产业群落进一步分化，并与内外部环境相互作用，成为产业生态演进的核心力量。产业群落之间通过数据要素资源的流动，进一步形成与生态银行系统相匹配的产业生态系统，核心产业与支持性产业、上下游产业之间资源高度整合，深度互动，实现优势互补和价值共创。产业生态系统反过来促进生态银行系统的演进和进化。

第三节 生态化催促商业银行中介模式的进化

作为全球最大的数字化大国，中国 2021 年数字经济规模占 GDP 的比重达 39.8%。数字社会使数据要素、智能决策以及信用快速流动。而这些关键要素的数字化流动大幅降低了产业跨界难度，使金融业务主体倍增，体现为金融中介的高度多样性和复杂性，展现了颠覆现有市场结构的影响力。

中国银保监会在推进银行业保险业数字化转型时强调："坚持开放共享，建立开放的价值生态，提高金融的生态连接能力和价值链集成能力，促进金融与经济社会各领域开放共赢、合作共享"。笔者所著的《生态银行》便是深入贯彻这一理念的理论实践探索。在该书中笔者提到，"构建智慧生态已成为商业银行发展第二曲线的必由之路和升维之战"。在数字经济时代，金融和科技加速融合，金融服务形态正在巨变，消费升级、异业竞争、风险管控、新冠疫情等对商业银行提出了全新的挑战和发展要求，而应对之法在于升维进化。

在本节中，笔者从生态银行的定义和金融中介理论出发，探讨生态银行随着所充当的中介的模式进化而展现出的新特点，以及相应所需要的建设策略及风险体系。

生态银行和金融中介模式

2021 年 2 月 7 日，国务院反垄断委员会制定发布《国务院反垄断委员会关于平台经济领域的反垄断指南》，旨在预防和制止平台经济领域垄断行为。这说明在数字社会背景下平台经济已经进入下半场。随着大数据、云计算、人工智能、物联网、区块链等技术的应用，平台经济正从电子商务、娱乐、社交、生活加速向各个领域渗透。而平台本质上是基于场景的服务单元集合。场景生态中的各个节点随平台进化发展进行关系重联和细化，构成生态系统。

生态银行是平台经济、产业互联网化等发展趋势和金融发展要求相结合的必然结果。某国有银行在报告中宣称，在全球最具价值的前 100 家银行中，超过 70% 已经通过建设银行平台等模式投入场景生态建设中。渤海银行也正在"全面数字化，构建敏捷有温度的生态银行"；推动平台合作业务由"寄生依赖""寄生嵌入"的模式走向"共生共建""自建融合"的模式。

生态银行，目前业界尚无权威定义。《生态银行》一书尝试将其定义为：以有条不紊的内部迭代构筑自进化能力，以数、智、云的比较优势敏捷赋能合作伙伴，以无缝衔接的分布式协作融合打造生态系统，围绕用户全方位需求实现无感泛在、浸润式服务的“金融 +”机构。

生态银行秉持以人民为中心的发展理念，聚焦新时代使命担当，围绕共同富裕，通过激活微循环来畅通内循环、打通外循环，使金融与非金融服务在产业价值链和客户消费旅程中无缝链接，提升金融服务的便捷性、安全性和普惠性。

有别于开放银行和互联网银行，生态银行属于未来银行的概念。“开放银行”只是“生态银行”业务模式中的一部分；在“自建融合”模式中，甚至可能不是必要的内容。笔者谈“生态银行”，更多的是阐述金融科技创新以及平台经济下的银行转型、模式创新，与“互联网银行”也有巨大的差异。

“生态化”是大势所趋，当银行以自身优势融入或主导了生态圈，就有了“生态银行”的色彩，并不断推进中介模式进化。例如，生态银行抓住未来产业链的分布式形态，围绕全链路数字化，以数字化风控和实时经营情况为基础，与核心生态伙伴协同开拓供应链生态，实时获取产业链一手信息。当企业成为生态中的一个节点后，其行为更易刻画、风险可测可控，银行能对企业信用实时动态评级，使供应链生态系统中企业以秒级的速度获得融资，实现资金与产能的精准匹配，以深化供给侧结构性改革之实，结支持实体经济发展之果，以 B 端分布式生态协作实时响应 C 端个性化定制（C2B4B）。在供应链末端，生态银行与合作伙伴协同追踪 C 端客户消费旅程，根据其所处的细分市场嵌入定制化产品和服务。

中介职能作为金融的本质，是分析金融中介时首要且最为重要的出发点。传统金融中介理论以交易成本和信息不对称为基础，以信贷中介为主要功能。随着技术进步和创新，现代理论认为金融中介的存在是因为其风险管理和价值创造职能，通过服务模式和产品创新、有效的风险管理为客户提供价值增值、降低参与成本。生态银行中介职能的本质并未改变，但其实现形式将发生进化。

生态银行中介模式的谋变与进化

生态是一种精巧的结构，需要用精细化思维来经营。作为未来银行的一种形态，生态银行最终依赖于有效、全面的资源配置和风险管理，实现客户导向、价值创造。

第一，生态银行以客户为导向，实现“价值创造”中介职能的增强。

一是准确地洞察客户需求。银行作为金融中介为客户提供金融产品和服务，但银行并不全面了解客户的需求。如果能全面了解某客户的购汇习惯、购票信息（如舱位、目的地等），银行就能更准确地刻画客户需求，为该客户提供更到位的服务。生态银行能利用生态数据，实现客户需求精准洞察。目前国家监管政策和法规趋严，依赖流量数据的个贷业务受到极大限制，缺乏足够转型准备的银行，其传统“存贷汇”需求明显不足；一些感到迷茫的银行人员，将营收下降归咎于监管过严或外部环境困难，但实质是其转型动力不足，能力远落后于供给侧结构性改革的需要、落后于以精益服务深耕市场的时代潮流。而生态银行对此提出了机遇与挑战并存的解决方案，要求员工以敬业、精益、专注、创新的工匠精神建设生态银行。

二是基于客户全旅程提供产品和服务，实现价值创造。“场景金融”将逐步回归至以“客户为中心”的需求侧经营，精准分层（需求、风险、收益）将是银行根据自身资源及偏好进行选择的必要条件。基于精准客户分层、画像，生态银行可建起客户、产品、渠道、合作方的市场模型，当个人业务资产增速放缓，可以用中收、存款、理财等实现价值创造。

第二，生态银行以信息闭环和人工智能构建风险过滤器，实现“风险管理”中介职能的增强。银行与外部合作商的线上对接会加长风险管理链条。出于数据安全、隐私保护、系统壁垒的考虑，数据难以实现连通，数据的缺失使银行无法有效识别风险。生态银行构建的信息流、资金流、物流闭环，是天然的风险过滤器。以生态系统内海量数据为风险洞察基础，借助人工智能技术，银行可以及时、准确地识别风险，有效行使风险管理的中介职能。

第三，生态银行将银行中介职能解构、重联、下沉，融合用户金融和非金融需求，实现金融中介资源高效配置和极致用户体验。生态银行演进始于银行中介职能的解构，银行中介职能解构始于用户场景服务需求。银行通过“加、减、乘、除、幂”实现生态系统演进。“加”和“减”是以用户为导向，根据客户旅程需求评估，增加或去除生态节点。“乘”是运用大数据、云计算、人工智能、物联网、区块链等技术手段，实现生态节点重联、价值放大和体验提升。“除”是运用智能风险管理，构建生态银行自进化的免疫系统；“幂”是将上述模式不断复制、下沉到不同的场景中，构建分布式商业合作模式，实现生态银行客户、用户、营收的指数级增长和资源的高效配置。

第四，银行、生态伙伴、生态用户的金融和非金融信息，构成了生态系统的DNA。银行作为生态系统的组织者，有着持牌金融机构的先天DNA，将数据和技术融入组织和流程中，建立“机器＋人”的仿生运营模式。同时，要综合考虑生态伙伴的禀赋，包括数字化水平、产品和服务在行业中的地位、与银行数字化发展阶段的匹配度等。

随着中介模式的进化，生态银行加速演进AUM和FPA考核指标体系。在C端，针对个人客户的AUM、MAU与DAU① 体系日臻成熟。生态银行模式无感泛在地引流，将高频生活场景与低频金融场景有机融合，加快MAU和DAU的规模积累、用户到客户的转变、流量盘活到流量留存，进而实现AUM的有效转化。在B端，针对企业客户的FPA② 体系立足客户融资总量，重点考察新增规模，突出生态银行综合金融服务价值，向轻资本、轻资产转型；从股权直投、理财资金出资、自营投资、票据融资、债券承销等多维度出发，整合交易型资源，体现了生态银行以合作伙伴、生态用户（客户的客户）为中心的进化模式。

与此同时，生态银行积极践行ESG（环境、社会、公司治理）理念，在生态建设、战略执行、业务发展和社会责任等方面，深化金融供给侧结构性改革。随着系统内数据的积累和完善，在智慧风险引擎的作用下，生态银行风险中介、信贷中介、价值创造等模型持续迭代，快速收敛于最优

---

①　AUM即资产管理规模，是衡量金融机构资产管理业务规模的指标，具体到零售业务，即指零售资产管理规模。MAU即月度活跃用户数量，它由两部分组成，一部分是客户数量，另一部分是客户的活跃度。DAU即日活跃用户数量，常用于反映网站、互联网应用或网络游戏的运营情况。

②　FPA即客户融资总量，主要是指满足公司条线客户的全部融资需求，包括贷款、贴现、非标融资、理财资金、债券承销、撮合等各类资金来源合计。

解。生态银行参与成本降低，资源配置效率提升，生态银行中介模式动态进化。

“5E”策略推进生态银行建设

作为金融中介，商业银行如何在生态银行浪潮中转型突破、重塑银行新业态并抢得先机，成为摆在各个商业银行面前的共同课题。

笔者在《生态银行》一书中提出聚焦生态（Ecosystem）、共生共赢（Engaged）、专业赋能（Enable）、无感泛在（Everywhere）、智慧引擎（Electronic）的“5E”策略，试图从战略选择、业务模式、自身禀赋、用户体验以及智能决策等方面，走出一条生态银行演进之路，从选场景到建生态，并在智慧引擎和生态数据的加持下，持续运营、智慧进化，实现无处不在的银行服务。

	“选”场景	“建”生态	“智能”进化
目的	以**“聚焦生态”**（Ecosystem）战略能力为指导，依据生态场景方法论以及自身禀赋，选准场景，确立生态银行建设的生态DNA和发展策略	以“**共生共赢**”（Engaged）构建生态建设商业模式，释放禁锢价值；以“**专业赋能**”（Enable）为指导，基于场景、赋能伙伴构建生态体系	依托“**智慧引擎**”（Electronic）以及生态数据沉淀，实现生态重联、因智使能、自治自驱；打通客户服务的“最后一公里”实现“**无感泛在**”（Everywhere）的金融服务
关键活动	1.合作方行业分析、客群分析、竞争分析 2.“流量”分析：生态流量大且聚集、客户结构清晰、消费频率高，有助于获客和盘活存量 3.“数据”分析：通过数据理解消费行为、是银行精准触达、交叉销售的基础 4.立足自身禀赋，选取合作场景同时形成生态合作战略 ……	1.从用户能力、账户能力、支付能力、产品能力、营销能力、数据能力以及生态整合能力七大专业能力出发，确定选定场景的科技和金融赋能能力，构建生态体系 2.以共生共赢为指导，最终确定生态建设商业模式 ……	1.以数据运营为基础，以智慧引擎为依托，以用户运营为目标，推进产品、活动、商户、内容、平台、服务、渠道、新媒体持续运营 2.除了基于生态的小循环，从不同场景的打通和行内经营的角度，形成大循环运营进化方案 ……
产出	1.《××生态合作行业分析》 2.《××生态合作场景选择和合作战略》	1.《××生态银行建设方案》 2.《××生态银行专业赋能方案》	1.《××生态银行专业运营方案》 2.《××生态银行大循环运营方案》

图2-1　生态银行演进之路

第一个“E”聚焦生态，强化生态转型思维，保持战略定力。未来银行将制胜于生态银行，生态银行转型须坚持第一性原理，聚焦行业、场景、客户，发掘核心优势，通过比较优势快速集聚生态、共同进化，如“离水不死”的肺鱼敏捷自进化，持续适应生态环境变化。大型企业集团往往具有多项主营业务，蕴含着诸多场景、“圈链”和“系统”。银行可以公私业务破局，层层拓展，批量获客，以平台为依托，用科技及数据黏客，整合其集团各类生态资源，为后续的智慧引擎提供燃料。

第二个“E”共生共赢，创新业务模式，释放禁锢价值。进入生态银行时代，出于优势互补与资源整合的需要，生态各方合作愈加紧密，趋于利润共享化、风险共担化和合作伙伴化。生态银行将在各方推动下协同构建共生共赢体系，与生态伙伴强化业务模式协同创新，做好目标客群全生命周期旅程定义，推进数字化渠道完善，加强公域用户到私域客户的转化。在生态客户旅程的各环节，银行都有切入机会，实现与生态伙伴的共生共赢，相互赋能，提供综合化、一站式、定制化的服务。银行可以将授信的总体额度在生态系统中打散、细分，既保证贷款用途合理性、安全性，又体现量身定制产品的服务理念。西班牙对外银行（BBVA）作为开放银行的先行者，通过开放 API 的形式，从合作伙伴成功获得了存款资金、服务费用以及相关数字资产。

第三个“E”专业赋能，立足自身禀赋，建立竞争优势。数字化转型进入下半场，生态赋能范式形成。每一种生态场景都有其特性，能否看懂某个行业，并从中挖掘价值，考验的是银行自身的专业化、精益化能力，是否具有工匠精神。银行想让生态健康长久运转，就要做到看得懂、接得起、留得住。在需求端、供给端、监管端的驱动下，银行基于生态场景，构建差异化的数字服务能力，以自身专业能力的演进对生态的数字服务赋能。比如某股份制银行使用前沿算法，开展精准定价。通过制定大额存单额度和定价管理机制，对贷款定价要素进行创新。建立存款定价模型以准确识别客户利率偏好及资金稳定度。全面评估客户金融需求，实现“千人千面”、基于产业链的综合金融服务，避免定价一浮到顶。各商业银行在决战生态银行战场时，应立足自身的地域、客户、产品、科技禀赋，确立比较竞争优势“护城河”。

第四个“E”无感泛在，提升用户体验，实现爆发式增长。金融供给侧和需求侧要协同改革，增强产品和服务的定制化和个性化程度，由为大众提供标准产品向找准细分市场打造利基产品、锁定细分客群提供定制产品和特色化的“钩子产品”转型。生态银行应借鉴“增长黑客”理论和实践，以用户需求为中心，与生态伙伴协同提供无感泛在、浸润式体验，在目标细分市场实现爆发式增长。酒香也怕巷子深，爆发式增长首先要让客户找到你。“钩子产品”就是将目标客户从公域、半公域引入半私域、私域；找准市场及客群定位，联合生态伙伴的增值服务，以利基产品为抓手实现活客、黏客。在渠道方面，银行可通过覆盖客户以及生态伙伴终端的“端策略”触达客户和生态用户，提供全面、无感、深入的金融服务。比如某股份制银行发力生活类 APP，将其作为旗下非银生态业务的客户经营平台，从衣食住行出发，搭载金融服务；为 B 端商户提供电商平台、技术支持，为 G 端政府提供公益，为 C 端客户提供无套利优惠。生态竞争优势的确定，以用户体验为最终检验标准。

第五个“E”智慧引擎，促进场景、数据、技术融合，实现生态重联、因智使能、数实共生、自治自驱。人工智能为时代画上了分界线，崭新的时代已然来到。基于生态系统内云原生技术，构建客户洞察、智慧风控、敏捷营销、产品支持、智慧运营、生态管理六大智慧引擎。比如某国有大型银行积极运用人工智能技术，建设企业级机器人流程自动化（RPA）平台，打造数字化运营能力。通过智慧引擎，在生态重联、因智使能、数实共生、自治自驱四大方面赋能业务发展和商业进化；按照客户需求重联节点，利用动态精准画像服务长尾客户；提升企业数字力建设，使其化身为智能作战小模块，快速智能组合，实现自治自驱。

顺应生态化、拥抱生态银行

生态银行将加快在政府、医疗、教育、餐饮、能源、制造、工程等领域的生态渗透，针对特定优势行业和区域，构建核心业务场景，实现客户沉淀，在自主和开放中构建渠道“无感穿行”、资源“优势互补”、服务“隐形泛在”的生态体系。

商业银行将通过生态银行全面实现业务模式升级，激活并激发伙伴、客户（用户）、技术、数据、人才等生态要素的综合创新力，生态系统成员之间的关系由静态博弈转为动态共生，生态银行向目标生态伙伴提供“科

技力 + 金融力”的综合赋能，穿行企业上下游价值链，穿透母子公司价值网，穿越货币市场和资本市场，在敏捷自进化中与生态伙伴协同进化，及时响应需求侧新要素，不断推进生态产业化和产业生态化。

正如迪士尼前首席执行官罗伯特·艾格说的那样：“科技的发展终究会淘汰老旧的商业模式。你可选择哀怨伤怀……或者，你可以拿出比你的竞争对手更高一筹的高涨热情和创意，努力理解和接受新的格局。”

让我们一起顺应生态化、拥抱生态银行！

第四节　银行生态化的底层定律

银行数字化转型的领先实践表明，数字化转型需要以平台生态为生产方式，以科技为工具，以数据为生产资料，帮人成事，给人赋能，通过链接与陪伴，避免被脱媒。

比如某银行在创新某蔬菜普惠金融业务时，建立基于一卡通 + LED 显示屏 + 电子地秤在的“蔬菜智慧秤易终端”，连接农户、合作社和蔬菜批发商等生态合作伙伴，几十万菜农可借助微信看到电子记账、交易数量、市场行情、卖菜款项，在享用银行平台高效便捷的结算服务的同时，还能凭借历史交易数据获得大棚快贷的资金支持。

复盘这一成功案例，以及推及生态建设在更大范围的扩展，银行的生态化遵循五个底层定律。一是大数定律，“在随机现象的大量重复中往往出现几乎必然的规律”，“数据”中蕴藏着商业金矿。也正是“数据”的变迁催动了银行的生态化，“数据”既是生态银行的“衷”（缘起）也是其“终”（目的）。数字孪生时代即将来临，要求商业银行将数据真正视为一种关键生产要素和最为核心的企业资产，围绕数据资产全面重构经营模式；也要求数据生态在完备性、实时性、智能化等方面达到更高水准。二是梅特卡夫定律，“一个网络的价值将与融合系数 K 和用户数的平方成正比。”生态银行整合合作伙伴，立足平台商业模式，谋求激发生态的非线性效应，以获得用户数量及客户价值变现的指数级增长。三是康威定律，“设计系统的架构受制于产生这些设计的组织的沟通结构。”生态银行底层技术架构的云原生分布式特征将倒逼银行组织架构（内、外）的变革。在前数字化时代，只有对公客户和高端客户才能获得高成本的定制化产品服务，而数字化转型使定制化与标准化可以兼顾。在企业级业务架构和数据架构管控的基础上，原有的固定部门应定制服务需要，随时分拆成微型敏捷团队，以客户为中心弹性边界、无缝链接，实现“银行即服务”。四是墨菲定律，“如果事情有变坏的可能，不管这种可能性有多小，它总会发生。”生态银行建设涉及建生态、搭场景、扩用户，应恪守数据质量、效率、隐私保护的三角平衡，与生态合作伙伴风险共治，跨界有边界，有所为有所不为。五是熵增定律，“在一个孤立系统内，如果没有外力做功，其混乱程度（即熵）会不断增大。”生态银行通过开放协同创新与外界实现能量交换，从而为“熵减”提供可能性，即生态才有可能在某种有序状态上达成稳定、平衡。

熟谙生态银行底层定律，才能在生态创新中慎终为始抓当下，在防范风险时慎始慎终谋长远。

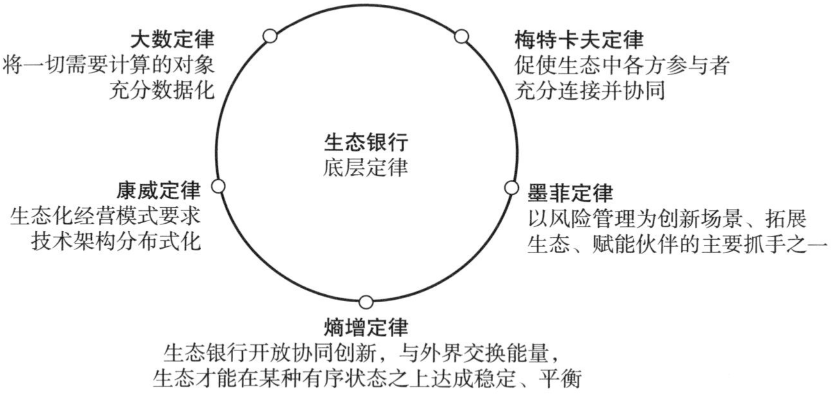

图 2-2　生态银行的五大底层定律

大数定律：“数据”变迁催动生态化

大数定律在经济生活中无处不在，然而其价值要可被利用进而得以充分释放，需要我们经济生活中的现象是可被“计算”的，即将一切需要计算的对象都充分数据化。应该讲，对于商业银行而言，一直以来就是围绕“数据”展开经营的企业，从现代商业银行在意大利萌芽、诞生起便是如此。只不过在金融科技进入数字时代之前，商业银行的“数据”更多呈现为“账簿”形式。也正因为商业银行与生俱来的“账簿”思维，银行始终从“记账”的角度来看待自己业务经营过程中产生的“数据”，银行对手中大量数据的定位主要停留在“记录发生了什么”这一层面。银行的传统数据观中根深蒂固的“账簿”思维，其负面影响不仅仅使传统商业银行对“数据”的利用大多局限于生成各种反映既往经营状况的报表范畴，更严重束缚了商业银行经营思维的革新。这导致商业银行普遍未能及时意识到非金融数据或弱金融属性数据的巨大价值，未能更积极、更及时地拥抱 ABCD 及 IoT 等金融科技变革，错失平台化、生态化的早期红利。甚至时至今日，基于“账簿”思维的数据观以及多年来以此为根基所积淀形成的数据基础设施、经营管理体系，仍然是商业银行在实践中深入推进数字化转型、实现数据资产化经营的底层障碍之一。

反观互联网科技企业，它们能够发展出数据驱动业务的智能商业模式，根源在于其对“数据”采取了更为宽泛的定义：不局限于交易信息，而是通过日志方式采集一切可采集的用户行为数据。尤其是在移动互联网兴起之后，互联网科技企业对用户线上行为的跟踪是近乎全天候的。丰富的日志数据结合大数据技术、深度学习等科技手段，让互联网科技企业能够开展相关性分析、偏好预测等更为复杂、智能的数据分析。而这也帮助互联网科技企业成功实现了对用户信用的判断，并由此掀起一轮金融科技创新浪潮，猛烈地冲击着商业银行的传统经营模式。

当前，金融科技正在进入数字孪生时代，物理现实世界中的人、事、物都正在以数据的形式实时、全量地映射为数字空间里的数字孪生体。例如谷歌在 I/O 2022 大会上发布的地图新功能，结合神经渲染技术将伦敦街头的实时实景呈现到位于地球另一端的人眼前。“虚实相生”将成为数字孪生阶段最为重要鲜明的特征之一。所谓“虚实相生”，是指数据智能将开始全面介入对物理现实场景的塑造之中，数据智能的闭环将不仅仅发生在 APP

场景之中，物理现实场景中的人、物、环境都将被全面纳入数据驱动的智能闭环。“虚实相生”意味着能通过数字空间中的运算来完成对用户在物理现实世界中的旅程的实时引导、构建甚至创造。当前在外卖平台经营中，由算法智能来实现对庞大的骑手大军的管理、调度，可以视为“虚实相生”的一种早期实践。在数字孪生的“虚实相生”阶段，客户可以不必再面对各个银行复杂费解的APP操作界面，客户所面对的银行将会呈现为全新形态——可能所有对客服务都浓缩到一个可以通过AR方式在客户的物理现实空间中与之相伴的“虚拟”数字人身上。

这将对商业银行的数字化转型提出更高要求。要求商业银行将数据真正视为一种关键生产要素，视为银行最为核心的企业资产，并围绕数据资产全面重构经营模式，也要求商业银行的数据生态在完备性、实时性、智能化等方面达到更高水准。

梅特卡夫定律：获得非线性的价值效应

商业银行要获得梅特卡夫式的非线性的价值效应，前提是要构筑起“网”状生态。这需要商业银行促使生态中各方参与者尽可能充分地彼此连接并协同起来，而不能停留在“银行能与各方分别连接”阶段，也不能只是一条或几条链路的连通。商业银行可以充分发挥自身作为信用中介具有较高社会公信力的天然优势，致力于解决在数字科技平台生态中仍然普遍存在的围墙花园问题，做数字经济的串联者——从科技水平的发展阶段及商业规律看，这类问题的产生有其必然性，且最终解决很难依靠已经身处局中的既有科技平台。商业银行可将此作为发展数字生态的突破口，打造更符合未来商业发展趋势的全新生态经营模式，获得差异化竞争优势。比如，眼下就可结合国家正在大力推进的数字人民币场景创新试点，构建跨平台跨生态直接互联互通的支付基础设施，由此重塑数字生态格局。又比如商业银行还可以着重打造跨平台跨生态的统一权益体系以及统一身份验证等，提升用户对自身数据、权益的掌控程度，凭借更加“以客户为中心”的服务体验来赢得用户支持从而赢得未来生态。再比如有些银行在“网”状生态的营造策略方面以智慧政务为基础设施和底座，包括政务服务网、大数据中心、信用体系等，用数字化手段联通上下游，将不同场景下的用户关系和数字资产进行融合，通过场景的连通、数据的贯通、价值的互通，打造出一个具有巨大市场效应的价值体系，实现价值共生，更好地应对互联网跨界竞争，重夺失去场景，重构竞争力，开启新的发展曲线。

扩展生态用户数规模对提升生态价值的作用是显而易见的。商业银行首先需要践行“用户思维”，即突破商业银行传统经营模式中对银行服务和“客户”的定义的约束，将非金融服务也纳入生态服务范畴，融合非金融服务与金融服务，运营生态用户。例如已有不止一家商业银行在围绕“日常生活服务”构建非金融服务核心平台，以“手机银行 APP + 生活服务类 APP”的双核架构拓展生态圈。其次，商业银行需要推进业务准入标准更加精细化、个性化，以扩展潜在用户、客户群的规模。这要求商业银行尽可能地深入细分场景中去，结合细分场景的特征定制业务指引。例如，某银行针对浙江小微民营企业众多的情况，深入细分领域，以具体经营数据为主要测算参数，推出衣架贷、绿色转椅贷、球拍贷、药材贷、缝配贷等多种市场经营贷产品方案，成功拓展大批新客户。最后，商业银行在拓展生态上要善用“杠杆”，通过关键伙伴撬动批量化的生态用户、客户。比如与各地工商业联合会合作，打造分级用户管理体系，规模化扩展生态圈的节点数量。又比如银行可与已经具备一定规模生态的平台企业开展“联合会员”合作来批量获客：通过提供联合会员的静默注册能力，让用户填写一次注册信息就能同时成为商业银行与合作方的用户；银行与合作平台间合理合规开放共享数据，实现联合经营的数据分析，更好地帮助双方经营提效；并基于联合会员，在双方共建的 APP 经营场景载体中，为联合会员客户提供合作方的新功能及应用，以及银行的基金、理财、保险等专属金融产品和定向支付等消费金融服务，实现生态合作方与银行的产品协同交融。

要提升生态价值总量，还需要尽力增大生态的融合系数 K。银行需要设法加大与生态中其他参与方间的协同、融合深度。

商业银行可通过加大生态内的资源共享来促进融合系数的提升。比如，商业银行可发挥网点布局广的优势，将自身的渠道开放给政府，让全域网点成为“市民办事大厅”，在银行 ATM、VTM 以及手机 APP 等用户交互终端设备中嵌入合作伙伴的系统功能。银行这种跳出作为金融资源输血者的传统角色定位、向生态伙伴开放非金融性质的经营资源的做法，其意义不仅仅在于能提高资源的利用率，也不仅仅在于能让生态用户获得一站式便利——在办理银行业务时顺带完成其他事务办理，而更在于这种跨界资源整合代表了生态银行应该具备一种常态化的运行模式——通过共享实现协同创新，在协同创新中促进生态融合系数的提升，从而为客户创造出更多、更独特的生态服务价值，提升生态价值总量。比如全国性商业银行可以利用其服务体系在全国范围内通用且具有较高标准化程度的优势，将各省市割裂的政务服务串联打通，为流动人口等“人户分离”的客户群体提供“跨省通办”的全新服务体验。

商业银行还可基于自身数字化转型所沉淀出的科技能力、转型方法论等，赋能生态伙伴，从而提升生态的融合系数。比如，商业银行可与经营类或行业垂直类 SaaS 平台合作，通过技术创新，把企业网银接入 SaaS 平台，帮助平台实现订单联动银行付款、实现业务闭环，破解平台最终用户通过银行转账支付所存在的支付流程与业务流程割裂的痛点，让平台用户获得“简单顺畅”的付款体验。又比如，银行甚至可以为企业伙伴提供数字化解决方案，在企业网银端为各行业供应链场景里的企业提供 ERP 入口，企业客户直接在银行企业网银 APP 中就能实现对进销存等自身经营活动的数字化管理。

康威定律：适应生态的组织架构

简言之，马尔文·康威（Melvin Conway）在 1967 年提出的康威定律即“系统架构直观地反映了组织架构”。业界将这一论断称为康威定律（Conway's Law）。康威定律揭示了软件系统架构与架构设计者的组织之间的潜在联系，其实质在于团队组织和工作内容要匹配。

银行的生态化经营模式本质上是分布式商业模式在银行服务领域的一种实践；而分布式商业模式之所以可行，是因为背后的区块链、云计算、边缘计算等分布式技术正在趋于成熟，生态银行的具体实现从技术架构上来讲也需要以分布式核心、微服务、云原生中台等为核心支撑，需要借助这些基础技术在生态中的所有参与方之间建立起分布式协同的能力共享机制，从而能够在未来万物互联的环境中彼此赋能、协同共生。

“万物莫不有对，万物莫不相异”，生态银行建设要做到标准化和个性化兼顾，确保投入产出效率，需要企业级思维和敏捷化组织。根据康威定律，实现生态银行的上述技术架构，要求生态银行的“组织架构”也应该呈现与技术架构相似的分布式特征。生态银行的组织架构可以分为银行内部层面（即传统的银行组织范畴）和生态层面（即传统的银行范畴之外、生态之内）。就银行内部而言，应该破除部门壁垒，广泛建立敏捷组织，给予其足够的独立性及决策权限，重塑内部“生产关系”，最大化释放内部团队创新活力。因为传统系统模块划分大，所以团队大；在当前云原生和分布式系统环境下，因为微服务切分细，所以团队也小。比如，微服务团队可以分解成更小的团队组织，比传统 IT 实施团队人数少——2 个披萨就够吃的团队人数（2 Pizza Team）。例如在微众银行里，各个技术团队就像一个个微型企业，包含从业务人员到架构人员再到开发测试人员的多种角色，各团队具有很大的自主决策及施展空间。就生态层面而言，银行要将传统面向自身内部的“企业级”思维外延至政府、社会以及生态中的各类合作主体，在更高层面实现“企业级”，有效激发生态内部各个成员间战略协同的乘数效应。例如，某银行从“企业级”出发，基于生态全局视角，在政务领域提炼和沉淀可复用的业务能力，形成包含业务共享、数据共享、技术共享在内的智慧政务生态共享服务能力，帮助政府降低智慧政务应用的建设成本，提升建设效率。

墨菲定律：生态经营的底线和抓手

“小概率事件在大样本下必然发生”，这其实就是“墨菲定律”的统计学版本。可能性即风险，商业银行应坚持将防风险作为生态经营的底线，应充分发挥自身在风控能力方面的专业优势，以风险管理为创新场景、拓展生态、赋能伙伴的主要抓手之一。

商业银行在风控能力方面的专业积累，是银行构建数字生态的特色抓手，是银行之于其他生态伙伴的比较优势，主要体现在四个方面：一是银行业是强监管行业，有较强的合规意识；二是银行业数字化建设较之其他行业开展早，具备全面收集和整理资讯的能力，构建更灵敏的风险识别体系；三是商业银行由于人才类型的多元化，能更好地评价、量化风险，给出风险等级、匹配金融风险对冲工具；四是商业银行可观的金融科技投入使之具备持续监控风险的能力，能做到“7×24”的资金安全守护。

正所谓“不得中行而与之，必也狂狷乎。狂者进取，狷者有所不为也”。狂者的激进和狷者的保守都不可取，作为风险管理工作者，并不是追求零风险，而是风险可控的守正出新。要少出风险，出风险时损失小，以及不发生系统性风险。放到今天生态银行转型的大背景下，如何应对“墨菲定律”中所说的挑战呢？以下几点非常关键：一是合规意识，监管规则往往是前人用血的教训总结出来的，只有用正确的方法做正确的事，才能在流程上降低各个环节发生风险的概率。二是数据经济意识，在数字化转型时代，缺乏数据思维的人正逐渐失去立足的空间。只有顺应这股转型的潮流，才能实现银行高质量转型，迎来高质量发展，这也是银行数字化转型要实现的目标。三是打好数字化、智能化风控的底座，底座稳了才能筑起高楼大厦而不倒，否则一定是风险的累积而不自知，技术设施底座稳了，才能坚持稳中求进。四是面对复杂多变的外部环境，要具有持续的监测与复盘能力，要科学、适时地观察业务推进是否顺利、是否存在未知的风险点。这需要银行员工具备大局思维、行级思维，同时以工匠之心将工作做细，也只有这样才能真正做到加强统筹协调。

运用人工智能（AI）和高级分析技术（AA），可以给生态银行合作伙伴创造高额经济价值，以及精准化风险管理，包括金融风险管理和非金融风险管理。良好的数据可得性和质量、AI 和机器学习赋能的强化分析能力，以及快速的风险报告成为生态银行风险管理的典型特征，惠及银行及生态中的其他主体。

生态中的其他主体对自身的经营风险有防控的需要，从这点来看，银行与生态伙伴的目标是一致的。银行可以围绕“经营过程的基础数据”，帮助他们建立起更加数据化驱动的科技经营模式，为这些伙伴提供专业的风险防控解决方案，帮助其提前发现潜在风险点、提前应对，力争将风险消除于正式爆发之前。这些生态伙伴的经营更加顺利，同时银行也因获得了更丰富的基础数据而能够更精准地分析贷款风险等。

例如，生态化经营的银行通过将智能风控嵌入线上供应链、现金管理、托管等综合金融服务，达到大企业财资管家和风险管家双重目的；在企业网银中嵌入ERP、采购、预算管理等工具，为小微企业提供服务，结合交易平台、税务、用水、用电等数据分析，达到掌控小微企业经营风险，防控其转化为信用风险的目的；使用电信、消费、征信中包含的行为数据，运用图计算和机器学习结合算法，识别交易对手欺诈风险，为客户提供异常转账拦截及“身份盗窃”保护等增值服务；基于多方隐私保护计算技术的风险联合建模，借助联邦学习、联合计算、联合查询等模式，与生态伙伴联合进行消费金融客户画像；运用回归树方法，对客户进行同质化分群，使得群内个体拥有相似的收入未来价值变化的规律，基于客群内共同遵循的收入变化规律对个体进行预测，并通过机器学习算法，综合客户个体劳动收入和流动资产收入，为客户提供“个人未来经济价值预测”，使零售客户风险限额更加精准动态；嵌入个人消费旅程场景化服务，达到无缝伴随式金融服务，以及缓解对商户及消费者个人信息不对称双重目的。

熵增定律：生态银行的生存密码

熵增定律是物理世界最底层的定律。生态银行作为一种社会现象，当然是物理世界的一部分，同样必须遵循该定律。

爱因斯坦曾将熵增定律称为科学第一定律，凌驾于所有定律之上。因为任何一个物理定律或观点，都存在证伪空间。唯有熵增长定律永恒不变。物理学家薛定谔曾提出：生命诞生的意义就是为了逆转熵增，但可怕的是，熵是不可逆转的，生命会出现死亡。不仅仅是生命，整个宇宙都受到熵增定律的支配。熵增定律揭示了宇宙的终极演化规律，所有生命和非生命的演化进程都遵循这一法则。

当然，熵增定律适用的对象是“孤立系统”。因此，在现实中，我们在一定范畴内是有“对抗”熵增的办法的，那就是：建立一个不孤立的系统和引进外力做功。不孤立的系统，是指与外界有物质交换或者有能量交换的系统，即开放系统；而引进外力做功，就是能量交换中的获取能量。“生态”之所以能够生长、发展，也正是受益于其“开放系统”的特征。生态通过开放的能量交换，得以在某种有序态之上达成稳定、平衡，从而实现网师园“疏密有致，既不挡视线，又增加了植物层次”那样的生态境界。

这从物理原理角度再次证明，银行要获得持续的逆熵减发展，就必须走向开放的生态系统结构，必须积极与外界合作，主动寻找目标市场合作伙伴，共同孵化契合所在产业链或目标客户消费旅程的创新商业模式，构建第二曲线真正创造商业价值，实现“引进外力做功”，让自身获得“负熵”，从而能够在“熵减”中有序生长，获得越来越强大的价值创造能力，而不是在“熵增”中越来越散乱无序，陷入生产能力不断收缩的境况。

第五节　加快生态银行实践

生态银行本质上是“一种以数据为关键生产要素，以科技为核心生产工具，以平台生态为主要生产方式的新金融模式”。生态银行的目标是通过新手段新模式打破传统银行的经营边界，实现“跳出金融做金融”，通过生态合作伙伴间弹性边界、无缝链接，协同推进供给侧结构性改革，提升服务实体经济成效，更好地承担社会责任。

加快生态银行模式的落地见效

作为数字化转型范式的生态银行，“走出去、引进来、共生共建”是其实现的基本方式。例如，渤海银行“走出去”进入某大型农贸市场，开展圈链式客户营销，与农批生态陆续在现金管理、供应链和普惠金融、项目贷款、流动资金贷款、批零联动方面开展深入合作；与某大型乳制品企业“共生共建”生态，打通上游牧场、下游经销商全产业链，由“服务”客户向“浸润”生态转变，赋能生态合作伙伴，在为其提供金融服务的同时，整合内部零售、对公、金融市场三大业务板块资源，联动线上线下拓展服务渠道范围，将银行能力浸入生态合作伙伴；围绕手机银行“渤揽惠”平台，持续“引进来”多个高质量、具有品牌效应的生态合作伙伴，例如前述的乳制品企业、农贸市场，打造购物、本地特色、限时折扣、美食电影票、生活缴费等高频生活场景，整合泛金融和生活场景等多样化服务模式；并通过“渤揽惠”有效促进与对公客户高层交流、拓展合作领域、提升合作广度和深度，促进全方位触达银行客户与生态用户，实现共生共赢。

银行实施“走出去、引进来、共生共建”，需要在从内部敏捷提升流程自动化的基础上，借助智能分析覆盖用户的关键旅程和成长路线（线），抓取曝光节点和转化节点（点），盘点并整合银行自身和合作伙伴的渠道资源（面），“线、点、面”结合，搭建数字化运营生态银行闭环；需要结合《关于银行业保险业数字化转型的指导意见》中的“创新驱动”“互利共赢”原则，进一步结合实践深入探索和持续进化。

当然，要在实践中高效推进，首先应该直面现实问题。

一方面是银行内部面临的问题。目前在调研和同业交流中，总能看到和听到在推进生态建设中亟待规范提升的方向。第一，在很多银行内部，各部门、各团队都在谈场景和生态，但是没有清晰定义和标准。第二，生态建设是非常注重整合的，但大部分银行内部仍是各自为政，缺少有效组织。第三，缺少投入产出的评价和复盘机制，有些项目开发出来了，投入了不少钱，可是没达到预期效果，也就不了了之，缺少必要的复盘和整理经验。第四，缺少联动考核和激励机制。生态建设需要条线部门间协调，以及跨条线协同，但在实际运作过程中，受制于工作分配、考核指标、奖励兑现等众多因素的限制，即便是做出来也难以有效推进。

另一方面是与合作伙伴有关的问题。在“互利共赢”的原则基础上，实现伙伴的高效协同确实有难度，需要自上而下地调动生态伙伴的积极性，从企业整体到员工个体都有动力推动共建生态。这不仅仅是签一个合作协议而已，而是需要一个项目一个项目地磨、一个场景一个场景地建，还要共同面对用户、客户、第三方机构。这些工作需要“动起来”，从无到有，从雏形到成熟，从起步到跃升。银行需要有专门的组织，赋予其必要的职能，做好统筹，持续推进。

在清醒认知问题的基础上，才能恰当地实施可行性举措，加快生态银行模式的落地见效。

实践中的创造性成果往往需要跳出盒子（out of the box）得来，生态的关键在于融入、自洽、成长，在于践行好“互利共赢”原则。推动数字化转型的机体是自动化，灵魂是数字化运营和智能分析能力。针对上述问题，银行作为生态领导者，对内依托技术进步不断提升能力，对外不断发现市场机会，调动生态伙伴的积极性，按照客户需求整合各利益相关方，持续创造价值产出。

为了搭建“线、点、面”的生态架构，在银行内部，首先应建立一整套指标体系，用于明确生态相关指标维度，及对各类场景和生态形成成熟度评价体系。其次要不断试着整合生态旅程上的一些分散化资源。比如，同类型客户的共享，渠道和中台都在研究的数字孪生等技术，不同第三方开发的一些特异接口的后续知识化整理等。同时，加快建立内部统筹机制，建立资源、资产甚至资本转化的制度安排和机制创新，为不同生态场景接入更多价值实现手段，价值输出就可能事半功倍，敏捷催化。最后，全面强化金融服务能力。金融服务能力是基础，没有敏捷的流程能力，走出去可能慢人一拍，引进来会欠缺保障。为此，银行要突破金融关键活动，持续优化组织架构、流程角色设置，建设流程一体、数据一体的标准服务能力，同时兼容与多行业、多生态的接入能力，并逐渐构建金融行业的标准流程能力，建成银行赖以生存的护城河。

在合作伙伴方面，银行应从最有把握的生态入手，从走出去、引进来到共生共建，逐渐成为几个行业的生态领导者。首先，全面搭建行业研究能力与组织力量。与龙头企业合作培养或聚焦攻坚，时刻掌握行业前沿、生态结构、技术发展，可以精准发现行业发展机会。其次，基于发现的市场机会，银行与生态伙伴协同敏捷设计商业模式。发现市场机会后，所有生态模式在实操层面就是流程；银行作为生态领导者除了厘清内部流程外，还要关联统筹各相关方流程，从而构建顺畅的客户旅程体验。接下来，一方面要快速借鉴市场成型推进方案，先快速复制，介入生态环境寻找机会；另一方面要给予一定的容忍与保护，保护银行员工和合作伙伴员工的试错精神、鼓励众包创新实践。最后，银行应协助生态 B 端参与者具备全面融入生态体系的敏捷流程设计能力、数据标准设计能力，拓展生态圈范围。

实现生态化转型与安全的统一

《关于银行业保险业数字化转型的指导意见》强调在数字化条件下“严守底线”的原则。作为高度数字化、智慧化的生态银行，如何统筹数字化转型与安全的统一，是无法回避、必须解决的问题。

第一，发挥技术先进生产力，提升自主掌控能力。

首先，银行要提升自主掌控能力，强化科技主动敏捷服务，发挥转型赋能业务价值。在持续提升自主掌控能力方面，推进分布式技术应用平台建设，提升开发效率，提升软件规模化、流程化生产能力。其次，要通过丰富渠道服务能力和平台化能力，通过开放银行平台孵化金融生态场景，沉淀水平及垂直行业解决方案，对内提高产能，对外赋能企业开发者。

另外，科技能力要助力金融产品供给、赋能业务管理提质增效，不断提升产品研发创新能力，丰富产品体系，面向不同客群提供“定制化 + 标准化”产品服务及数字化客户服务。同时，生态银行的科技部门需要主动提升科技服务意识，打造精益项目管理体系，采用精益思想去除冗余管理环节，从资源推动方式转变为资源拉动方式，采用更加细化方式管理内外部研发资源。

第二，全面推进数据治理，规划大数据架构体系。

数据是生态银行的“血脉”。要规划大数据架构体系，建设全行统一数据平台。要基于业务等多方面诉求，实现包括领域标签、集市的统一规划，形成湖仓一体的数据、应用、技术架构体系，满足业务统计分析、管理、监管报送等多层级、多维度的数据应用。同时，要加快构建数据综合服务能力，实现数据主动赋能业务。需大力推进业务自动审批模型建设等工作，整合行内外数据，不断探索智能算法在银行风控场景下的应用。要构建企业级联邦学习、元宇宙、数字孪生、VR/AR 等各类新技术平台，完成新技术模型效果验证。

要围绕智能营销业务能力目标规划，持续完成客户营销领域系统、公司业务指挥导航系统、普惠综合业务管理系统、财资管家公众号等系统的搭建、投产，为各级管理运营人员和客户经理提供一体化的营销支撑。要构建作战地图、营销沙盘与侦测罗盘功能，实现营销全过程管理。要探索分行数据服务门户建设，提供分行特色数据应用和服务的定制化能力，探索数据产品创新的协同工作模式。此外，要结合信息科技的发展趋势，加快云计算架构升级，完善专有云平台架构体系，规划建设高可用同城灾备云环境，支持多地多中心的安全部署。要加快系统上云，持续提升智能运维能力，打造一体化、自动运维平台。

第三，精细化安全运营管理，强化数据安全建设。

生态银行模式的技术内核要求银行加快精细化安全运营管理，增强数字化转型安全防护能力，全面落实网络安全责任制。应全面实施精细化安全运营管理，实施弱口令专项治理和常态化漏洞闭环管理，强化“7×24”安全值守，在新研发工艺中同步落实安全分析和测试，提高交付安全性，做好金融生态的安全守护者。同时，应强化数据安全建设，构筑数据安全使用边界，研究及对标《数据安全法》和《个人信息保护法》，制定数据安全建设落地计划，提高技防能力。

另外，要加强数据治理，完善全行数据标准和质量管理。要持续完善企业级数据标准及数据字典，强化数据管控能力，利用系统工具完成诸如元数据采集、元数据/数据字典管理、数据质量管理、数据标准管理、数据模型管控等核心能力。同时，要形成外部数据资产目录并持续更新，实现批量及接口类数据的全行复用。要建立健全供应商评价体系，实现供应商的池化管理和多维度的供应商画像等管理。

*　　*　　*　　*　　*

商业银行当前的数字化转型、生态拓展、场景创新等，既是顺应当下社会经济大环境之所需，更是在积极为未来金融科技的持续变革未雨绸缪。商业银行应一方面坚持以客户为中心探索各种创新场景，优化生态结构；另一方面也应注重从最新技术变革趋势出发，提前感知、洞察可能的金融科技变革，不断用场景创新对技术变革的影响进行提前验证、预判，以便更早、更及时、更准确地捕捉到下一波金融科技变革红利。

银行的生态化转型，最终是要把“普”做大、把“惠”做实，即“生态化”的着力点应在于：提升服务实体经济的力度、服务普罗大众的温度、金融服务推进的深度，以及金融服务覆盖的广度，道阻且长，行则将至。

第三章　敏捷银行使能生态蓬勃生长的实践

“障锦山屏，列千寻之耸翠，虽由人作，宛自天开。”

——计成，《园冶》

中国传统园林的一大特点是尊重自然、模拟自然，造就“木欣欣以向荣，泉涓涓而始流”般的独特生境之美。生态银行的创新有异曲同工之妙。

数十亿年来地球生物圈生态从简单到复杂、从低级向高级、从低生物能量向高生物能量的自动自发式进化，体现着一种决定人类文明趋势的底层原力。银行正是要在敏捷银行能力体系的使能下，通过数字化创新活动实现对这种进化原力的模拟，将其植入银行的发展变革之中，蜕变为“生态银行”。

从更长时间尺度意义上的银行数字转型征程来看，“生态银行”也是银行务必完成的早期“基础课”，是银行参与后续阶段的数字化竞争的入场券。

当然，现实状况是，银行生态化创新面临的挑战正在加大。主要体现在两方面：一是由于银行早年反应迟缓，最主要的数字化生态机遇已被较为强大的互联网科技平台所抢抓，并且剩余的或新产生的生态机会仍将继续被科技平台所“虹吸”；二是传统互联网整体的流量红利已经开始显现增长疲态，传统互联网正在从增量市场步入存量市场。

不过，与此同时，我们也应该看到，中国市场结构、客群结构、城乡一体化差异足够让更多银行有深耕细作的空间。截至 2021 年底，我国有 4604 家银行（其中农商行、农村信用社、村镇银行占比高达 83.56%）；作为对比，美国也有近5000家银行，总数和我国接近。但是，美国的中小银行盈利水平很高，净息差、资产质量、盈利水平均普遍好于大中型银行，主要原因是市场化推动的优胜劣汰造就了一批差异化运营能力突出，客户黏性很好的银行。因此，至少对国内中小银行而言，其发展仍远未触及天花板。

在朝着更优、更强、更好的未来转型进击的具体实践中，“生态银行”是国内银行的必由之路，银行必须保持战略定力和执行力，坚定信心、迎难而上，以“5E”策略为指导，以前述“线、点、面”思路为基础，以数字化创新为动力，传承中国传统园林描摹自然之“神”的精巧，一方面力求“虽由人作，宛自天开”的敏捷创新境界；另一方面要聚焦于“巧于因借，精在体宜”，进一步系统化、精细化地打造自主可控的生态运营与拓展方法论，探索建立符合自身禀赋特色的生态全面生长模式。

第一节　银行生态从树木到森林

对于传统银行而言，生态银行的实现无法一蹴而就，它需要经历一个从小到大、从局部到全局、从树木到森林的发展过程，将是生态结构、核心能力、运营体系、组织和机制等方面在相互交织与彼此推动之中不断迭代、螺旋上升的进化之旅。正如《园冶》中所言“山林意味深求，花木情缘易逗”，生态的造就需要经过精心打造、培育，这样才能透出“山光悦鸟性，潭影空人心”的神韵。

商业银行的生态化转型，本质上是做好人与人、人与物、物与物的连接。做好连接的关键则是找到连接价值最高的点（场景）去切入，哪个银行占据的有价值的场景越多，场景组合（生态平台）越有特色，哪个银行的价值就越大。在客户体验足够好的前提下，银行生态平台的价值将遵循梅特卡夫定律，与生态用户数量呈现平方关系；并且，当用户数量达到一定规模之后，还可能进一步引发用户数量的爆炸式再增长。

生态银行在搭场景、建平台、扩用户的过程中，需要以中台为依托，调用可复用的共享能力组件，比如用户、商户、权益、支付、订单等组件。这些能力组件一般以 API 形式输出。

生态银行构筑起的场景平台主要有两类，一类是“金融生态”平台，比如手机银行、企业网银等企业级渠道平台，也可包括供应链金融平台、智慧个贷等部门管理平台，以及各类分行特色平台；另一类是“非金融”平台，包含外卖、家装、低碳出行等“银行生活”类 APP，主要对接融合餐饮、出行、公共服务、教育、健康、购物、住房、娱乐、权益发放、行业等“非金融生态”，从中获取用户流量。

为了便于进一步深入讨论，我们可将银行生态的营建划分为广纳生态场景、梳理生态结构、健全精耕能力、生态融合共生、生态价值扩增等阶段。

广纳生态场景

生态是由多个场景集合而成的，生态场景是多维场景串联、多元主体连接、大量用户参与的网状结构。因此，场景建设既是生态银行建设的起点所在，也将是始终贯穿生态银行整个建设历程的一项基本工作。

生态银行不可能一开始便全行铺开、进入全面建设阶段，因此如何选择切入点即初始场景就成为首要问题。切入点一方面要紧扣自身的综合发展战略，从战略优势和资源禀赋上进行初步规划，以避免资源和精力过度分散；另一方面，在早期切入点的选取上，可给予各条线、各地分支行以相当的探索空间，鼓励多点分头突进，积累较为多样的建设案例。

银行在激励分行发掘生态场景机遇的积极性、鼓励其主动“呼唤炮火”的同时，还需要推动总行各部门以项目组方式协作打造生态服务解决方案，为分行提前储备好“炮火支援”。总分行间需紧密合作，并应协同伙伴、客户等生态参与者，以最小可行性产品即所谓 MVP 模式快速迭代各个场景服务，并在实践中不断作出选择与取舍，进而在场景的逐渐累积叠加中实现生态的不断丰富与进化。

比如银行可从跨境物流场景切入，通过总分行、生态伙伴间的协同，逐步提供运费贷、海外仓仓单贷和 C 端消费贷等，不断积累生长，打造跨境电商物流场景生态。

某银行在东部某省开展的大闸蟹产业链普惠业务探索也是较为典型的场景生态生长案例。该省是大闸蟹产地，一般 10 月、11 月开始做蟹苗，次年 1 月、2 月养育蟹苗，之后由核心企业分销给蟹农。大闸蟹产业链条里既有核心企业这样的批发客户，也有蟹农等普惠客户。从业务环节看，涉及各地的渠道分销、原料采购等。核心企业为蟹农贷款提供连带责任保证，该银行核定核心企业为蟹农提供担保的额度，蟹农在线上申贷，贷款资金可以在用途合规的基础上受托支付给核心企业。若贷款逾期则核心企业协助收贷并暂停与蟹农合作。在贷后监控方面，为整体不良率设置一定阈值，控制在 0.5%，高于 0.5% 时预警，高于 1% 时暂时停贷。在贷后管理方面，公司客户经理定期走访核心企业，了解生产经营情况动态，风险监控部门开展线上监控，通过循序渐进的过程把握授信敞口。银行与核心企业乃至整个产业链条的合作是尽调得以深入的关键。该大闸蟹场景的打造，还需要客户在采购 ERP 机器等方面做一些投入。围绕该场景，该银行的业务并未只停留在担保贷款上，还进一步开展相关零售业务，如为蟹农开卡等。最终该行从 24 个蟹农起步，逐渐发展出较为完整的大闸蟹细分行业生态金融服务。

生态银行在广纳场景阶段的建设主线可概括为：打造示范场景、总结生态场景建设运营方法论、汇总沉淀基础能力要求和数字化运营工具需求，并启动能力中心及工具集的建设。场景建设运营方法需要回答清楚“如何选场景、如何建场景、如何运营场景”以及“如何贯通场景并建立大小循环”等问题，一般主要包括构建生态入口、建立用户连接、实现客户转化、促进客户活跃、推动客户变现、持续打造活跃闭环、沉淀价值数据等步骤。而能力及工具集则又可归属于中台建设，包括业务中台、数据中台以及技术中台。比如，生态场景建设往往最急需的用户、商户、权益、支付等基础核心能力就是来自业务中台的拆解。与此同时，运营策略的良好执行与各种能力的有效运用，需要有组织架构方面的保障，这可通过逐步在特定客群、特定领域推进柔性团队模式等来提供。

梳理生态结构

当场景探索进行到一定阶段时，应在整体结构层面形成更为清晰、明确的生态银行整体框架轮廓，下一阶段的建设及运营将在该框架的基础上展开推进、迭代完善。

在数字化时代，生态规模及流量表现出较为显著的“虹吸效应”。无论生态银行如何梳理整体结构，都需要重视突出“流量高地”，尽可能地提升生态的势能聚集度、避免资源的分散化。在实践过程中，由于金融与非金融的属性存在较大差异，常需要先分别打造相应的流量高地，即金融核心APP和非金融核心 APP。一般而言，手机银行 APP 可直接充当金融核心APP，主打金融服务运营，主要考虑提供全量或深度金融服务，同时也可包含精选非金融服务。金融核心 APP 更注重金融风控体验、高精准保护，突出专业性和服务效率，使用门槛高。而非金融核心 APP 的特色、侧重点则将更多取决于生态银行各自的资源禀赋。非金融 APP 强调在非金融场景如生活场景中提供金融服务，将更注重便捷性和用户体验，使用门槛低，强调以高频带低频。例如以生活服务类为主的非金融 APP 平台，风格应相对轻松，应以本地化场景为主；应以支付连接商户，不断丰富商户经营工具，提升商户服务能力，打造商户线上经营平台，提供场景金融服务。

手机银行 APP 和非金融 APP 都将是客户经营平台，彼此之间双向引流，在收拢、整合生态流量的同时也肩负着用流量反哺生态体系中各级场景的责任，并需要以生态脉络为通路尽可能多地输出金融与非金融产品及服务。

例如，生态银行建设的领头羊都围绕手机银行 APP 和生活类 APP 构建生态体系，而其生态体系的整体格局却又显著不同、各有特色。业界也有一些商业银行正在尝试直接围绕手机银行 APP 整合非金融流量，构建单核结构的“金融 + 非金融”的生态体系。

“整合、统筹”是“梳理生态结构”阶段的关键任务。APP 的数量不是整合的关键因素，APP 的功能整合才是整合的核心点。APP 整合和统筹成效的最终检验标准是用户端的体验。用户体验要统一，入口可多渠道部署。同时，系统开发、平台建设要注意树立共享思维。

健全精耕能力

对生态整体结构的梳理、明晰，是希望全面升级生态银行的价值创造模式，是希望通过在全生态范围内的精耕细作，实现常态化的数字化生态运营，形成可长期持续的变现逻辑，推动生态银行进入高质量发展阶段。

为此，首先需要从三个方面直接推进、打造六种能力。

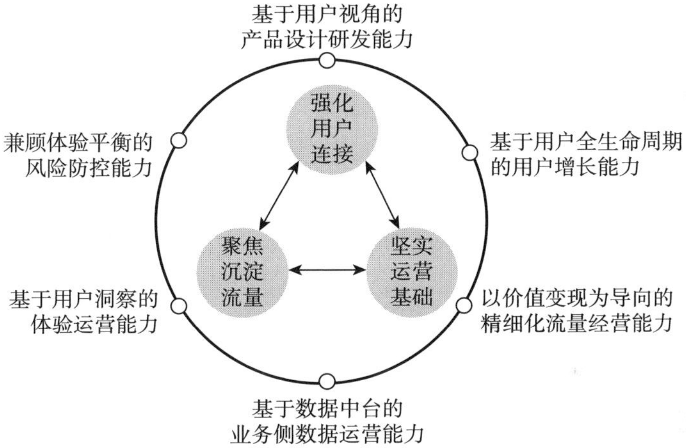

图3-1 银行生态常态化精耕细作的三个方面推进、六种能力

要实现对全生态的精耕细作，主要需要从三个方面直接推进。一是“用户”。要让用户从“弱连接的用户”进阶为“强连接的客户”，即“强化用户连接”。二是“流量”。要让“分散隔断的流量”进阶为“可沉淀变现的流量”，即“聚焦沉淀流量”。三是“运营”。要让“碎片化拼凑运营”进阶为“线上体系化运营”，即“坚实运营基础”。

而实现以上三个方面的进阶，需要重点关注六种能力的打造、强化：一是基于用户视角的产品设计研发能力，二是基于用户全生命周期的用户增长能力，三是以价值变现为导向的精细化流量经营能力，四是基于数据中台的业务侧数据运营能力，五是基于用户洞察的体验运营能力，六是兼顾体验平衡的风险防控能力。

其中，“强化用户连接”主要依赖于第一、第二种能力；“聚焦沉淀流量”主要依赖于第三种能力，“坚实运营基础”主要依托于第三、第四、第五种能力。

能力一：基于用户视角的产品设计研发能力。以手机银行 APP 界面为例，“银行视角”下的手机银行界面多呈现为平铺式，即尽可能将银行能提供的服务、产品充分罗列展示在界面上。而“用户视角”则强调从用户兴趣点出发，比如围绕用户感兴趣的“四笔钱（零钱管理、稳健投资、追求回报、保险保障）”作出准确而适度的展示。

能力二：基于用户全生命周期的用户增长能力。覆盖全生命周期的增长应以 LTV 最大化为目标。因为 LTV（生命周期价值）＝LT（不同生命周期用户）×APRU（用户平均价值），所以应扩大高价值客户规模、提升每类客户价值，并由此指导 MAU 等指标的运营在哪类用户上发力。例如，在快捷支付绑卡用户全生命周期运营中，通过分析用户运营价值，发现绑卡客户的 LTV 综合贡献度（人均存款、人均 AUM 和人均中收等）为非绑卡客户的数倍，便可据此制定出“扩大超级用户、促提现回流”的运营策略。

能力三：以价值变现为导向的精细化流量经营能力。能触达用户、与用户交互的流量才是有效流量。应建立流量全景图，包括公域流量（如微信、抖音）、初级流量（如微信银行、支付宝生活号）、控盘流量（如生态银行的核心 APP），通畅流量聚拢的旅程，让流量“百川归海”。建设流量中台统筹流量，基于数据实现流量的精准分发：分发前，基于用户的分群初步圈定；分发中，基于用户的行为精准对应；分发后，根据流量应用成效精确调整。

能力四：基于数据中台的业务侧数据运营能力。数据运营应该成为生态银行平台经营决策的“参谋部”。数据运营包括三个阶段，第一阶段主要为报告、分析、预警，第二阶段主要为预测、优化，第三阶段则为行动。生态银行可以抖音式的基于数据驱动的精益进阶经营为标杆参照，在“数据科学＋工具支持”下，实现基于 A/B 测试的研发运营敏捷迭代，用最小的代价，提供预测、优化的决策，沉淀知识，打造一套智能增长的技术和机制框架。

能力五：基于用户洞察的体验运营能力。传统的体验管理一是收集问题，二是分析定位问题，三是推动解决问题，具有较为浓厚的“被动”色彩。而在生态银行的数字化经营中，要求在体验运营上具备更强的“主动性”“科学性”。其体验运营方法应该包括以下特征：基于数据驱动、更好的用户洞察、更科学的标准和规范、覆盖线上线下、智能采集数据、可以被考核、注入业务的灵魂（经营、频度）、更高效的运营机制保障。共享生态银行体系化的风控能力（敏捷的风险感知能力、智能的风险分析能力、快捷的风险决策能力）将可进一步增强基于洞察的体验运营能力。

能力六：兼顾体验平衡的风险防控能力。比如在反赌反诈方面，需要能够更好地识别好人的（可信环境）风控体系，技术上包括可信地址、可信设备、可信交易对手、可信数据采集，以及提升限额、降低认证、多维度分层等。

其次，在进行生态格局“整合、统筹”“从三方面直接推进、准备六种能力”的同时，生态银行要继续推进企业级基础能力层的建设。

比如，同步推进远程智能银行中心（客服和客诉处理能力）、平台运营中心（互联网渠道反欺诈能力）、业务处理中心（集约化业务处理能力）、企业级研发能力、企业级中台能力（用户、权益、商户、支付等）、企业级数据基础能力等的建设和完善。

前面所述的三个方面、六种能力也需要立足于企业级基础能力复用层之上。

生态融合共生

生态银行数字化经营的焦点、重点在于实现场景生态精细化运营的常态化，主要包括打造企业级客户经营平台、承接业务经营实现“一二曲线”相融共进、实现区域化精准经营和属地运营等。

首先，打造企业级客户经营平台。

企业级客户经营平台，是生态银行满足客户线上化、服务需求生态化的关键设施，它的打造是通过整合企业级资源、建立互联网运营体系、开展业务经营协同等来实现。

企业级资源整合包括对企业级营销资源的整合、对线上线下流量资源的聚合、对分散场景资源的整合。建立互联网运营体系主要是指建立用户运营、产品运营、活动运营、商户运营、内容运营、平台运营、数据运营、服务运营、渠道运营、新媒体运营等体系。开展业务经营协同则是指实现个人金融、信用卡、普惠金融、机构业务、财富管理、私人银行、房地产金融甚至培训中心等多部门跨条线的协同联动。

其次，承接业务经营实现“一二曲线”相融共进。

在场景生态的运营中，需要承接好金融业务的经营需求，实现商业银行“第一曲线、第二曲线”的相融共进。比如：

承接网点经营需求，包括搭建网点频道，提供网点线上生态运营和经营展示平台；推出网点派券、扫码取号等功能，丰富网点惠客权益，助力网点客户营销等。承接个人金融需求，包括承接旺季营销活动；对接统一支付，支持Ⅱ类户、Ⅲ类户在线开通，以及Ⅰ类户在线申办，实现用户转化；部署低门槛理财基金，实现长尾客户经营等。承接机构业务需求，包括承接政府消费券、工会提货、低碳出行、智慧政务、社保、智慧校园等业务，为机构业务营销提供抓手等。承接普惠业务需求，包括为普惠业务提供目标商户，商户交易数据作为普惠业务授信支撑等。

最后，实现区域化精准经营和属地运营。

区域化属地化是最后的竞技场，这也是银行在打造生态上相较于科技平台企业的一个关键优势。银行生态的打造往往需要总行的平台设计和运营以及分行的属地化经营，对总分行的协同能力有很高的要求。在客户增长上，需要总行做整体流量引入、运营；属地团队则要配合开展本地商户、生态客户的对接和深度运营，要对客户和场景精准把控，配合属地社团运营，做好与客户的深度交互。

生态价值扩增

生态银行数字化经营的未来目标应该是实现自驱式的生态价值扩增。为此，银行需要继续推进以下几方面工作。

第一，持续完善运营团队、基础机制、基础能力。

总行加快企业级互联网运营人才培养，分行配齐配强分行区域中心化运营队伍，尤其要重视推动青年员工深度参与生态运营，持续打造更加专业化的用户、内容、活动、产品、数据、风控、体验等线上运营团队。

持续强化团队运营能力，围绕运营目标为生态提供全链条运营支撑。形成一套以第一关键指标（北极星指标）为统领、以体验驱动过程监控指标、以A/B测试为方法论支撑的精益进化的数字化运营打法体系。建立产研运一体化、多方机构互相支持、协同的运行机制。持续沉淀用户增长、客户体验、风险防控、数据运营等体系化能力，赋能全行互联网平台经营。互联网平台运营中心要以手机银行MAU增长、客户体验NPS提升、核心场景MAU增长等为主要经营目标，不断完善目标清晰、机制顺畅的线上经营能力。

在运营中，总行提供协同运营，协助分行整合场景、聚拢流量、培育客户，持续加强“总行中心化+分行属地化”协同推进。

第二，升级企业级智能触客能力，挖掘数字化营销潜能。

继续完善渠道触达统筹管理机制，持续提升全渠道统一触达管理水平。继续扩展对行内外流量的引入，升级触达能力。提高广告投放精确度，实现广告智能分发，丰富消息策略，提高系统托管及触客的智能化水平，提升用户体验。形成全链条成效闭环，充分运用归因分析、路径分析、分布分析等成效分析工具，提升对客服务能力。改进触达活动的实施流程，如引进智能化审核流程、建立触达广告栏位导航及管理模块，提升营销效率。

第三，强化科技引领，建立敏捷进化的机制。

生态银行的打造需要银行赋能各方协同敏捷迭代，加速进化生长。尤其在未来VUCA（乌卡）时代，从客户洞察、原型设计、业务需求提出到迭代开发上线都要求银行持续提升效率，银行要利用DevOps转型、SCRUM模式推动设计、开发运营一体化，加速业技融合，开展配套部落制组织架构改革，建立敏捷进化机制。

第四，持续探索、梳理，提升金融与非金融的融合度。

每一种金融科技的涌现，往往都会掀起一轮新的场景变革，比如眼下数字人民币等技术可能正在带动消费场景重构。生态银行应及时拥抱新技术，持续探索新场景，不断梳理优化生态结构，并保持核心能力、运营体系、组织及机制等的同步迭代进化。

生态银行应进一步实现金融与非金融体系之间的“用户通、流量通、权益通”，并可利用智能技术探索手机银行 APP 与非金融场景平台的更深度融合，进而超越双核或单核式生态结构的约束，让用户获得更为分布式化的体验：无论用户在哪个场景中，生态银行都能根据用户需求和用户状态，自动匹配最满足用户诉求的页面、功能和服务，用户都能体验到所有金融及非金融服务。

第二节　银行 APP 生态共建的实施

毫无疑问，银行当前要实现“从树木到森林”的扩展进化，主要基础载体仍将是移动 APP，尤其是手机端的 APP。敏捷银行在生态化转型的实践中，需要重点推进 APP 生态共建。

“共建”也是生态银行应有的本义。生态本就是“尺幅窗、无心画”，生态伙伴之间互为彼此的“景致”构件。“生态共建”也意味着生态银行各参与方之间应开展联合经营。而联合经营之所以可行，其基础前提是银行及伙伴服务的数字化、自动化。架构在联合经营基础设施之上的生态银行，其运营是以智能数据分析为灵魂的数字化运营。

“共建”的推进，需要首先破除对“参与共建”的疑虑，而“共建伙伴”的开拓则可沿纵、横两条线展开，并在“生态面”之上施以联动，延伸为“圈链”的共建共营。

破除参与生态共建的疑虑

在推进生态共建的过程中，不可避免会触及生态伙伴间利益的计量、计算、平衡问题；对这一问题的辨析事关生态共建中各方的实际投入力度、持续度，以及生态所能发展到的高度、所能触及的深度、共建方间能绑定的紧密度。

相关方对共建生态利益的疑虑，有相当一部分缘自把生态共建过度简化地解读为获取流量、合作引流。实际上，共建生态不是“资源互换”，而是“资源整合”。“相互导流”只能算作生态共建的初级阶段。作为生态共建的合作方，在推进合作协同的过程中，应更侧重于评估自身在生态共建中的ROI，不宜将用自己的“资源、优势”尽量“换回”最大化的资源回报作为主要诉求，不能过度计较合作中各方受益程度的不一致性，要摒弃“心理不平衡”的思想倾向。事实上，只要自身在生态合作中有合理的ROI，其他生态参与方通过生态共建获得的ROI若能远超过自己，反倒应该被视为是促进各方持续良好合作下去的有利因素。

生态共建的“资源整合”应该是在相关方的相互协同下，发挥生态优势，持续为客户提供贴合其需求指向的新服务，是实现新的价值创造。基于生态所提供的服务体验最好是之前单凭单一方所难以实现的。单一方实现生态服务体验的难度越大，生态价值就越大，生态越有机会长久地迭代进化下去，也就越有可能发展壮大。

银行APP共建生态的基础设施

生态共建的标志之一在于联合经营。联合经营，不是简单地进行权益捆绑、附赠。联合经营理念在客户端具体体现为两端互嵌、双向互通，即商业银行与合作方合作推出的权益活动界面（钩子产品）在银行APP端与合作方APP端均做资源展示露出，并应与两端APP的业务运行进行充分适配、整合。这与当前较为流行的联合营销实践中直接把对方的权益包作为附赠品的做法有着本质区别。

联合经营，并非是以单次营销活动合作为主要目的，而是要通过生态联动，让参与方获得可持续的稳定经营增长。生态联动首先通过场景互嵌，以钩子产品作为导流途径进行获客。然后引入合作方的应用功能、权益及服务，通过设置用户任务达标、持续投放双方联动的营销活动等方式实现活客。在联合经营中，联动页面展示的内容要契合双方经营目的，保持与合作方战略经营方向一致，并根据合作方的需求匹配金融产品，从而实现客户的价值提升。合作方间通过强关联、全链条、全生态的深度联营，实现共同的获客、活客和价值提升，由此形成生态联动的联合经营商业模式。

换言之，银行在联合经营中应将各个生态伙伴的 APP 视作银行面向客户的一个数字化经营场所。既然为“经营场所”，就不仅仅是“营销、拉新”，不仅仅是为新用户服务，而应将生态伙伴 APP 之中已经属于银行自己的老客户也视为重点服务对象，完善自身在生态伙伴 APP 上的持续经营能力，把自己的服务流程融入伙伴的数字化服务过程中去，为伙伴平台上所有的新、老客户提供更便捷、更一体化的服务。同时，这也是双向的，商业银行反过来也应该尽可能地把自己的平台开放给伙伴，设法让银行 APP 平台成为生态伙伴的数字化经营场所，将生态伙伴的服务等投放、融入银行 APP 专区、线下网点或服务点、属地化私人银行中心等渠道，丰富行业渠道业务内容，方便银行 APP 客户体验到更多线上的非银服务，增强银行对用户的黏性。商业银行还可以开放在伙伴 APP 或设备端、场景中直接反向联系银行客户经理的权限、功能，实现银行与生态伙伴平台更深度的双向连接。最终在经营的彼此嵌入以及联动中，为客户提供顺滑、无缝的跨 APP 跨场景的极致生态体验。

银行 APP 生态的联合经营模式，一方面是以服务的自动化为基础前提，另一方面也是顺应金融科技的“互联互通”大趋势。在传统的商业银行经营中，受制于线下经营的物理限制和对人工参与的高度依赖，银行服务往往难以直接嵌入其他商业、经济活动的流程中。而在数字化时代，银行和其他相关数字化平台伙伴的产品、服务自动化程度持续提升，对人工介入的直接依赖程度不断降低，不同平台的服务、权益、数据等的互嵌、融合以及自由组装在技术上变得越来越可行，联合经营模式因此而可行。

此外，当前各个数字平台间的“围墙花园”正日益成为金融科技生产力获得进一步突破和释放的关键障碍。生态银行及其联合经营模式，也是顺应了打破各个 APP 平台“围墙花园”、推动各平台互联互通这一大势所趋。银行在中立性、公共性、金融产品服务的完备性以及信用度等方面都具有传统互联网金融科技平台难以比拟的优势，尤其是在金融科技监管趋于严格化、规范化的大背景下，商业银行有望凭借生态银行的联合经营模式一举成为金融科技互联互通这一新发展阶段的引领者。

在联合经营的具体实施上，最首要的基础设施建设工作是打造共同经营的 APP 场景界面。该界面将是双方经营活动交汇融合、实现联合经营的“物理上”的承载体。在该界面的建设过程中需重点考虑：（1）场景入口界面互嵌：银行与生态合作方均在各自体系 APP 内提供联合会员资源展示，方便用户快速接入；（2）统一界面的联合会员专区：无论用户从银行或者从合作方 APP 点击联合会员活动，用户均会被引导至无差别的统一的联合会员界面；（3）参数化、定制化的联合会员界面：不同合作方的联合会员界面会定制化地推广面向不同客群的会员权益以及进行产品推广，银行由此沉淀了参数化、定制化的联合会员界面的可复制能力。

而共建共运营的 APP 场景界面的底层支撑则是联合会员、数据共享、产品协同等。具体含义包括：（1）用户互认：用户通过静默注册能力，成为商业银行与合作方的联合会员，建立“用户编号、生态渠道编号、服务合约编号”的会员联盟通用标准；（2）数字账户：建设合作方共享的数字账户体系，让用户能够在生态中的非银合作方 APP 上开立Ⅱ类、Ⅲ类账户，以便能够直接在这些 APP 平台享受无门槛线上金融账户服务，实现对 C 端权益的直接发放，充分激发用户积极性；（3）权益互通：双方 APP 的联合会员专区统一展示，会员专属功能、权益、活动内容等进行标准化、参数化配置；（4）数据共享：银行与生态合作方合理合规开放共享数据，实现联合经营的数据分析，更好地帮助双方经营提效；（5）产品协同：基于双方共建的 APP 经营场景载体，为联合会员客户提供合作方的新功能及应用，以及银行的基金、理财、保险等专属金融产品和定向支付等消费金融服务，并实现生态合作方与银行的产品协同交融。

银行 APP 共建生态的运营

银行 APP 共建生态的运营并不只局限于 APP，而是以 APP 为主体，实现线上、线下各种渠道的整合运营。

数字化运营是生态银行的核心特征。在银行 APP 生态的共建中，商业银行应将在生态伙伴平台上的 APP 共建页面定位为常态化的运营阵地，以“数字网点”视之，充分运用各种数字化运营手段，丰富数字网点运营玩法，增强用户感知、提升用户黏性、实现价值转化。如可持续策划专区，持续布放权益、积分和活动等内容，持续进行流量聚集，实现大小循环贯通；打通银行与伙伴间的成长积分体系，实现用户的互联互通、深度运营，实现内外赋能。可不断探索页面报名、专场直播、行内外直播、贴尾等新型运营形式和策略，激发用户参与，增加用户标签，向客户直营等行内渠道引流，深耕客户群体。还可采用视频新运营形式，制作指引视频，丰富内容宣传和传播形式，降低用户理解成本。或可布放客群跳转链接，引导代发客户进入企业微信，享受银行及伙伴的专业咨询服务，并应在渠道运营中建立起整合 APP、公众号、精准短信以及实体网点甚至地铁、广播等内外场景的全渠道曝光矩阵策略。

智能数据分析是银行 APP 共建生态运营（即生态银行运营）的灵魂。无论是联合运营中活动策略的及时调整，还是联合运营体系的持续迭代进化都高度依赖实时智能的数据分析。比如，在运营活动中，需要以数据为抓手，监测曝光、转化、活跃等环节，对活动数据展开实时智能分析，基于分析结果实时对活动方案进行优化调整，包括活动主题、落地页布局、活动流程；页面引导和细则；权益商品种类、顺序、价格；触点策略、曝光计划等。又比如，可通过实现营销活动对客权益“领取—发放—核销全流程数据可视化”，实时展示营销活动数据，掌握第一手客户优惠使用情况。还可建立数据看板及数据大屏，每日监测订单看板与大屏数据，合作方每日反馈订单看板，结合银行自身一侧的金融大屏数据，以日为单位，观察用户行为，刻画用户画像，挖掘目标用户价值。数据大屏和数据报表也有利于银行运营人员观测全链路数据，准确定位出高漏损环节，提出优化建议和措施，推动联合运营的迭代。还能与合作方联合生成活动阶段性复盘报告，包括 PV、UV、新老用户分布、用户性别年龄分布、参与活动用户 top5 群类等，依托报告分析结论指导运营策略的调整。

柔性团队是 APP 共建生态运营（即生态银行运营）的关键保障。要确保共建生态的良好运营，不但在商业银行内部需要建立起跨部门、跨条线、跨技术域与业务域的柔性团队模式，紧密联动、组合出击、各显其能；在生态参与方之间同样需要建立起类似的柔性团队模式，在生态伙伴间建立及时有效的沟通机制、沟通渠道，在对共同场景的联合运营过程中，持续交互，不断总结亮点、沉淀运营经验，共同完善运营方法、运营策略，保证联合运营的有序、高效开展。

每年一度的旺季营销是检验手机银行 APP 共建生态运营的试金石。

银行应该积极吸收互联网科技企业的旺季营销实战经验。这些相关经验的主要内容可大致总结为“三部曲”。“三部曲”的第一步是将爆款产品做到用户体验极致；第二步对用户激励、营销中心化；第三步旺季营销归因分析，依托生态伙伴和线下客户经理触达到位。“三部曲”给予银行的启示在于，银行不但应该准备旺季营销爆款产品，还需要有针对目标市场客户需求特征的定制组合产品。

而对于大多数银行，领先同行的旺季营销经验的参考价值则更为直接。

领先银行旺季营销在经营目标上一般分为四个阶段（蓄势、爆发、稳固、收官）＋三个高峰节点（圣诞、元旦双节消费高峰，岁末消费高峰，春节期间红包高峰），活动形式包括首绑拉新、场景促活、交易达标、提现回流等。

领先银行旺季营销在经营策略上一般主要从资金特征、投资偏好、产品进阶等维度出发制定差异化经营策略。

首先是从资金特征出发制定经营策略。比如代发工资业务的营销，在时机方面，按发薪日区间提前营销，在资金到账时实时推荐产品。在承接产品方面，针对高客单外流客户，推荐大额存单、手机银行专享封闭式理财等高收益产品；对于流向第三方高流动性产品客户，推荐按日或 7 天理财等高流动性产品。又如商户回款的营销，在时机方面，在提现和回款时通知，同时触发口令短信推荐产品。在承接产品方面，针对第三方提现商户，推荐高流动性产品（按日或 7 天理财）；针对行内个人商户，推荐结算通存款产品，并与提现券活动协同。再如产品到期的营销，在时机方面，循环触达“近 5 日内产品到期”客户，前置防流失。在承接产品方面，推荐同产品或同类型产品，引导客户持续复购；结合即将到期产品类型，从进阶视角交叉销售。提升产品覆盖度与价值创造能力。

其次是从投资偏好出发制定经营策略。比如对有存款偏好的客户，可为其设置专门标签如“喜存户”，对其推荐旺财存款、大额存单、薪享通、结算通等产品。又如对有理财偏好的客户，可设置专门标签如“喜财户”，可建立理财流动性偏好模型清单，可推荐手机银行专享理财、热销产品榜单等产品。再如对有基金偏好的客户，可设置专门标签“货币型”“债券型”“股票型”等，对其推荐基金热销产品榜单等。

最后是从产品进阶出发制定经营策略。比如活跃的 AUM“万元户”是制定财富客户复购进阶经营策略的突破口。对于高活期且高流出的客户，可为其设置专门标签“喜活期”，并设置进阶营销的触发条件如“存款时点余额≥1 万元”，对其进一步营销 7 天以上理财、中短债基金等现金管理类产品。

银行 APP 共建生态的拓展

银行 APP 生态共建合作的拓展，可在横向和纵向两个方向推进的基础上，打造圈链，实现生态银行在“面”上的共建联营。

横向拓展更多不同类型的可开展共建、可联合经营的生态合作对象。在广度上延伸更多更新的行业生态，并可结合不同行业生态特征打造联合经营的不同联动模式。比如某银行分别深入共享出行行业、互联网医疗行业、本地公职人员补贴发放领域展开探索，积极推进不同联动特征的联合经营模式。又比如，有很多 B 端、G 端的优质客群，在银行网点日常经营中是难以批量触达的，但这可能是一些生态伙伴 APP 平台所擅长的。银行应积极拓展这类平台，并在其之上开通和经营数字网点，提供线上代发、专业理财咨询服务等。银行数字网点的进驻，也将为伙伴平台补充诸如代发金额、金融产品购买情况等强财务属性的高质量数据维度，银行可与伙伴平台一起，以智能数据分析为基础，为这些优质客群建立起更完善的评价指标体系，更进一步做好客群的分层运营、精细化运营。

纵向挖掘与合作方的联合经营深度。一方面通过将服务下沉至线下网点、服务点，将银行线下服务与合作方在下沉市场进行人员、渠道、业务服务的深度融合，推动线下 O2O 联营模式，挖掘与合作方更多的联动方向。另一方面继续深耕现有商户，打磨双方功能与服务的联动，完善联合会员专区的权益，进一步更新迭代商业模式，挖掘更多潜在商业价值。

在横向、纵向拓展的积累之上，生态银行可进一步联动多个行业生态，延伸出生态圈链的共建共营。比如可尝试与教育生态合作，推进公立教育与线上医疗的联动，通过解决儿童心理问题，促进与教育缴费平台的联合运营。又比如某银行直击政企痛点，打造本地生活圈链，全方位满足政府、平台、商户、客户四方的需求：提供专用账户承接政府专项补贴，以满足专款专用的要求，也助力服务地方政府拉动当地消费；提供商户智能分账解决双方分润诉求，支持不同商户设置与平台的不同分润比率，也向 B 端客户精准引流赋能；提供支付能力方案，向平台 APP 输出支付码功能，满足平台用户活跃与经营诉求和最终用户指尖消费体验所需，也为个人客户提供丰富的服务场景。

银行 APP 生态共建案例

某银行与 XM 智能家居平台联合共建样板间是较为典型的银行 APP 生态共建案例。其创新过程与本书所述思路基本吻合，主要包括选场景、建生态、扩用户三个关键步骤。

第一，选场景。银行和 XM 智能家居平台（以下简称 XM）共同分析合作双方的各自特点，包括公司战略、客群特征，从中寻找恰当的契合点，然后确定合作模式。XM 是移动互联网平台，流量高，其痛点之一就是在当前监管环境下，需要找到一些可与其合作的优质的银行合作伙伴，以实现可持续经营。同时，XM 的客群比较年轻，以男性为主，是网上冲浪的弄潮儿，注重客户体验。XM 平台上的场景是高频场景，银行对这种年轻客群非常渴望，非常重视金融产品输出，但自身的金融场景属于低频场景。双方合作，就可以实现从高频向低频的导入。基于双方的契合点，确认的合作模式就是数字网点。这就是“选场景”。

第二，建生态。银行将数字网点开到 XM APP 平台上。设计了一个专门的Ⅱ类户 M 金卡，客户购买电子产品做分期，就需要用到 M 金卡。有了账户之后，银行就能做金融产品的输出，比如为 XM 定制了一个叫“M 金宝”的货币基金。还做了一个随付贷的产品，嵌入 XM 的购物场景中，再结合智能支付，实现了场景内的基于专属基金的支付。另外还有一些增值服务，如 ETC 等。除了输出服务内容外，还要做整个的触达和经营，通过数据采集、数据可视化、用户洞察等，进行客户画像，对客户做全方位分析。至于联合运营，主要是指通过一些广告资源位来实现对客户的触达。

第三，扩用户。短短半年时间，XM 样板间获客、活客、黏客方面效果显著，新客获取、价值贡献以及全流程体验提升上均充分展现了样板间领先性。其一是账户活跃：累计开户 70 万户，绝大部分都成为有余额且活跃的优质账户。其二是获客强劲：纯新客户 11 万户，占该银行某分行同期新客户的 17%，新获客能力约相当于分行 70 个网点。其三是成本低廉：互联网金融类产品平均获客成本为 100 元左右，XM 项目平均获客成本仅为 12 元。其四是价值贡献大：在投资理财方面，基金“M 金宝”销售额 2 亿元；在消费金融方面，随付贷产品交易额 2.4 亿元，中间业务收入 1000 万元。其五是提升潜力足：用户平均年龄低，18～35 岁用户占比为 72%，低于行内用户平均年龄（平均年龄为 43 岁），月均收入 5600 元，且对信用卡等产品偏好明显，客户价值贡献潜力大。其六是扩增效应优：XM 样板间对于“数字网点”商业模式完善、通用能力沉淀及复制推广起到了重要作用；通过 XM 样板间形成了数字网点营销能力、产品能力、账户能力的基础框架，而且实践细分了专业型网点、综合型网点的不同模式，这也为其他数字工厂提供了有益借鉴。

XM 样板间的运营呈现出三个特点：首先是数据驱动，以线上的数字化经营和数据可视化来驱动运营；其次是多方联动，比如产品输出需要联合各个部门；最后是敏捷推动。有一个专门的作战单间，探索敏捷迭代机制的保障实施。

XM 样板间互联网运营的具体实施也是从“线、点、面”三个维度展开的。“线”分为两条，纵向和横向。“点”则是指找准关键节点、重要拐点，重要拐点就是骤降或者骤升的点。“面”是渠道面，就是通过不同类型的比较，找到性价比最优的渠道资源。

在“线”上。横向的“线”覆盖用户的关键旅程，纵向的“线”是指从用户的成长路线来看，包括获客、活客提升和挽回方面。在整个“线”上，都嵌入银行的产品触点。比如获客，针对没有开通 XM 钱包的客户，在关键旅程上推送首页广告；或者是在用户注册 XM 钱包时，由平台推送九要素，将用户引到银行，银行对用户进行身份验证后，就可进一步为用户开设Ⅰ类户、Ⅱ类户并开通相应的手机验证功能等，然后用户就可以领券消费。又比如，针对绑定了银行Ⅱ类户的 XM 钱包用户，可以通过精准广告推送，让他们在发起支付时获得钱包专享的立减优惠。

在“点”上，分析关键旅程，找到并监测两个关键节点的活动数据，即曝光和转化两个关键节点。通过分析活动数据的升降拐点来定位客户增长瓶颈，进行针对性优化调整。比如发现转化率比较低，就可以通过优化营销活动或优化推送广告的频率或降低活动门槛来提升转化率。

在“面”上，分析不同的推送渠道，根据流量占比和开户转化率的情况，决定是在首页上推、腰部广告条上推还是在二级界面上推，看哪种方式的转化率比较高或者流量占比较高，大家更愿意去点，由此就能形成整个的渠道部署。

第三节　生态生长的关键沉淀：数据金矿

清代李渔在《闲情偶寄》中写道：“种树非止娱目，兼为悦耳。”其实银行建设生态，也同样如此，不仅仅在于实现生态繁茂本身，更在于通过生态获得丰富多样的数据金矿之沉淀。

习近平总书记指出：“世界经济数字化转型是大势所趋”“要构建以数据为关键要素的数字经济”“要不断做强做优做大我国数字经济”“数据作为新型生产要素，是数字化、网络化、智能化的基础，深刻改变着生产方式、生活方式和社会治理方式。”他还指出：“善于获取数据、分析数据、运用数据，是领导干部做好工作的基本功”“在大数据时代，领导干部不仅要懂得大数据，还要用好大数据。”习近平总书记还提示我们要应对使用数据的挑战——“数据不会说谎，准确的数据是穿衣镜，可以正衣冠，错误的数据则是哈哈镜，只能扭曲真实。”这提醒我们，在运用数据进行决策的时候要避免掉入先入为主的“沉锚陷阱”。比如营销中心典型的单向度思维谬误：某个客户在银行只有存款，就只给他营销存款；他只有理财，就只给他营销理财。

当前的时代是一个信息爆炸的“后真相”时代，我们面临的数据类别越发广泛（More Broader），数据源及其连接关系越发复杂（More Complex），数据因素及其变化越来越快（More Fast）。VUCA 曾被用于描绘“后真相”时代的不稳定、不确定、复杂和模棱两可。后来，科学家 Jamais Cascio 提出了 BANI 的概念，脆弱（Brittle）、焦虑（Anxious）、非线性（Nonlinear）、不可理解性（Incomprehensible）。BANI 不仅是对当前世界的状态特征的描述，而且提供了应对相应挑战的思路。

对于商业银行而言，推进数字化转型，破局“后真相”时代的挑战，是一个多层生态体系的系统工程，其中数据和智能技术是基础，人才是关键。银行应通过生态沉淀到更丰富、更多样、更多维的数据，运用大数据和机器学习等技术提高银行的数字洞察能力、场景建设能力和营销运营转化能力，让数据要素成为精准划分客户、激发业务创新、优化客户体验的金矿。

客户划分的金矿

数据有利于提高数字洞察能力，是客户分类分群的金矿。

现在已经有领先银行对分布在各个部门、各个领域的复杂数据，运用大数据和机器学习进行客户精准画像。比如通过对征信数据、工商数据、信用卡、个贷等这些分散的数据进行全量整合，运用逻辑回归、评分卡分箱、集成学习等方法，去搭建多维度、多种类的分析模型。这里面既有传统的计量工具，也有新型的大数据、机器学习的工具。基于以上模型，对客户进行全面的画像分析，进行风险判断，进而得到更细化的客户分类，便于差异化的客户风控策略管理。同时，运用 AI 技术构建多样化的信用风险识别工具，也能实时洞察各类客户风险信号，融合分析后实现客户风险的早期综合预警能力。又如可构建风险知识图谱，实现担保圈、交易链等客户群体的实时风险监控和传播影响分析能力。

比如在反洗钱、反欺诈领域的应用，渤海银行通过构建数千万个节点和数亿条边的庞大实体关系图谱，运用社区发现算法，发掘出整个网络作案团伙，并对黑产攻击实现线上线下全渠道实时的风险拦截阻断能力。渤海银行与天津市公安局刑侦总队合作对接，在数据共享和高危人群撞库方面深入合作，在反洗钱、反欺诈、员工异常行为排查等场景进行探索，以期在实时风险预警预控方面取得实效。无论是欺诈主体作为申请人的第一方欺诈、欺诈主体与申请人勾结的第二方欺诈，还是欺诈主体盗用他人身份的第三方欺诈，其共性在于都可采用图计算和机器学习相结合的方法构建反欺诈模型。图是一种对数据优雅自然的表现方式，与机器学习相结合，能够完美地适应分类、聚类、组合、优化、推荐、匹配等任务；其主要步骤包括：首先由特征工程辨别关联特征和非关联特征，其次放到机器学习模型里进行预测。

又比如某银行通过数据分析提取出存量压力客群画像关键特征：学历以本科为主；家庭属性强，大部分育有未成年子女；兴趣爱好集中在旅游、美食和运动；行业多为金融行业、制造行业及事业单位、以非公务员为主，多为一般员工、专业技术人员或担任中层管理人员；家庭年收入多数在50万元以下，较多将收入的10%～50%用于投资理财；主要经济压力来源于提高生活品质、子女教育、改善住房。

该银行基于画像进一步精准分析出该客户群的金融需求及偏好：理财、储蓄类产品接受度最高，88%的客户投资时优先选择理财；安全性（34%）、收益性（21%）、保本（11%）是客户关注的前三大理财产品要素；最希望得到日常消费优惠类的增值服务（81%），其次是医疗健康、子女教育及交通出行类权益（20%～30%）；财富规划（50%）、收支分析和账户管理功能（40%～45%）是理财工具最具吸引力的功能；产品收益高（68%）、服务较好（42%）、安全（41%）是客户选择该银行的最主要原因；60%的客户投资决策受理财经理影响，其中36%在自行选购的同时参考理财经理的意见，24%则主要依靠投资经理的专业建议；81%的客户希望通过手机或网上银行了解投资理财信息及产品，59%的客户希望信息来自理财经理推送；95%的客户选择主要通过线上渠道办理银行业务，其中89%选择手机银行APP，6%选择网银；客户前往线下网点时，80%是因为业务办理需要，其中32%是因为有熟悉且信任的客户经理。

然后，该银行在上述分析的基础上采取了非常有成效的客群经营策略。

业务创新的金矿

数据也是业务创新的金矿。

例如，国内一些银行通过对长尾客群的大数据分析及客户画像，采取降息、延期等措施，让一些父母能够比较便利地动用自己的财富积累协助有还款意愿、暂时缺乏能力的青年子女客户渡过难关。有意思的是，美国银行的数据分析显示，这种帮助子女偿还银行贷款的现象也出现在与中国家庭文化迥异的美国家庭。

数据对于业务创新的价值更是体现在培育生态场景、推进生态平台业务创新方面。

在生态业务创新中，需要综合运用包括物联网、大数据、机器学习在内的多种方法工具进行生态场景建设。比如控货融资是渤海银行“四五”战略向交易银行转型的重要产品服务细分市场。以冷链控货融资为例，需要对上游供应商客户进行画像和每柜货物进行精细管理；依托中游冷链核心企业平台进行贷中线上测额签约；对于下游销售商借款人而言，需要与第三方仓库系统直连，构建基于物联网和数字孪生技术的新型质押货权监管能力，以便实时盘库和监测货物出入库。为解决类似上述交易银行的生态场景应用问题，需要采取“四流合一”融合分析管控技术。

首先是订单流，包括商家历史、订单记录、履约情况、发票数据和纠纷情况。业内通常采用知识图谱对订单和发票的数据进行分析，对订单金额、订单的季节性、发票的对手、合同纠纷进行建模。当然，这里面会有一些交易异常现象，比如，以前只有几十万元的订单怎么突然变成几百万元或上千万元、以前供货商是ABC怎么突然多个D，对于这种交易异常的识别，常用的手法是半监督和无监督相结合的机器学习方法。

其次是资金流。需要与订单和发票数据进行交叉验证，核实贸易背景的真实性以及判断虚假订单、骗贷的可能性。

再次是物流，对于仓单质押类的业务而言，需要实现货物的实时追踪，降低货物被调包的风险，从侧面验证贸易背景的真实性等。

最后是信息流。基于电子标签、电子围栏、物联网技术的仓储数据可用于质押货物的实时监管，结合市场价格波动数据与保证金、贷款余额共同使用，来监测抵质押率的变化是否可控，这是大数据与小数据的结合。结合多源传感器数据和仓库影像数据的实时交叉验证和关联分析，防范人为道德风险，防范这些仓储数据被生态平台参与方借用、调包和篡改的行为。

这种运用大数据、机器学习的方法，让银行能够对“四流合一”数据进行综合挖掘、分析以及风险防控，有利于实现战略性乃至突破性的生态平台业务创新。

客户体验的金矿

数据有利于提高营销运营转化能力，是客户体验的金矿。

比如，截至目前，渤海银行已经积累了很多客户体验的相关数据，包括微信、网银、手机银行。手机银行6.0上线以后产生了更多数据，包括客服语音、客户经理的数据、微博的数据、抖音的数据、投诉的数据等。渤海银行在5000万互联网客户中撞库撞出2000万客户，业务受理通过率比以前有了明显的提高。当然，撞库数据出来之后，如何更妥善地获客、活客和留客，则是对自建和共建生态可持续发展的关键考验。

银行要善于利用现有数据，赋能客群全生命周期营销与持续价值运营。客群标签是解决精准营销“获客”的重要工具，线上线下联动是“活客”的方法，情绪事件识别是“客户挽留”的最佳机遇。举例来说，有先进同业已经基于商机预期概率、商机预期收益、客户渠道偏好、客户时间偏好等业务参数，以及客户免打扰条件、各渠道容量限制等业务规则条件（比如他愿意不愿意被打扰、什么时候愿意被打扰，被打扰的频率、接受度如何等），运用运筹学中的线性规划方法，探索线上触达客户的最优方案，在避免客户被过度打扰的情况下为客户挑选最佳商机，解决多重供需之间的最佳匹配。

如果银行希望所提供的服务是适时的、适量的、适度的，那么它就需要关注 5W1H——Who、Where、When、What、Why、How，就需要考虑如何全流程组合运用好复杂的多变量。这时，如果不运用大数据、机器学习、智能优化算法进行综合分析和流程响应安排，就无法实现服务目标。其中的关键是基于大数据的商机组合优化，有两个要点。一个是排除过滤，即根据一些灰名单、黑名单、失信记录、客户拒绝标注的数据，去进行信息过滤。另一个是免打扰安排；免打扰包括接触的频次、营销的话术、确定是否允许推送商机、什么时候推送商机，比如营销频率是 1 天 1 次、7 天 2 次、14 天 3 次还是 30 天 4 次；这些都要进行精细化分类整合，只有这样才能避免过度打扰客户。

第四章　敏捷银行创新活动的体系化

"离娄之明，公输子之巧，不以规矩，不能成方圆。"

——《孟子·离娄章句上》

从《孟子》这句话在我国广为人知的程度可见，我国传统文化一直非常看重法则、方法论对于创造性活动的重要作用。银行数字化创新，不仅对各种知识综合运用能力要求高，而且需要大量的多方协同，更需要遵循体系化的方法论指导。

如何在银行全行及整个生态范围内加强数字化创新活动的系统性，如何对数字化创新动力实施系统化的"能源管理、动力管理"，如何更加有序、高效地激发、引导、管理、输出数字化创新动力，是敏捷银行在数字化转型实践中应该予以高度重视的一系列关键问题。

第一节　银行数字化创新机会的四大驱动

数字化创新首先从机会的发掘开始。

创新机会点的系统性发掘需要在银行组织内建立全景雷达图，它包含五个模块。其一是政策雷达图，主要用来扫描检视有哪些新的政策出台，对银行现有业务的影响如何，哪些涉及现有产品服务功能和制度的调整优化，哪些可能造就新的机会。其二是市场雷达图，主要包含对现有竞争对手或潜在竞争对手现有产品服务或新业务模式的全景扫描，与本行比对，以便开展借鉴移植，或在对手基础上进行创新，寻找差异化竞争优势。此外还包括对市场和消费者的趋势洞察，了解其需求特点，形成创新机会点。

市场洞察引领的创新发掘指向两个不同方向，即融合式共同设计综合服务的解决方案和针对不断细分的市场开展定制化解决方案设计。其三是技术雷达图，在科技驱动的数字化转型持续深化的当下，无论是传统ABCD（AI、区块链、大数据、云计算）等技术对不同场景端的深化改造，还是当下热门的数字货币、NFT、元宇宙、Web 3.0，科技正以“河出伏流，一泻汪洋”之势改造传统金融场景，不断诞生更多杀手级应用。其四是银行自身的雷达图，时时检视自己的家底，了解自己有哪些产品和服务还不能有效满足客户需求，围绕核心竞争力持续推进管理提质增效、优质体验提升等。其五是体验雷达图，要通过建立体验收集和持续改善机制来发掘客户痛点，寻求改善和创新的机会，尤其是针对重点场景、产品和渠道，利用数据埋点、物联网等技术，开展端到端客户旅程体验画像，以体验数据驱动创新。

以此洞察的全景雷达图会带来四大创新驱动机遇，即政策驱动创新、市场驱动创新、技术驱动创新和管理驱动创新。当然，不同驱动因素的划分并不具有互斥性，有很多创新洞察是综合驱动的，各种驱动因素之间会有不同程度的交集。

政策驱动创新

国家宏观政策、行业政策、监管政策以及地方性重要发展规划都会带来创新机遇，需要常态化地对国家新出台的政策开展解析，开展创新洞察探讨，映射到银行内部产品服务功能点和操作规则上，形成创新项目。

比如国家提出“双碳”战略之后，2022年6月中国银保监会印发《银行业保险业绿色金融指引》，要求加大对绿色、低碳、循环经济的支持，防范环境、社会和治理风险。由此带来的创新机会点主要是，发挥金融支持绿色发展的资源配置、风险管理和市场定价三大功能，使传统信贷向可持续金融、转型金融方向进化。在对公信贷方面，要基于信贷全流程进行端到端的ESG评估改造，从客户选择和准入、尽调、评审、贷中、贷后管理等方面提出规范性、约束性要求；强化与气候和环境变化相关风险的识别、计量、缓释和控制，在信贷全流程开展对重点客户、重点行业乃至全部资产的气候变化情景分析和压力测试。在对公碳资产产品创新方面，则可携手政府与企业，整合、盘活碳配额资产，结合绿色产业基金、绿色产业投资、绿色资产证券化、绿色并购融资、绿色财富管理等方式创新服务模式；近几年各大银行陆续开展了碳汇质押、碳排放权质押以及碳足迹挂钩贷款等创新。另外，在个人绿色金融产品创新上，各大银行也纷纷出台了个人碳账户体系，集成绿色出行、绿色生活、绿色金融服务等金融和非金融场景，以养成游戏等方式鼓励客户通过低碳行为获取积分，倡导绿色生活方式，并以此推动多场景获客和活客。

再比如在养老服务、惠农服务、央企司库以及央企供应链金融方面陆续出台了大量政策，也都带来了产业融合和服务创新的大量机会。

市场驱动创新

如前所述，其创新模式一般可归纳为四点：一是对同业产品的移植借鉴；二是基于生态共建的综合解决方案创新；三是针对细分客群的定制化服务；四是新消费趋势、新业态和新的商业模式带来的配套金融服务创新。

在同业产品或服务的借鉴移植方面，应建立针对重点竞争对手或重点领域的产品谱系，对落入战略重点领域的创新产品开展比对，进行移植环境分析和本行化、差异化设计，并开展流程适配性改造。

在基于生态共建的综合解决方案创新方面，主要是基于开放银行模式开展创新，将银行金融服务封装后以 API/SDK 或者 H5 的方式接入对方的数字化场景平台，或者将第三方服务引入银行数字化平台。抑或与合作伙伴一起建立创新项目敏捷团队，共同创新研发综合解决方案，在 SaaS/PaaS/ERP 等服务基础上融合金融产品服务，打造更具开放式的综合方案，比如渤海银行打造开放式财商教育平台，吸引第三方少儿财商课程供应商入驻，以心愿单、小约定等帮助孩子从小培养优质财商，共建少儿素质教育生态。建设银行与政务 PaaS 服务商合作打造智慧政务平台，集成公积金查询、缴税、办理证件等各类政府公共服务场景，打造政务生态；某股份制银行与 SaaS 厂商合作，通过“E 清算”赋能平台共同为破产清算案件管理法院、管理人、债权人、债务人等提供线上债权申报、债权人大会的召集、资金清算等服务。此外，还有这几年持续涌现的基于不同数字化平台和产业链开展的普惠金融创新，比如基于中烟新商盟平台打造的烟商贷产品，基于跨境物流平台打造的运费贷产品，以及基于某货运开展的车险分期产品等。

在针对细分客群开展定制化创新方面，在客群持续细分的基础上提供专属服务一直是确定性的创新趋势，比如同样是老年客群，城市新锐老人和失能老人对服务的需求就相差很大。随着国内进入退休高潮，每年有超过2000万人退休。针对这部分具备一定资产及消费能力，子女数相对较少，更注重自我享乐与追求生活品质，健康状况良好的“新锐老年人”，有银行自建“安心养老平台”，整合了“政、企、银、老”四位一体的养老用户体系，以专属卡、存款、理财、年金类保险等作为钩子产品，增加“T+0”理财、家族信托、养老社区、健康养护等组合产品，目前已成为新的客群和利润增长点。

又比如灵活用工客群也是一类值得银行关注的新兴细分客群。某大型互联网平台的数据分析算法团队曾谈过一个很有意思的现象，江浙和大湾区有一半的企业网银转账笔数用来支付非正式发薪。可见灵活用工的规模，横跨家政服务、建筑工人、直播主播、游戏主播、美业人员等诸多传统客群类别。银行基于代发工资平台，组建专门的客户增长团队，拓展小企业尤其是灵活用工企业，并通过个人权益和对接代缴费、福利平台等开展深度客户运营，强化资金内循环。

在新业态、新模式和新趋势洞察方面，比如随着Z世代的兴起，新国潮涌现。Z世代客群消费观更为个性，展现出兴趣优先、注重体验、理性消费等多元特征。银行服务Z世代创新需要契合这种与时代、生活潮流同频共振的趋势。中国银联发布的银联无界卡，不依赖实体卡，“申卡、绑卡、用卡”整个过程不需要前往银行营业厅，配合年轻人专属潮玩权益，构建了可以跨场景、跨行业、全渠道的产品平台。

技术驱动创新

A、B、C、D、IoT等金融科技经过多年发展，已经从原来的单一技术对金融服务改造，逐渐演进到多技术综合推进方案再造和基于统一技术底座的场景融合态势。云原生已是银行数字化转型的必备基础，区块链的应用正在广泛落地，并与 IoT、大数据等的融合日趋成熟。比如某银行通过“物联网 + 区块链 + 大数据”打造真实可信的仓单质押监管信息闭环，解决进口冻品冷链行业资金占用长、融资难和融资贵等痛点。

在这些底层技术基础上的多技术应用也将驱动新的创新。比如数字人民币的应用。数字人民币钱包生态平台是在各方共建的基础上，央行主导各参与方在共享标准、共享入口、共享场景的前提下开展竞争，调动各方资源，共同打造普惠性的金融基础设施。某银行与美团平台通过对接数字人民币子钱包推送互联互通备份通道实现五大能力对接。该数字货币 B2B 支付方案打造三大核心功能，为平台商户提供支付接口，便于商户以数字货币开展 B2B 支付，也方便商户在银行平台使用网上企业 B2B 数字货币开展日常管理，如订单查询、退款、反馈地址维护、公钥下载等。另外，商户通过系统堆积方式，可在自有平台上管理 B2B 数字货币支付订单信息。同时，银行也为支付企业提供数字钱包在线支付。

管理驱动创新

这类创新应用的目标一言以蔽之：降本、增效、优化体验。它一般会结合新的技术开展流程改造，推动端到端客户旅程体验优化，优化客户和管理运营，便于更好获客，促进客户有效增长和活跃，提升管理运营的性价比。

客户体验是银行改善产品服务的重要抓手，也是银行数字化转型的重要切入点。以往都是通过单一客户旅程分析开展产品和服务体验改善及创新。现在逐渐有银行基于重点数字化渠道、产品和服务旅程打造集成的体验监测平台。比如某股份制银行通过集成各大场景和重点产品的客户旅程体验数据，结合运营销售数据，比如流程各环节时间、好评度、复购率、推荐指数等实现数据驱动的体验预警和改善机制，实现数据驱动的体验改善创新。

此外，多场景多渠道获客并开展一体化客户运营和一体化风险管理是银行永恒的话题，各大银行都因此自建或者和互联网科技公司合作搭建了高效获客和运营的平台。通过对内外部数据的挖掘和分析，针对不同客户的资金流水、交易对手、交易习惯等，为其提供“千人千面”的个性化产品及服务，打造移动端的客户营销服务平台，满足客户随时、随地、随心的金融服务需求。同时，通过线上渠道灵活获客和线下网点服务交付的融合，实现流量统一运营，为客户提供端到端的全流程优质服务体验。

在多渠道多场景的智能运营方面，以 RPA 融合 AI 技术是一个虽不够新但仍处于不断深化应用的创新手段。尤其是在加入 RPA 架构治理后，开启了企业级人机协作时代。各大银行都建立了 RPA 平台，通过流程梳理和标准化，筛选出适合应用 RPA 的流程场景，比如人民银行账户备案检查、报表生成、自助设备监控、账户余额核对、智能客服和催收等场景。相应的 RPA 解决方案投产上线后，均带来了明显的人力成本节约和效能提升。

第二节　规模化的“商业创新”要求“商业创意”规范化

敏捷银行数字化创新实践中的一项重要工作是促成生态上下全面创新的局面，以持续挖掘和充分释放生态的潜在商业价值。这种局面的达成，需要生态银行商业创新工作实现规模化、系统化，而“商业创意”的规范化则是其中的基础前提。

商业创新不止，企业发展不息

首先，商业创新是企业避免被时代淘汰最重要的战略方法之一。

大多数读者对于柯达失败的例子并不陌生，那么，为什么像柯达这样处于行业头部的企业也会轰然倒塌，是因为产品没有竞争力吗？为何这些企业中的管理者对于企业竞争力下滑，乃至被动出局缺乏早期预见呢？大润发超市在开店之后的 20 年里，每一年都盈利，它打败了所有对手，国内的、国外的，包括国际零售巨头沃尔玛、家乐福，但最后倒在了阿里面前，被阿里收购。据媒体报道，大润发集团创始人在被收购之后说了一句广为流传的名言："我赢了所有对手，但却输给了时代。"历史上很多公司倒下并非因为被对手所击垮，也并非因为投资失误、管理失效、做人失德，而是在时代的风口失去了转向能力。在看似不断重复的历史中，企业靠什么做到紧跟市场发展趋势实现转向？靠创新，尤其要靠全面遍及整个企业范围的、持续的商业创新，因为具体哪项创新会脱颖而出、会长成参天大树，具有很强的随机性，难以精确预测。

其次，商业创新尤其是中小企业谋求发展壮大的出路所在。

在商业竞争中，一般而言，对中小企业来说，在各方都重兵投入的正面战场总是生机难觅。品牌渠道等关键资源往往被头部企业牢牢掌控。中小企业的机会只有依赖于"创新"，也只有创新才是最可靠的、也是永远可行的打破既有格局的出路。事实上，无数的商业案例已经证明了这一点。

比如汽车行业。先是亨利·福特从客户需求原点，通过抓住"快速到达"的本质目的创新了汽车，一举成为行业领先者。后来，又继续围绕成本效率推进T型车改革，创新地缩短了生产时间，在成本方面获得了巨大的竞争优势，从而造就了福特的行业寡头地位。在亨利·福特之后的若干年里，汽车行业的各个企业围绕目标深化技术能力、品牌化、产品附加值，从客户细分上去延伸市场占有率，逐渐形成由多个巨头把持、看似再也没有新车企任何机会的稳定格局。但以特斯拉为代表的一代创新者、创业者，避开汽车产品硬件本身的白热化竞争，转而专注于为用户带来价值的服务平台和系统工具，抓住智能化、电动化的时代潮流，成功破局，如今特斯拉市值已是所有传统汽车公司市值的总和。

最后，严峻的现实状况不断表明商业银行亟需商业层面的创新。

当前的商业银行，如同上述案例中的柯达、大润发、传统车企，正面临越来越大、越来越多、越来越显著的市场趋势方向变换的风险。对中小型银行来说，还同时面临着如何在时代转向之际从同业中脱颖而出的竞争压力。

例如，自2021年直至2022年第一季度以来，中国金融业尤其是数量众多的商业银行，已开始普遍面临风险偏好和融资价格难以平衡、营收增长不佳的局面。相当多的银行从业者将其归结为新冠疫情、经济环境乃至地缘政治波动影响。其实，正所谓“明者远见于未萌，智者避危于无形。其安易持，其未兆易谋”。一家银行现在的营收下降，是由于过去的经营模式已经不适应市场需要所致；如果现在仍不能认清形势，没有加快创新，未来的营收增长曲线仍不会乐观。

值得银行家进一步思考的是，尽管金融业目前仍处于牌照固化业态，但从营业收入下降潮来看，未来的竞争发展格局如何？银行业如何看待当前业务同质化、价格竞争、条件竞争、业绩不确定性增加的趋势？事实上，银行传统阵地——支付结算已经被互联网企业颠覆；银行曾经是基金销售主渠道，现在这个主渠道变成了腾讯天天基金。银行如果不着力进行生态范围的商业创新转型，经营会越来越难。

“商业创新”规模化落地需要“商业创意”规范化

企业组织包括生态银行在商业方面的整体创新、整体进化，是由微观层面各种大大小小的“商业创意”，以及努力把这些“商业创意”落地为现实的点点滴滴商业实践所汇聚而成的一种宏观态势。因此，全面、深刻地理解并开展好“商业创意”工作，对于生态银行整体的创新发展具有至关重要的基础作用。尤其是生态银行要造就整个生态层面规模化、普遍化的创新形势，更是需要从“商业创意”这一基础工作单元开始，对其适当规范化、系统化，让其既能保持足够的自由度和创造性，又不至于让整个生态陷入过度无序化的胡乱创新局面，造成生态资源的过度浪费。

需要明确，创意并不等于“商业创意”。正如柯达的失败，不在于没有创意。最终颠覆柯达的正是柯达自己的创意、发明——数码相机。柯达的失败在于，没有将数码相机这样一个绝佳的创意完善为一个真正意义上的“商业创意”，自然也就未能围绕数码相机持续开展起商业创新实践，最终只能将未来全部拱手让出。

所以，我们这里所谈论的“商业创意”，是指在业务上包含着完整的商业逻辑设计、对关键商业问题都有合理论证并具有商业可行性的创意，这里的“商业创意”甚至包含着为实现商业创意而开展的一系列商业实践行为。“商业创意”可能是一个产品、一种服务，甚至一个功能点抑或一整套商业计划。

“商业创意”应遵循并承接商业体的战略指向

具体到生态银行，就是生态银行中的“商业创意”应该遵循并承接生态银行的整体建设规划、战略指向。

那么，生态银行所指引的创新转型方向是什么呢?《道德经》讲：“反者道之动”“如欲取之必先与之”。约翰·博格在《足够》中说，“好的道德等于好的生意”。生态银行运用利他思维，围绕美好生活向往，整合资源提供解决方案，与行业共生、与社会共生，提升银行成长曲线。生态银行所指引的转型方向是围绕细分市场客户旅程服务体验需求，采取走出去（将银行服务通过 API 嵌入客户生产消费生态场景）、请进来（将用户流量引入银行 APP 或线下经营场所）和联合共建的方式，与非金融合作伙伴共建生态服务平台。生态银行倾向轻资产、轻资本模式，运用融智取代或嵌套融资，而非简单依仗融资。资产管理、财富管理、交易金融、消费金融成为其聚焦领域，开放银行成为重要路径，金融科技成为关键支撑，数字货币重构支付结算体系。

“商业创意”应以回答清楚四个问题为基本目标

生态银行的商业创新属于商业模式创新，商业模式创新很难像 PS 一样设计出来。生态银行商业模式是梳理出来的，有适当规范性、具有完整商业逻辑的生态银行“商业创意”应对创新者的想法、市场的认知、解决客户问题的能力进行梳理，应至少回答清楚以下四个问题。

其一是产品需求点——解决什么痛点?在论证中，应该阐释发现了哪类客户的什么需求，有哪种痛点或甜点。比如一个与火锅店有关的创新模式，最初的模式是作为供应链市场服务于火锅店。中国至少有几千亿元的火锅市场规模，但火锅店因防疫都关门了。创意者提出可以把食材直接供应给消费者，在每个小区设一个生鲜火锅食材店，提供可以直接下锅的中餐预制生鲜、净菜……顺送一个酒精炉、一个鸳鸯锅，如果把酒精炉、鸳鸯锅还回来则火锅店还退钱。创意者观察到的是疫情下行业的变化。这个创意目前已经有一个实践者——“锅圈”，拥有1000家店，估值几亿元。

其二是产品服务模式——创造什么价值？企业为谁创造价值，创造了什么价值。需要先讲清楚卖什么，而不是把大量时间耗费在市场分析上。简单而言，就是所卖的产品服务与同类产品服务相比，客户是否更愿意买单。比如，所要创新的产品是气泡水，创新点在于提神降火，是否比元气森林的“零脂、零糖、零卡路里”还好？可以放到超市里促销，看看相比元气森林，有没有人愿意花钱去买所创新的饮料。客户愿意为创新花钱，就说明创新能创造价值。当然，客户愿意买单的意思并不一定是需要客户（用户）付钱。例如，尽管抖音、微信免费，但用户在它们上面的内容中花费了时间，时间也是有价值的，因此我们也认为这是客户在买单。并且，原来一些人每天在微信上耗费8个小时，因为从抖音上发现了很多他（她）们需要的优秀视频，便转移了一半时间到抖音上，抖音因此可以与微信分享客户的广告价值。成功的商业模式必然会使客户支付金钱或时间，达不到这一点的产品设计者就是在浪费企业的生命。

其三是产品运营模式——产品怎么卖？怎么传递价值？假设做了一个客户愿意买单的税收服务或金融服务，但最终实际购买的客户却太少，那说明运营模式存在问题，需要继续创新。元气森林一定会陈列在高热量、高甜度果汁饮料旁边，酒香也怕巷子深。拼多多做得好，3年走完京东7年、淘宝10年才达到的1万亿元销量之路，拼多多在微信上发链接：“我是一家拼团的社交电商平台”，发链接，拉朋友帮你砍一刀，拉的越多越便宜，让用户为拼多多打工，一个客户就可以帮拼多多拉新2000用户，传递成本低，这就是运营模式的创新。

其四是产品盈利模式——就算用户给你时间，仍然要思考清楚，具体怎么赚钱？怎么获取价值？小米卖手机不靠线下，靠电商、微博，所以才保持仅5%的低毛利，其他手机厂商可是留了30%毛利给线下渠道。但小米的用户数量成长迅速，面世五年中各年的用户数分别为30万、1300万、3000万、7000万、1亿，短短几年便达到2亿用户，每台手机赚30元。小米不靠硬件赚钱，那靠什么？——用户的时间成本。小米称自己是一家移动互联网公司，小米赚的是广告流量收入，手机提前预装30个APP，APP

供应商为此竞标，预装、注册、消费分阶段收费，每个阶段收30元。此外，小米商城已经成为第四大电商平台，从卖手机开始，一秒卖20万台手机，200万人冲进来，180万人没买到，但是他们来都来了，买不到小米手机就买小米空气净化器、小米毛巾、小米床垫……靠广告、会员、供应商毛利一样赚钱。在小米出世之前——“羊毛出在猪身上狗来买单”没人相信。小米在手机销量成为国内第一和全球第二之后，也开始加大手机产品的分层力度，价格从1999元开始系列化，高端手机达到5999元，以求在手机硬件上赚取毛利。产品盈利模式创造了差异度，这样才能获得额外利润。

“商业创意”应尽量坚持“用数据说话”的原则

生态银行是以数字科技为基础支撑的，“用数据说话”应该成为一种默认规则，包括“商业创意”。“商业创意”应尽量坚持采用定量分析，对“商业创意”萌发时所提出的种种假设作出论证，以此为基础勾勒出一幅清晰的商业蓝图。

比如，当初京东数科的转型也是基于对生态数据定量分析后的创新结果。京东数科的前身是京东金融，其宗旨是助推产业数字化解决产业问题，把数据搜集过来做金融。比如在与猪场的合作中，将包括猪场获取饲料、生猪每天成长、小猪生产等数据及相关数字化技术应用到生猪供应链金融的风控中，降低贷款利率、达到去担保水平。在京东探索的过程中，有一个创意实验是“猪脸识别”。其实每只猪长得都不一样，尽管人类是猪脸盲，但机器可以识别出来。基因测序成本太高，而猪脸识别成本可控、收益可观，可用于给猪上保险，也可用于不同猪品种的细分市场销售。创意人员进一步深入猪圈研究数字化应用方式，使生猪饮食频率做到均匀，运用猪叫声纹识别判断是否生病、发情或小猪被压。数据证明导致小猪死亡的因素中被母猪压死占比最高。京东持续创新数字化应用，明显提升了母猪孕期生产存活率。

上述案例启发了京东，认知到科技在服务实体经济中具有举足轻重的价值，进而促成了京东数科的转型。类似的数字应用还有，京东投资的“跑步鸡”，每只鸡腿绑脚环计步器，鸡每天至少跑8000步，消费者在鸡脚环扫码就可以看到步数，“跑步鸡”成为网红土鸡，受到市场热捧。蒙牛则用数字项圈观察奶牛是否可以挤奶，员工由过去的几百人减为现在的几十人。这种以技术为基础、用数据论证商业创意的思路具有极为广阔的发展前景。

当然，采取外部企业数据开展商业创新，要受国家有关数据安全保护和数据隐私保护法律的约束。京东数科与猪场合作，事先约定好采集的数据要共享，但数据所有权仍归猪场，京东只是共享数据，其商业模式是数据共享和风控模型共建，实现数据隐私保护。

第三节　银行数字化敏捷创新中的商业创意推演

“商业创意”推演的参考框架：商业画布

商业画布是数字科技时代规范“商业创意”的一种有效工具。它通过将业务创新、“商业创意”的思考过程尽可能地结构化，从而提升“商业创意”的成功率。同时，它也能提升“商业创意”能力在整个生态范围内的可复制性，是实现“商业创意”从个别人、个别团队、个别业务场景中零星散发到在银行全行乃至整个生态范围之内普遍喷发的一种有效工具、方法论。商业画布将商业创意的思考过程可视化，有助于保障银行及生态创新在整体产出上的稳定性、可预期性，真正推动银行及生态的持续进化。正如明代董其昌在《兔柴记》中所言：“盖公之园可画，而余家之画可园。”

商业画布源自瑞士学者亚历山大·奥斯特瓦德（Alexander Osterwald）商业模式画布。本节所述画布 9 模块相比原画布模块结构及定义有所变化。其中模块 1、2、3 涉及用户细分——聚焦产品模式，模块 4 聚焦提供什么价值，模块 5、6、7 涉及业务怎么增长——聚焦运营模式，模块 9 收入减去模块 8 成本就是创新收益——聚焦盈利模式。

商业画布模块 1、2 是立足于校准目标用户及其需求痛点，明确为谁解决什么问题。这一步需要避免的是“阐述笼统”。创意者经常犯的错误是声

<table>
<tr>
<td rowspan="2">用户客户细分
列出你的目标客户和用户
①
早期接受者
列出理想客户的特点</td>
<td>用户的需求痛点
列出1~3个最需要解决的问题
②</td>
<td rowspan="2">独特价值
用一句简明扼要而引人注目的话让不知情的用户对你的产品感兴趣
④</td>
<td>获客渠道
列出获得客户的路径
⑤</td>
<td rowspan="2">门槛壁垒
不易复制或购买的要素
⑦</td>
</tr>
<tr>
<td>解决方案
为每个问题提出一个可行的解决方案
③</td>
<td>关键指标
列出那些表示公司运营状况的数字
⑥</td>
</tr>
<tr>
<td colspan="3">成本结构
列出固定和变动成本　⑧</td>
<td colspan="2">⑨　营收来源
列出营收的来源</td>
</tr>
</table>

图 4－1　如何用精益式的商业画布梳理商业创意项目

称所有人都是自己的用户——那意味着谁都不会是目标用户。如何精准定位目标用户？以空气净化器创新为例，可以从广告里看到一般空气净化比不超过 70%，而空气净化比高的霍尼韦尔医疗级价格太高，高达 3 万 ~5 万元。若想创新一种可以防治鼻黏膜发炎的、针对 12 岁以下婴童的、准医疗级的专业空气净化器，则这就属于细分市场了。在目标地域市场方面，海南、深圳没有雾霾，山西、北京、重庆可能更需要这种产品，因为需要更高的空气净化比，价格上可以设定为 3000 ~5000 元。

在目标用户的校准中，需要注意 2C 和 2B 的区别。一般而言，“2C”的产品属于冲动消费的产品，类似于“看颜值”。比如农夫山泉就针对不同场景、不同价格段设定产品类别。用户看抖音，每看一条有一个积分奖励，便宜、好看、功能、场景、品牌均可能导致消费冲动。而面向“2B”的产品，一般是多人决策，买单者、使用者、决策者分离，如果使用的人不开心，也会使决策者的决策受影响。“2B”一般是低频购买，比如交税计算工具、行业资讯等，相对于“2C”的冲动型购买，“2B”更有计划性。大企业会有大计划，并形成长期规划；小企业会有小计划，虽然一般并不形成规划。面向“2B”的产品，应考虑聚焦服务目标客户，在一个突破点逐步打深，然后再围绕服务纵深，以好品质赢取客户增购。对于银行而言，需要进一步注意到，“2B”自带金融属性。

模块3聚焦解决方案。比如上述空气净化器的例子，对于小孩而言，其需要更好的滤芯，具有甲醛吸附功能（甲醛不能去除只能吸附），方正的金属面改为柔性曲面，底部轮子滚动，专为婴童设计。就金融产品而言，余额宝商业模式没有创新，没有改变货币基金结构，而是改进用户体验，1元起步，降低体验成本；所见即所得，不同于以往自己算，每天都会自动告诉你挣了多少钱；“T+0”，随用随取。

模块4聚焦独特价值。不是有你没你一个样，而是有你哪里不一样。“有你哪里不一样”需要定性定量描述清楚。其一是在定性上，“多快好省”四个字体现在哪个字。做好一个就可以活下来，若想四个字做全了必死无疑，因为“多+快”VS“好+省”必然应有所取舍。淘宝品类丰富，几千万种细分产品，做到了“多+省”；拼多多比不过“多”，而是定位于“省”；京东定位标榜的是正品行货，定位“好+快”。其二是在定量上，需要分析清楚比别人“多”多少、“快”多少、“好”多少、“省”多少，小米空气净化器的空气净化比达到93%~95%，空气净化比方面与霍尼韦尔的差异也就5%左右，客户对此是感觉不到的，但小米定价599元，相比霍尼韦尔尼维尔2999元，只是其五分之一，凸显出竞争力。

模块5聚焦获客渠道。包括线上线下。线上销售使用APP、小程序，靠口碑靠社群，其关键是用户来了怎么转化为客户。线上看的是点击转化率、注册转化率、销售转化率、复购率（形成留存，客户终身价值很高）以及口碑传播裂变率，比如电商一般靠的是流量及其转化率。而线下销售是找加盟商、代理商。

模块6是关键指标。比如MAU、AUM、FPA等正在成为很多银行的北极星指标。

模块7是门槛壁垒。让自己越来越好，让对手面临的壁垒越来越高。品质好容易被抄袭，管理能力强也不是壁垒的核心，真正的壁垒是品牌、专利和牌照，形成真正的迁移成本。比如腾讯会议，规模越大成本越低，新进入者缺乏规模积累，很难复制，这里规模就是门槛。这里也需要注意2B与2C的区别。对于2B，迁移成本很重要。比如用了ERP软件，类似于在银行开了基本户，更换的成本太高，2B 迁移成本不是以价格来衡量的。而 2C 迁移成本并不高，比如打折，饿了么打折目的是吸引客户填写地址记录，而美团打折提供 10 元优惠券就可以吸引客户迁移。

数字经济“商业创意”的推演

我们用两个数字经济中的“商业创意”案例来展示在一般的数字经济领域如何运用商业画布来推演“商业创意”。

首先看一个咖啡行业的案例。瑞幸是如何以商业画布设计出区别于星巴克的商业模式呢？（1）用户细分：瑞幸和星巴克目标用户一样，都是年轻白领，获客场景差不多，瑞幸多了一个用户——卖卡给企业主。（2）用户需求痛点：星巴克打感情、社交、价格牌；除了口感，还有气氛和炫耀，坐在星巴克一下午比麦当劳感觉要好。（3）解决方案：星巴克精品门店 VS 瑞幸自提外卖。（4）独特价值：星巴克主打“第三生活空间”，瑞幸“好喝的咖啡不贵”；瑞幸咖啡豆、咖啡机、流程均与星巴克差不多，虽然在社交上偏弱但价格是星巴克的一半。（5）获客渠道：星巴克约会环境不错，约会不会约到麦当劳，所以星巴克必须做门店；瑞幸可以网购。（6）关键指标：星巴克靠线下门店数量及坪效；瑞幸靠复购率。（7）门槛壁垒：星巴克有品牌和规模效应；瑞幸有品牌和平台，可以打广告赚钱。（8）成本：星巴克的成本在于租金和原材料；瑞幸的成本在于营销和配送。（9）收入：瑞幸收入靠咖啡和轻食；星巴克收入靠咖啡和水杯，二者盈利结构不一样。

再来看看京东白条的商业画布案例解读。（1）用户：二线城市没有信用卡的客户，以及没有杠杆支付能力的人，在互联网上体会了消费金融。（2）需求痛点：用户有杠杆支付和分期需求，京东白条收取更低的收单佣金，银联收取 1%，而京东白条收取 3‰～5‰，除了价格还有引流。（3）解决方案：定位赊销支付和小贷业务。（4）独特价值：京东白条打的广告：“用户需要的不是金融，而是更好的消费或生活”。（5）渠道：靠门店广告。（6）门槛壁垒：京东数据资产，包括白名单、黑名单和其他数据增值服务。（7）关键指标：资金成本、授信数、支付转化率、商家数、逾期率、不良率。（8）成本：在于资金成本和授信客户数。（9）收入：分期手续费，一定逾期率带动目标收益率，受监管指引的约束，其所采取的风控模型外包模式正逐步转向联合共建。

银行“数字化商业创意”的推演

我们可以通过C银行与M生态联合共建的样板间案例来看看如何借助商业画布对生态银行中的“商业创意”进行拆解、推演。

C银行是国有大型银行之一。M是国内最大的互联网生态平台之一。(1)用户客户细分：C银行与M平台合作，目标就是为了尽可能充分地经营M平台上的客户，因此就以M平台的主体用户特征为细分用户的特征，也就是以M平台上的“年轻男性，重视体验的、在互联网高频活动的，注册规模大约1.3亿人、月活大约3000万人”这个群体作为样板间的目标群体。进一步看，早期接受者可定位到“在M生态里经常购物、在M平台账户中已经产生了资金沉淀”的那些用户。(2)基于这样的用户定位，我们可以继续分析他们的需求痛点，会发现他们希望有更多的支付方式，如分期，也希望自己在平台上的资金不是白白地躺在那里，也希望这些资金能够在平台上就实现理财、增值，当然这类用户，尤其是早期接受者，是M平台的深度用户，因此如果有更丰富的权益，他们是非常愿意去研究和充分运用的，他们也希望自己对平台活跃度的贡献能得到平台一定程度的认可，平台能给予他们一定程度的优先权限，比如秒杀、抢购时他们成功的概率是不是可以更高点，如果能满足他们的这些痛点，这批用户就可能成为样板间非常忠实的种子用户，成为样板间的口碑传播者。(3)有了对目标用户的清晰认知，接下来就涉及解决方案，比如首先要有数字账户，其次要有专属理财产品等。(4)样板间希望为目标用户带来的最重要的独特价值是，让他们能够在平台上享受传统上只能到金融机构场所中去才能享受的全面金融服务。当然，从M平台的角度看，样板间也拓展了其获取利润、变现用户价值的链条。(5)在获客渠道方面，样板间要充分整合M平台上的各种具体流量入口，以及微信公众号甚至线下的网点等资源。(6)样板间要形成门槛壁垒，一方面要充分发挥C银行的牌照优势、合规能力优势；另一方面则要建好数据驱动、数字化运营、敏捷进化的一系列能力。(7)关键指标、成本结构以及收入来源三个模块也可以类似拆解、分析出来。这里面需要注意到是在打造线上化、数字化的样板间这一基本背景。

从画布推演到银行生态画卷的铺展

金融科技创新所驱动形成的生态银行，为画布推演等“商业创意”基础工作提供了充分数字化、充分数据要素化的输入，“商业创意”也因此才能够实现从头脑空间到现实空间的快速落地，才能够迅速“遭遇”现实业务运行中的各种新问题而再次激发出新的可行创意，才能够实现创意产生→创新商业逻辑和模式的设计→投入生态银行实践运行高效敏捷的持续迭代，也才能够最终汇聚生态中无处不在、无时不在的千千万万、大大小小的“商业创意”之小溪清泉成生态银行持续进化的奔涌洪流，将传统银行场所化服务转化为无处不在的场景化的易得服务。

——在生态银行 C 端市场方面，某银行利用金融科技，基于数字化经营方式打造生活类 APP 平台，全行经营正在全面转向以手机银行 APP + 生活类 APP 为内核的生态银行模式。该行借助银行 APP，设计“约会津门”或“约会魔都”等生态银行服务，将理财、个贷、信用卡等金融服务和美食（饿了么）、娱乐（腾讯视频）、购物（盒马、叮咚买菜）、出行（一码通乘）等生活场景整合入一个平台，构建客户自成长生态，将高频生活场景的 MAU 变现为低频金融场景的 AUM 形成以场景聚集流量、以流量积累数据、以数据促进洞察的良性循环。

——在生态银行 B 端市场方面，针对浙江“块状”经济，浙江某银行 2021 年推出的“市场经营贷”系列重点产品包括“缝配贷”“刃具贷”“茶叶贷”“药材贷”“嘉果贷”“绿色转椅贷（转椅添加按摩功能）”“球拍贷”“惠果贷”“绿色食安贷”“衣架贷”，发放 300 笔、金额 3.7 亿元，无不良贷款。商业银行可以立足产业集群、行业联盟、专业市场，深入挖掘市场行业单项冠军、隐形冠军，建立专业市场名录，提供差异化产品和服务，打造具有自身特色的普惠金融，把“普”做大，把“惠”做实。

——在生态银行 G 端市场方面，生态银行已经越来越侧重于以金融科技能力的输出作为生态拓展之剑，而不再纯粹单靠资金、授信等传统金融资源。如上海某银行为省级政府提供集规划、建设、测绘、房屋交易、住房租赁、物业管理等于一体的省级住房全生命周期管理系统，帮助建立省级房地产信息监测大数据平台等，实现 G 端突破，由此为生态银行体格局提供更为广阔的可能性。商业银行还可以创新“碳账户”，与市环保部门合作为居民垃圾分类建立碳积分，与公交部门合作为居民绿色出行建立碳积分，碳积分可在与合作商家建立的权益联盟中转换为价格优惠。

当然，包括商业画布在内，无论生态银行在“商业创意”工作中采用什么方法、什么手段，对生态银行美好画卷的勾画离不开生态银行的灵魂——“银行即服务”的创新精神。从上述实战案例中我们可以体会到，创新精神需要切实以客户为中心的大智慧，无论是面对创新产品的消费者还是面对创新投资者，小聪明都难以长久。商业逻辑、商业模式的设计对于银行生态的生长进化虽然非常重要，但其也仅仅是生态建设、运营漫长旅程中的一个环节。在运用商业画布实现生态商业创新的同时，应该始终清醒地认识到，生态银行建设无法一蹴而就，必须久久为功。正如富国银行前 CEO 在给股东的信中所写：“如果有人告诉你，很轻易就能从现有客户中赢得更多的金融服务机会，你不要相信。大家应该明白，富国银行在这一领域钻研了四分之一个世纪。不管含金量如何，我们都被称为‘交叉销售之王’，为了得到这个称号，你必须做一千件正确的事，你需要花费巨大的投资和漫长的时间在系统和培训上，需要正确的员工导向和认知，需要花时间去弄懂客户的财务目标，然后向他们提供正确的产品和解决方案，满足他们的金融需求，帮助他们获得财务成功。你不能寄希望于通过一年半载的时间，就能在存量客户的深度开发上取得较大的进展。这就是为什么许多银行放弃了这个目标，所以坏消息是交叉销售做起来很难，但它也是好消息。因为一旦你做到了，它就是你不可复制的竞争优势。当然，如果做起来容易，每个人都会去做。”

进而言之，生态银行创新实践是新时代、新阶段、新理念、新“双循环”呼唤下的产物，与党的十九大、二十大精神高度契合，服务国家战略，根治人民群众痛点、拥抱先进技术、把握趋势规律、坚守商业逻辑，因地制宜落地，以金融的力量解决社会痛点难点，用敏捷银行、生态银行理念和思维重塑传统业务，适应供给侧结构性改革的新呼唤，符合新发展理念对金融的新要求以及中国银保监会《关于银行业保险业数字化转型的指导意见》的导向。也正因为如此，敏捷银行、生态银行的创新除了应坚守传统银行的金融本质属性外，还应体现政治底色、普惠性等鲜明特征。其中，政治底色是纲，其他属性是目。

第四节　标签：联结“商业创意”与数据资产

2022 年，谷歌以深梦为基础研发了 AI 绘图工具 Disco Diffusion（DD），用户只需提供一些关键词、文字描述，DD 就能为用户制作出一幅颇有艺术气息的作品。用户还可以自由地选择图片的大小、张数、渲染程度，画面风格也不只局限于固定几种，你大可发挥想象力，将内容与流派自由结合，创造你自己想要的画作。

DD 等 AI 绘画工具较为形象地体现了标签（关键词、文字描述）的“联结”属性——在创意实现（画作的构建）过程中，标签可作为桥梁，联结起创意（用户头脑中对画作的构想、期望）与底层数据资产（AI 绘画工具背后的海量数据资源以及 AI 模型等）。

在商业银行的数字化创新实践中，“标签”也同样发挥着大致相同的重要作用。

商业画布中的银行数字化商业创意最终都需要落地实现为某种实体，或映射到现有的实体之上，由实体来承载和实现创意的投产运行。所谓实体，可以是银行及银行生态中的一个应用、一个功能、一个产品，也可以是由一组处理动作构成的一种服务流程等。“标签”是这个过程中起着关键作用的一种工具（或称之为语言）。它将帮助商业创意在转化为标准化的详细业务描述之后，很好地跨越业务域与数据域、技术域之间的“语言鸿沟、思维鸿沟”，最终成功地在技术域落地为实体或对接上实体。

反过来看，数据域、技术域的创新突破要形成商业价值，也需要“标签”作为桥梁，这样才能让数据域、技术域的确定性更好地适配于、服务于商业域的不确定性、模糊性。

认知标签：含义与价值特征

近两年，业内都在提数据资产化，而标签正是“数据资产化”的最典型体现之一；它是对数据资源中内含的信息的一种凝练，是对“数据”进行理解、分析、挖掘后所生成的某种结论。基于“标签化”这种技术手段，经营及运营过程中从数据衍生出的各种结论被较好地实体化，从而能够在企业级范围内被便捷高效地共享。标签在商业银行的主要应用场景包括营销增强、客户洞察、渠道优化、产品创新、风险防范、运营提升等方面。

标签其实本质上也是一种分类手段。与普通的分类方法不同的是，标签具有很高的自由度、灵活性。标签的灵活自由主要体现在以下方面：

其一，标签允许甚至是鼓励尽可能多的分类角度。每一种标签代表一种认识事物的角度。标签设置的角度本身就体现出一种创造性。每一个标签的分类角度可以更关注于自身的含义，更能容忍各种标签角度之间的交叉、重叠。而在传统分类中，为了较好地管理分类结果，则需要尽量避免分类角度的交叉、重叠，往往受到“相互独立，完全穷尽”原则的较强约束。事实上，各种标签间的交叉覆盖往往反而是我们需要期望获得的结果。比如在“手机银行活跃度降低”和“近30天内消费金额偏低”两个标签的交叉部分，可能就是近期将要流失的用户群。积极使用标签化的分类方法，能让我们在对各种对象（比如客户、用户）进行认知的过程中就能洞察到非常多的创新机会。

其二，标签具有很强的“动态”特征，非常适合在经营过程中持续扩展和调整。传统分类方式往往偏静态化，更强调在事前做好规划；一旦设定后，在业务过程中就不易扩展和调整。因此，在数实共生趋势越发明显的当前，“标签”方法让银行能够在考虑不完全的情况下先行先试，然后再逐步迭代优化，逐步沉淀为相对稳定的标签，即“标签”是商业银行建立起“小步快跑、快速迭代”的数字化敏捷创新体系的认知基础设施。

标签对商业银行的重要意义还体现为，它是用户画像、360°视图的基本要素。而用户画像、360°视图是商业银行实现数字化经营必备的核心能力。

用户画像一般是对某一群用户或某一个用户在某个时刻或某个阶段所具有的各种标签的整体汇总和集中呈现。而360°视图则是在更完整的时间尺度上（甚至是全生命周期）对用户的所有画像进行整体汇总和集中呈现。通过360°视图，展示客户不同历史时刻的画像状况，从画像的变化历程中可以发掘出很多有价值的信息。

从创新方法论的角度看，用户画像、360°视图本身就是一种基于视觉化思维的创新孵化器。在运用数据标签对用户进行数字化描述时，如果采用组块（Create Chunking）手段对资讯进行压缩，以聚拢视角（Zoom Out）的方式使理解力最大化，不仅有利于抓重点、砍枝节，加深对用户的全面精准理解，也有利于以视觉化思考排列知识，使之透过某种方式连接在一起，这时也许会产生化学反应——鲁拉帕鲁萨效应（Lollapalooza Effect），形成涌现（Emergence）式创见，使连接的整体大于局部之和，进而有望描绘出生态系统图景。

与上述“组块”相应的是分块（Chunking）手段，以放大视角（Zoom In）的方式观察细节，进行多维度标签体系分类，比如标签类型：事实标签、规则标签、模型标签；又如标签应用场景：营销增强、客户洞察、渠道优化、产品创新、风险防范、运营提升。

基于标签方法的商业银行生态化经营创新，既要培养敏捷的灵感，以快速拼装用户画像、360°视图，孵化出对细分市场的创造性；又要培养缓慢的矜持，培育标签全生命周期管理，使标签体系持续迭代进化。

商业银行建设标签体系面临的几个问题

围绕标签建设，商业银行需要重点关注以下几个问题。

其一，标签计算能力的建设问题。标签是数据与业务的桥梁，它是数据业务化与业务数据化的交汇点。基于标签，银行的业务运行过程可以被转化为基于数字技术的计算过程，即传统由人工作业的业务过程能够真正转变为由数据驱动的自动化过程。当然，由于标签是一种带有业务语义的特殊数据，为了充分发挥标签所带来的“业务可计算化”的潜力，商业银行需要大力发展智能化的“标签计算”技术，比如可以基于语义进行运算的AI技术。近年来，业界关于“标签数据既是AI的输入，也是AI的输出”的提法，其前半部分所指就是上述意思。而“也是AI的输出”指的是标签生成过程的智能化。例如某银行基于Auto-ML技术建立的APP之智能获客模型，能对140个客户标签展开计算，从大量潜在客户中精准锁定目标客群。

其二，商业银行的标签平台应该将业务人员视为最重要的用户。“标签”是离业务人员最近的一类数据。标签的应用是业务过程，标签的设计、实现同样应该具有很强的业务属性，需要业务人员全程紧密参与。甚至，银行的标签平台应该将零代码开发定位为一种关键能力，让业务人员在开展业务的过程中能够随时自行、自主设计所需要的标签，随时能够自由运用各种标签实现业务构想。这是让数据成为银行所有非技术人员工作过程中生产要素的关键。

其三，商业银行应该将标签及标签平台定位为全行级、企业级。谈起标签，很多人会将其默认为“用户标签、客户标签”。事实上，可标签化的对象还包括机构、渠道、产品、账户、员工、生态伙伴甚至内容等，比如某银行的员工业绩计量系统能对员工打各种标签——擅长营销理财产品还是贷款产品的标签、员工名下客户MAU或AUM级别的标签、员工绩效状况的标签等，从而让该银行能迅速定位出值得及时奖励的员工优秀表现，能以更快的速度发掘员工优秀实践并向全行推广，也能及时发现需要帮助的员工，更敏捷地补齐全行短板，大大提升了银行自身管理的数字化水平。

因此，商业银行应该将标签建设为一个全行级的数据产品，而不是局限于CRM等系统中；并可以数据中台为基础，封装为API，作为全行API货架中的一类“价值货品”直接面向全行供应，力求让每一个标签资产得到最充分的利用。

其四，商业银行应该建立标签的全生命周期管理体系，包括标签优劣的评价。一是从应用价值的角度，比如被调用次数和频率，二是从标签自身质量角度直接评估，比如标签值的准确性、重合度等。标签管理体系还包括标签的生成、监测、关闭、退出的机制和流程。

商业银行建设标签体系的三种切入思路

按照标签的具体生成方法，商业银行标签一般包括事实标签、规则标签、模型标签三种。而从体系的建设思路来看，商业银行标签体系的建设可以从三种不同视角出发；这三种视角各有利弊，可互为补充。

第一种视角是从常规的分类思路出发，规划基础标签体系。这种思路形成的标签具有很强的稳定性，一般不会随时间发生太显著的变化。例如某银行参考业界常规思路，将对公业务划分为 8 个一级分类、27 个二级分类、62 个三级分类，一级分类包括基本信息、产品信息、经营信息、价值信息、行为与偏好信息、关联信息、营销与互动、信用与风险等；将对私业务划分为 8 个一级分类、81 个二级分类、194 个三级分类，其中一级分类中产品持有、客户交易、渠道特征等是对私业务特有的。最终该行形成了 800 余个标签。基于这些基础标签能够组合出相当数量的业务模型，能满足常见业务场景所需。比如，该行某支行通过结合“信用卡持有张数、借记卡持有张数和当年信用卡交易笔数”等标签建立营销模型，筛选出当地无借记卡的信用卡活跃客户群，并为其精准匹配富有吸引力的产品，显著提高到店客户转化率。这种标签建设思路的不足是，与实际场景的关联不紧密，个性化能力偏弱，不能精准、充分地反映具体业务场景之所需。

第二种视角是从场景出发，根据具体业务场景需要进行标签设计。标签本质上是一种业务思维导向的东西，是业务活，其背后的关键在于业务策略。梳理业务场景是标签设计非常关键的一步。比如，为了更好地提高代发客户的资金留存率，可设计“工资代发的过路户”等标签。这种建设思路的优点是具有很强的针对性，最能获得符合业务所需的效果，也能很好地应对各种业务场景变迁。但该思路也有不足，例如容易陷入标签体系架构不清晰的状况，导致资源浪费。

第三种视角是从所具有的数据资源出发进行“萃取”，智能化发现、自动化生成标签。这就是前文提到的“标签也是 AI 的输出”的含义。这种建设思路具有最高的标签体系建设效率，也是标签建设与应用的目标所在，但对银行 AI 能力和数据资源的要求很高。标签的智能萃取可先定位于对已有标签的标注环节，再逐步发展到新标签种类的提取阶段。

数据生态是建设标签体系的基础

标签体系建设的基石是数据生态的持续完善。商业银行传统的金融数据远不足以支撑标签所需，必须通过打造生态银行模式来整合尽可能丰富的外部数据资源，并要对生态数据实施良好的治理。

商业银行的数据生态理念既源于互联网科技平台，又高于互联网科技平台。相比于具有显著“围墙花园”特征的互联网科技平台生态，商业银行应该发挥自身一直以来的“高信任度中介”的传统优势，以建立更为开放的生态为目标。然而，更加开放的生态也意味着银行将面临一些更为艰巨的挑战。比如在当前业界风险管理信息共享联盟的实践中，就普遍暴露出联盟成员参与度不高、联盟数据质量难以保证等问题。参与者不愿意共享自有的高质量数据，故意上传重复数据，甚至上传伪造数据。业内不少银行机构正在就这些问题展开积极探索。比如某银行引入积分、额度、联盟表决等激励机制，融合隐私保护技术、区块链底层技术、可信跨链技术、联邦学习技术等进行创新，探索数据联盟生态成员间的数据共享解决方案。

标签与隐私保护及数据安全

隐私保护和数据安全始终是标签体系建设、数据要素市场形成乃至数据经济发展必须时刻强化的底线。这需要银行首先从强化自己的隐私保护和数据安全战略着手。

首先应梳理清楚一些关键因素和内容，包括：（1）了解正在处理的数据，随时清楚、准确地掌握本机构所处理的数据的详细状况；（2）本机构哪些系统涉及数据的处理，都有哪些处理形式，以及用于处理数据的工具和技术；（3）本机构面向的是哪些用户？对用户的隐私和数据权利以及诉求有准确认知；（4）本机构内部哪些人员与数据处理有关？（5）本机构及所在领域适用什么样的隐私保护和数据安全法律及标准，相关的隐私保护和数据安全法律、政策的要求是什么，以及为了满足这些要求涉及什么样的流程和程序。

隐私保护和数据安全战略的确定需要遵循的关键步骤包括：（1）建立框架，基于框架明确本机构管理隐私和数据的指导原则；目前有多种隐私保护和数据安全框架可供选择，各个框架本质是通用的，借助框架能简化合规工作、提高隐私保护和数据安全的可持续性、降低成本等好处。（2）确定愿景，即本机构隐私管理的目标是什么。（3）商定范围，这是指本机构的隐私保护和数据安全战略受到哪些限制。（4）制定战略目标，也就是本机构期望什么样的结果。（5）商定具体行动，确定哪些活动是实现隐私保护和数据安全战略目标所必要的。（6）战略保障，即为了战略的成功，需要在组织治理上提供哪些保障。

“标签”虽然是业务实现层面很具体的一个概念，但它在银行数字化转型、实现数据生产要素化的过程中却是枢纽性“抓手”的存在，围绕它能将银行如何建设生态获取数据，或者需要获取什么样的数据，以及如何将数据资源转化为数据资产，如何运用数据资产创新经营模式，如何最终围绕“数据要素”建立起生态化的银行服务体系等诸多问题串联起来。

商业银行建设更为健全的标签体系，一方面是自身发展必须适应和拥抱数实共生时代正在到来这一事实的需要；另一方面也是因为银行需要通过“标签”等数据资产的建设更充分地融入数字经济价值循环体系之中，更贴近数字经济场景、更强有力地支持社会数字经济的发展，更好地发挥“金融服务实体经济”的本源定位。当然，银行建设“标签”等数据资产体系，其实本身也是在为我国数据要素市场的完善提供一块重要的基础拼图。

第五节　银行数字化敏捷创新呼唤健全数据要素市场

数据要素在合规的前提下充分、畅通地流动是一切数字科技创新发展的前提，数字科技的创新发展又是数字经济创新发展的前提，而后者则是生态银行创新发展的前提。从生态银行创新的规模化到生态中具体的商业创意的推演，再到商业创意转变为应用的搭建落地（如基于数据标签进行数据应用的构建)，最终所依赖的，不仅仅是银行及全生态自身的数据资源状况，更是与全社会层面可获取的数据资源状况高度相关。因为任何一个生态都是某种程度上的“耗散结构”。“远离平衡态的开放系统，通过与外界交换物质和能量，可能在一定的条件下形成一种新的稳定的有序结构。”每一个银行生态要保持自身特有的生态结构的持续稳定运行，同样需要与外界生态进行持续的要素与能量交换，数据要素是其中最重要的一种。

数据要素市场的发展状况、完善程度是决定生态银行系统与全社会面进行数据资源交换的顺利程度、充分程度的关键基础因素。

数据要素市场这一基础设施的建设也只能由政府主导，其属于数字经济的“铁公基”。政府主导，并不意味着银行旁观。数据要素市场的建设过程、运营过程，在一定程度上本身就是与参与方、利益相关方形成深度技术协同、持续迭代打磨技术耦合方案的过程，因此商业银行不能以等着使用“高速公路”的心态来对待数据要素这一基础设施，而应尽量早、尽量积极地参与其建设、运营之中。

健全数据要素市场的紧迫性

建立、健全数据要素市场不仅是银行生态化转型的需要，而且是数字经济获得进一步发展的急切要求。

近年来数字经济发展迅速，以互联网平台企业为代表的科技企业积累了大量的客户消费行为数据、产业交易数据，利用大数据和 AI 技术构建了竞争壁垒，获得了经营收益，也通过联合贷等项目与金融机构合作，外延数据合作应用场景，实现超额收益。

一方面，互联网平台企业运用内部积累的数据要素确实有效推动了国家经济发展，包括加快交易撮合速度，提供更多就业机会。另一方面，我们应该认识到“资本是贪婪的”，对平台企业如果不加以适当约束，大数据杀熟、过度营销、误导性消费等现象会层出不穷；利用平台渠道、数据、资金优势进行市场垄断，获得超高交易中介费用，甚至侵入实体企业经营领域，反过来会严重影响实体经济发展，削弱实体企业创新能力。

建立安全又高效的数据要素市场是数字经济当前发展阶段最为紧迫的

基础性任务，这需要政府、市场机制、市场参与者等多个层面的相关主体均各司其职，共同把握好宏观管理、调控和发挥市场对资源配置决定性作用的关系。也只有这样，才能在保护合理创新的同时又有效约束数据垄断和霸权，推动数字经济持续健康发展。

健全数据要素市场的实质

数据之所以成为社会经济的一种核心生产要素，其根源在于数据得以“在线化流通”。因为“在线化流通”具有显著的低摩擦特征，社会经济中的其他各种要素一旦能够数据化，便可“在线化流通”，就很容易实现全社会层面的大范围顺畅流动，从而引发要素的聚变反应，进而催生新型经济模式。平台经济的产生、兴起、乱象，都是数据在线化流通发展过程中的必然现象。平台经济的未来状况和发展轨迹也将取决于数据的在线化流通规则、环境的演变与完善，而数据要素市场又将是其中的核心拼图。

对比互联网行业与传统软件行业，可以更为清晰地感受到“在线化流通”对于数据要素化的重要性。传统软件行业同样也是完全面向“数据”的一个行业，但相比互联网、移动互联网，传统软件行业虽然也带来了信息化的变革，也从事务处理效率甚至处理模式上改变着传统业务等，但它带给社会的冲击明显弱于互联网。这是因为传统软件行业虽然同样属于社会“数据化”发展进程的阶段之一，但其中的“数据”多限于本地化的数据处理，并不侧重于“数据的在线化流通”。社会经济中的各种现实要素即便能够信息化、数据化，也主要只能在本地或较为有限的范围内获得要素处理效率的提升，并不能获得全社会范围的要素流通便利，也就无法产生聚变式的雪崩效应。因此，我们可以看到，传统软件服务业并没有带来显著的平台经济现象。

当“数据化进程”来到 PC 互联网阶段时，“数据的在线化流通”开始成为显著特征。在这个阶段，最重要的是实现了“人”这一要素的数据化和在线流通化，即较好地解决了“大众的上网问题”。“人”在网络空间中不再受到传统社会中的地理位置、物理空间边界的约束，可以通过上网（即登入数字网络中），瞬间链接到地球远端的另一个角落。“网聚人的力量”是对PC互联网变革较为准确的一种总结——此阶段各种主要的网络经济现象都可以归结为“人”这一要素在全社会层面畅通无阻的聚变反应的结果。而平台经济便就此在“人”要素的聚合过程中诞生，并得以普遍化。但这一阶段，对“人”的数据化只针对有限的几个特征（比如身份ID）和少数行为（如只能记录打开PC电脑上网后的鼠标操作行为），因此仍然属于比较简略的阶段。

随后，移动互联网时代来临，物联网也开始酝酿，手机“7×24”小时记录人的数据，穿戴设备及各种物联网传感装置时刻采集人体及环境的各种数据，并实时联网，更多社会要素得以直接参与“在线化流通”，社会经济中爆发出更多更猛烈的要素聚变反应，平台经济盛极一时，银行的传统金融服务模式也在这一阶段受到前所未有的颠覆式冲击。

可以看到，在移动互联网阶段，全社会的数据化程度大幅提升，对人以及其他社会要素的数据化不再局限于PC互联网时代有限的几个简略片段，对现实世界中的每个具体要素对象的数据化正在趋于360°全景式，“数字孪生”化时代的轮廓正在变得越来越清晰可见。数据化程度的不断深入，让海量数据更加触手可得，大数据技术、深度学习等数据科技手段快速发展和应用，要素数据化、在线聚合化后的价值得以更加淋漓尽致地被挖掘、释放、利用，而这反过来又进一步加剧了数据要素的集中化趋势，反映到平台经济上，就是平台的寡头化甚至垄断化，平台经济乱象开始凸显。

若从更长远的发展历程来看，近年来的平台经济乱象却也反映出，当前的要素数据化进程仍然处于相对初级、原始的阶段。截至目前，仍然只有部分比较显性的实体、事物被数据化、在线流通化，而更为抽象、更为隐性的一些社会要素，如与数据隐私、数据安全等有关的各种约束条件等并没有得到很好的数据化，导致在数字空间的数据高速公路上，只有高速路和在上面畅通无阻的数据车辆，“检查站”以及确保行驶安全的防护栏等公共基础设施严重缺乏。而一些数据生态出于自身利益保护，反倒为数据的在线流通“私搭乱建”了不少私有障碍。

近两年针对互联网科技的严监管，便是在抓紧补建“数据在线流通场”中的各种必要的约束性规则设施，同时拆除不合理限制数据要素流通、不利于全社会数字经济整体发展的各种私域“围墙”，建立健全“数据要素市场”，最终让各种社会生产要素因“数据化、在线流通”所引发的聚变反应能普惠到更为广大的市场主体，让平台经济呈现出百花齐放的良性格局，避免陷入寡头独大的发展陷阱。

从政府角度看，应侧重于建立规则和提供公共服务

首先是加强数据安全监管法律法规建设，进一步完善个人信息保护制度框架，做好数据安全，防止数据霸权，为数字创新创造良好的环境。如在数据确权和分级分类保护方面，基于数据重要性和敏感性进行划分，将关乎国计民生的重要数据，如医疗数据、个人信用数据等所有权探索性归为国有，这样可有效避免数据垄断，提升要素利用率。再如，目前在数据开放的实际操作中还缺少细则，很多数据分析任务需要获得所有单个数据主体的授权，而事实上不具备操作性。因此，对于数据的监管、授权、审批等制度，应尽快进行完善，使其具有实践指导意义，为数字创新拆掉“授权墙”。

其次是大幅提升政务数据开放共享水平。据统计，当前有大量政务数据尚未开放共享，如卫生、企业登记、交通、社保等领域，一旦开放将极大释放数据要素市场化的红利，促进市场参与者对这些数据价值的利用。公共数据、政务数据作为数字经济的基础设施服务，应向电力、高铁等传统经济基础设施的成熟度、便利度看齐。

最后是加强行业管理和引导，以实际行动引领行业数字创新。如中国人民银行发布《金融科技发展规划（2022—2025 年）》、中国银保监会发布《关于银行业保险业数字化转型的指导意见》，并对实施情况进行跟进、评估，有力促进金融业的数字创新发展。通过行业指导，带动全社会的数字创新，完善市场体系。

从市场角度看，应加快探索市场的制度机制建设

第一，应明确各类平台数据的权属关系，规范数据的使用场景。平台积累的各类数据来源于平台客户，应规范约束平台企业内部经营活动使用

相关数据的目标和场景范围，相关数据的应用应充分尊重平台客户的隐私权和选择权，其目的是为客户提供更贴心和恰当的服务，为消费者和产品服务提供者建立更好的链接。平台企业自身应建立良好的数据伦理，杜绝大数据杀熟和过度营销等不良行为；国家应强化平台企业的数据应用监管，建立消费者投诉渠道，加大对不当数据应用的惩戒力度。

第二，应推动建立全国性、区域性、行业性数据要素交易市场主体，由国有资本控股，允许平台企业和大型民营企业通过市场竞争参股。由相关市场主体牵头，有效整合政务大数据、平台企业大数据、产业大数据，产学研结合建立数据标准，降低数据资源集成、加工与应用成本。建设政府主导的数据要素市场服务基础技术设施，提供市场主体实现数据运营和数据价值创新的基础技术环境，建立可信任、可管控的数据安全环境，形成统一技术规范和应用场景规范，管控数据服务出口，实施登记注册审核，规范市场主体履行保护企业与个人数据隐私的义务。借助隐私计算平台技术，为市场主体和参与数据要素交易的企业开展联合建模构建、提供安全环境；在数据去标识化的前提下，激活数据创新应用能力，拓展基于多方安全计算技术的智能化应用场景，为产业数字化升级和生态应用赋能，为金融企业控制信用风险，服务国家战略，实现金融资源精准滴灌创造条件。

第三，应兼顾各方合理利益诉求，创造共赢条件，为数据要素安全有序流动提供市场动能。对于平台型企业而言，一方面从法律上明确其不能直接对外出售客户数据价值；另一方面建立市场竞争机制，根据其所提供数据资源价值，允许其适当参股数据要素交易市场主体企业，通过数据技术资源投入获得合理服务收益，同时隔断平台企业对平台数据资源要素的控制权和交易权。对于参与数据要素创新应用的企业而言，允许其将创新成果以产品服务形式提供给公开市场，由市场主体企业和市场监管机构履行审核、监督、合理定价职能，交由市场实现优胜劣汰。

第四，应提升数据价值的评估能力与合理定价管理能力，促进数据要素交易市场繁荣。数据要素价值只能在应用中实现，数据要素价格既要考虑其生产成本，又要建立在当前市场应用水平所能实现的附加价值之上。对于金融企业而言，运用数据的价值往往体现在客户经营层面，既包括实现客户精准营销的产品销售收益和人力成本节约，也包括减少信用风险损失所带来的间接收益。通过强化企业内部的外部数据要素价值评估能力（如模型运用收益、经营决策收益、营销活动收益等），提升内部成本核算能力，是能够提供相对合理的价值参考的，反向为市场主体的定价提供合理依据。数据要素市场主体的收益应控制在相对合理的财务投资回报范围内，鼓励通过数据要素技术创新、产品创新直接推动实体经济发展的参与企业获得更高额回报。对于金融企业和产业生态企业，可通过税收调节机制适当控制超高利润。也可参考对无形资产和软件资产的估值，结合数据高复制性、无冲突使用的特点，利用交易平台对数据进行初步赋值，交易对象再进一步加权调节。如此方能快速推动数据要素市场的发展，确保数据要素价值的挖掘真实服务于实体经济发展，符合国家大政方针。

第五，应建立数据要素市场的保障机制。在数据资产估值、数据交易登记结算、跨境流动、争议仲裁等方面建立相应平台支撑数据要素的流通。可利用区块链技术，实现数据交易登记的完整性记录；利用数据指纹等技术，实现对数据流动的跟踪，也为数据泄露等行为的追溯提供一定能力支撑，减少数据要素流通的后顾之忧。

从市场参与者角度看，应侧重于发挥市场主体责任

数据要素市场的主要参与者包括企业、数据交易机构、科研院所等。

企业可充分发挥市场主体作用，切实通过数据要素获取经济效益。企业可尽力参与数据产业链的更多环节，如采集、加工、流通等，可通过数据所有权、使用权交易等直接方式或通过提供数据产品、数据服务等间接方式，实现企业盈利与发展。同时可以通过数据创新应用，提高企业的市场溢价。

各数据保管主体、使用主体要切实承担起数据保护的主体责任，保障数据产业链各个环节的安全，特别是公民的隐私权。大力发展应用“可用不可见”的数据隐私保护技术，包括多方安全计算、联邦学习、可信计算环境、数据沙箱技术等。在企业内部进行隐私数据治理，对数据进行必要的去标识化、匿名化处理，保障数据的安全。

第六节　全面打造银行数字化敏捷创新体系

总的来说，银行数字化创新体系包括以下部分：其一，生态创新的顶层设计，包括创新战略、创新的策略和路线图；其二，创意的收集和发掘机制；其三，创新的投资孵化机制；其四，创新的敏捷协同机制；其五，企业文化及价值观的塑造。

银行数字化创新战略顶层设计打造差异化生态体系

银行要开展创新战略的顶层设计，构建高响应力的数字化敏捷组织；要通过开展创新战略设计及落地执行规划、创新资源匹配、多元化创新模式运营以及创新人才培养等手段打造规模化可持续性的创新力。

每家银行都应本着战略聚焦客群，寻找合适的场景，结合自身客户资源和合作伙伴资源打造生态。不要也不可能服务所有客户、打造所有生态，即便强大如几大国有银行，也有战略聚焦的客群和生态场景。

在生态银行创新战略设计方面，应采取类似华为“五看三定”的方法，首先要通过360°检视寻找创新机会，对宏观政策、行业政策、市场需求、竞争对手产品服务进行分析，并结合自身业务战略解码，对创新机会点进行分析，确定创新的目标、项目任务以及实施路线图。对构建的重点生态来说，需要根据客户和合作伙伴资源禀赋以及战略方向进行聚焦。比如针对财商客群打造的财商教育生态、针对城市新锐老人客群打造的移动养老服务生态、针对跨境电商客群打造的跨境物流生态、针对城市居民打造的智慧政务生态等。不同的生态体系有着不一样的客群运营模式，从企业架构的角度看，要在业务中台和数据中台打造一体化运营能力和风控能力。

包容并蓄的创意收集和发掘机制激发创新内生动力

积极感知全方位创新信息，快速全面吸纳总分行各级机构、全体员工的创新创意，努力营造浓厚的创新氛围，激发创新驱动内生动力。通过建立内部社区发布创新话题、创意广场展示优质创意，实现全员参与话题讨论互动、行内外创新资讯分享，引发全行创新话题讨论热潮，同时支持话题创意快速转化、快速审核，不断丰富完善全行创意库，使企业内创新文化百花齐放。渤海银行 2022 年推出的财商教育平台“渤学多财”就是通过对市场需求的分析形成的创意，由行内员工提出并孵化。该平台符合中国人民银行和教育部共同推进普及金融素养的工作要求，开创了渤海银行教育生态建设的新模式，为分支机构开展营销工作提供了有力支持。

完善的投资孵化机制是创新迭代的有力保障

通过建立创新项目孵化迭代全流程管理体系，进行创新方向决策，监督创新孵化质量，切实发挥基础保障作用，实现快决策、共孵化、促迭代。

快速决策，在银行内部要统筹整合创新资源，发展创新洞察中心和投资孵化中心，形成统一和分布式结合的内部风险投资决策机制，完善行级创新投资决策委员会和各专业条线级投资决策委员会机制，统筹创新资源、科技资源、财务资源以及人力资源对创新项目的投资，明确项目分级分类管理，实现快速决策、快速配置资源的目标，以 MVP 敏捷迭代机制开展精益创新，加速创新的孵化、验证和推广。

形成多轮迭代的投资孵化机制。结合精益创新理念，以风险投资模式推进多轮产品迭代投资，对不同轮次给予不同的估值，明确跟投资源投入，创新团队激励等，也可与生态合作伙伴和外部风投机构一起开展投资评估。

加强创新的过程管理和成果验收。以项目例会、进展报告等形式向项目牵头部门和创新委办公室汇报项目进度，开展创新阶段评审，执行项目交付物审查、分阶段审核管理；构建争议解决机制规范创新成果评价原则和评价指标体系。组织专家组对项目成果进行验收，完善专家组评议机制，科学评估创新项目成果，加强评价管理。

例如渤海银行“渤学多财”项目创意提出后，通过初步商业画布设计并以部门内部、主管行领导路演形式形成初步投资决策，之后直接进入创新委决策环节，经创新委会议认定为准战略级项目，明确资源投入，通过内部孵化机制开展多轮迭代开发。

对中小银行来说，无论是人力资源还是财力资源，在数字化转型上很难像大型银行投入那么大。中小银行比大型银行更需要在数字化转型投入产出上实现敏捷，更需要以更快的速度和更低的成本见效。

渤海银行在数字化转型中采取了“双模”方式，一方面，采用敏捷交付方式，有节奏地推进新一代核心系统主体工程建设；另一方面，每年都会有支持市场营销和内部管理的流程改造和新建功能价值爆发点。

例如，渤海银行2022年成功交付新版手机银行、掌上渤海APP及湖仓一体数据平台三个重大项目。其中新版手机银行6.0以“金融使生活更美好”为服务主题，想用户所想，懂用户所需，以扩充金融业务场景、优化客户体验为落点，基于以mPaaS为基础的互联网移动技术平台，成功打造了功能分类清晰、操作体验高效、服务场景贴合、视觉风格统一的全新手机银行APP。渤海银行得以由此建立数字驱动运营的方式，打造数字化运营营销能力，实现拓客、获客、活客、稳客、黏客能力的提升，移动成效初现。

掌上渤海项目作为大营运战略下的智能综合门户，从为员工赋能的角度切入，从全行员工日常基础办公的需求出发，为各类角色的个性化办公、营销需求提供定制服务，从而在“智能化办公+营销”方面为员工提供全方位的服务支撑，稳步实现了“一机走天下”的整体目标。

渤海银行湖仓一体的数据中台技术架构设计，整合大数据技术产品，提供集中作业调度、弹性资源分配能力，夯实大数据应用的技术底座，为数据创新产品提供上线快车道。完成新数据仓库和批发、零售、风险三大业务领域集市一期投产，实现多场景的数据服务能力，持续打造全行数据资产的“中央厨房”。

敏捷协同的产业创新是银行生态进化的关键

生态银行在其不同需求驱动的场景不断进化叠加的过程中，需要持续设计数字化的解决方案，这种解决方案很多时候是需要多方敏捷协同的，因此，生态的持续进化需要不断沉淀敏捷协同创新的文化、持续完善产业创新模式。

要组建敏捷团队，打破部门职责边界，建立跨部门、生态内的协同模式。针对创新项目成立项目小组，或者与合作伙伴成立创新实验室，通过资源整合、跨部门协作对项目给予重点支持，以敏捷团队方式推动项目落地。

要提供资源支持，打通内外部协同，形成“内部协同＋外部协调”内外联动机制。鼓励跨部门协同支持、行内专家咨询及协助，同时辅以行内创新咨询资源池或采购外部咨询服务等外部协调以及与生态合作方一起，加速释放内外部协同创新机制效能。

银行要利用好资金中介、信用中介的优势，把自己打造成数字化场景连接中心。要通过开放创新，联合合作伙伴重塑银行商业模式，以 BaaS（银行即服务）模式打造场景金融，将金融服务组件化内嵌到客户生产生活场景，同时，依托数据中台和 AI 算法，实现隐形、无感泛在和智能的服务能力。

具体而言，银行的生态创新活动可以以联合创新实验室或者联合创新工坊为依托，与合作伙伴一起就共同的目标客群针对某一类需求进行研究分析，设计数字化解决方案，打造平台，以科技赋能吸引更多参与方，以信息共享和数据共享机制以及联邦学习算法等驱动更多创新解决方案上线，从而形成更大更有依存度的生态。

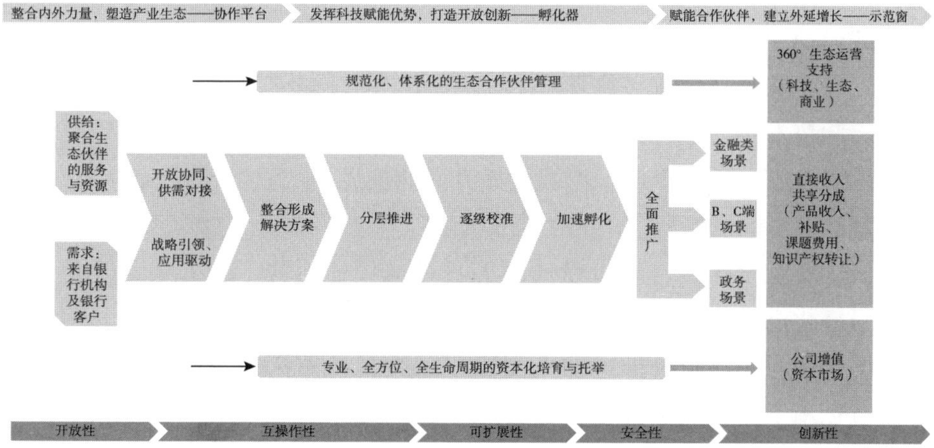

图 4－2　某银行打造“协同创新工厂”

就整体模式而言，站在产业互联网正在成为行业蓝海的大背景下，大致有四种产业协同创新模式可供银行参考。第一种是订单驱动的产业模式。该模式以 Fraunhofer 协会为代表，关键成功要素是合同研究、内外协同的开放式创新体系。第二种是集团协同的企业级协同创新模式。有不少商业银行采用该模式，如 DBS、花旗、BBVA。该模式的关键成功要素是“聚焦战略、共生合作、资本加速”。第三种模式是开放式的生态模式。该模式以小米为代表。第四种模式为基于区域效应的聚集性创新模式。硅谷是该模式最为典型的代表。国内某大型银行参考借鉴上述几种模式，结合自身特点，通过打造“协同创新工厂”，将银行数字化创新体系从以关注银行自身为主的企业级模式拓展为面向产业互联网的开放式共创生态模式。该“协同创新工厂”以设计思维为方法论，以生态化创新网络为“生产关系”，以真实需求为牵引，以成为产品为目的，以前瞻性技术为手段，以客户和用户为校准，建立起“供给侧伙伴＋需求侧客户”融合型创新网络，通过整合内外力量塑造产业生态的协作平台，发挥自身科技优势并打造开放创新孵化器，通过赋能合作伙伴以建立外延增长示范窗。在“协同创新工厂”启动运行伊始，该行便迅速孵化并成功投产多个创新解决方案。比如反洗钱异常监测平台，基于先进的数据人工智能技术，打造交易流异常监测、跨行团伙挖掘，静默爆发期识别等能力，大幅提升了对团伙性洗钱、买卡/租卡等异常识别的精准度。又比如其中的隐私保护计算平台，兼备联合查询、联合运算、联合建模等多种隐私计算范式。再比如“村链”解决方案通过智能物联技术实时感知乡村服务点的“人、物、场、网”等信息，有效应对乡村服务点在风控合规、持续发展方面的挑战。

就产业协同创新所需的人力资源而言，不仅需要架构师、数据分析师、体验官、交互设计师、界面设计师等具备通用能力的专业人员，在生态创新项目孵化过程中，还需要不同业务场景下的专家人员。创新项目组以核心团队为中心，在项目推进的不同阶段吸纳具备不同能力的人员参与全部或部分创新工作，为项目提供多元化支持。

例如，渤海银行“渤学多财”项目组在获得总行创新委业务立项后，成立了包含创意提出人的“渤仔工坊”创新项目组，在项目推进过程中吸纳了渠道管理部门、产品管理部门、法律管理部门、公关管理部门等总行部门成员和分行成员，并整合了外部财商教育公司、动画制作公司、游戏制作公司、原型设计公司、IT 开发公司和运营公司等多家外部公司的能力，最终完成了项目的内容建设、IT 建设和常态运营。

企业文化与价值观建设是敏捷创新体系的基石

很多银行家在推进敏捷银行创新体系建设时感到困惑，银行高层亲自倡导推动向敏捷银行转型，希望整个银行像一部机器，创新马达全都转动起来，高速运转，但是却存在"上热中温下冷"的问题，各种配套资源没配合好，优秀的量化分析专家跳槽，机器在这儿空转。其实这背后是企业文化问题。企业文化关乎企业的兴衰，在企业文化中要定义什么是使命，什么是价值观。比如特斯拉，简要概括其使命就是"加速推动世界变得更清洁、更可持续"，这里面就有人类命运共同体的意味。也正是这样的使命感，帮助特斯拉撑过了至暗时刻，有了今天的成就。再如英国有一家历史超百年的大型金融机构，其核心价值观是 RISES（取太阳冉冉升起之意），也是五个单词的首字母，即 Respect（互敬）、Integrity（正直）、Stewardship（尽职）、Excellence（卓越）、Service（服务）。这样简单好记、内涵深刻的价值观，很容易直击员工的心底，并持续影响他们的职业生涯。

那么，如何把银行敏捷创新的使命与核心价值观传递给每一个员工？其实正如宫崎骏所言，"一举一动，都是承诺，会被另一个人看在眼里，记在心上。"在这方面靠的是银行家内心的正直和善良。正直和善良所散发出的光芒，才能真正带动员工，造就有温度的敏捷银行。宫崎骏在电影《天空之城》中刻画的女主角希达寻找故乡，象征着现实生活迷茫的人类在追寻归属感，他试图传达的意念是："只有一直保持着善良、纯真，并且勇敢坚定地走下去，我们最终才能找到属于自己的答案"。

*　　*　　*　　*　　*

在科技变革持续冲击之下，数字化创新理应成为商业银行转型的第一动力。银行的每一步衍生、进化都依赖于对创新机遇的洞悉以及把握。银行的数字化创新是敏捷交互的、全面协同的，不仅是内部的协同，而且包括与生态伙伴的协同、与客户的协同，生态里的每个参与方既是生产者也是消费者。银行在纷繁而复杂、持续且快速的创新过程中，需要主动参与、积极推动数据生态和数据要素市场不断完善，也需要坚持对“全面创新体系”进行持续沉淀、梳理、迭代、打磨，以保障生态整体创新产出的敏捷和稳定。

第二篇

敏捷银行风险管理创新实践

第五章　敏捷银行全面风险管理的实践与进化

“予独爱莲之出淤泥而不染，濯清涟而不妖。”

——周敦颐，《爱莲说》

风险管理让银行得以在风险中发现商机、实现盈利，是银行核心能力之所在，是银行赖以生存之本。正如周敦颐在《爱莲说》中所言“予独爱莲之出淤泥而不染，濯清涟而不妖”，风险管理让银行身处风险之中而“不染不妖”，让银行成为风险中的“远香”。

在银行敏捷创新转型过程中，风险管理也如同为创新动力套上缰绳；风险管理的进化，如同缰绳运用模式的进化；它解决的是数字化创新这个“第一动力”如何恰当释放的问题，目标是让风险管理缰绳被拉动的条件、时机、方式、程度等都能随客户及全社会的数字化变迁而进化，让银行数字化创新能够在风险可控、安全合规的同时，以灵活敏捷之势及时适应、贴合并服务好各种变迁之所需。

习近平总书记深刻指出：“当今世界正经历百年未有之大变局。”我国正在加快构建以国内大循环为主体、国内国际双循环相互促进的新发展格局，AI、区块链、大数据、云计算等新技术驱动下的数字经济与数字金融发展方兴未艾，商业银行在落实好金融工作服务实体经济、防控金融风险、深化金融改革“三大任务”的同时，需进一步践行金融工作的政治性与人民性，将防控风险作为永恒主题，不断提高全面风险管理能力；以服务实体经济为目标，树立以人民为中心的价值取向。百年未有之大变局，更多着眼于“变”，“变”则意味着机遇与挑战并存，笔者基于新形势下敏捷银行全面风险管理实践，提出面对未来机遇与挑战，发挥敏捷银行全面风险管理优势、弥补弱势的进化策略。

第一节　风险管理的“后真相”挑战：VUCA 和 BANI

随着信息大爆炸以及网络化的发展，银行家时刻面临真相被扭曲、肢解和掩盖的风险，比如未能察觉有些房地产商隐藏真实负债、粉饰报表的行为，又如被假冒央企子公司的企业所蒙蔽。真相是个多面体，别有用心的人往往只讲述其中的一面。2016 年英国脱离欧盟举行全民公投，最终留欧派的摆数据、讲事实的平铺直叙败给了脱欧派的情绪煽动。直到结果出来之后，大众才如梦初醒，明白自己成了罔顾真相的情绪煽动的傀儡。自此，“后真相”一词在各路媒体频繁现身，并被《牛津大辞典》选为年度词汇。

的确，随着互联网技术和自媒体的爆发式发展，真相已不再如纸媒时代那样作为稀缺资源为人们所看重，对于真相的权威式的报道与解读已经面临消解。少有人关心事件的本来面目，大多数人只愿意躲在自己的舒适区里，选择性地吸纳符合自己三观、让自己痛快的信息。在阅读量为王的“后真相”时代，事实似乎已经让位于情绪，报道似乎已经让位于宣传，得情绪者得天下。

须知，所有真相都是多面体，都是多个竞争性真相的合集。所谓操纵与煽动，其基础不过是截取和加工。身处“后真相”时代，作为信息消费者，人们都免不了会上当受骗。唯有洞悉真相操纵背后的思维模式，才能更有智慧地处理信息，免受煽动式宣传和病毒营销的蛊惑，甚至改善真相的讲述方式，达成风险管理目标。

VUCA 是 Volatile、Uncertain、Complex 和 Ambiguous 的缩写，它是一种描述或隐喻，曾被用于描述“后真相”时代信息大爆炸环境下生活的不稳定、不确定、复杂、模棱两可的风险环境现实。VUCA 创建于 20 世纪 80 年代末，由沃伦·本尼斯（Warren Bennis）和伯特·纳努斯（Burt Nanus）提出，90 年代被美军应用。Volatility（易变性）：当今世界的变化越来越多，越来越快，越来越不可预测。在很多情况下，由于事件发生得太快，以至于我们没办法准确地判断其起因甚至其影响度。Uncertainty（不确定性）：历史上的任何一个时代所带来的经验已经无法为当今世界的所有变化提供参照。Complexity（复杂性）：由于社会和科技发展速度及其成果的积累，各种问题的产生原因，及其带来的影响和反应受到更多不同因素的牵制。Ambiguity（模糊性）："放之四海而皆准"的原则越来越少，甚至为越来越多的东西或概念清晰地定义或划定边界都变得困难。

Jamais Cascio 在 2016 年创造了"BANI"一词，BANI 是什么？脆弱（Brittle）：一种虚假的堡垒，看似坚固的系统，其实很容易崩溃。比如，现代农业的单一栽培由于其低变异性而非常容易受到害虫的影响。焦虑（Anxious）：由不断的变化引起的焦虑。当你觉得变化是一场雪崩，而且没有办法影响它时，这种焦虑可能会导致被动。来自媒体的大量新闻和"虚假信息"也造成这一现象。非线性（Nonlinear）：因果关系之间的脱节和不均衡。比如，打猎或吃动物的小行为与正在改变世界的疫情大流行的诱因之间有什么关系？在事物发生的尺度和我们感知的尺度之间有巨大的差异。不可理解（Incomprehensible）：过量信息的后果及其通常反直觉的本质，比如人工智能或大数据介入时发生的情况。幸运的是，今天不可理解的事情并不一定明天也不理解。

对 Jamais Cascio 来说，VUCA 正在过时，并没有完成它的使命；当我们被告知一个系统是不稳定的或模棱两可时，我们并没有学到任何新的东西。范式的转变需要语言的改变。BANI 包含了不稳定和混乱、令人惊讶和混乱的情况。"模棱两可"不足以描述我们如何体验这个世界；一个更好的解释是，我们的经历是不可理解的，会产生焦虑。此外，BANI 不仅描述了当前的世界，而且包括应对这四个挑战的方法：脆弱性可以用弹性和灵活性来解决；焦虑可以用共情和正念来解决；非线性可以用上下文和灵活性来解决；不可理解性可以用透明度和直觉来解决。

VUCA 或 BANI（或其他一些替代品）作为一种描述世界的简语是否流

行，并非取决于其描述现实的客观能力。两者对我们的认知能力和在世界上寻求意义都有一定的吸引力，而获得接受的版本将是在每一刻与我们对现实的特定愿景联系在一起的版本。世界总是存在着不确定性，以及对变化的误解和对其后果的无知和焦虑。意识形态、宗教，以及小范围的方法和流程试图为我们提供解决方案，满足我们对确定性和稳定性的执念。而疫情与战争，让我们对生活的看法比过往任何时候都更为混乱与焦虑。新冠疫情在2023年已经进入第四个年头，被认为是“人类第一场数字化战争”的俄乌战争也已经持续了近一年，美国等看似没有参战，但通过数字化手段为乌克兰提供的实际赋能早已胜过传统的直接参战。

尽管我们的世界比以往任何时候都更加同质化，伴随着语言、信仰、生物多样性、景观和社会组织的急剧减少，每个人的个人经历却比过往要丰富得多。如果我们将这种变化转移到我们的工作环境中，我们会看到知识、技术、工具、方法等。事实上，我们所面对的海量信息非但没有停止增长，反而增长速度还在持续加快。这是我们这个时代的另一个显著标志：“待在原地跑得越来越快。”我们面临的挑战是要同时处理可变性（不确定、非线性、模棱两可、难以理解）和加速（不稳定、焦虑、复杂、脆弱）。可变性带来了带有BANI特征的新愿景，而加速有助于让VUCA感到过时。

理想照进现实，2021年爆火的电影《失控玩家》，对于“后真相”时代的风险应对情境作了精彩诠释。《失控玩家》也是VR主题的，以人工智能觉醒为主，当然，属于无害觉醒。这部片子的主题上升到了哲学层面，是人与人工智能的差别，躺平和“戴墨镜”（数字化眼镜）的差别，以及爱的伟大力量。大家可能觉得主角盖伊是觉醒的人工智能，其实他的朋友巴迪比他“通透”得多。不过说到躺平和主动的差别，这个还真有点像对数字化的一个讽喻，戴上这个数字化眼镜，就能看到很多原来看不到的东西，不戴，可能就是个躺平的路人。《失控玩家》故事里主要应用的是生物识别、虚拟技术，但也配合人工智能、大数据和物联网等。电影的最后，银行落了个“消失”的下场，何其哀哉。这部电影提醒了今天的银行，数字化转型就是这样，得打开脑洞，不然有可能哪一天哪个行业真的就进了博物馆。

在电影中，主角所处的世界是利用数字孪生等前沿信息技术、建立在区块链之上的虚拟世界，去中心化平台让玩家享有所有权和自治权。通过沉浸式的体验，让虚拟进一步接近现实。或许正如电影的场景，在未来的某一天，通过数字孪生等技术的深度应用，人们可以随时随地切换身份，自由穿梭于物理世界和数字世界，在虚拟空间和时间节点所构成的生态中学习、工作、交友、购物、旅游等。银行如不改变，就会被丢入故纸堆，加快数字化转型，打造生态银行，迫在眉睫。

我们可以看出，无论是金融领域的生态合作还是残酷的俄乌战争，都向我们展示了 VUCA 和 BANI 构成的“后真相”时代风险管理的挑战，银行需要持续丰富完善智能风险管理武器库，全面建设和应用风险管理新范式，实现风险管理质跃式的进化，以此来应对“后真相”之挑战。

第二节 敏捷银行全面风险管理的 SWOT 分析

S：敏捷银行全面风险管理建设已构筑的优势

首先，笔者以渤海银行取得的初步成果为例，探讨敏捷银行全面风险管理实践所能形成的优势。

第一，确立多方共赢的发展愿景与使命。

渤海银行确定了打造最佳体验的现代财资管家发展愿景，“四五”战略规划坚持“服务国家战略、服务实体经济、服务美好生活、为股东创造持续价值，为员工打造广阔舞台，为社会履行法人责任”的使命，并将愿景与使命战略分解到“聚焦生态”“共生共赢”“专业赋能”“无感泛在”“智慧引擎”五大战略能力中，实现业务模式和风险管理模式的全面升级。渤海银行风险管理战略实施具备一定的比较优势，相较于国有大型银行，更能发挥集约、敏捷、全行一盘棋的优势，“科技 + 风控”的数字化转型具备后发优势；相较于地方性商业银行等小型银行，渤海银行依托全国性牌照，多区域和全业务种类布局，具有一定的风险分散和风险化解的空间和基础。

第二，具备较为完善的全面风险管理机制保障。

渤海银行一是树立了特色风险管理文化理念。建立“集中、垂直、独立、制衡、融入”的风险管理体系，融汇“全面、主动、敏捷、到位”的风险管理理念，坚持“不讲政治的坚决不做、不合规的坚决不做、不符合风险管理要求的坚决不做”的发展法则，沉淀总结出风险控制的 20 条原则，形成了上下一致的风险管理理念和价值认同。二是初步构建了全面风险的治理体系。搭建了全面风险的牵头管理和九大类风险的专业管理的总体框架，建立了各类风险识别、计量、评估、监测、报告、控制的基本流程。三是打造了垂直独立的风险管理队伍。总行设置四个部门及三个区域审批中心，实现了全口径业务的信用风险集中管理；分行实行风险派驻制，风险总监由总行任命，风险条线实行垂直考核和管理，与业务条线平行作业，综合体现独立性和融入性。

第三，数字化智能风控体系初步搭建完成。

从 2020 年提出“风险管理 15 + 建设”起，渤海银行多点突破、蹄疾步稳，迅速启动了一批补短板、堵漏板、防爆板的项目建设；2021 年再升级到“20 +”，夯基垒台、立柱架梁，开始向自动化、智能化和精益化迈进；到如今的“30 +”，渤海银行依托全行数字化转型，打造全行企业级的风控底座，将制度化作流程，将流程集成进系统，通过系统“机控”，实现风险的层层控制和过程管理。在流程端，结合业务场景，针对 BCFG + E（批发客户、零售客户、金融机构客户、政信客户以及生态平台客户）构建全流程数字化风控，将信贷全流程拆解为近百个核心风控关键事项、200 多个标准化管理操作环节，与全行 30 多个核心制度进行逐条匹配，构建模块化、数字化的信贷业务流程规范。在工具端，通过湖仓一体的风险数据资产，集合数字化风险画像、智能财务分析、智慧风控引擎等工具，实现客户筛选、准入、授信、审批、放款、监控预警、风险报告等风险识别评估，提高风险的预判、预防、化解能力。目前已经构建涵盖客户经营、财务状况、偿债能力、对外担保、关联关系、负面舆情等 5000 多个基础风险标签，上线了 1900 多条财务分析规则，将量化模型工具嵌入业务系统，为风险管理提供全方位智能化决策支持，筑牢风险防线。零售线上审批、房地产、政府偿债能力等风险控制模型的新探索在业内领先。

第四，企业级 IT 架构搭建为敏捷银行全面风险管理筑基。

在蓝海工程领导小组的指导下，渤海银行完全自主设计并编制完成《渤海银行股份有限公司信息科技规划（2021—2025）》，明确提出围绕“业务中台建设重构企业级 IT 架构、全渠道协同建设承载业务流程再造、数据中台建设驱动全行数据治理落地”三大实施主线开展落地工作，全面推进数字化转型工程。企业架构转型、双中台建设、分布式核心能力机制是打造“敏捷自进化生态银行”的利器。

对致力于生态赋能的银行来说，中台是其“腰背”，流程是其“脊髓及神经脉络”。从 2021 年开始，渤海银行通过企业架构转型整合全行业务流程，实现业务部门与科技部门的无缝衔接和高效协作。通过业务建模、中台建设，运用标准化、组件化、参数化的解决方案和工具，让银行内部的工作流、数据流、产品组件等在生态场景中形成交互关系。充分利用数字技术和仿真模拟，在零售业务领域深入分析客户行为习惯，针对养老、消费、教育、财富传承、税务筹划等多元化的客户需求，完善指标体系，动态描绘客户画像；在对公业务领域，依托生态圈，以核心生态伙伴为圆心、以价值链为半径，形成集团客户画像森林，并以时间为序列进行动态调整，打造实时相册，建立定制化产品敏捷开发能力。

W：敏捷银行全面风险管理建设存在的弱势

当前，中小银行在敏捷银行全面风险管理建设上存在以下弱势。

第一，资产结构不合理，不良率压降任务艰巨。

行业、客户集中度过高的问题较为突出，结构调整进度不够理想。不良贷款率、拨备覆盖率等核心指标控制压力较大，大额问题资产风险化解难度大，清收处置的能力和力度不足。

第二，敏捷自进化的全面风险管理体系仍需健全。

一是在商业银行综合化经营趋势下，各类风险管理的整合度不高，风险管理协同性不强，涵盖境外机构、子公司的集团口径全面风险管理准备不足，亟待布局，全球集团统一风险偏好尚未建立。二是各大类风险的全面管理的整合性不强，协同性不足，全面风险治理架构有待进一步优化。三是总行层面中间业务风险管理统一规划布局有待进一步加强，需要进一步完善中间业务的底层标准、数据与流程规范，以有效预防“非对称风险”。

第三，跨周期前瞻性风险控制能力建设仍需加强。

中小银行受制于规模、营收、利润等经营指标压力，叠加新冠疫情、经济增速放缓等外部因素影响，业务结构调整进度不及预期，尤其是与领先银行相比，中小银行风险管理的前瞻性还存在较大差距，需持续推进全面、主动的风险预防、监测和管理体系建设。对此，可借鉴经受住金融危机考验的汇丰银行风险地图、首要风险及潜在风险评估等经验做法，以及摩根大通银行的压力测试应用经验，进一步完善全面、主动风险管理的内涵要素、工作流程及技术方法，持续提升风险管理的前瞻性和主动性。

第四，流程管理精益化程度低，内部联动协同不足。

一是信贷流程管理水平有待进一步提升。统一综合授信管理仍需优化，以有效解决额度管理、低风险业务管理质量和效率问题，需进一步重梳制度、再理流程并迭代系统。业务“三查”落实仍不到位，某些制度办法仍有问题漏洞，外规内化的覆盖度和时效性还不够高，业务流程还存在“堵点”和“漏点”，关键环节的流程“人控＋机控”有效性仍然不足，风险偏好传导与政策执行的“最后一公里”堵点尚需打通。二是在数字风控中，存在数据不全、质量不高、管理低效等痛点问题。三是商业银行以扩张规模为主要的经营模式，信息系统的发展模式也主要为业务驱动型，包括风险管理系统在内的各类系统庞杂交织，以大数据分析和智能风控为基础的数字化底座统筹性能不足。

第五，风险控制的敏捷度和精准度不高。

随着数字经济发展提速，经济运行机制更复杂，市场主体更多元，资产规模快速增长，平台化、场景化、批量化获客模式使资金链条更长，各类风险传染更加快速、隐蔽，对于银行风控的敏捷度和精准度提出了更高的要求。银行能否恰当应对突发事件，主要取决于实时智能的“全面风险管理”能力，这包括对宏观风险、中观风险和微观风险的智能侦测、预判、预警和预控能力，能够及时辨别“黑天鹅”和“灰犀牛”病毒的抗原，迅速激发灭杀抗原的抗体，进行精准靶向杀毒。

第六，“三道防线”的风险管理能力有待加强。

“三道防线”的协同管理能力不足。总行部门的风险审核把关、预警预控、监督检查能力需要强化，对分支机构风险“穿透”识别管理能力和手段欠缺；分支机构的风险识别、监控、报告和清收处置能力仍有空白，基层合规管理“头重脚轻”，基层机构风险内控的力量相对薄弱，操作风险的过程控制、层层控制有效性不足，岗位制衡监督机制尚未全面发挥作用。

T：未来敏捷银行全面风险管理面临的挑战

第一，在百年未有之大变局下，全球金融市场持续动荡。

当前新冠疫情和传统安全风险相互交织，全球治理体系和国际格局加速调整，地缘政治博弈日趋加剧，全球发展的深层次矛盾突出且复杂多变。一是全球重大金融和风险事件频发。全球通货膨胀持续走高，不少机构对2023年及未来两年的世界经济增长并不乐观，俄乌冲突升级，欧洲能源危机加剧，美联储等多国央行密集超常规加息，美元指数在2022年一度创20年来最高，人民币兑美元汇率曾一度跌破7.3。二是国内“三重压力”更加凸显，需求收缩，订单和消费下降；供给冲击，大宗商品价格上涨；预期转弱，企业和居民信心不足，储蓄倾向增强。

第二，国内经济下行压力大，主要领域风险暴露加速。

一是重压之下主要领域风险持续暴露。经济下行冲击银行资产质量，有银行压力测试显示，不考虑政策调整，GDP增速降低1个百分点，银行不良率大约上升0.4个百分点。房地产市场风险加速暴露，房地产量价齐跌，房地产不良率显著上升，普惠和零售业务风险激增，企业信用债违约仍处于高位，2022年，涉及违约的信用债超2000亿元，其中民企违约超1500亿元。

第三，同业竞争的“马太效应”显著，不良处置资源支撑不足。

数字化转型带来市场一体化的马太效应，金融资源更易向大型银行流动聚集，中小银行经营发展的空间受到挤压，不仅在成本管理、品牌服务等方面面临挑战，也对风险化解的空间形成制约。相对而言，利润对于拨备、核销等风险处置的支撑水平不足。同时，风险管理还要在资产清收，以及 RAROC、EVA 的精细化管理等方面不断提升价值创造能力。

风险收益平衡的理念未有效贯彻，如何提升业务深度发展的决策管理能力，以及应对复杂风险的统筹管理能力仍然是中小银行全面风险管理面临的主要挑战之一。

第四，新型风险层出不穷，全面风险管理包容性有待加强。

与数字化时代相伴而来的是对新型风险关注、识别及管理的挑战，包括计算机网络安全风险、交易模型风险、欺诈风险、数据风险、洗钱风险、数字化转型风险以及个人信息安全保护等方面的挑战。同时还要警惕气候变化引发的对金融市场的系统性威胁，以及造成颠覆性影响的极端事件，即“绿天鹅”风险。“绿天鹅”风险主要通过物理风险和转型风险两条途径传导至金融体系，造成系统性风险。

第五，强监管形势下管理压力骤增。

中小银行在合规管理和操作风险过程控制、层层控制方面容易做不到位，分支机构遭遇监管处罚。

O：未来敏捷银行全面风险管理面临的机遇

第一，积极把握中国式现代化新机遇。

党的二十大报告擘画了以中国式现代化全面推进中华民族伟大复兴的宏伟蓝图，明确提出中国式现代化的本质要求，即“坚持中国共产党领导，坚持中国特色社会主义，实现高质量发展，发展全过程人民民主，丰富人民精神世界，实现全体人民共同富裕，促进人与自然和谐共生，推动构建人类命运共同体，创造人类文明新形态”。积极把握国内大循环、消费升级、新型城镇化等业务发展机遇，提升风险管理的导向作用，主动调整信贷结构，降低资产组合风险。

第二，主动把握金融逻辑新转变。

传统金融逻辑导致的结构性问题和社会问题不断凸显，只有突出和贯穿金融工作的政治性、人民性，不断提升专业性，才是把握高质量发展的重要衡量标准。以普惠金融发展为例，普惠型金融业务发展的难点与痛点，就是如何通过智能化风险管理来提高服务能力、服务效率，提升金融服务安全性，不增加新的系统性风险因素。打造对普惠、涉农、“新市民”业务的特色风控能力，也是发掘自身特色和优势，探索差异化发展路径的重要机遇。

第三，深度融入数字化转型新阶段。

2022 年以来，中国人民银行《金融科技发展规划（2022—2025 年）》和中国银保监会《关于银行业保险业数字化转型的指导意见》两份关于银行数字化转型的重量级指导文件又将我国银行数字化转型引向了守正创新、稳健发展的新阶段。商业银行拥抱“十四五”以数字化和创新驱动为导向的数字化浪潮，学习、应用和自主研发相结合，加快构建线上化、数字化、智能化风险管理。塑造“生态”赋能模式下的全面风险控制能力，把握金融需求呈现差异化、定制化、个性化趋势，在银企共建生态中，加快构建“乐高银行”风控能力的敏捷组织。

第四，加快应用科技发展新动能。

以人工智能、区块链、云计算、大数据、5G 与物联网为代表的强大科技动能驱动商业银行业务发展和风险管控并行推进。数字经济的快速发展，扩展了银行服务实体经济的边界，带来了金融业的价值重塑、业务重塑、产品和运营体系重塑。借助数字化和智能化技术，商业银行能对风险类数据进行全面掌握，并在必要时通过隐私增强、联邦学习等技术手段实现数据价值的自由交换和利用，强化风险识别、风险评估、风险控制、风险处置、管理后评价等重要节点，合理匹配事前、事中、事后资源，实现敏捷银行全面风险管理的数字化重塑。例如，亚洲某新兴国家商业银行根据其市场和业务特点，参考风险调整后收益分析数据，提出聚焦小微信贷领域“六大客群”的定位策略，并根据不同客群的风险、盈利特点制定了相应的产品和特色推广手段，从源头确保资产质量。又如，国内某银行搭建交易反欺诈安全监测平台，主要由数据前置系统、风险决策系统（规则引擎、模型引擎）、后台管理（规则管理、模型管理、预警信息、案件管理）、数据集市平台、设备指纹插件等产品模块组成。在注册、登录、转账等交易环节采用决策引擎、设备指纹、策略管理等风险监控手段，来有效核实用户身份，预防身份冒用、欺诈等风险。同时，还使用知识图谱、图计算加机器学习来更精准地计量不同情景下的欺诈风险，可发现隐性因素，增强业务的解释性。再如，某咨询公司基于多家银行风险转型项目的经验，通过渐进式迭代开发，逐步形成端到端风险预警引擎解决方案，共包含500~2000个数据变量，囊括客户基本信息、企业财务信息、本行债项信息、企业关联信息、企业结算信息、担保信息、他行信贷信息、客户风险信息、行为数据、预警指标、行内外文本信息等数据源，多维度客观地反映客户的经营情况。某国内城商行引入上述引擎模型，得益于丰富的数据应用、优秀的算法设计以及实操导向的界面设计，通过一年的实际使用验证，实现了对公业务逾期率较年初下降36%，新增逾期下降38%，效果十分显著。

第五，内部机遇：内部管理层的重视。

董事会和高管层对风险管理工作的高度重视与认可对敏捷银行全面风险管理建设至关重要，同时这也是推进风险管理新体系整体性设计规划的难得机遇。

第三节　敏捷银行全面风险管理进化的整体方略

党的二十大胜利召开，我国已经步入新发展阶段，正向全面建设社会主义现代化强国的第二个百年奋斗目标迈进。银行业作为金融体系的重要组成部分，必须强化战略思维和战略定力，始终胸怀“国之大者”，主动战胜风险挑战，用正确的战略策略赢得历史，不断从胜利走向胜利。敏捷银行全面风险管理的进化策略分析，旨在探究全新机遇与挑战下，进一步发挥敏捷银行全面风险管理的优势、弥补弱势的策略措施。

方略之SO：提高政治站位，履行主体责任

商业银行应坚决贯彻落实党的二十大精神，坚持新发展理念，强化责任担当，将“银行所能”与“国家所需”“民之所盼”有效融合，要理清金融从哪里来、到哪里去的价值观和历史逻辑，在服务国家战略大局中实

现高质量发展，践行好服务实体经济、防范化解风险和深化金融改革的职责使命。

一是坚持政治性。商业银行应坚持在服务实体经济中防范风险，以风险防控能力拓展服务边界。进一步发挥风险政策的导向作用，完善授信政策指引，统一前台和中后台风险偏好，高效支持制造业中长期设备改造贷款、绿色信贷、高端制造等，确保金融活水的精准滴灌。研究建立技术流内生增信机制支持“专精特新”，从知识产权、发明专利、科研团队、科技资质、创新成果等角度对企业进行风险评价，为科技企业“精准画像”，找到金融服务最佳着力点。加强前瞻性思考，遵循把握规律，提升经济周期弱敏感度资产占比，并主动研究制造业生命周期模型，建立跨周期风险管理工具；形成“黑天鹅”“灰犀牛”特征判断机制，提升对风险演化规律、传导规律的把握能力。

二是突出人民性。聚焦企业和人民的“急难愁盼”，打造对普惠、涉农、“新市民”等业务的特色风控能力，抓住差异化突围机遇。进行主动风险管理，实行前涉式供应链创新模式，根据供应链的数据流、资金流、物流等数字化信息，采用“标准化产品 + 专属方案”的服务原则，设计风险可控的产品并嵌入风控模型。升级“千人千面”的风险画像能力，加强风险监测，建立数据驱动的风控策略调整，确保金融服务的安全性，在风险管理的守正创新中进一步挖掘商业银行的服务特色和优势。

三是提升专业性。持续推进“自动、实时、精准、敏捷、进化”5A 智能风控体系建设。结合风险管理建设项目群基础，把握“双中台”建设契机，高起点推进智能风控建设，统一风险底座，建立企业级风险数据体系和系统平台架构。完善对公业务客户风险视图和零售客户风险画像，优化财报风险识别和担保圈、假央企、空壳企业探查功能，提高客户质量识别能力。持续优化零售自动化审批和智能决策引擎，继续推进对公业务智能化审批建设进度，并优化房地产决策支持模型、财报 OCR 识别采集和调查报告采集功能，打造高效的风险审批决策能力。完善一体化贷后管理系统，特别是强化贷后管理、催收、财产线索挖掘、资产保全等功能环节，重新打造押品管理系统，优化风险预警精准度。

方略之 ST：做好科学谋划，集团一体推进

一是健全全面风险管理体系。进一步完善全面风险治理架构，强化抓总管理，提升九大类风险及新型风险管理整体协调联动能力。满足包括子公司、海外机构在内的集团全面风险管理需要，制定集团全面风险管理制度，建立统一集团全球风险偏好，制定风险并表管理办法，做好风险隔离和加总，实现集团一体推进和整体稳健运行，防范金融风险跨境跨业传染。完善统一授信、审批模式优化、清收保全队伍建设等风险管理体制机制；打造“主动风险管理雷达”，建设风险管理全景“驾驶舱”，实现批发、零售的可视化管理；实行分层次、全覆盖、动态化风险精准识别监控和敏捷处置，以及“三道防线”协同、各级责任明确、集团一体推进的机制。

二是开展新型风险管理。开展 ESG 风险治理，包括建立 ESG 风险管理机制，将环境与气候风险因素纳入信贷决策流程，构建全面的 ESG 政策管理和评价指标体系，以及绿色贷款识别、建立绿色项目库、绿色金融产品创新、ESG 制度建设、ESG 量化决策判断、绿色金融信贷政策和气候环境风险压力测试评估模型 7 个子任务，建立并完善环境和社会风险管理的制度和流程，提升全生命周期的绿色信贷管理能力。开展模型风险管理，建立全行模型风险管理体系，完善信用风险模型管理办法，做好风险模型的运行监测和管理评价。完善数字化转型风险管理，使用 FMEA 方法在生产运行、测试、安全等领域开展失效预防与风险控制，持续开展信息科技操作风险管理工具适用性评估，完善一线自查机制，全面落实网络安全责任制，强化网络安全防护，完善数据安全防护体系。

三是推进风险文化和队伍建设。出实招开展文化建设，深入推进全行多层次风险文化嵌入流程、融入战略、纳入绩效和深入人心。强化全行对风险文化核心内涵的深入理解，有效融入管理机制、操作流程、技术工具、行为准则之中，成为全行员工一致认同、自觉遵守的风险管理理念、价值观念和行为规范。建立全面风险管理及风险文化建设考核机制，强化风险文化的传导落地，强化基层机构员工合规风险、行为风险、操作风险、运营风险、声誉风险、案件防控管理，推进员工行为网格化管理，完善问责

机制，实施精准问责。同时，不断推进风险管理人员队伍的数据素养建设，建立内部数据人才培训体系持续培养具有数据分析能力的通用人才，推进全面风险管理能力持续迭代，成为敏捷银行自进化的内在动力。

方略之 WO：解决突出问题，完善流程机制

一是加快推动结构优化。强化大额风险暴露集中度管理，主动加大压降力度，大幅调降管控目标，并纳入风险偏好年度定量指标。持续加强限额监测，加强对基层的风险提示和压降要求，并逐步实现系统机控，在系统监测风险暴露触及预警阈值时，启动大额风险暴露应急处理机制。加快推进支持实体经济的“22＋28”条落地，加强房地产和平台等重点领域结构调整，加大对“鼓励进入”类和“保持占比”类业务的支持力度。加强限额监测管理和对基层“四分类”优化目标投放占比的管理，差别化授权管理，并加强拨备考核约束、发挥经济资本考核定价的激励作用，深化信贷结构“四分类”优化效果。

二是加快推进统一综合授信优化。在制度方面，围绕堵点、痛点，搭建制度体系，优化统一综合授信管理和审批流程操作；在系统方面，实现白名单集团管理、总分式申报与多场景合并申报三大功能，并持续优化迭代，实现总体管控有效性和流程效率的提升。

三是加快推进精益流程管控。对照“三查”流程重检和不良贷款复盘，彻底全面梳理总分行“三查”岗位职责，做到全面嵌入、有迹可循。进一步深化“重梳制度、再理流程”项目，将信贷全流程拆解为标准化操作环节，与已梳理的制度逐条对照匹配，制定标准化信贷业务模板和标准化检查模板，并编制信贷手册，规范信贷业务全流程操作标准。

四是提升客户经营选择与客户质量识别能力。包括持续提升企业和零售客户风险画像、客户关系图谱、财报风险识别、反欺诈、担保圈识别、假央企识别等方面的能力。

方略之 WT：全力清收化险，体现价值创造

按照“稳定大局、统筹协调、分类失策、精准拆弹”的基本方针，稳

妥处置重点领域和重点监测客户风险，同时积极探索问题资产处置的新策略、新方式，提升风险化解和价值创造能力。

一是实施问题资产处置新策略。常规的转让、核销等资产处置方式都以利润增速提供充足的资源支撑。在从高速增长向高质量增长转型的过程中，商业银行需要转变传统的资产处置策略，在风险缓释措施不弱化、风险敞口不扩大、监管红线不触碰的前提下，精打细算，寻找少投入、多产出的方式，以更精益的方式提高问题资产盘活投入产出效率，寻求不良资产处置的最优方案。当前很多企业受到内外部因素的综合影响而面临杠杆率高、负债规模大且债务集中到期的困境，具有强烈的资产债务重组的需求，此外还有部分企业为改善财务结构，实现自我转型升级而产生财务重组的需求。商业银行要善于运用投行重组思路化解风险资产，充分利用金融同业的能力和产业赋能手段，通过低拨备占用、低资本消耗的方式处置不良资产，在服务实体经济、防控金融风险的同时，创造价值，提升效益。

二是扩宽问题资产处置的新渠道。充分研究和利用中国银保监会发布的《关于引导金融资产管理公司聚焦主业积极参与中小金融机构改革化险的指导意见》中提出要加大不良资产收购处置力度、积极开展受托管理和处置业务、拓宽对金融资产的收购范围、推动高风险中小金融机构市场出清等政策支持，加紧拓宽资产处置的方式和渠道。在合法合规的前提下，提升市场化处置意识，研究通道转让和证券化等资产出表方式，使看跌期权转换为看涨期权。

三是强化风险化解联动保障机制。加强总分行联动、业务部门和风险部门联动机制，坚持大额问题资产“一把手”责任机制，针对重大问题资产、跨分行集团问题客户，强化总行统筹协调职责、分行主体责任，减少总、分行信息不对称，提高清收化解效率。加强清收保全人员队伍和资源的总体统筹机制，持续加强全行资产保全体系建设和人员配备，提升处置问题资产的统筹策划能力、解决问题能力、整合资源能力。丰富完善分行资产质量考核的指标体系，包括对不良贷款率、垫款率、还原核销后当年不良率、纯新发放贷款不良率等的考核，加强风险监测，落实好清收激励机制，推进盘活化解。

四是优化风险化解流程，加大基础能力建设力度。推动零售全流程自动化审批决策及模型监测；提升对公审批决策和风险监测缓释化解能力，包括一体化贷后管理、大数据预警模型、押品管理等机制的建设。

第四节　银行风险管理策略敏捷进化范式

随着时代的发展、技术的进步，战争中体现出的智慧从冷兵器时代《孙子兵法》的奥妙与奇诡，演进成了俄乌冲突中 AI 技术加持的天空之眼和智能中枢，这给银行风险管理者带来了新的启示：需要打破思想牢笼，优化思维工具，提升创造能力，使风险管理策略适应环境演化要求。本节尝试从现实视角，以生态演进的思维，为风险管理策略的进化与应用提供探索路径，旨在为新时代、新生态中面临的新问题与新型风险提供辨别与化解的思路。

传统风险管理及其进化不能反映复杂的动态变化

传统的风险管理及其进化，从统计学概念来看大多属于参数统计，即总体分布形态已知，根据样本信息对总体参数进行估计或假设检验的统计分析方法。比如常见的风险指标 VaR、久期等，在其背后都有一个概率分布假设或者显式的模型公式。这类因子的优点无需赘述，但缺点包括正态分布无法描述金融数据的肥尾特征。即使是 t 分布、稳定分布、混合正态分布等能够捕捉肥尾特征的分布，也因为有固定假设，存在严重的路径依赖，不能反映复杂的动态变化。从生态演进的视角看，这种记忆性会制约风险管理能力的进化。更具体地讲，在面对一些新型业务时，传统风险管理策略无论如何进化都将难以胜任；因此需要突破传统风险管理策略框架及其进化范式，重新构建新的风险管理策略基础，包括构建新的风险因子。例如生态银行创新中的跨境电商场景、农牧产业链、医疗供应链金融、科创企业评价，以及以并购方式盘活资产等，均需要更多新的风险因子。

首先以投资、并购的风险管理为例。股权投资者很多时候面临的是同时持有买权与卖权，因此进入和退出的时机就显得尤为重要。投资者需要抉择应该在退出的窗口期将项目卖掉，还是扩大投入并用自身资源禀赋给项目赋能，提升后期退出价值。这种投资模式的风险管理是一种进化型风险投资决策，如下面的公式所示，是全生命周期的资本规划。

$$I_t = I_{t-1} \times \Delta + Call\ Option$$

其中：

$$I = f(\partial(EBITDA))$$

$$\Delta = f(\alpha+, \beta, \partial(EBITDA))$$

$$Call\ Option = S_t N(d_1) - Ke^{-rt} N(d_2)$$

可见在基础的 EBITDA、现金流折现法之外，在进化型投资模式的每个关键节点上，我们可以通过类比法将目标公司与同类标的公司进行多维度的数据对比，形成显性和隐性的因子来支持决策。

其次再来看科创企业的风险评价，其也存在类似的挑战。科创企业的财务因子可能比较简单，难以透视企业未来的投资价值。如下面的公式所示，在评级中引入专利价值、创新成果含量、研发综合评价因子等创新能力指标，形成财务流基础之上的技术流，这一方法已经在领先银行信用评级和额度管理实践中有所应用。

$$V_t = F_t + IP_t + DCF_t$$

$$IP_t = IP_{t-1} + f(P, I, R)$$

式中，V_t 为总体估值，F_t 为固定资产估值，IP_t 为知识产权估值，DCF_t 为现金流折现价值，P 为专利价值，I 为创新成果含量，R 为研发投入强度、稳定性、领先性的综合评价因子。

将全生命周期资本规划与技术流相匹配，形成“专精特新投”与“专精特新贷”的阶梯式风险决策模式，可全流程对科创企业风险进行辨别。一是改善单轮投资价值判断不确定性大与科创企业需要持续资本注入赋能价值扩增的矛盾；二是改善目前银行信贷决策重企业有形资产，而科创企业往往是轻资产运营的矛盾。实际应用中可以将两阶段在破旧立新的基础上阶梯式聚合，一旦投资标的企业开始产生现金流，就可以接续考虑是否可以发放贷款了。

又比如医疗供应链金融的风险管理例子。银行与医疗机构之间的合作正向着建立生态经营共同体的方向转变，从最基本的账户现金、智能收费POS、收款等合作领域向医疗供应链金融发展。在医疗供应链中可以用传统的保理业务作为合作切入点，进而围绕医院上游企业圈开展流贷业务，使医院在缓解资金压力的同时，巩固医院供应链整体生态、分享供应链金融服务收益、打造智慧医疗系统。传统保理业务由于具有一定的自偿性，主要依托医院的支付能力和企业的履约能力作出风险判断，这里不做赘述。围绕上游供应商的流贷业务需要关注的风险点更多也更为复杂，除了传统的上游企业自身的经营风险外，还包括生态合作的合规风险、医疗机构的转型风险等。

关于医疗供应链金融中的合规风险。医疗供应链生态合作模式是建立在银行与医疗机构彼此互通数据的基础上的，那么如何合法合规地使用医疗机构的数据就是首先要考虑的问题，医疗数据和金融数据一样，包含着大量的敏感信息。

关于医疗供应链金融中的转型风险。在产业互联网的大潮流下，几乎各行各业都在进行数字化转型。一些领先的金融机构已经开始应用区块链加密技术、自建联邦学习平台、拥有了云网点，此外还开始建立元宇宙体验馆。医疗机构也正在大力开发病患隐私保密、云问诊、数字孪生病人等先进技术。银行除了通过分享供应链金融带来的资金收益外，更需要考量如何用自身数字化转型的成果赋能医疗机构，使其提高数字化、线上化运营能力。生态经营共同体要想长久稳定地运转，其基础是生态合作伙伴地位、技术与实力的对等，否则其中一方注定被淘汰，而这不仅意味着被淘汰方的转型失败，也意味着整个生态遭遇了风险。

风险管理策略数字式进化的经济学基础和工具支撑

从上面的案例我们不难发现，在推进银行敏捷数字化创新、建设生态银行的大背景下，在风险管理策略的进化上需要建立起能适应社会数字化转型变革节奏的新模式。新的进化模式需要重点考虑三件事：一是新市场中如何识别目标市场的风险因子，尤其是新的生态环境里面的风险因子；

二是因子之间的相互作用是什么；三是量化这些因子，形成风险对策。我们可将这种新的模式称为“风险管理策略的数字式进化”。

我们不妨尝试用制度经济学理论来理解新模式的建立。根据制度经济学理论，在风险管理策略的构建和进化中，我们应该将市场参与者及市场机制间复杂的交互关系引入分析视野中，如市场参与者之间的交互效应、市场参与者与市场机制的交互效应、市场机制与效用函数越迁的交互效应等。具体而言，在一笔新型投资业务中，要分析商业银行与生态伙伴合作共赢带来的价值增量，要分析技术特异性市场参与者对市场规则和行为造成的影响，要分析市场规则变化对生产力的提升效应，等等。新的市场规则、行为、机制其实就是新的生态环境。

在数据分析的技术手段上，深度学习等为我们提供了一些量化计算工具。深度学习的隐藏层就能处理复杂的交互作用，随着层数的增多，交互的组合也更多。各种主流的激活函数也能找到与之对应的期权收益曲线，较好地模拟了投资决策背后的思维逻辑。从 2022 年初开始大家都关注的一个话题是俄乌冲突。实际上自第二次世界大战以来，该冲突的风险就在不断酝酿、累积，只不过大家没有早期去预判，没有形成可计算的因子代入场景分析中。

总结下来，生态银行中的很多模式是可以用不同的公式、因子、特征去评价客户选择是否合适并测算投资损失概率大小的。“你不能管理不能度量的风险”，度量风险的关键在于找出与业务场景匹配的风险因子，判断因子之间的交互作用，形成能有效控制、缓释、对冲风险的策略与模型，从而不断提高风险管理的进化能力。

随着银行转型的推进、风险管理的进化，量化模型及数据分析成果共享不够充分、模型创新落地机制不够畅通、风险计量模型人才紧缺等问题可能就会开始浮出水面并凸显，对风险量化能力和相关资源实施集约化管理将因此而变得越来越必要。

风险计量能力的集约化建设与量化分析人才培养

国外银行风险计量能力建设模式

国外银行由于对投行业务、金融市场业务等量化要求较高，早在 20 世纪 90 年代就开始实行量化分析的专营。

例如，瑞士信贷（Credit Suisse）专门设立集团的量化分析部（Quantitative Analytics），是由分布在全球各地（纽约、伦敦、华沙、新加坡、香港）近 300 人组成的大部门，支撑该集团全部量化建模工作。整个部门按产品线可以分为宏观产品（Macro）、权益投资（Equity）、利率（含外汇）投资（Rates）、信用投资（Credit）、证券化产品（Securitized Product）及大宗商品（Commodity）等，在华尔街金融衍生品量化分析及研究方面长期领先。

美国银行（BOA）在总部夏洛特设立风险分析中心，负责对全行信用风险、市场风险、资本计量等提供全球量化及数据分析支持，并派出计量模型团队在纽约现场支持衍生品等金融市场业务量化分析决策。按照业务条线需求，其内部分别不同团队对接批发业务（客户评级、债项评级、限额管控）、零售业务（信用卡、按揭、车贷）、市场风险、操作风险、监管资本及经济资本管理等。后来，随着美国银行全球业务的发展，其专门在伦敦设立全球风险分析中心，负责除美国以外的其他地区的计量模型及数据分析工作，并负责全集团压力测试。

国内大型银行风险计量能力建设模式

自 2016 年以来，中国银保监会批准工商银行、农业银行、中国银行、建设银行、交通银行五家商业银行实施资本计量高级方法（国内版的巴塞尔协议），国内大型银行基本完成了总行级的风险计量基础建设。一般在总行风险管理部门设立专门的风险计量处室及团队，负责全面统筹实施。主要涵盖信用风险计量、市场风险计量、操作风险计量等不同风险类别的模型研发、管理应用、系统搭建等，并负责或配合实施监管资本 RWA 计量，总行风险计量专业人员队伍平均为 40 ~ 50 人。

随着监管部门宏观审慎监管标准的不断提高，通过资本管理不断加强对各家商业银行的风险量化能力要求，国有大型银行不断持续加强风险计量能力的建设。

国有银行 C 是国内银行业第一家成立风险量化专属直营中心的银行。银行 C 在 2018 年上半年专门成立了总行级直属中心——风险计量中心（人员编制 75 人），承担全行相关风险计量技术和模型研发具体实施工作，与大数据智慧中心合署办公，充分融合了大数据中心的领先大数据技术、创新数据产品、便捷数据服务等数字化建设成果，使风险模型研发能力得到快速提升，并在各类风险计量模型研发的基础上，进一步将模型服务支持延伸至反欺诈、反洗钱、综合营销、产品创新等新领域。自成立以来，银行 C 风险计量中心依托大数据、金融科技等平台，承接了总分行各条线的模型研发及风险量化分析工作 200 余项，全面支撑了银行 C 智慧风控体系能力的升级。

国内的银行 J 近期也成立了专门的风险计量中心，并采取“英才计划”引进国内外领先人才，进一步强化风险计量能力。银行 J 风险计量中心（二级部建制）由总行风险管理部/内控案防办负责设立，并分设零售风险计量部、非零售风险计量部、市场风险计量部、交易对手信用风险计量部、操作风险计量部、组合模型风险计量部及模型风险管理部（模型验证部）等多个处室。负责非零售信用风险、市场风险、交易对手信用风险、组合风险、气候风险等领域的模型搭建及模型监控体系的优化，与全行风险管理及内控管理工作紧密协同。

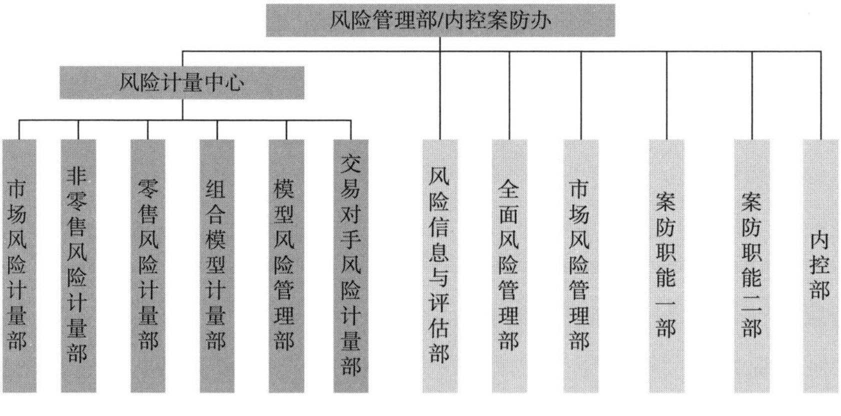

图 5-1　银行 J 风险计量中心职能架构

风险计量能力建设模式分析

从国内外银行业实践及近几年变化来看，银行的风险计量能力建设已采取专营化的组织架构设置，并逐步融合大数据及金融科技的创新技术，实现集约化的价值创造。

第一，国外银行更强调风险计量融入业务。

由于国外银行对计量模型的需求发展是最先以业务为驱动的，在管理上充分体现与业务（Business Line）融合。国外银行的计量部门多采取“实线+虚线”的双汇报模式，量化人员既直接对量化分析部门负责，也向业务线（产品）汇报。这种矩阵式汇报模式保证了风险计量模型能够贴近业务风险识别评估的一线，充分体现业务或产品的风险特征，从流程、系统、业务策略等方面全面融入，使风险偏好得以量化传导。

以美国银行为例，其2003年仅在零售业务方面就有约40人的模型专家负责600余个风控模型，覆盖十多类细分产品及客群。风险评分模型及策略与零售业务审批决策（通过率、拒绝率、回收率）紧密结合，风险模型专家负责监测模型业务表现，业务条线根据业务发展需要及经营状况提出策略需求，每月进行沟通，至少每半年重检模型及策略，并适时优化。巴克莱、瑞银（UBS）、富国银行也有专门的量化分析部门，与批发、零售、金融市场、投行、理财等业务线密切配合，提供数据分析及风险决策模型支持。

第二，国内大型银行更注重通过风险计量强化风险防范。

由于国内银行以资本计量为重点推动风险计量技术工具的建设，其更偏重风险计量技术在风险关键流程环节的管理应用，以提升风控效率和防范风险能力。国内大型银行将风险计量模型的核心应用聚焦在贷前、贷中、贷后管理环节，并在此基础上进行风险定价、限额管理、压力测试、资本管理等高级应用。

以银行C为例，其以信用风险计量模型体系为核心，构建了3R智慧风控系统。其中，RSD涵盖模型及规则200余项，对批发零售客户及业务实现贷前风险体检扫描；RMD应用评级审批模型100余个，嵌入贷中批发及零售审批决策及额度授信管理；RAD构建了监测预警模型及规则库300多项，实现贷后企业级监控。3R智慧风险管理系统通过识别判断包括欺诈风险、虚假信息、风险关联、违约风险、信用下迁、经营恶化、负面舆情等风险管理点，在关键风险环节采取排查、拦截、提示等风控手段，提高全流程的风险控制能力与执行力，实现层层管控、过程管理。

第三，风控模型与科技融合、与大数据融合，进一步实现价值提升。

随着金融科技的发展以及大数据技术应用的深化，越来越多的银行通过融合迅速提升了风控模型研发技术能力。

瑞信在前两年将信息科技部与量化分析部进行了整合，改为量化分析与科技部（Quantitative Analytics and Technology）的新组织，组织一把手为首席技术官（CTO），向首席风险官（CRO）汇报。这直接缩短了风控模型研发到系统投产的协调路径，提升了风控技术转化为生产力的效率。

银行C的风险计量中心与大数据智慧中心合署办公，其风险计量模型人才与大数据分析专家资源互通，每一个风控建模项目都有相应的大数据分析专家做支撑，提升数据清洗、数据分析的效率，也依托大数据平台，更好地应用数据资产，充分提升模型表现。

构建集约化的风险量化分析与人才培养机制

其一，风险数据集约化。

建设风险数据集市，集成全行企业级数据，并配套相关的规范。例如，发布企业级数据字典，在脱敏的情况下，数据向各条线风险计量模型专家、数据分析专家开放共享，包括数据原始来源、取数频率、加工逻辑、可下载的数据构造文档或数据库链接、数据拥有者的联系方式等。让用数的人不再发愁应该去哪里找数，充分打破数据壁垒，提升数据应用价值，让数据在流动中变为数据资产。

其二，模型成果集约化。

构建企业级的模型库，将已投产的模型程序、特征变量长清单和短清单、数据加工逻辑等系统化，通过模型工厂，降低模型研发门槛，提升模型优化效率，让人人都能成为建模专家。银行C通过模型工厂，普惠评分卡模型达到最快一个月实现升级迭代。分行也能利用模型工厂的快速建模功能，实现分行差异化模型的研发搭建，及时发现所辖业务风险的变化。

其三，系统投产集约化。

为加快风险计量模型转化为生产力，配套系统投产必不可少。依托各个能力中心建设，由科技部门统筹总分行模型或计量成果的IT化，业务部门把关系统功能的合理性及必要性，将模块化的模型成果嵌入各能力中心的系统功能，实现功能的快速复用或差异化上线，满足不同的管理需求。例如，将财务智能分析凝练为IT模块，采用乐高式的方式，贷前调查可直接调用；贷中审批嵌入审批决策；贷后通过关键财务指标的监测，及时预警变动。每一个流程环节都可以在核心功能的基础上进行差异化的调整支持，通过生效指标调整、阈值调整等无需重复IT开发，提高决策效率。甚至可以支持分行根据其区域客群特征实施差异化的准入标准，为分行主动风险选择提供强力支持。

另外，需要由技术部门统筹分行特色化模型应用需求，统一安排分行需求与总行流程系统的对接，提高协同效率，更好地敏捷支持业务发展。

其四，人才培养集约化。

国内某大型银行做过统计，将一名应届数理统计背景研究生培养成为模型骨干人才（能独立完成从数据分析到模型构建，再到模型IT投产）至少需要3年，其间还需要在具体项目中干中学、学中干。例如，渤海银行以大数据学苑作为模型人才的重要培养基地，设置实习阶段，集中高级学员力量，采用项目制的方式，将学员培养过程嵌入各个条线的实际模型建设工作中。短时间内既能缓解各条线模型人力的不足，又能为大数据人才的实战提供平台，使更多的人才具备建模、数据分析的专业能力。

另外，银行需要着手建立模型专家库，以专业技术人才库的管理模式做好人才储备，并考虑建立模型专家的专业技术序列，对绩效考评、职级等晋升设置专业技术通道，优化人力资源激励政策，使核心模型人才队伍不断壮大。

未来银行竞争，比拼的是能否快人一步洞察业务先机，能否先人一步发现风险，能否跑快一步化解风险，具备优秀的量化分析能力将是关键。当然，银行还需要从数据、技术、人力资源等方面统筹考虑能否仿效先进银行对量化能力实施专营、构建计量中心。无论什么模式，适应自身发展，能充分发挥量化技术能力的模式才是最好的模式。

全面建设和应用风险管理新范式的四个启示

让我们的视线再次回到战争：俄乌冲突。

很多人认为，俄乌冲突是“人类第一场数字化战争”，美国等看似没有参战，但通过智能科技、数据分析、网络攻防等数字化手段为乌克兰提供的实际赋能其实已经大大超越了传统的直接参战的作用。

对比《孙子兵法》所代表的传统战争模式，我们可以从俄乌冲突所代表的数字化战争模式中提取到如何在数字生态时代全面建设和应用风险管理及进化新范式的四个重要启示。

其一，对数据、信息掌握水平将决定银行风险管理的成败。从战争尚未开始起，满太空的卫星，满天空的无人机、侦察机等，早就把俄军一举一动看得清清楚楚。所以才会有多名俄将领被精准地定点清除；64 公里长的俄罗斯坦克装甲车龙难以移动，而乌克兰却很少有单独的部队陷入包围。“数字化战争”中已经不仅仅是“兵马未动，粮草先行”了，而是“兵马未动，数据先行”。风险管理人员要想做到耳聪目明，就需要“一湖两库”这类基础设施，将传感器收集的庞杂数据承载下来，并通过不同的数据处理手段将数据持久化。

其二，建立开放生态是银行提升全面风险管理能力的必然要求。美国通过“情报预备队”，将美国私营企业的科技能力整合到美国政府的军事情报战略中，比如马斯克星链系统迅速提供支持，保障了乌克兰网络全面覆盖，还配有移动太阳能供电系统，单兵就能背着到处跑。美国十多家民用卫星公司参与实时提供乌克兰的卫星照片。风险管理人员想要做到料敌于先，就需要整合各种资源、通过各种手段进行侦察，识别新的风险因子。通过科技赋能，打造更先进的工具库，做到更早发现“敌情”。

其三，推进风险管理能力的组件化、数字化，赋能全员，发动全员直接参与风险管理作战。乌克兰政府发动国内老百姓，看到俄军武装部队就用手机拍照，把照片发到 Facebook 上面去，供 AI 汇总分析俄军状况；乌克兰军队的基本作战单位小型化，每个小分队大约有一个步兵班的兵力，配备完整，乌克兰特种兵打仗好比滴滴司机接单。通过决策前移、少将连长合而为一、赋能前线等措施，让前线能够做到“发现即摧毁”，实时对敌方进行外科手术式的精确打击。这就好比是在调动市场参与者的热情，激发复杂的交互效应，再对其加以科学的分析、判断和运用。风险管理人员要有全局化的统一视角，在投资过程中关注前、中、后全链路，用制度保障令行禁止、用系统规范命令传达、用决策引擎引导火力输出。

其四，银行需要重视“数字化安全”，建立更加主动的安全防御机制。微软工程师小组提前清理了俄罗斯布下的木马；Google 的“神盾计划”把乌克兰的重要网站都纳入保护之中，无一瘫痪。这正是发现场景中独特的风险因子后，将其量化并形成可执行的、精准的风险防范策略。

5A 智能风控体系赋能生态银行风险管理

银行是经营风险的企业，必须像水熊虫[①]那样坚韧不拔。生态银行的核心是具有自进化功能的风险管理金融中介能力。在《未来银行风险全面管理》一书中，笔者提出了自动、实时、精准、敏捷四种智能风控特征；在《实时智能银行》的“生态平台金融服务”中，笔者提出了以自驾驶、自集成、自配置、自交流为要素的智能风控“进化”特征；在《生态银行》一书中，笔者增加了自学习、自适应要素作为智能风控的进化特征，合成为生态银行 5A 智能风控体系。而这也可看作是我们对风险管理数字式进化范式更具体化的阐述。

在生态银行建设过程中，行业多样化、客群差异化使风险管理链路拉长。欺诈风险、数据泄露风险、网络安全风险等新型风险不断涌现。生态银行全面风险管理能力体系需高度数字化，重塑前台、中台、后台全过程，跃迁至“自动（Automated）、实时（Actual Time）、精准（Accurate）、敏捷（Agile）、进化（Anagenesis）”的全新层级，实现自感知、自分析、自决策、自执行。

5A 智能风控体系以自动、实时实现态势感知；而精准、敏捷是指借助

① 水熊虫是一种在显微镜下才能看到的微生物，能在 150℃和零下 200℃存活，能承受极端的高低压、辐射、长期脱水和饥饿，可能是地球上适应力最强的物种。

数据孪生、人工智能等手段，融合态势感知数据，在数字化平台中建立前台业务需求的镜像，实现风险智能应答；另外可以精准地预测和计算风险，实现主动风险管理；进化则强调智能风控体系的自进化和适应能力。

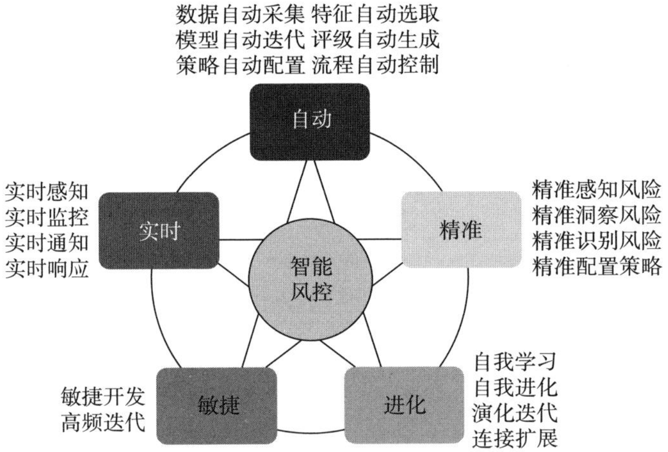

图 5-2　5A 智能风控体系

5A 中各项更具体的含义分别为：

自动，即搭建系统化、自动化管理工具体系，自动收集数据、识别、评估、计量、监测、应对风险，实现风险管理全流程的高效智能运转。

实时，即借助大数据、物联网、云计算等科技手段，实现对风险信息快速捕捉，实时响应、分析、应对风险，避免出现风险管控缺位或滞后。实时丰富无感泛在的维度，实现了 Everywhere 向 Anytime、Anywhere 的演进。

精准，即借助区块链、大数据、人工智能等科技手段，通过优选机器学习算法、交叉验证、强化模型监控等途径，精准识别、计量、排序风险，使风险决策、应对更准确有效。

敏捷，即借助先进的科技及管理手段，实现风险识别、评估、提示、应对能力在生态平台中的组件化、参数化配置，提高迭代效率、增强能力应用的移植性、拓展性。想要在生态中实现与伙伴同步、共生共赢，就必须敏捷响应内外部环境的瞬息万变，缺乏敏捷注定被淘汰。

进化，即在上面4A的基础上，实现风险管理的智能升维。在风险分析和处理过程中，根据生态特征演进出新功能、新性状，智能调整处理方法、处理顺序、处理参数、边界条件或约束条件；根据生态环境变化智能迭代风险管理系统，使其能按照设定的风险偏好，保持有相对竞争力的工作状态。

进化的目标就是更智慧，只有更智慧的组织才更有竞争力。举例来说，一匹马无论经过怎样的敏捷训练，其速度极限也无法超越一辆凝结了人类智慧的火车，维度的差距一目了然。

从某国际大型信用卡集团的反欺诈案例可以感受到5A智能风控体系在反欺诈应用构建中的充分体现。

该集团反欺诈应用的目标为：利用机器学习进行实时的欺诈识别，精准拦截信用卡申请的高风险客户，同时成功挽回因误判而拒绝的客户申请。

“自动”体现为：通过机器学习等预设模型及自动化工具，监测特定账户的使用情况，获得详细的包括客户价值细分，交易地点、时间和类型在内的各类账户信息。

“实时”体现为：基于自动化工具捕获的数据，进行实时客户洞察及风险分析，对虚假交易、大额交易等进行风险预警及交易拦截。

“精准”体现为：用先进算法智能分析，快速响应市场及客户行为变化；为不同账户设定警戒及交易拒绝标准，并基于交易数据判断消费行为正常与否，对每个账户进行精准的交易决策。

“敏捷”体现为：一方面持续监控模型性能；另一方面利用最新数据更新模型，与当前部署模型对比，保证新模型满足表现指标要求，保持业务连续性，实现敏捷迭代。

“进化”体现为：欺诈手段不断演变出新，如同新物种一般，防守的策略也必须进化。非监督机器学习在这一领域的应用日益增多，这类算法本身就具有极好的自进化属性，能随着欺诈（异常）行为的魔高一尺，做到道高一丈。

无论是金融领域的生态合作还是残酷的俄乌冲突，都向我们展示了当今世界数字化经营生态环境和风险管理的挑战，凸显了持续丰富完善智能风险管理武器库的重要性。同时映射出银行风险管理策略进化的新范式及其应用模式，即在数字化经营环境带来的自动、实时、精准、敏捷的基础上，实现在风险分析和处理过程中，根据生态环境特征演进出新性状，构建新风险因子、量化风险因子间复杂的交互作用，而后根据模型策略自动调整处理方法、处理顺序、处理参数、边界条件或约束条件；根据生态环境变化智能迭代风险管理系统，使其能按照设定的风险偏好，通过进化保持有相对竞争力的工作状态。

第五节　防范与应对数字化时代的新型金融风险

在数字化时代，无处不在的数字化系统以数据为中心构建了一个高效协作的数字化网络，结合数字证书、加密计算等多种技术，为网络内从个人、组织、设备到服务的所有实体提供全方位的真实性和可靠性保障。全社会范围高度自动化的系统协作，使大部分业务都能在数秒内完成，形成数智驱动业务发展的新型模式。这种新发展模式必将带来价值重塑、业务重塑、产品和运营体系的重塑等。

相伴而来的是新型风险和挑战，如加密货币风险、计算机网络风险，以及个人信息安全保护的挑战等。除此之外，我们还要警惕气候风险，全球气候变化带来颠覆性影响的极端事件，导致集中爆发的“绿天鹅”事件。其尾部性及难以量化性对金融体系构成了一种全新的系统性风险。

与此同时，时代赋予每一个金融从业者的重要使命是服务实体经济，即推进数字产业化和产业数字化，推动数字经济和实体经济深度融合，打造具有国际竞争力的数字产业集群。

面对上述各种挑战与机遇，笔者认为解决方案是：通过建设智能风险计量中心，打造模型管理工厂，实现5A智能风控，持续提升应对数字化时代新型风险的能力。

“让数据使用更安全”的防护体系

数字化风控需要大量数据参与建模分析，数据不全、质量不高、管理不善成为数据驱动风控的痛点。针对这类痛点，金融机构要运用数据安全技术，建立以“让数据使用更安全”为目标的数据安全防护体系，设立数据安全管理团队，统筹推进数据安全规划的落地。这样做可以有效加强数据管理，保护数据安全，赋能风险管理。

具体而言，就是要强化数据分级分类，明确数据权属，落地数据生命周期保护措施，保护金融数据安全，保护客户隐私。目前已经有多种技术能够支持以上目标的达成。一是多方联合计算、联邦学习等技术，与外部第三方联合建模，提供“可用不可见”的数据分析能力，在工商、交通等领域有较好的数据共享实践，可以有效提升风险建模质量。二是差分隐私技术，通过插入噪声保护单一客户隐私，但可以挖掘特定客群的行为趋势，在合理设置下可以用于风险趋势的预判。三是智能敏感数据识别和用户实体行为分析（UEBA），用于内部数据的安全治理，掌握用户使用敏感数据的基线规律，从而进一步发现异常行为，保护企业内敏感数据安全，让数据流动和使用更合规、更安心。

在数字化转型进程中，商业银行已经普遍开始应用更多的数据安全技术，将这些技术融入企业级的数据治理和数据中台建设，构建安全的“数据边界”，在边界内让数据流动更便捷，使用更安全，充分释放数据的价值。

气候风险的量化评估

气候风险的量化评估是当下大家都比较关注的一个焦点话题。它已成为金融机构绿色转型风险管理和资源配置的重要影响因素，关系到金融体系的稳定。在对气候相关风险作出前瞻性评估的基础上，将气候风险纳入商业银行战略和偏好管理，在信用风险、市场风险、流动性风险和操作风险的建模和管理中加入气候相关因素，构建一个更为全面的风险管理体系，不仅是《巴塞尔协议Ⅲ》第二支柱里的重要规则，也是银行业全面提升气候风险管理能力，与企业合力渡过低碳转型“阵痛期”的必要之举。

但目前在绿色金融和 ESG 的发展中，仍存在很多难点问题急需解决，包括强制披露标准未建立，绿色金融和 ESG 的数据信息缺乏导致理念难以落地；未配套专业人才队伍、科技系统、制度体系和基础设施；对长期收益和外部性内化程度评估不准，短期内绿色金融成本难以消耗，导致金融机构动力不足。

伴随新兴数字科技的逐步成熟，金融机构正形成全新的场景金融、开放银行、平台银行、生态银行等服务模式，改变了传统金融业务逻辑和经营理念，降低绿色金融和 ESG 发展成本，为绿色金融发展突破瓶颈提供了全新路径和解决方案。一方面，有助于商业银行建设智慧运营平台，强化气候风险数据披露、收集和整合，不仅可以全面落实节能、环保等要求，及时公布 ESG 信息，提升品牌价值，还可以构建客户、金融机构、环评机构和监管机构的数据同步系统，通过多元数据分析穿透信息障碍，夯实气候风险分析基础，为开展气候风险压力测试以及防范、化解气候变化带来的系统性风险提供保障。另一方面，可利用人工智能、大数据分析等相关技术，获取目标客户环境行政处罚、污染物排放等环境表现数据，实现对环境风险的量化动态分析，从而实现将环境风险纳入投资决策过程中，有效提升金融行业的绿色、可持续发展水平，助力碳达峰、碳中和目标达成，服务实体经济，实现高质量发展。

普惠金融是风险管理范式进化价值的最佳体现

另一个数字化技术服务实体经济的领域是普惠金融。如何提升金融服务的便捷性、安全性和普惠性是一个持续的热点话题，是挑战更是使命，也是风险管理范式进化价值的最佳体现之一。

应对这一挑战、完成这一使命的一个有效手段是大力发展数字化供应链金融服务并实现创新。这不仅需要进行理念转型，即从简单地寻求利润最大化、价值最大化到以生态、产业为中心，形成产业链和供应链互融共生的发展理念转型；而且要进行风控转型，要从基于核心企业的“主体信用”、侧重抵质押物，向携手产业端，依托良好的数据资产，基于交易信息分析的“数据信用”和基于控制交易标的的“物的信用”转型。特别是要进行主动风险管理，要从反应式供应链模式——坐等核心企业需求去被动提供上游或下游金融服务，到主动转向前涉式供应链创新模式——主动根据供应链的数据流、资金流、物流等数字化信息，采用“标准化产品＋专属方案”的服务原则，设计以产业赋能为导向、额度及期限合理、风险可控的产品，实现市场机会创造及客户价值挖掘。这也是笔者一直强调业务条线及风险条线都要行业专业化，对产业知识要有深刻的理解和把握的原因。

第六节　风险管理敏捷进化的实践案例：渤海银行智能风控护行

在金融科技持续变革的驱动下，生态银行全面风险管理能力体系需要经历高度数字化的重塑，通过前台 APP 服务引流导入、中台 API 开放连接客户、后台智能风险管理的模型应用和组件化调用，跃迁至“自动、实时、精准、敏捷、进化”5A 智能风控的全新层级，最终实现自感知、自分析、自决策、自执行。

面对“后真相”时代复杂多变的市场环境和不断创新的业务场景，渤海银行秉持全面、主动、敏捷、到位的风险管理理念，在“四五”战略规划中制定了智能风控护行的体系。这个体系中的九大能力建设围绕对公、零售及基础能力建设三大板块布局。对公业务与零售业务都是围绕智能化风险管理展开的，同时又略有差异。对公端聚焦业务贷前、贷中、贷后的风险识别、控制与处置，零售端则以客户为中心，侧重于构建灵活的组件化风险管理工具箱，实现对多场景的动态支持，以期服务各种场景。最底层的基础能力则是数据治理、标签体系、模型管理及可视化分析等。

5A 智能风控的战略层级

5A 智能风控的战略层级包括管理层、业务层、公共能力层、基础层等层级。

在管理层设置智能风控指挥中心，自上而下进行顶层设计，用进化的思维全力推动对公、零售、同业、政府及生态客群的全覆盖。体现的是“进化”。

在业务层，构建对公和零售条线五大能力，即客户质量识别能力、高效灵活审批决策能力、风险检测缓释化解能力、以客户为中心统一化管理能力、全流程自动化审批管理能力。体现的是“自动”“实时”。

在公共能力层，通过风险数据标准化、风控模型体系化、风险信息可视化、风险管理能力全面化来实践金融科技应用，使其效能最大化并形成支柱，精准支撑起业务层的五大能力建设。体现的是“精准”。

在基础层，应用内外部大数据及各类模块化工具，为公共层支柱提供基础元素，通过灵活的组合实现支柱的插拔式、敏捷式塑型。体现的是“敏捷”。

进化的目标就是要变得更智慧，只有更智慧的组织才更有竞争力。信贷模式全流程数字化、智能化是大势所趋，风控能力伴随着相关技术的发展而不断提升，在贷前、贷中、贷后、产品装配等各个环节都有 5A 的身影。由信用挖掘能力、全面融入能力、无感服务能力、生态赋能能力、合规管理能力构成的智能风控能力，也将成为未来银行的价值体现，成为银行的核心竞争力。

5A 智能风控的建设落地

渤海银行 5A 智能风控的建设已全面展开。比如，渤海银行自主开发的“房地产授信业务决策支持模型”自 2021 年上线以来共评价房地产授信业务近 500 笔，运行情况良好。各分行在使用房地产授信业务决策支持模型时，只需利用行内 OCR 报表智能识别功能引入基本的客户财务数据，录入项目数据，其他判定数据将通过外部数据平台引入，系统在不同业务环节自动化给出客户评分、风险画像、项目评估报告及分级风险提示。这个模型主要应用于贷前营销辅助决策、贷中审查审批及贷后监测环节，在当前房地产业务风险严控时期为各分行提供强大的智能化决策支持。同时在 PC

端和手机端提供界面友好的统计分析功能、具体项目（POI点）附近的楼盘对比功能及便利设施分布等情况，深入挖掘大数据信息，极大地便利了客户经理对房地产开发贷款项目的选择和认知，也对存量房地产开发贷款项目进行了有效监测，按风险分级情况进行提示。贷后监测环节每三个月进行一次复评。复评规则：自动搜索房地产授信业务是否存在余额，如有余额，则自动发起复评；如没有余额，则搜索是否存在有效额度，如额度有效，则自动发起复评；如不存在有效额度，则搜索是否存在有效批复，如批复有效，则自动发起复评，如不存在有效批复，则不再发起复评。

又如，渤海银行自主开发的“政府偿债能力评价模型”上线后累计已输出评价报告超6000份。模型操作界面设计简明易懂，可实现“一键查询”。在CRMS查询页面上按照客户注册地或经营地，查询省、市、区县行政区评价结果。点击对应报告类型按钮，查询完整报告，可展示包括基本信息（含区域限额）、地区经济指标、财政实力指标、信用状况指标、社会环境指标、动态调整项六个部分，各类数据指标近40项。模型可应用于业务营销与贷前调查、分行贷中审查审批、总行贷中审批和管理、贷后业务管理四个环节。目前，模型已应用于公司部平台客户准入环节。

随着越来越多的模型被运用到风险管理中，模型管理能力就显得尤为突出了。为了提高模型开发与使用的效率，渤海银行搭建模型治理架构，提升模型风险管理能力，并正在建设自己的模型工厂。在此过程中从模型生命周期管理的角度出发，将模型概念化，将模型设计、开发、验证、审批、部署及持续验证等环节规范化，使模型真正变成一种资产。

为了支持模型的敏捷迭代，渤海银行在基础设施建设上发力，构建敏捷业务建模生产工艺，提升算法模型的研发效能。

一是提供模型开发、测试验证、部署运行、效能评估、监控预警的公共基础能力，构建MLOps技术体系，降低模型持续交付成本。

二是提炼场景建模共性需求，前瞻性建设客户标签库、场景模型特征库，沉淀共性建模数据资产，减少模型特征工程重复开发成本。

三是构建可视化建模、自动化建模能力，研发面向业务场景的模板化设计工具，提供模型研发工作流的智能助手，降低模型设计难度，缩短研发周期。

四是引入强化学习、迁移学习、元学习等新技术，降低样本标注等模型冷启动成本，提升模型资产的普适性和持续进化能力。

为了让各种建设投入能快速产出成效，渤海银行还创办了自己的大数据学苑，让极具学习能力的年轻一代充分发挥想象力与创造力，落地赋能业务的模型开发项目。比如基金代销拓客提升零售客户 AUM 课题研究，针对客户分层、客户画像不足等急需解决的问题，产品匹配错位导致的客户黏性无法提升的问题，通过对天津分行已开通基金账户的客户和持有基金产品的客户特征进行分析，对有效客户进行精准画像，为基金营销提供有力保障。

渤海银行积极引入联邦学习技术并将其运用于信用卡、普惠金融业务场景，已经完成信用卡风控、营销等 6 个业务场景验证，其中信用卡申请评分模型在多方数据融合建模后，与单数据源相比，KS 值平均提升 13 个点、现金贷评分模型 KS 值平均提升 14 个点。这些前瞻性的实践，成为渤海银行推进与天津市发展改革委合作的基石。

渤海银行还积极推动各类工具的可视化，利用统一风险驾驶舱视图展示各类风险信息，通过图表形式提供总览全局的风险展示，多途径满足用户实时获取全行资产及风险信息的需求。目前已经实现了 PC 端零售风险驾驶舱、资产监控平台 1.0 建设。

同时，渤海银行还积极将各类应用部署在移动端，以期实现“一机走天下”的目标。渤银智脑是支撑“一机走天下”的关键中枢。目前已在渤银智脑投产的功能包括授信敞口、预警头条、风险探查（红黄绿）、客户画像等。

无论是渤海银行的 5A 智能风控建设还是其他银行同业、金融机构乃至各行业社会主体在风险管理范式敏捷进化方面的实践都表明，正是可变性与加速带来了这个“后真相”时代所特有的风险焦虑，应对风险焦虑是生活在“后真相”时代的每个人、每个企业都要面对的课题，尽管 VUCA 正在过时，好在 BANI 及其应对策略正在兴起。治疗“后真相”时代所特有的风险焦虑，需要银行家在银行内部倡导开放的思维模式、容错的机制，以守正出新的风险管理文化，支持员工直面时代的焦虑，用正念安放身心。

第六章　风险管理“三道防线”的敏捷银行实践

“岧峣太华俯咸京，天外三峰削不成。武帝祠前云欲散，仙人掌上雨初晴。河山北枕秦关险，驿路西连汉畤平。借问路旁名利客，何如此处学长生。”

——崔颢，《行经华阴》

崔颢在《行经华阴》中，头两句写华山险峻无比的形势，使笔势也极为奇峻。接下两句，“武帝祠前云欲散，仙人掌上雨初晴”，是时空意象的巧妙结合，写高远、壮丽、阔大的境界。而五六句，写河山形势以为衬托、以为伸延，愈发见其壮气。由崔颢《行经华阴》可见盛唐七律之风骨和壮美。初唐七律，奠定了七律体的艺术风格，庄严整束之中见流动绮丽，充分体现了奇正相生的美的形式，律诗句数为偶，充分体现对称、平衡之美。风险管理“三道防线”之美也颇为相似。

风险管理是商业银行高质量发展的核心，开展覆盖全部风险类别和全员、全程、全局的全面风险管理，是防控风险的根本措施，从前台业务条线、风险合规条线、内部审计条线三个方面来构建“三道防线”，是银行业开展全面风险管理的通行做法。大数据、人工智能、区块链、5G 等新技术正在全面推动商业银行风险管理模式变革，风险管理数字化、智能化已成为未来发展的重要趋势。实行敏捷主动的全面风险管理，将赋予风险管理“三道防线”新的动能。

在防线运行上，必须通过风险承担、管控监督、独立评估“三道火力”的发挥来实现；在防线合成上，必须通过分工、制衡、协同三个方向来增强实效；在防控理念上，还应当探索从被动管理到主动管理、主导管理，以创新思维引领全面风险管理水平的提升。在数字化方面，商业银行已广泛采用线上化、自动化风控方式作为信用风险管理的主要模式，而大数据、人工智能等技术的深入应用，更是为“三道防线”风控和贷后管理提供了有力抓手。

习近平总书记曾引古人言：“天下不能常治，有弊所当革也；犹人身不能常安，有疾所当治也。”在本章中，笔者将深入思考分析国内外商业银行“三道防线”的先进实践，旨在为商业银行每一道防线现存“病灶”提供诊断对比，与同行一道共同反思实际工作中存在的种种痛点、堵点、盲点，共同从先进实践中学习“治病良方”。

第一节　“三道防线”的内涵与界定

银行业最早的风险管理基本上都是基于风险发生后的应对处置，包括不良贷款的清收处置、损失覆盖、资本金保障等。随着对风险认识的深化，风险不再是偶然发生的、届时需要应对的特殊情况，而是银行业经营过程中一种随时存在的现象，因此风险管理也进入常态化的主动管理风险阶段：从风险出现后才应对处置，向前推进到在业务入口处就开始主动防控，以及无论风险是否出现都预做拨备。

“三道防线”的划分

随着风险管理模式的演进，“三道防线”的内涵已演化更新。1997 年，中国人民银行要求金融机构设立“三道防线”，当时主要是指银行内部设计的操作执行、检查监测、审计监督评价三类保证业务正常经营的活动，是为防范经营风险设置的内部制衡与监督机制。

2015 年，巴塞尔委员会发布《银行公司治理原则》，强调了“三道防线”在风险管理流程中的作用，指出风险治理框架中应包括“三道防线”及清晰的职责描述。根据该文件，风险管理“三道防线”指的是在银行内部构造出三支对风险管理承担不同职责的团队或管理部门，相互之间协调配合，分工协作，并通过独立、有效的监控，提高主体的风险管理有效性。“三道防线”模式构建了一个风险管理体系监督架构，充分体现了风险管理的全员性、全面性、独立性、专业性和垂直性。

2016 年，中国银监会发布《银行业全面风险管理指引》，阐释了“三道防线”的风险管理责任，要求银行“应当确定业务条线承担风险管理的直接责任；风险管理条线承担制定政策和流程，以及监测和管理风险的责任；内审部门承担业务部门和风险管理部门履职情况的审计责任”。

2017 年，COSO 委员会发布《企业风险管理——融入战略与绩效》，风险管理工作从独立的视角走向整合的视角。《企业风险管理——融入战略与绩效》更明确地阐述了“三道防线”的概念，从风险管理责任的角度以及从企业管理活动的实际出发对“三道防线”进行重新定位，明确了风险管理责任落实的第一道防线是核心业务部门（Core Business），即企业管理的前台部门是风险管理的第一责任机构；第二道防线是支持职能部门（Supporting Function），支持职能部门除了风险管理专职职能部门外，还包括法务、合规、财务、人力、质量、安全等部门，所有可以协助一线核心业务部门进行风险管控的职能部门，都应该属于支持职能部门，即第二道防线；第三道防线是保证职能部门（Assurance Function），主要指的是审计部门，包括内部审计和外部审计。

综合巴塞尔委员会、COSO 委员会、国内外先进银行、国内监管部门关于“三道防线”及相应责任划分的方向性变化，可以看出风险管理还是要遵守企业管理的法则，从企业整体价值创造的角度出发，构筑“三道防线”。以下是银行风险管理“三道防线”的具体划分思路：

第一道防线：业务经营单元，以客户服务、价值创造活动为核心，同时也是风险的承担者，负责持续识别、评估和报告风险敞口。其在风险管理方面的主要职责包括：一是严格执行银行的风险偏好、风险管理政策、程序和风险限额，也就是业务活动不能偏离风险管理要求；二是定期评估其承担的风险状况，必要时制定、执行风险缓释计划，确保业务风险承担状况符合风险管理要求；三是及时向银行首席风险官、风险管理职能部门报告其风险状况，接受风险管理部门和审计部门的监督、检查，确保银行整体的风险管理有效性。

第二道防线：主要是风险管理部门和合规部门，还包括财务、人力、信息、安保等所有支撑、推动和辅助业务经营单元做好风险管理工作的职能部门，提供支持职能。其在风险管理方面的主要职责包括：一是建立银行整体的风险偏好和风险管理政策、程序、限额，推动银行风险管理体系建设；二是监控、督导、检查各个业务领域的风险承担和管理；三是对业务单元的风险管理提供专业辅助、咨询和指导。

第三道防线：主要是内部审计部门，还包含中国企业特有的两块职能，纪检和监察，它们共同组成了第三道防线，提供保证职能。其在风险管理方面的主要职责包括：对第一、第二道防线的工作进行独立的测试、验证、评估，对银行风险管理体系有效性提供独立、客观的保障。商业银行内审部门要做好对第一、第二道防线内控情况的再监督和再评价，充分发挥审计服务职能，通过系统化、规范化的方式，履行内部控制的监督职责，审计评价经营过程、风控的充分性、科学性和有效性。

值得注意的是，“三道防线”是按照流程管理的思路，由风险管控活动驱动的。采用“三道防线”，并不意味着机械套用固定的组织架构。“三道防线”概念中的“部门”（Department）既可以是一个部门，也可以是一个岗位，即并非简单对应于日常管理中的部门设置。因此风险条线人员也可以派驻到前台经营部门履行第一道防线的职责。

前中后台的分离、制衡和协同关系

与风险管理“三道防线”相呼应，前中后台分离体现了通过职责分工和流程安排形成的相互监督和制约的风险治理原则。

通常，前台主要是市场营销部门，负责对公司类、机构类和个人类目标客户开展市场营销，推介金融服务方案；中台主要是风险管理部门和财务管理部门，负责信用分析、贷款审核、风险评价控制等；后台主要是人力资源管理、稽核监督、业务处理、信息技术等支持保障部门。前中后台职责划分清晰，严格分离设置，通过流程安排和有效的绩效考核机制，促使其相互约束、紧密配合。

前中后台分离是从部门银行向流程银行转变的重要环节。风险管理部门独立于前台营销部门，通过构造组织内部监督的方式实现了关键监督管理部门的相对独立，有效控制前台营销部门过分偏重短期利益而牺牲长期利益的做法，保证了银行的稳健经营。

要实现前中后台职责的分离，就必须建立垂直管理的信贷经营体制和风险管理体制，以确保信贷业务相关部门行使职责的独立性，通过专业化的客户经理、风险经理队伍来平衡风险和收益。同时，后台通过集中、流程的标准化和信贷信息系统的统一来大规模降低成本，并可同时提高信贷业务工作效率和降低操作风险。

除了分离关系之外，信贷业务前中后台之间的职能分工也是一种相互制约的制衡关系。信贷业务的利益冲突和道德风险可以通过前、中、后台的合理安排予以解决。其中，一个强有力的风险控制中台显得尤为重要，风险管理部门通过全面风险管理，使前台信贷经营部门的利益冲动受到风险容忍度的制约，使后台部门的操作风险得到监控。另外，信贷后台也是前、中台正常运作的基石，前台和中台职能的有效发挥，必须依赖于功能强大的后台，例如，缺乏先进的信息系统和技术，风险预警和度量将无法开展。

信贷前中后台的分离关系，决定了应建立垂直管理的信贷业务管理体制，以实现信贷经营、风险管理的专业化和职责独立性；与此同时，三者之间的制衡关系，又决定了它们必须相互配合，强化协同，实现水平方向的整体联动，这样才能形成合力，圆满完成单个信贷项目的业务流程。

第二节　银行风险管理“三道防线”的国内外经验

目前，在国内外银行业，强调风险管理“三道防线”，突出前台、中台、后台职责分离，建立前台、中台、后台制衡机制，逐步推行信贷业务流程的专业化、垂直化管理，已经成为信贷业务管理体制的发展方向。同时，金融数字化转型也加速了银行业务和信息科技的深度融合，通过数据共享、智能应用、流程自动化等为风险管理“三道防线”赋予新的动能。

国外商业银行的经验

在对公信贷流程方面，西方商业银行强调理顺中台、后台与前台之间的关系，保证前台业务部门更好地对外营销并提升内部管理质量。在主流的组织架构模式下，前台业务部门的设置处在全行各部门的核心位置，明确中后台部门是为前台提供服务的，前台就是中后台部门的客户，而中后台部门之间则互为客户；强调银行内部各部门之间实行有偿服务，通过实行公平合理的内部转移价格，形成一种内部结算关系。

西方主流商业银行不但在前台业务板块实行专业化和标准化管理，而且风险、财务、科技、人事等中后台的组织架构也相应实行垂直化、专业化和标准化的管理方式。充分发挥专业人才的作用，强化专业化的管理，提高信贷决策的准确性。专业化垂直型风险管理使信贷业务风险得到控制，从而提升业务运作质量；实行纵横交叉的矩阵式管理，并以团队作用的发挥打破条线之间的阻隔，纵横之间紧密结合。在一些西方商业银行的分支机构，主要负责人通常兼任主要业务板块的领导工作，形成了纵横之间的紧密结合。

国内商业银行的经验

在国内，从 1999 年开始，建设银行通过推行“信贷管理委员会制度”和“专职审批人制度”，实现了“审贷分离”，建立了信贷经营、审批、风险管理三种职能分别由信贷经营部门、信贷审批部、风险管理部三个部门独立承担、相互支持、相互制约的信贷管理体制。实践证明，这一信贷管理体制是合理、有效的。但是，随着股份制改革步伐的加快，这种信贷管理体制开始滞后于改革和发展的需要，需要借鉴先进银行的经验，对信贷管理体制进行进一步完善。

交通银行和光大银行也逐步摸索建立前中后台分离的信贷管理体制。

交通银行将面对市场经营的企业与机构业务、零售与私人业务和资金与市场业务按专业化划分为总行前台三大信贷业务总部；对信贷前台提供支撑的风险管理和财务管理纳入中台；信息技术、行政管理和业务处理纳入后台，以期建立以客户为中心、以效益为目标，前台、中台、后台分离制约，专业化、纵向为主、横向为辅的信贷经营管理组织架构。光大银行信贷业务的流程是：客户经理提交贷款材料，由审批官审批；汇总到审批中心后，审批中心再批准放款部门放款；形成以前台（客户经理制）、中台（审贷专业化、首席信贷官与信贷官制度）、后台（共享服务中心）为主的信贷业务组织构架。

中银香港对于信贷前中后台的划分基本上贯彻了一般划分原则；前台是直接面对客户的单位，即零售银行部、企业银行及金融机构部、资金部等部门，为客户直接提供服务；中台的主要职能是通过分析宏观市场环境和内部各项资源的情况，制定各项发展政策和策略，为前台提供宏观性、专业性的管理和指导，属下有发展规划部和财务部；后台的职能是向全行提供后勤支持和中央化操作的服务，属下有营运部、人力资源部、信息科技部和公司服务部。同时建立独立的风险管理及监控机制，设立直属董事会及其委员会的风险管理部和内部审计部，对全行的信贷风险、市场风险和操作风险实行全方位监控，保证这两个部门运作的高度独立性。

先进银行“三道防线”管理机制的共性

从国内外先进银行的经验可以看出，有关信贷业务流程设计和前台、中台、后台的划分有以下共性。

一是以客户为中心，构建信贷业务流程。在组织结构的设置上必须体现以客户分类为中心的原则，按照市场定位设置客户部门（战略业务体），其他中台、后台职能部门的设置也要有利于对客户部门的要求作出最快的反应和处置。

二是建立扁平化、适度分权的信贷业务管理体制。在按照经济区域设置分支机构的基础上，引入“战略业务体”（Strategic Business Unit，SBU）的概念，以及前中后台分工的概念和业务流程，形成以“前台重在营销和初审、中台重在风险评价和监管、后台重在信贷信息处理和授信法律文件管理”为核心的新型授信业务管理模式，并压缩管理层级，实现管理扁平化。

三是成立自上而下垂直管理的风险管理部门和内部审计部门。构建垂直风险管理的组织架构，风险经理向风险管理部门汇报的信息独立于向业务主管汇报的路线，风险管理部门则直接向代表股东利益的董事会汇报；建立专业化、垂直型的内部审计体系，确保其独立对信贷经营和风险管理执行过程的监督评价，树立内部审计部门的权威性。

但是，我们也发现，各家银行对于中台和后台的划分标准并不完全一致。例如，对于内部审计职能到底是属于中台还是后台，各家银行的认识并不统一。

第三节　银行“三道防线”运行中存在的问题

根据商业银行风险管理的最佳实践及全面风险管理体系建设要求，大部分商业银行已经建立了信贷业务风险管理“三道防线”。相应地，也实现了信贷业务前台、中台、后台管理职能的分离，并形成了前台、中台、后台管理职能上的制衡关系、协同机制。其中，前台主要负责信贷业务的营销拓展，中台主要负责信贷决策和风险控制，后台则主要负责信贷信息集中处理以及授信法律事务管理、财务管理、人事管理等支持保障服务。商业银行通过建立前台、中台、后台的职责分离和整体联动，在一定程度上实现了风险、收益、成本、效率之间的平衡，进而提高银行价值和竞争力。

但是，除部分先进同业外，多数商业银行信贷领域“三道防线”、前中后台协同运行中普遍存在一些问题。

“三道防线”在协同层面的主要问题

第一个问题是第一道防线风险管理职责后移。第一道防线由于受年度指标任务、绩效考评等因素影响，工作精力主要放在市场营销上，对客户、产品、业务、机构的管理不深不细，制度执行不到位。

第二个问题是第二道防线支撑力量不足。由于第一道防线风险管理职责后移，倒逼第二道防线特别是风险条线人员补位，以致第二道防线本职的监督检查、监测控制人员力量严重不足。

第三个问题是对第三道防线重视不够，检查成果和审计成果的有效利用不足，第一道防线风险管理职责不明确，后续考核评价效果不明显，合规文化、风险文化、审计文化还没有完全树立起来。

第四个问题是缺乏有效协同手段。特别是第一道防线与第二道防线的协同机制不完善，导致信息共享不足，缺乏一个供三道防线部门统一使用的信息数据库（查询系统），对于检查、审计的规划安排不到位。

以贷后管理工作为例洞察相关问题

对商业银行来说，一旦放出去的贷款无法如期回收，就有可能引发流动性风险，从而引发难以预测的严重后果，影响金融市场的安全与稳定。因此，商业银行的贷后管理工作可谓是商业银行生存与发展的关键基础。尤其是近几年来，随着我国经济运行进入新常态发展阶段，叠加新冠疫情的“黑天鹅”转化成“灰犀牛”，各行各业都经历了一场突如其来的风险压力测试。商业银行贷后管理中的一些典型问题也显得更加突出。

一是贷后管理重要性认识不足、专业化水平不高。

长期以来，商业银行对于贷后管理工作的重视程度不足，导致商业银行资产业务出现了诸多问题。有些问题甚至长期存在，成为业务发展的桎梏。虽然商业银行在管理制度中对第一道防线有关贷后管理的职责都有描述，但岗位操作要求不够清晰，条线管理要求需要进一步明确，特别是贷后管理的有效性监督、检查后评价等。此外，有些银行重视提升客户经理数量，却忽视了准入门槛、持续培训、合规习惯养成、管理积极性促成等方面的重要性，致使贷后管理工作人员的专业化水平不高，贷后管理工作更加薄弱。随着信贷规模的逐年扩大，无论是商业银行的业务种类、客户要求还是市场需求都发生了很大变化，贷后管理的难度逐步增大。在专业性无法与现实工作的复杂性相匹配的情况下，商业银行的贷后管理工作长期处于落后状态。

二是协同机制不健全，岗位设置有待完善。

第一道防线的总分行部门与第二道防线风险管理部门在制度制定、系统需求乃至贷后检查监督方面的协同机制不完善。业务管理部门对贷后管理工作的参与度不强。部分商业银行业务条线没有设置非现场检查岗，对客户经理的贷后检查结果缺少有效的查验和补充。

三是系统的开发与应用意识不强。

贷后管理是借贷流程中的关键一环，当前部分商业银行的贷后管理工作未能适应数字化转型的特点，仍主要依靠传统的“人力”，需要从贷款客户获取大量信息并录入系统，工作任务繁重，对“机器”的使用远远不够，未能将大数据、人工智能等技术充分应用到贷后检查、风险监测及预警中，普遍存在成本高、效率低、贷款回收效果差、不良率高等特点。

针对本节中讨论的问题，有必要进一步借鉴国际组织管理规则、先进银行实践经验，通过完善管理制度、明确职能分工、健全信息系统、提升风险管理的智能化以及改进激励考核机制等措施，进一步强化“三道防线”在风险管理中的积极作用。

例如，渤海银行通过建设智能风险计量中心、打造模型管理工厂、实现5A智能风控来提升数字化的风险治理能力。

第四节　加强和完善商业银行“三道防线”协同机制

业务部门在第一道防线独立承担风险

作为第一道防线，业务部门应着重于制度的执行和条线的检查。各级业务经营机构、业务管理部门和每个员工均应严格执行银行的风险偏好、风险管理政策、程序和风险限额，要对业务过程实时控制和自我评估，不能偏离风险管理要求。同时，各业务条线的上级必须对条线员工进行指导检查，履行内部控制职能，自查纠偏，不断提高业务条线防范风险的自觉性和主动性。同时，应通过各种形式，让越来越多的前台业务人员意识到贷后管理的重要性。在此基础上，结合各商业银行的实际情况，分析自身在贷后管理过程中存在的问题，并进一步寻求解决这些问题的方法和路径，逐步完善贷后管理工作。

总行各业务部门的主要职责包括：一是客户、产品和业务的风险管理责任。主要包括客户准入与退出、产品开发与应用、业务营销与管理等方面，制定相关制度、规范业务流程、管理业务经营活动所承担的风险，强化复盘机制。二是对条线内分支机构的指导、监督、检查责任。指导、监督条线各分支机构业务经营的开展与实施，对制度执行情况、工作尽职情况等进行检查、评价，运用资源配置、绩效考核等管理手段，强化管理效果，防范操作风险。三是客户经理行为的管理责任。明确客户经理在经营过程中的标准动作，对客户经理尽职行为进行培训、指导与监督。建立检查考核机制，对客户经理行为的完成度、尽职度、合规度等方面组织或实施检查，将检查结果纳入考核体系中，直接与客户经理的个人绩效挂钩，并持续跟踪检查问题的整改落实情况，充分发挥监督作用。

分行各业务部门及经营机构的主要职责包括：一是严格执行总行下达的各项规章制度，落实风险管理主体责任，掌握最新的风险信息，有效识别、评估、报告业务经营活动所承担的风险，杜绝操作风险。具体包括客户、担保人及押品的选择；业务真实性、合规性的核查；贷后、投后及押后的管理；协助风险资产的化解及处置等。二是实现实时控制与自我评估。在业务经营过程中不断检视、复盘自身操作动作，及时纠正偏差行为、弥补操作漏洞、实施有效整改，夯实风险管理第一道防线。

风险管理等部门在第二道防线管控监督风险

作为第二道防线，风险管理部门应着重于风险状况监测和过程检查。在运行中关键是确保风险计量、评估、监测、报告的及时性、真实性、准确性、合规性，并针对风险情况采取相应措施，对第一道防线的风险管理工作进行监督与评价。上级业务部门对业务条线的指导检查属于执行情况的指导检查，而风险管理部门的检查重点在于检查风险管理工作落实情况，检查风险披露的真实性、准确性和报告的及时性，两者的最大差别在于站位不同导致的取向不同，上级业务部门对业务条线检查后的直接后续是整改完善，确保上下一致并合规，而风险管理部门检查后的直接后续是调整风险计量、调整授信总额、调整风险损失准备。

总行风险管理部门的主要职责包括：一是建立本行整体的风险偏好和风险管理政策、流程、限额，推动全面风险管理体系建设，规范、引导本行业务经营行为。二是实施总行权限内的风险评估、决策、计量、监测与报告事项，对风险情况采取应对措施。应用并开发风险管理工具，提高风险管控能力，有效防范风险事件。三是组织或实施对业务部门风险管理工作落实情况的监督、检查。检查业务部门能否真实、准确、及时、合规地开展风险的披露、检查、跟踪及化解。四是建立风控合法合规文化，强化全员自律意识。进行风控合法合规文化培训，将合法合规管理贯穿全行业务经营管理全流程。制定全行员工行为规范，建立员工行为排查及操作风险检查体系。

分行风险管理部门的主要职责包括：一是在总行风险管理体系下，具体执行各项风险的识别、评估、决策、监测、检查、报告及处置。二是对业务部门风险管理的执行情况开展具体的监督、检查，并跟踪问题整改情况。三是对重点客户的贷后管理，与客户经理开展平行作业，进行现场检查和非现场监测，并出具独立的贷后管理报告。四是开展本机构员工行为及操作风险检查。

审计部门在第三道防线独立评估风险

作为第三道防线，审计部门应着重于对业务一线操作和业务条线管理，以及对风险管理部门的风险状况识别、计量、报告、应对工作进行再监督和评价。加强监督评价前两道防线的履职情况，督促其把风险防范相关制度规定落到实处。

审计部门的风险管理职责包括：一是建立总行层面分工明确、职责明晰的内审管理模式。二是对第一和第二道防线的工作进行独立的审计、评估以及整改监督，对银行风险管理体系有效性提供独立、客观的保障。

风险、合规与审计协同管理

国外银行通常通过加强审计、风险合规部门的统筹管理，实现治理、风险、合规（GRC）的协同，充分发挥风险管理第二、第三道防线的作用。

治理、风险、合规的协同为银行风险防控提供双重保障，确保及时发现风险点并采取补救措施，具体协同体现在：针对当前战略下面临的主要风险达成共识；建立日常协作机制，如联合检查、培训、报告和整改问责；建立共享的工具系统平台及管控指标体系。麦肯锡对领先银行实践的总结表明，要实现风险、合规和审计协同，首先要明确第二、第三道防线的分工，即第二道防线部门需要加强对一线的检查监督职能及整改跟进，而内审部门在第二道防线建立相应能力机制后，突出独立评估职能。

商业银行要建立风险、合规和审计联席工作机制，通过定期讨论年度重大风险议题、关键风险点及成因分析、检查计划、经营机构评价，发布联席风险提示及整改建议，形成固化机制。此外，信息与数据共享系统的建设是必不可少的，共享内容包括过程制度发文、授权调整、年度计划及检查计划、问责发文、风险关键问题库及整改跟踪情况等文件，但需要遵循一定的共享原则，即在不违背各部门职能和工作要求的前提下，做到业务本身相关报告的充分共享；若涉及人员、案件等敏感信息则需要等待脱敏期结束后按权限传阅。

持续打造5A全面风险管理能力

持续打造“自动、实时、精准、敏捷、进化”的全面风险管理能力，增强数字化、智能化技术在风险管理全流程的应用，为贷前调查、贷中审查、贷后管理等提供决策和方案支持，通过数字化能力的持续提升赋能各个条线、各个部门、各个环节以及每一名员工，提升核心竞争力和竞争优势。

针对不同业务类型建立数字化决策平台系统，打通内外部数据，全方位收集客户数据，建立大数据风控模型，并基于此对客户进行分析、预测和分层管理。在贷前、贷中、贷后的每一个关键节点上自动匹配和触发相应的商业流程和风险管理流程，以实现策略的智能匹配与实施，将呈现“自动、实时、精准、敏捷、进化”的无感风控新特征——自动对接客户需求和金融服务场景，在数据收集、客户评级、预警管控、风险提示和分析报告等各风险管理环节中，搭建以数据模型为支撑的全系统化、全线上化管理工具体系；对市场机遇和风险信息进行快速捕捉、实时响应，以及预警预控；快速敏捷的前后台响应，嵌入场景，精准地识别客户商机，精准分析定位，进行客户画像，评估客户的风险；在自动、实时、精准、敏捷的基础上，实现风险管理的智能升维。

首先，在贷前调查阶段，基于大数据和人工智能技术提升客户信息采集效率，丰富客户信息维度，建立客户准入规则和分层管理模型，筛除高风险客户，保留优质客户，把好风险管理的第一道关口，提升营销获客效率，降低营销获客成本。

其次，在贷中审查阶段，运用标准化、线上化、自动化的智能审批流程，实现集中、切片式的审查、审批，对内能够提升风控质量和业务效率，对外能够优化客户体验，促进业务发展。这其中，审批引擎及系统是核心基础，其关键在于流程性功能是否完善以及风险评分模型是否足够准确有效。在审批引擎及系统的输入端，需要尽可能接入内外部更多高质量的风险数据源，如各类征信数据、反欺诈、客户行为数据等，通过智能化的风控模型进行交叉验证审核，对客户进行财务摸底以判断其经营情况和风险程度，自动标识潜在虚假信息。

最后，在贷后管理阶段，一是要优化贷后管理流程，建立灵活的贷后检查报告模板，提高客户信息自动化采集率，实现移动端的语音、图片、视频信息的采集与智能解析，提升贷后检查效率和检查质量；在疫情等特殊时期，通过远程视频、人脸识别、微表情及物联网等技术拓展贷后管理能力，实现动产抵押物的实时远程巡查。二是要统筹规划风险预警体系，整合内外部数据，建立模型驱动、分类管理、早期预警、主动退出、有效传导的主动型监测预警机制，构建形成“7×24”小时全天候的风险预警、监测能力，提升风险管理的前瞻性和预见性，及时采取缓释措施，防患于未然。

当前，世界百年未有之大变局和新冠疫情全球大流行交织影响，世界经济复苏艰难。面对严峻复杂的经济金融形势，商业银行回归本源，扩大企业信贷投放，推动实体经济回升向好；同时，商业银行的风险偏好持续放大、资产质量承压。如何做好新形势下的风险防控、提升风险管理能力？“三道防线”是商业银行加强全面风险管理，完善内部控制架构的重要措施。经过多年的实践，越来越多的商业银行开始逐渐理解并接受“三道防线”是风险管控体系的最佳实践，通过前中后台的明确分工，科学制衡，主动协同，并结合大数据、人工智能等技术建立起“自动、实时、精准、敏捷、进化”的智能风控，实现银行经营的稳健发展。

第七章　业务操作及合规风险管理的敏捷银行实践

“刀拙而锋锐，貌古而神虚。篆法体势方者，方易于劲，但方并非即是劲，故要得其方劲。”

——吴昌硕，论封泥

吴昌硕一生治印，风格几经变更，早期从浙派印入手，后专攻汉印，又融入历代金石碑碣文字造型艺术及金文、陶文、封泥、汉三国篆碑、汉晋砖文等；其篆结取法邓石如、赵之谦圆转的基础上，掺入石鼓文的体势，其印章也体现了石鼓文那种高古奇崛，貌拙气雄的意态，印文线条以浙派苍莽滞涩为基础，突出笔意，刀法自如，冲切披削兼使，用钝刀硬入，强化了笔画锐钝、方圆、轻重的变化，所表现的是古朴、豪迈、浑厚、苍劲的风格。吴昌硕在技巧的表现上，不单是刀法技巧的表现，他一洗前人旧制，用敲击、磨擦、凿、刮、钉等多种手法造成印面残缺破损的古朴之趣，以印章斑驳的形式来表现浑厚的金石味，且其无斧凿痕迹，而是自然流露，只有具备高超的艺术修养的印人才能为之。吴昌硕“既琢且雕，还返于朴”的制印风格，对于风险管理人员落实风险管理融入银行价值创造，尤其是对于业务操作及合规风险管理的敏捷银行实践，在坚守底线的基础上守正出新颇有启发。

近年来，商业银行的各类违规事件屡禁不止，有一位银行人士感言：“历史给我们的教训是——我们从来没有接受历史的教训。”

“没有规矩，不成方圆”，建立稳健的风险合规管理体系是银行从事业务经营的基本前提。商业银行应当充分认识到数字化转型时期银行业在合规管理方面面临的新形势和新任务，深入剖析在业务操作与合规管理方面存在的不足，合理运用大数据、人工智能等新技术构筑有效、敏捷的业务合规流程控制体系，建立良好的内控合规控制环境。

第一节　操作风险和合规管理中值得关注的三个效应

商业银行在操作风险和合规管理方面普遍存在以下三个效应：

玻璃瓶效应

现在的金融严监管、重处罚态势力度不减。通过 EAST、1104 等线上线下检查工具，监管部门几乎收录了银行的一切业务数据，再对照预设的模型规则进行数据侦测、行为研判，银行人员在监管人员眼里几乎成为透明人，银行的所有行为无处躲藏，“侥幸”躲过监管处罚的可能性越来越低。与此同时，国内司法程序公开力度也在持续加大。这样的大环境要求商业银行在案防工作的报案、立案、定罪三阶段都需做好更加充分的准备。否则，工作上的任何瑕疵都将因为监管处罚公告和媒体的负面舆情报道而很快暴露在公众眼前，且很容易引发广泛、快速的传播，对商业银行的声誉风险管理带来巨大的压力。

破窗效应

政治学家威尔逊和犯罪学家凯琳曾提出，环境可以对一个人产生强烈的暗示性和诱导性。以一幢有少许破窗的建筑物为例，如果那些窗不被修理好，后续可能将会有破坏者破坏更多的窗户，最终他们甚至会闯入建筑物内。又或想象一条人行道上有些许纸屑，如果无人清理，不久后就会有更多垃圾，最终人们会理所当然地将垃圾顺手丢弃在地上。对此，在中国古代典籍中早有表述。《韩非子·喻老》中说：“千丈之堤，以蝼蚁之穴溃；百尺之室，以突隙之烟焚。”任何坏事，如果在开始时没有被阻止，一旦形成风气，想改也改不掉，就好像河堤，一个小缺口如果没有及时被修补，将造成崩坝，带来千百万倍的损失。及时修好“第一扇被打碎玻璃的窗户”很重要，这是破窗效应带给我们的启示。

晕轮效应

典型的赌徒加滑头的工作人员的心路历程是，初期掩盖损失、绕过限额、增加赌注。常用的掩盖损失的手法是伪造交易文件，制造虚假交易合约，企图掩盖损失蒙混过关，若损失较少又没被发现，他就再碰碰运气。结果可能雪上加霜、损失巨大，也可能收复失地、助长赌性，由此信心满满，企图东山再起。也许他忘了，电影《无间道》中有一句话：“出来混，迟早要还的。”

出现上述类型人员及行为的原因是多方面的，包括：领导层没有认真讨论和关注个别员工唯利是图的不良行为风险；有些员工没有把平淡、无趣又重复，但又是重要的基本监控工作做好；员工培训不足；员工没有坚守岗位职责，追查或者上报可疑和违章事故。其中，人的素质和道德水平是关键因素。

上述类型人员未能被及时关注到并暴露出来的一个重要原因也在于，人们在日常人员管理中常常忽略对人员进行客观而全面的评价，比如，抓住人员的个别特征、习惯，以个别推及一般，以点代面；或者把“并无”内在联系的一些个性或外貌特征联系在一起，断言有这种特征必然会有另一种特征；或者说他好就全盘肯定，说他坏就全盘否定，产生受主观偏见支配的绝对化倾向。

总结起来，当前银行操作风险和合规管理中值得关注的三个效应是：一切业务行为的数据轨迹都在自动记录和合规对照监管之下，加之监管处罚和司法案件公告、舆情监督公开等360°无死角展现的玻璃瓶效应；流程漏洞或员工违规现象若被放任不管，会诱使某些员工仿效，甚至变本加厉的破窗效应；某些违规人员出于侥幸的赌徒心理，以及缺乏对员工违规画像客观监测评价的晕轮效应。

对照上述三个效应，引出了值得商业银行管理人员深思的三个问题：

是否适应了监管变化，对操作风险和合规管理是否给予了足够的重视，投入了适合的资源？如何及时修补制度和流程漏洞，健全内部流程控制？如何建立良好的内控合规环境，确保员工素质和道德水平达标？

第二节　如何构筑有效的业务合规流程控制

对照监管指引以及领先银行实践，建立业务合规流程控制要“慎行合法度”。行为管理要包括业务行为和员工行为两个方面，要解决行为合法性、合规性和适当性问题。可以打一个形象的比喻，银行的“三道防线”就像足球队的前峰、中后卫和守门员。首先，前台部门是前锋，包括客户经理、交易员等一线岗位，在寻找“进球”业务拓展机会的同时，也意味着会承担一定的风险，这些部门是银行在竞争中取胜的关键，在冲锋陷阵的同时要具备风险意识，以及协同进攻防守的素质。其次，银行的中台人员是中场和后卫，涉及风险合规、财会资负及运营结算等部门，一方面，要把“好球”传送到前线，协助前台业务配置资本、管理运营、梳理流程、提供智力支持；另一方面，更要筑牢合规方向，把风险过程监控做到位。最后，审计部门是最后一道防线——守门员。若“三道防线”都守不住风险底线，就要以银行的资本承担非预期损失。对于事关银行整体利益的合规管理和风险防范，“三道防线”人员一定要找准各自定位、认清站位、协同一致，任何角色都不能缺位失位，而是应该全力各就各位、在位到位，相互协作，切实履行风控“三道防线”职责。

结合我国商业银行合规风险管理和业务数字化转型实际，基于“自动、实时、精准、敏捷、进化”的智能风控理念，银行要从“与客户打交道”出发，对客户尽职调查、法律文件、贸易背景、新业务和新产品、客户信息系统等十个方面逐一解析，通过线下网格化、线上智能化来深化落实信贷政策监督和风险源头治理，使智能技术深入渗透内控合规管理，发挥合规能力乘数效应。

第一，客户的需求也许是有道理的，但是客户要求的具体方案不见得是合理的，业务人员可以用合理、合法、合规的方式去帮助客户解决问题，或者寻求总行部门、中介机构的帮助。如在疫情情况下，可充分利用远程视频、微表情识别及外部数据等非接触手段交叉验证借款人真实意思表示，为客户申报借款业务。独立但不任性，“慎行”才能让银行员工走得更稳、行得更远，银行业务才能稳健发展。

第二，客户尽职调查要做到 KYC（Know Your Customer）与 KYD（Know Your Data）相结合，把握客户识别、贸易背景等方面要素有机统一。除亲自上门调查之外，商业银行还应积极借助外部司法数据、财务数据、工商税务数据、社交数据等拓展客户信息维度，并充分利用知识图谱、机器学习、人工智能等技术手段建立客户风险视图，有效消除银行与客户之间的信息不对称，提升服务的精准性和风险管控能力。

第三，在法律文件方面，要确保交易双方的合法权利可执行，签订法律文件的相关管辖地有效，具有可执行能力。比如，一项业务延展期时，第三方保证单位拒签延展期保证合约。司法解释和判例很明确，保证人未签署新的合约，对其原来保证期间的保证效力不受影响，但要注意保证期间和诉讼时效问题。最大限度地去保全资产，法律意识、合规意识要落到实处。

第四，在会计和记录保存方面，包括贸易背景的真实性，可以利用一些外部平台、核心企业的信息共享进行关联分析。要推动合规数据共享，加强合规业务部门协同，提升商业银行内外部数据整合能力，提高工作效率，降低成本。

第五，在客户信息系统方面，外部数据是推动创新也是合规管理的重要的资源。在电影《失控玩家》中，数据孪生虚拟世界的银行天天被抢，NPC 们大多躺平认命，只有主角抢过了“数字化眼镜”，获取了大量外部信息并加以学习分析，认清了自己、认识了世界。回到日常工作中，在商业银行内部讲究因果关系，通过端到端逻辑性判断业务；在商业银行外部，一些大数据则能提供相关性的分析，有助于加强合规。任何客观世界除了本体以外，其数据孪生、客观世界的数字化，可能比原来了解的视角更全面、维度更丰富，进而有助于提高判断能力。

要强化客户信息相关系统在合规领域的应用，重点关注数据层、模型层、视图层，要建立标准数据池、多维模型库、敏捷孵化器、智能工具箱。业内在申请反欺诈方面基本上都采用了“多数据源 + 技术群组”进行交叉验证来实现欺诈行为的认定。使用的数据包括公安、司法、银联、电信等提供的 X 要素验真结果，第三方提供的设备指纹、黑名单数据，银行自身采集的用户行为埋点数据等。对企业客户来说，使用的数据还可以包括企业财报、水电、税务、国库（含社保、罚金）、公积金、员工薪资代缴等数据。对于一些特定行业还有一些特殊的数据，如对物流公司来说，可以获取货车的运行轨迹，进而判断物流公司的业务经营情况。使用到的技术包括人脸识别、语音识别、NLP、KG、微表情等。为了确保使用的数据满足隐私数据管理要求，还可以通过建设联邦学习平台的方式，与数据合作方联合建模，实现价值数据的合规共享。通过内外部数据的深度融合、应用，梳理、构建包括反欺诈在内的不同场景下的风控解决方案，并依托智能风控决策平台为各业务部门、各信贷产品提供组件化、可视化的风控服务。

第六，加强放款专业化、垂直化、集中化管理，加强授信条件的落实情况、授信合约的提款前提条件、用款持续条件等方面的审查。针对客户部门提交的放款资料和审查质量建立考核机制，对放款的资料质量较低或一次通过率比较低的客户经理，暂停受理其审查发放业务，要求其整改。

第七，在交易方面，要重点关注交易是室内交易还是室外交易，包括核保问题、质押合同的送达问题、询证问题、企业领导人的沟通问题，以及沟通的地点和记录等要按照规范去执行。在开展上述工作的过程中，可以借助远程视频、人脸识别、微表情及内外部数据进行交叉验证，确保交易真实可信。

第八，在新业务和新产品方面，要评估业务中的风险可控性，借助知识图谱技术建立反欺诈模型，防止“薅羊毛”“铲子党”，防止利用风险控制弱点和瑕疵来进行利益交换。与客户就新产品、新业务签订合约，应充分保障银行的权益，一旦发生损失，在资产保全方面要有据可依。

第九，在资产估值方面，金融衍生品交易的估值所使用的价格、利率、汇率和其他波动性因素应基于独立的判断和验证，不应由交易员自身决定。

风险条线要有风险定价的独立判断能力，要强化押品系统建设，通过系统功能提升在押品管控方面的覆盖贷前、贷中、贷后全业务流程的管理水平，实现押品进出库的线上化操作，并及时动态调整押品估值，确保押品担保充分有效。

第十，在核实和对账方面，应制定规范的上门核保流程，执行核实的人员应独立于负责发起交易的人员。

总体而言，商业银行在业务合规流程控制方面要做到“控险达均衡”，风险合规部门应充分发挥保障和引领作用，实现业务发展与风险管控的有效均衡。

第三节 如何建立良好的内控合规环境

建立良好的内控合规环境，核心在于原则和觉悟，各级管理人员要带头坚守原则，切实抓好风险源头治理和信贷政策监督，在合规面前不博弈、不迟疑、不侥幸、不纠结，要拒穿“皇帝的新衣”，鼓励员工敢于说真话、守本分。

建立良好的内控合规环境，首先是要建立“责任病毒”免疫能力。罗杰·马丁撰写的《责任病毒》一书认为，“责任病毒”说到底就是责任分配的问题，是担当过度或者缺少担当的问题，其典型表现是“要么归我管，要么与我无关”。作者认为，人在潜意识中有一种“主导价值观”（可以理解为个人的潜规则），包括在交流中只赢不输、永远把局面控制在自己手中、避免任何形式的尴尬、始终保持理智。这种潜意识会让人们害怕失败，会努力避免失败，面对问题会本能性选择对抗（担负起全部责任）或逃避（不担负任何责任）。这两种行为都会产生“责任病毒”。在任何一件事情上，责任是守恒的，如果一方承担的责任较多，那么另一方就会相应少承担。如果这种责任分配不能解决问题，那么在调整责任分配时当事人往往会跳向另一个极端，比如之前承担较多责任的一方会开始推卸责任，而之前承担责任较少的一方会说“让我来”。一个企业若放纵“责任病毒”泛滥，会破坏协作、产生误解、减少能为。作者对于“责任病毒”的剖析入木三分，只是开出的治疗“责任病毒”药方比较偏于“术”的层面，包括结构化决策流程，进行框架试验和建立责任阶梯。治疗“责任病毒”，不仅需要“术”，还需要“法”和“道”。

事实上，合规管理既要适应“严监管、重处罚”的监管环境，也要为有温度的敏捷银行保驾护航。在敏捷银行建设中，管理整改、流程优化问题往往需要跨部门协作，讨论谁牵头、谁协助常常浪费很多时间，要消除其中困扰各部门的“责任病毒”，要避免某一部门过度承担责任或怠于承担责任的现象，一句“能者多劳”可以解一时矛盾，但难以长久。所以，要树立合规文化及形成执行驱动力，要消除“责任病毒”，要强化“违规问责、尽职免责”观念，既需要方法，更要靠树立鼓励担当作为的文化理念和把好选人用人关，树立担当作为风向标，使勇于担当、团结协作的人受到鼓励，使守正出新、创业尖兵获得奖励，使推诿塞责、违规致损的人受到惩罚，让滥竽充数的人无所遁形，让躺平者无处可躺，使“扇阴风、点鬼火”的人受到驱逐。对于端着官架子的背手干部、一问三不知的摇手干部、庸懒散浮拖的挥手干部、腾挪闪躲避的甩手干部，坚决不等了。

首先，解决“责任病毒”的“术”，需要善于运用履责协作精益方法，结构化决策流程，通过对话、协商的方法，将问题分解成几个协作解决的子问题，审时度势划定柔性劳动组合和优化责任组合，或根据职能部门的能力重新划分责任。责任的分配是可以讨论、可以调整的。最终所要达到的目的，就是以战略为中心，弹性边界、无缝链接，跨部门团结一致，共担责任，共成大业。“集思广益本非易事，要当内持定见而六辔在手，外广延纳而万流赴壑，乃为尽善。”做领导以及开会，要有主见，有方向，并有控制方向的手段，不能开成神仙会。要大范围请人提意见，并合理采纳。在方法论上，先建立假设，然后广泛收集信息、数据、观点，有逻辑、有常识地总结归纳，支持最初的假设或者推翻它。至于如何建立假设，大致有三种方法：基于业务直觉、基于过往经验、基于专家意见。作为领导，要慎重地做重大决定，且要有定力，不能云淡风轻地翻篇；对的决定，要有执行力地去做，才是圆满。

其次，解决“责任病毒”的“法”，包括以下十一个要点：

第一，在政策与程序方面，要坚持“循规守本源”，要守住政策源头，提升提炼运用；要守住制度源头，动态完善制度体系；要守住问题源头，健全整改长效机制。不能用不可承受的成本去冒险，不能透支未来。

第二，在行为准则方面，要“严责强戒惧”，营造“不敢为”的合规环境。“严责”，才能走好“最后一公里”，实现违规发现、违规处置、违规整改和长效治理的有机统一，达到“管住人、看住钱、扎牢制度防火墙”的要求，切实使合规意识深入人心，促进合规环境建设，实现稳健经营、健康发展。

第三，在职权下授方面，各被授权单位要审慎用权、合规用权、有效用权，要将权力合规地用于敏捷响应市场变化和客户需求。违规用权会丧失组织的信任。在行使权力的时候，要把握好独立和协作的关系，标准和例外的关系。如为提升客户体验、满足监管要求需要对标准流程进行改变，商业银行要及时按照风险回报平衡、质量效率兼顾的原则对制度流程进行进化迭代，营造敏捷响应和风险合规的共生文化。

第四，关于职责划分、不相容岗位要求，要严格对照相关规定执行，不能为了精减人员、简化流程而违规“兼容”。比如，合规和经营、交易和定价、前台业务和后台托管等岗位，是坚决不可“兼容”的。

第五，在资格与资源方面，应强化数字化大合规体系建设，建立检查违规发生的数字化工具，打造检查整改工作的数字化平台，提升处置问责标准化和流程化水平，为员工建立良好的职业成长环境和合规熏陶环境；要鼓励和激励中后台人员，把平淡重复的工作做好做精；要培养员工应用精益六西格玛的管理能力。

第六，审计也要充分运用数据化工具。首先应建立审计线索数据库，利用大数据、云计算等技术手段，从海量信息中提取相关信息，在此基础上构建风险分析模型，实现主动发现风险、评估风险、判断趋势、及时干预等目标，并建立预警机制，更好发挥审计的“防未病”作用；其次要对业务运行中常见的违纪违法问题和苗头性、倾向性问题的发展趋势、产生原因等进行多维度分析，深度挖掘其背后蕴含的问题线索，从更高层面为决策机构、主管部门及被审计单位完善制度、加强管理提供依据，更好地服务宏观决策和制度建设，更大程度地发挥审计的建设性作用。

第七，合规守法。网格化管理和大数据技术对于现代社会治理很重要。商业银行要推进线下网格化、线上智能化，要明确和强化网格化中格主的责任，强化格员的相互监督。这些需要建立在健康合理的环境的基础上，也需要纪检监察部门支持。合规守法是银行业全体员工应遵循的一个基本理念。

第八，强制休假，这对于权力比较集中的岗位和机构而言尤为重要。

第九，客户投诉处理。我们应该注意客户的问询和投诉，对于客户询证函和投诉要分析它背后的原因，查证它背后可能的违规线索，在提升客户体验的同时，对客户和银行的利益进行有效保障。

第十，关于报酬机制。为了鼓励团队精神，对业务中后台人员的激励也应考虑其职业成长。延期支付制度是对一些关键岗位的必要制度安排。

第十一，人才的招聘和培训。管理界有句经典名言：做正确的事，比正确地做事还重要，而前提是选择正确的人。员工的素质是非常重要的因素，商业银行除了提高人员选择能力之外，还应持续开展员工培训，包括合规教育培训和专业技能培训。合规教育培训能够让员工直接提升合规意识，认识到违规的严重后果；专业技能培训既能够直接提升员工的工作效率，提高获得的薪资报酬，也能够让员工感受到公司对自己的重视和关注，产生对公司的认同感、满足感，更愿意将个人职业生涯与公司长远发展结合起来，进而形成长期合作、荣辱与共的伙伴关系，减少违规行为的发生。

最后，解决“责任病毒”的“道”，首先在于企业主要领导者要秉持自我开放的心态，承认并正视自己有不足、有短板，知道“天外有天，人外有人”，愿意放下自尊聆听别人的意见。曾国藩曾言：“强字原是美德，余前寄信，亦谓明强二字断不可少。第强字须从明字做出，然后始终不可屈挠。若全不明白，一味横蛮，待他人折之以至理，证之以后效，又复俯首输服，则前强而后弱，京师所谓瞎闹者也。”“至于担当大事，全在‘明强’二字。”这两字有顺序：强悍，要建立在聪明的基础上，没有聪明，所谓的强悍就是蛮横，就是瞎胡闹。“明”字自己想不出，让明白人替你想，然后，笃信之，这是“明”的一个变种。如果始终把自己置于一层“保护罩”中，看似一时躲避了责任，却会失去更多的成长机会，最终只会原地踏步甚至不断后退。

同时，企业管理层要把好选人用人观，关键是对领导干部的选拔任用，这方面要把握好以下四点：一是核心能力，亦即政治能力和统筹思维能力；二是应用能力，大局观，事业心，沟通驾驭能力；三是岗位能力，市场化竞聘，业绩考核达标；四是性格特点，勇毅坚韧，敢于对干部优胜劣汰。

以上三方面是消除“责任病毒”的关键，有利于建立风清气正的良好政治生态。可继续借鉴曾国藩的另两句话，也是讲得相当透彻。第一句是“阅历世变，但觉除得人以外，无一事可恃”，世事无常，无常是常。阅历世变，在诸事无常、诸事不可控的环境下，一个人想成事靠什么呢，只能靠人。一是靠训练有素的自己，大处着眼，小处着手，群居守口，独居守心，爱才如命。二是靠队伍，靠一支勤谨而有执行力的队伍，有操守而不官气，多条理而少大言。领导干部要善于“专从危难之际，默察朴拙之人，则几矣。”这是第二句。作为领导，需要珍惜在企业危难之际不计得失、不离不弃的朴拙之人，这是企业兴衰的中坚力量，千万珍惜。

银行是高杠杆经营的，合规守法是前提。英国民间流传一首民谣：“少一个铁钉，掉了一只马掌；掉了一只马掌，失了一匹战马；失了一匹战马，丢了一个国王；丢了一个国王，输了一场战争；输了一场战争，亡了一个国家。”银行经营管理者做大事不能烦，烦则乱；做小事不能怠，怠则废。在合规和操作风险管理上，千里之堤可能溃于蚁穴。商业银行应该在全行上下深入贯彻合规守法意识，因应数字化转型期的新形势，合理应用大数据、云计算、人工智能等技术，建立敏捷的智能风控体系，加快“人控”向“机控+智控”转变，促进经营业务的稳健发展。

第四节　合规的敏捷进化：规范与第三方合作

高频快变、持续变革是金融科技的基本特性。与之相关的监管规则也常体现出更显著的动态进化特征。商业银行在顺应金融科技生产力变革持续推进的一轮又一轮的数字化建设中，应充分调动生态银行的敏捷进化基因，将“监管要求的变化、完善”纳入触发生态进化的关键因素，及时跟上监管要求，及时对自身和生态作出调整甚至转向，严格做到时时保持合规，彰显生态银行的“持牌机构”底色。

例如，“断直连”是我国金融科技发展进程中颇具有标志性的一个监管里程碑，它会直接为银行现有互联网贷款业务带来重大影响。从风险角度看，风控策略和模型将面临较大改动；从业务角度看，需要银行寻求摆脱联合贷、助贷的可行路径。

生态银行建设可为银行应对“断直连变局”指明方向。坚持走以自建、共建生态为主旋律，以联邦学习、联合建模、隐私计算为技术支撑，以产品线创新、客户体验提升为经营理念的转型之路，已经刻不容缓。

“断直连”的背景和历程

2021 年 7 月 7 日，中国人民银行征信管理局给网络平台机构下发通知，要求网络平台实现个人信息与金融机构的全面“断直连”。本次通知中，中国人民银行要求平台机构在与金融机构开展引流、助贷、联合贷等业务合作中，不得将个人主动提交的信息、平台内产生的信息或从外部获取的信息以申请信息、身份信息、基础信息、个人画像评分信息等名义直接向金融机构提供。通过与多家同业及相关平台的交流沟通，此次“断直连”通知下发对象主要是此前央行约谈的 13 家头部互联网平台，但不局限于此。

此次“断直连”并非互联网消费金融领域的第一次。早在 2017 年，中国人民银行连发数文整治互联网支付行业。其中，一个硬性要求是支付机构要断开与银行直连，必须通过合法清算机构完成清算，实行支付的“断直连”。

目前业内大多数助贷平台和金融机构合作的模式都属于个人征信公司业务范畴，应该由持牌的个人征信公司合规经营。2021 年 4 月 29 日，人民银行、银保监会、证监会、外汇局等金融管理部门联合对 13 家头部互联网平台进行约谈，约谈提到网络平台要坚持金融活动全部纳入金融监管，金融业务必须持牌经营；打破信息垄断，严格通过持牌征信机构依法合规开展个人征信业务；强化金融消费者保护机制，规范个人信息采集使用、营销宣传行为和格式文本合同，加强监督并规范与第三方机构的金融业务合作等。约谈后即采取了一系列相应措施：2021 年 7 月 4 日，某出行 APP 因涉嫌严重违法违规收集使用个人信息被下架；2021 年 7 月 7 日，13 家互联网平台收到中国人民银行个人信息数据“断直连”通知；2021 年 7 月 8 日，某金融科技公司旗下涉及网络贷款服务的核心产品被下架。

2021 年 9 月 30 日，中国人民银行发布《征信业务管理办法》，自 2022 年 1 月 1 日起施行。其中，第五十条明确指出，以“信用信息服务”“信用服务”“信用评分”“信用评级”“信用修复”等名义对外实质提供征信服务的，适用本办法。

“断直连”与生态银行建设

综合以上“断直连”与《征信业务管理办法》，可以体会到监管部门在决心治理助贷业务乱象和数据滥用的同时，给对公业务尤其是普惠业务保留了空间，或者说监管部门希望通过此次整改，推动金融机构的实质性风控能力提升，挤出消费金融领域粗犷经营的参与者，将更多的资金引向支持实体经济。这将会对银行互联网贷款业务和生态银行建设产生较为深远的影响。挑战与机遇并存，可从宏观和微观两个层面进行分析。

从宏观层面看，监管部门再次发出了一个反复强调的明确信号：金融是特许行业，必须持牌经营。我国个人征信基础设施建设会进入一个新的发展阶段，形成类似于美国三大持牌征信公司的格局。从信息披露的角度看，银行很可能只会获得一个征信得分；个人除了能查看得分外，还可获得影响得分的前三大指标，如信用记录历史时长、总授信额度使用率、有无被催收记录等。

在个人信贷业务领域，参与者（平台、征信公司、银行）要做到回归本源，各司其职。全链路新的分工也自然形成，即引流方只提供渠道服务、征信公司只提供信用评分、银行在引流方跳转后的线上界面中获取一手申请资料及征信公司提供的信用评分。引流渠道不再替代银行决定其风险偏好，客户的筛选将完全由银行自主完成。这与生态银行建设中所倡导的“私域养鱼”的思路并不矛盾，更是体现了自建生态、制造流量的必要性和迫切性。银行只有更清楚地认识到自己有什么数据，用这些数据能做什么，才能更好地搭建数字信用体系，更好地管控风险。

在生态银行的新模式下，渠道方的费用大概率被压缩，因为其不再被允许提供引流之外的任何服务；征信公司信用评分模型很可能根据产品类型而细分，如信用卡、消费贷、按揭，对同一客户来说会有不同得分。

一些严重依赖助贷业务的银行在短期内可能会经历阵痛，甚至业务的快速萎缩。从中期看，银行会产生分化，一类银行会趋于直接使用征信机构的信用评分及内部强规则来进行决策；另一类银行会以信用机构评分为必备入模变量，使用机器学习等方法形成个性化评分卡和决策矩阵。从长期看，仅依靠征信机构评分的银行可能会陷入资产质量下降的困境，在风控技术上不断实现自进化的银行将会把握住变革中的机遇，在降低社会整体融资成本的同时，拿回助贷平台分走的部分收益。风险管理始终是银行的核心竞争力之一，是配合国家稳定金融系统的技术压舱石。通过生态银行建设，尤其是自建场景、自建生态，能充分发挥场景天然风险过滤器的作用。在打造智能风控体系上配合发力，中小银行将有可能实现细分领域中的“弯道超车”。

从微观层面看，“断直连”会对银行现有互联网贷款业务直接产生影响，从风险角度看，风控策略和模型将面临较大改动。之前银行互联网贷款业务主要采用联合贷和助贷形式开展业务，合作互联网平台负责获客，并把客户申请信息以及在合作平台（场景方）产生的行为数据加工成连续型评分变量——场景特色评分数据一并输出给银行。此次“断直连”会直接导致银行不能从合作平台直接拿到客户申请数据和场景特色评分变量，风控策略和模型都需要进行较大的调整，甚至下沉到风控特征层面也需要进行重新梳理和抽取。由于拿到的是持牌征信机构加工转发的场景行为评分数据，并不能完全保证其效果能比互联网直传的评分数据更优或与之持平，对场景客户的分层、分析方法需要较大的改动。

“断直连”背景下生态银行的能力提升

在“断直连”背景下，商业银行特别是中小银行需以生态银行模式奋起直追，提升三项能力：有效判断场景的能力、有效风控技术的能力、独立获取有效数据的能力，这三者缺一不可。否则，中小银行与同业领先者的差距会越来越大。例如，某国有大型银行自身拥有亿级海量数据，即使失去了外部数据，内部的交易流水数据依然足以支撑其客户分层、风险画像、违约率预测等；然而，中小银行自身数据沉淀往往不足，一旦失去外部数据的支撑，对中小银行的冲击则是巨大的。

综上所述，在监管环境发生重大变化的背景下，银行应坚持走生态银行建设的道路，归纳要点如下：

一是生态场景可以形成信息和资金的闭环，是天然的风险过滤器。生态场景内的合法、合规、有用户授权的信息共享并没有被禁止，数据挖掘技术领先的银行依然可以独立自主地挖掘客户价值。

二是联邦学习、联合建模、隐私计算等技术在保护数据安全的同时，打破了数据壁垒和垄断。手握先进工具的银行在保证数据获取、使用和输出合规的前提下，提高了数据价值获取效率，取得了竞争优势。

三是真正符合合规性、真实性、关联性的大数据是稀缺的，银行应当从过度依赖合作平台数据，向主动构建多维有效数据体系转变，加快推进共建、自建生态，时不我待，刻不容缓，这是生态银行建设要实现的目标之一。

四是在走向自建或共建生态的过程中，银行可以配套和创新更全面的产品线，从不同维度上提升客户体验，提高客户黏性，提高组合收益，提升经营层面抗风险能力。

从批零联动的角度看，生态银行建设应致力于打造全产品线的服务的一部分原因也在于，即便个人业务资产侧增速放缓，银行仍可以从中收、存款、理财等业务中寻求突破，同时积累行内数据。

第五节　合规的敏捷进化：互联网贷款业务的整改

2022 年以来，在宏观经济缓慢复苏和疫情影响下，业界时常会明确感受到，互联网贷款资产规模的增长不再突出，资产质量也普遍承压。那么，这是否意味着我们要放弃互联网贷款业务，延缓金融业数字化转型？2022 年 7 月，中国银保监会印发《关于加强商业银行互联网贷款业务管理　提升金融服务质效的通知》。从该文件看，监管层对上述问题的回答仍然是坚定数字化方向，坚持把互联网贷款做好，聚焦提升金融服务质效。

坚定数字化方向，提升服务质效

回顾互联网贷款近几年来的监管实践，监管部门一直以来充分肯定互联网贷款在服务中小微企业融资和居民消费等方面发挥的积极作用，同时为落实“补短板、防风险、提质效”等要求，针对发展中存在的不规范性问题，持续完善互联网贷款监管框架。尤其是陆续出台几个重要文件，例如《商业银行互联网贷款管理暂行办法》《关于进一步规范商业银行互联网贷款业务的通知》《征信业务管理办法》《关于加强商业银行互联网贷款业务管理　提升金融服务质效的通知》，为互联网贷款平稳健康发展打下了坚实的基础。

互联网贷款市场的各方参与主体都应该坚决遵循监管政策导向，敬畏市场，敬畏法治，敬畏风险，顺势而为。

《关于加强商业银行互联网贷款业务管理　提升金融服务质效的通知》是对《商业银行互联网贷款管理暂行办法》《关于进一步规范商业银行互联网贷款业务的通知》的进一步细化和补充，主要内容可高度概括为“强化、规范、降低、延长”，“强化”的是商业银行自主风控，“规范”的是平台恃强性行为，“降低”的是综合融资成本，“延长”的是整改过渡期，可以说对于“稳互联网贷款、更好服务实体经济、切实降低融资成本”传递出强烈的信号。

行业格局重塑，机构需主动求变

那么，作为从业机构，如何才能做到响应监管要求，高效开展互联网贷款业务，提高风险管控能力、强化信息数据管理、规范合作呢？

对于金融机构尤其是商业银行而言，最为要紧的还是落实好独立自主风控责任，这是互联网贷款合规发展的核心和基石。

自主风控并不否认商业银行与互联网平台合规开展合作。《关于加强商业银行互联网贷款业务管理 提升金融服务质效的通知》要求商业银行限制或者拒绝与违法违规归集贷款资金、设定不公平不合理合作条件、未依法依规提供贷款管理必要信息、服务收费质价不符或违反互联网贷款其他规定的平台方开展合作，并不是“一刀切”。

事实上，部分头部平台具备流量、数据质量、风控能力等比较优势，在场景建设和客户经营方面具有独特优势。商业银行在落实监管要求、规范平台方恃强行为的基础上，与平台方开展合作能够更好地承担起服务实体经济和居民消费的重任。

“自主风控”也更加明确地期待商业银行由“寄居模式”向“共生共建”模式，乃至“自建融合”模式转变。这既是满足合规要求，也是商业银行可持续发展的长久之计。虽然“寄居模式”不一定都会有合规风险，但从银行价值创造、自身话语权以及风险管控等方面来看，这并不是商业银行构筑自身竞争优势的长久之计。

自主风控意味着商业银行将承担更多的信用风险，将更加考验商业银行的经营能力。具体来讲，一方面，在与平台合作中，商业银行亟待在前期着力提升有效判断场景的能力、有效风控技术的能力、独立获取有效数据的能力应对“断直连”挑战的基础上，进一步将三项能力扩展完善为三方面能力并持续加以锤炼：场景数据合规获取及应用能力、内部资源整合复用能力、资产质量控制能力。尤其是要强化基于生态场景数据的风控模型开发能力，充分利用好场景数据，对现有借款主体信用风险评价形成补充。

另一方面，商业银行要加快发展自营互联网贷款产品。自营产品需要依托金融科技、智能风控、数据分析等技术，对银行来说也同样存在不少瓶颈，时间、资金、人才都是挑战。

同时，银行需要提高生态圈打造和运营能力。综合实力强的大型银行可借助银行网点渠道，打造覆盖多个行业的生态系统，掌控流量入口与业务场景；中小银行可将金融产品内嵌到互联网平台主导的生态圈中，根据自身优势在细分领域获取流量，增强客户积累渠道，降低运营成本。

对互联网平台来说，未来要更多地让利，切实降低居民消费和实体经济融资成本，与金融机构开展合作要建立起更加科学合理的权、责、利分配机制，通过与征信机构合作探索新的商业模式。

互联网平台或将面临一轮大洗牌，具备流量、数据、技术优势的头部助贷机构更有机会通过抓紧整改而留存下来，缺乏流量、数据维度不丰富、风控能力弱、合作机构较少、商业模式不符合持牌要求、合作模式不合规的助贷机构将加速被清退。

在过渡期内，在落实好独立风控责任的基础上，从短期来看，商业银行依然会与互联网平台开展合作，加大资产投放，切实承担起稳经济重任，努力在存量业务整改、征信整改与业务连续性方面做好衔接。

需要行业和国家层面进一步完善机制与规则

互联网贷款业务普惠效能的更充分发挥，也还需要行业和国家层面在相关机制、规则等方面提供更多支持。

首先，推动建立普惠国家担保机制。风险与收益平衡是互联网贷款客群经营难点，坏账损失成本周期性波动非常明显。目前一般都是结合历史数据运用模型加以预测，但如果遇到经济下行周期，则可能会给银行和平台方造成较大冲击。在推动平台方让利的同时，由国家出台相关政策，推动建立普惠国家担保机制，实现风险分担，平抑资产质量周期性波动，进一步引导融资成本降低。

其次，尽快制定细则指引。征信新规出台后，应尽快制定细则指引，指导征信整改。例如，征信新规提出“金融机构不得与未取得合法征信业务资质的市场机构开展商业合作获取征信服务"，这里的"征信服务"是否涵盖产业链、供应链上下游数据？我们理解特定产业链核心企业为其供应链企业获得融资提供数据，符合链属企业利益，应予以豁免；如果也需要强制接入征信，将增加链属企业融资成本。

最后，加快推动快速处置司法机制建设。目前与互联网贷款发展相匹配的快速处置司法机制是堵点，虽然部分地区建立了互联网法院，但尚不能满足业务发展需求。传统法院对电子证据认可难度大、程度低，暂时无法满足金融机构快速处置需求，通过诉讼实现清收难度较大。监管部门应牵头加快推动快速处置司法机制建设。渤海银行与天津市的地方法院合作，在运用互联网技术进行失信客户批量诉讼和调节方面已经做了成功尝试。

第六节　坚守独立风控能力底线，在合规中共生共赢

2023 年 1 月 13 日，中国人民银行金融市场司负责人表示，2020 年 11 月以来，人民银行、银保监会、证监会等金融管理部门指导督促蚂蚁集团等 14 家大型平台企业针对过去金融业务存在的问题扎实开展整改，在第三方支付、个人征信、互联网存款、保险、证券、基金等领域出台了一系列有针对性的制度文件，平台企业金融业务常态化监管制度框架已经初步形成，为后续常态化监管奠定了良好的制度基础。

政策层面，发展与规范并重

第一，平台经济要有序监管、有序发展。面对当下经济形势，国家进一步提出对平台经济有序监管措施，坚持发展与规范并重，金融的本质和基本逻辑必须遵循。整体来说，中央经济工作会议及监管部门都明确了对平台企业"发展与规范并重"的核心导向，这也是银行发展策略的必然遵循。

第二，回归平台经济核心，加速数字化应用。随着经济发展，以及疫

情形势进入新阶段，数字化进程或超预期，从新常态到后常态，从习惯到自然。远程办公、企业平台创新等得到大规模应用。平台企业应在消费侧激活经济活力，同时引导平台企业利用技术优势在国内产业升级方面加大投入打造生态。一是引领发展的重点是回归数字经济，重现平台经济对数字经济的创新引领作用，发挥协调和调动资源的作用，如疫情期间京东小哥的快递驰援、药品的互联网供应等。结合党的二十大报告关于“促进数字经济和实体经济深度融合”的要求，平台企业将在打造数字经济发展新引擎方面推动服务、生产模式创新。二是平台企业发展要强调创造就业。助力发展高质量普惠性就业的新模式，在就业扩容和收入增多方面创造更多机会，进一步激发劳动人民实现新就业形态，实现自主创新、自主择业。三是平台发展“走出去”，利用数字经济与科技能力，在国际服务、生产制造、全球供应链等方面发挥竞争优势，特别是在促进出口贸易方面，平台企业将产生规模效应。

第三，关注金融支持措施，统筹谋划。虽然目前尚未明确金融支持的具体方向及内容，但在规范经营后，不排除后续在平台企业发展金融业务方面会通过牌照方式进行试点。平台整改基本完成后还会有常态化监管，金融企业要思考和调整平台细分领域，进一步有效甄别，重点关注场景风险、行业风险等。

发展角度，机遇与挑战并存

未来，中国需要资本发挥作用，但在领域、方向、程度、影响上都会有所约束和规范，机遇与挑战并存。面对如此宏观形势，平台经济建设可重点关注以下几个方面。

第一，平台金融重检。对涉及平台整改的相关事项，如引流、联合贷、消费者信息保护、征信管理、定价收费等重点方面进行重检，避免受到延伸监管处罚。

第二，金融业务合作重构，特别是利润模式将可能重构。平台企业在金融业务领域的经营仍然会受到约束，其直营金融业务仍将持续收缩。商业银行在开展联合贷或引流合作方面的话语权及竞争态势将持续转变，商业银行可把握机会继续推动与平台企业合作利润模式的重构，如可共设风险准备金、降低引流手续费等。

第三，发力普惠金融。平台经济已经进入“人人都是电商”时代，商业银行可以抓紧推进与平台企业在数据方面的合规合作，在普惠金融方面挖掘个人电商的融资服务机会。

第四，网络银行服务拓展。针对平台经济的特点，银行服务可以进一步拓展线上服务。比如个人创业者可以借助银行 API 与工商登记、社保、税务方面的对接，实现个人创业过程中业务的线上办理，并配套以会计账务信息处理支持、代发工资、现金管理、应收账款融资等综合服务，打造新的金融服务生态。

第五，跨境生态支持。针对跨境生态，可以通过深入合作，从交易银行、金融市场业务、境外融资服务等方面进行业务创新，探索跨境生态的新发展模式。

第六，风控技术支持加强。银行必须减少对平台企业的风控技术依赖，如不能再依赖于直接使用平台企业的信用评分模型。银行可通过隐私计算、联邦学习技术等拓宽合作数据源，建立更多维数据之上的独立风控技术能力，增强细分群体的灵活、差异化风控策略制定能力，提升对不同人群（职业、行业等）的组合风险管理能力。

第八章　敏捷银行授信业务平行作业

“远山丛丛，远树濛濛。咫尺万里，江行其中。短长何岸，高低何峰。”

——林希逸，《题江贯道山水四言》

林希逸对江参传世名作《千里江山图》的点评非常透彻。“远山丛丛”又“咫尺万里”“高低何峰”，道出了江参的煞费苦心：构造焦点变化布局，巧妙地将远近、高低结合为一体，从而创造出令人叹服的深远意境之美，即“立体感”之美。银行风险管理，其实能从《千里江山图》的创作手法之中借鉴，前中后台可在尽可能的并行协同中达成对客户、风险以及演变全貌的充分了解、立体呈现。

商业银行是经营风险的行业，经营状况的优劣既与宏观经济和行业风险有关，更与内部管理和风险控制的有效性息息相关。传统商业银行普遍存在内部职能部门之间职责不清、画地为牢、激励约束机制不到位等情况，造成授信业务的贷前、贷中、贷后相互脱节，不同部门各扫门前雪，重放轻管的情况仍较为普遍。与此同时，同一项工作不同部门职能叠加、多部门重复审批、各部门目标取向差异、内部流程冗长而低效，致使该做的事情因为低效率而丧失时机，不该做的事情因为缺乏各部门协同约束而失去控制。

面对上述状况，商业银行已经采取了诸多措施予以应对，并进行了许多有益的探索和尝试。其中基于并行工程原理的业务条线与风险条线的平行作业，已经为多家商业银行所采用。通过业务流程的平行作业，可以显著提高商业银行经营和管理的敏捷性和精准性，达到工作质量和效率的协调统一。

第一节　平行作业在实体企业中的突出作用

并行工程（Concurrent Engineering）是对产品及其相关过程（包括制造过程和支持过程）进行并行、集成化处理的系统方法和综合技术。它要求产品开发人员从设计开始就考虑产品生命周期的全过程，不仅要考虑产品的各项性能，如质量、成本和用户要求，而且应考虑与产品有关的各工艺过程的质量及服务的质量。它通过提高设计质量来缩短设计周期，通过优化生产过程来提高生产效率，通过降低产品整个生命周期的消耗，如产品生产过程中原材料消耗、工时消耗等，来降低生产成本。

美国著名项目管理专家詹姆斯·刘易斯从波音公司777飞机研制项目的成功中总结出成功项目管理的12条黄金法则。这些法则指导了777飞机项目从启动、计划到执行控制、最后顺利交付客户的全过程。777飞机项目的成功不仅仅是工程技术上的成功，也使整个波音公司在项目管理水平上取得了长足的进步。

并行工程强调流程导向（Process-oriented）和目标导向（Object-oriented）。一个新产品从概念构思到生产出来是一个完整的流程（Process）。传统的串行工程方法把整个产品开发全过程细分为很多步骤，每个部门和个人都只做其中的一部分工作，而且是相对独立进行的，工作做完以后把结果交给下一部门，即“抛过墙法”（throw over the wall），他们的工作是以职能和分工任务为中心的，不一定存在完整的、统一的产品概念。而并行工程则强调设计要面向整个过程或产品对象。因此它特别强调设计人员在设计时不仅要考虑设计，还要考虑这种设计的工艺性、可制造性、可生产性、可维修性等。工艺部门的人也要同样考虑其他过程，设计某个部件时要考虑与其他部件之间的配合。所以整个开发工作都要着眼于整个流程（Process）和产品目标（Product Object）。从串行到并行，是观念上的很大转变。

在传统串行工程中，对各部门工作的评价往往是看交给它的那一份工作任务完成是否出色。就设计而言，主要是看设计工作是否新颖，是否有创造性，产品是否有优良的性能。对其他部门也是看它的那一份工作是否完成出色。

而并行工程则强调系统集成与整体优化，它并不完全追求单个部门、局部过程和单个部件的最优，而是追求全局优化，追求产品整体的竞争能力。对于产品而言，这种竞争能力就是由产品的 TQCS 综合指标——交货期（Time）、质量（Quality）、价格（Cost）和服务（Service）决定的。在不同的情况下，侧重点不同。在现阶段，交货期可能是关键因素，有时是质量，有时是价格，有时是它们中的几个综合指标。对每一个产品来说，企业都对它有一个竞争目标的合理定位，因此并行工程应围绕这个目标进行整个产品的开发活动。只要求达到整体优化和全局目标，并不追求每个部门的工作最优。因此对整个工作的评价是根据整体优化结果来评价的。

第二节　商业银行授信业务需要全流程平行作业

商业银行的经营管理与制造业的共同属性

商业银行产品和服务的设计、生产、销售、维护与实体制造业有很多相似之处，制造业内部各部门职责独立、流程交叉、竖井林立的问题同样存在于商业银行。商业银行参与授信业务的贷前、贷中、贷后的不同部门，包括分支机构，业务管理部门，风险管理部门，资金头寸、产品定价、经济资本占用的管理部门，财务核算部门，内控、审计、纪检部门，以及人力资源等后线部门，对授信业务全流程管理都有各自的诉求和目标。

例如，有的银行在对房地产企业落实授信条件放款上屡屡出现问题，超越工程进度一把放款，导致授信用途失控、资金被挪用的问题，其原因在于：一是营收压力，房地产利率定价较其他资产高，有的分行有早投放早收益的利益驱动，一把放款，营收上去了，KPI 挣分了，人力费用增加了。二是竞争因素，现在房地产前融渠道很少，有些房地产商资金压力大，一般初始放款都要求按照抵押率放款，房地产企业会选择放款条件宽松的银行放款。三是贷款规模管控因素，受制于资本金和流动性问题，银行一般会对贷款规模采取较为严格的管控措施，有些分支机构存在落袋为安的思想，先把贷款规模用足再说，以防后续提款时没有贷款规模。四是管理缺失，按照形象进度放款，是贷款封闭管理的第一步，需要施工合同、监理报告、发票单据，现场查看实际进度并多方对照，但部分分支机构管理粗放，仅凭纸面材料反映的进度，没去现场实际查看就放款，造成超进度放款。

授信业务平行作业遵循敏捷银行的五层级

如前所述，按照敏捷行动所涉及范围的不同，敏捷银行可分为五个层级：项目级敏捷、企业级敏捷、流程级敏捷、平台级敏捷和生态级敏捷。

五级敏捷之间不是孤立的，也要进行平行作业和良性互动，比如对目标客户的画像，就要结合授信政策、客户营收贡献、风险状况、经济资本占用等多因素多部门的通力协作。而大数据和 AI 辅助决策将使客户的画像更加精准。经过多部门平行作业，客户授信审批通过和提款可能性大幅提高，客户满意度也会同步提升。

另外，通过对数据仓库中标签化数据的挖掘，运用 SQL 等 BI 工具，在不大幅度增加费用成本的情况下，产生供各级管理者使用的可视化报表和驾驶舱、仪表盘信息，可以实现对全辖业务发展情况的整体掌控。管理层的这些管理应用，同样可以反哺和指导一线的营销和风险控制等具体操作。

所以即便是授信业务的平行作业也并不止于现场，不止于客户部门和风险管理部门。没有中后台运用各自掌握的资源和科技手段与前台的联动，平行作业也难以达到预期的效果。

同样，授信业务平行作业对并行工程所强调的系统集成与整体优化的体现，不仅仅在于“串行改并行”，更在于以“四眼原则”为基础的并行和融合作业：在不同岗位履行各自职责的基础上，从全局出发，多维度、多角度、全方位认识和解决问题，摒弃局部利益、实现整体效益的最大化。

第三节　商业银行授信业务平行作业的具体实施

授信业务流程解析和梳理

流程级敏捷来自平行作业，而平行作业的有效性则来源于对业务全流程的解析，在于流程中各重要环节和节点的信息共享和协调联动。

一是贷前。根据商业银行授信业务贷前工作内容及要求，达到流程级敏捷的贷前平行作业应聚焦于三个层面：（1）基于统一风险偏好制定银行信贷政策、评级模型、客户准入等制度环节的平行作业，如行业政策指引、内部评级系统、客户准入标准等，为授信业务贷前工作提供制度支持；（2）基于银行产品全流程管理的平行作业，包括产品需求调研、产品开发、产品测试、产品推广、产品维护及分析等，统一银行授信产品的准入条件，为授信业务贷前工作提供适应市场和客户的、有竞争力的武器工具；（3）基于授信业务贷前调查流程的平行作业，主要是贷前客户经理尽职调查与贷前风险经理尽职审查的平行作业，通过"四眼"平行作业，共同制定客户额度授信方案，充分揭示风险。

二是贷中。授信业务贷中流程环节主要包括贷中审批和放款审查。信贷审批在坚持审贷分离、独立决策、审批人不见客等制度下，开展流程级敏捷平行作业也很有意义。比如，渤海银行推出的信贷政策、营销指引、审批指引"三合一"政策，就是贷中审批参与平行作业的典型案例。放款审查主要关注放款条件落实、用途是否合规、查询征信是否有违约和重大预警信息、价格、头寸、经济资本占用等。

三是贷后。贷后环节平行作业的重点是贷后客户经理和风险经理从不同视角审视在贷款存续期间，授信客户存在的各类潜在风险，如资金是否被挪用、承诺是否落实、管理要求落实是否到位、有无经营异常、有无预警信息等，并采取有效管理措施和行动。

四是员工异常行为和廉洁反腐败工作。

授信业务平行作业的目标

一是推动银行战略转型。通过授信业务平行作业，坚持客户为先，在深刻理解客户需求的基础上，统筹整合不同条线各自优势，由最了解客户需求的客户管理部门与产品管理部门并行作业，制定最契合客户需求的综合解决方案；在协同中不断优化业务结构，强化对公业务基石作用，打造交易性业务优势，增强传统业务与新兴业务互动发展能力；引导银行注重产品的"TQCS 综合指标"，强调系统集成与整体优化，推动促进向交易银行、零售银行、轻型化银行的战略转型。

二是推动银行授信业务全流程优化。一个完整授信业务流程大致包括客户营销、客户评级、客户准入、客户贷前调查、风险审查、额度授信方案设计（贷前）、授信申报、授信审批、贷款发放（贷中）、贷后管理等。仅从授信业务流程来看，似乎是单一的、串行的，但每个流程环节的背后都有与之并行的配套制度、政策、产品和标准等，每个流程的后端流程理论上都可前移、并行，进行流程集成与整体优化。通过平行作业的协同，明确各部门协同任务和关键动作，将每个部门平行作业任务嵌入业务流程，推进授信业务全流程优化。

三是推动银行敏捷、高效、精准、质量的统一。商业银行授信业务平行作业，核心要义是并行、前移、协同。通过作业流程的改变，打破条块分割，实现协同作业、信息共享、应用共享、资源共享，通过跨部门、跨领域的任务协同、功能互补、业务集成和服务统筹，实现银行各职能部门之间敏捷、高效、精准、质量的统一。

四是推动建立平行作业协同评价机制。搭建指标共担、利益共享、考核有效、激励到位的平行作业协同考核机制和利益分享机制，通过精准考核机制和精细利益分享机制做到激励机制的公平公正，有效调动参与平行作业的客户部门、风险部门和其他相关部门都履职尽责。

五是推动银行风险联防联控能力提升。通过共享获取额度占用信息，完善银行统一综合授信体系，有效控制风险敞口；通过及时分享信息，及早发现风险苗头，实现早发现、早处置、早化解；通过分享掌控业务逻辑，合理建立风险防火墙，有效隔离风险，不断提升平行作业过程中的风险联防联控能力。同时，参与平行作业的部门、人员要遵循风险底线，不得违反尽职调查的规定、不得违反审贷分离原则，确保合规。

六是推动树立风险管理创造价值理念。把 EVA 和 RAROC 体现到一线，体现在授信业务的每个环节。

授信业务平行作业流程操作规范

一是明确平行作业范围。比如，明确房地产和所有制造业、大中型商业服务业、建筑业、运输业等均要现场平行作业；方案类项下普惠、小微可视情况。又比如，明确各部门平行作业主要在方案阶段。

二是准备工作充分。要依据大数据和 AI 对平行作业客户进行初步画像。可以按照什么价格和条件销售产品及服务。要设计适用不同流程环节和不同客户类型的工作模板。

三是严格现场作业标准。平行作业应是按标准作业。尤其是三查环节的现场调查、走访、核查、面签合同等环节要有严格的现场作业标准。现场作业必须保质保量完成工作任务，做实工作记录。要坚持独立性、客观性。

四是规范报告与沟通流程。客户经理和风险经理独立出具报告，并将各自报告主要内容与对方进行充分沟通。

五是对特定的贷后管理工作也要平行作业，共同操作。从授信业务发生到本金收回或信用结束，重点对客户回访与项目跟进、抵质押物核实、担保人情况跟进、信贷资金监管等要通过现场和非现场平行作业，尽早发现风险隐患、及时采取应对措施，协同做好贷后管理工作。

平行作业过程中需注意的问题

一是独立性。职责、分工明确，不能依靠另一方。

二是有效性。不能走过场，尽职调查要按照制度规定完整、客观、全面进行。

三是质量和效率兼顾。充分发现和解决问题，不能为快而快。

四是定期测评和后评价。

授信业务平行作业的支撑体系

一是梳理整合授信业务操作流程。改串联式操作为并联式操作，在各条线建立平行作业制度流程。

二是以平行作业为核心设置考核体系。可以探索设置：第一，客户类平行作业指标，以评价客户及其上下游链属企业为银行带来的综合收益；第二，设立条线平行作业协同评价指标，协同各方在共担 EVA 和 RAROC 的基础上，共担客户带来业务增长指标、评价平行作业工作质量及效率，将单一部门结果最优转变为整体结果最优，打破部门考核界限，以平行作业为核心设置考核体系。

三是面向客户经理的高透明度绩效考核体系。每个客户经理均可以看到基于模拟利润（风险调整后的资本收益）的考核系统，该做什么客户和业务，不该做什么客户和业务，一目了然，开会动员不再重要，价值导向才最为有效。同时，对风险和违规问题严厉处罚。在这种价值导向下，形成客户经理主动多做客户、分散风险的行为导向。

四是围绕核心产品的中台绩效考核。业务推动部门以产品经理制为抓手，对产品经理以其所负责产品的销售量、营收、利润、授信质量为核心进行绩效考核。这就促使中台部门的产品经理主动培训客户经理，主动改善客户服务水平，主动理顺内部流程。

五是以业务条线为核心的资源配置方式。在批发、零售条线配备专门的科技、风险团队以便快速反应。把人力费用纳入条线费用考核，各条线也不会多配不能产生效益的多余人员。因为确定了费用比例，自己的费用就是自己挣出来的，也不用找财务部门进行过多沟通。

六是基于产品与客户的实战手册。产品部门细化不同客户的实战手册，包括话术、定价。以供一线客户经理方便使用，并尽快导入 PAD 和手机。

七是在贷中、贷后阶段运用大数据或引入监理工程师等方式，借助科技赋能和跨界平行作业缓解贷中和贷后的信息不对称问题。

八是科技支持。借助大数据、AI、BI 和科技系统的支撑，打造企业客户集合式信息平台，将分散在不同机构和条线间的客户信息统一分类、汇总，依托“一机走天下”实现信息的发布、查询，对共享信息和风险信息及时精准传递、提示、跟踪，实现自动配置产品、自动提示风险、自动计量成果的智能化协同模式。

九是在贷前、贷中、贷后信息充分共享的条件下，基于后评价开展流程优化的循环迭代。

*　　　*　　　*　　　*　　　*

授信业务平行作业符合 COSO 组织企业全面风险管理框架（ERM2017）走向。实施风险管理的工作目标是为股东和利益相关方创造、保持和实现价值，强调风险管理嵌入企业管理业务活动和核心价值链是流程级敏捷银行实践的重要应用之一。

第九章 敏捷践行信用风险及资本管理相关要求

“吾师心，心师目，目师华山。”

——王履，《华山图册》

王履在《华山图册》序中对自己的创作理念“形意论”的总结，与张璪“外师造化，中得心源”相呼应，都强调以形达意，重视直达“美感”的本质。对于商业银行而言同理，如何能够望闻问切，穿透风险的真相，精确计量和界定风险，主动前瞻性地敏捷应对损失的不确定性及周期性，是全面风险管理应有之义；而这尤其体现在商业银行预期信用损失管理、资产分类管理和资本管理等方面。

2022 年 5 月，中国银保监会发布《商业银行预期信用损失法实施管理办法》。该办法的发布将使商业银行在实施预期信用损失法的过程中有据可依，将大大提高商业银行拨备管理水平同业间可比性。预期信用损失通过银行拨备覆盖，而商业银行的利润和资本充足率又与银行拨备密切相关，因此，预期信用损失计量是否准确、拨备计提是否充足，直接决定了资本充足率的真实性与可靠性。

中国银保监会、中国人民银行《商业银行金融资产风险分类办法》（以下简称“资产分类新规”）与《商业银行资本管理办法（征求意见稿）》（以下简称“资本管理新规”）于 2023 年 2 月 11 日和 18 日相继发布，加之中国证监会 2023 年 2 月 17 日发布的《首次公开发行股票注册管理办法（征求意见稿）》（以下简称“股票发行新规”）对商业银行股票发行的连带影响，代表着中国金融业治理理念向着精细化、国际化、特色化迈出历史性的一步，也释放了国家层面对金融业未来发展方向和在经济发展中应起作用的定位信号。上述三大监管新规对商业银行借助精益思想、创新方式和数字化手段提高投入产出效率提出了更高要求，也必将加速促进敏捷银行转型进程。

在本章中，笔者将首先分析《商业银行预期信用损失法实施管理办法》出台的背景和意义，以及该办法对商业银行的影响；并在此基础上进一步探讨商业银行应该如何加强预期信用损失管理。其次，笔者将就“资产分类新规”“资本管理新规”“股票发行新规”三大监管新规对银行的影响展开讨论，并提出中小银行应对新规的五大措施。通过本章的阐述与分析，笔者希望能进一步为商业银行加强信用风险管理、提升全面风险管理能力、加快向敏捷银行转型提供些许参考。

第一节　银行预期信用损失管理相关背景

一般认为，银行信用风险可能带来的损失可以分为预期损失和非预期损失两大类。在巴塞尔委员会（BCBS）主导的商业银行监管框架中，预期损失由银行提取的风险损失准备金抵补，如果风险损失准备金不足，就要直接冲减资本，而非预期损失由银行所持资本来抵补。资本充足的标准是银行所持有的资本足以覆盖各类非预期损失。由于预期信用损失通过银行拨备覆盖，合理评估并计量预期信用损失对银行拨备管理至关重要。针对拨备计提，存在两套制度监管要求：一是会计拨备标准；二是监管拨备标准。在财政部发布修订后的《企业会计准则第 22 号——金融工具确认和计量》（以下简称《新准则》）之前，两套标准并行且彼此存在冲突。例如，根据监管拨备标准，在内部评级法下引入了预期信用损失计量方法，银行表内外信贷资产应以信贷资产的预期信用损失为基础计提贷款拨备；而会计标准则采用“已发生损失法”，认为只有当存在减值损失的客观证据时，该项资产才可计提拨备。

2017 年 3 月，《新准则》发布后，要求银行以预期信用损失为基础，考虑前瞻性调整在内的各种可获取的信息，对特定项目进行减值会计处理并确认损失准备。《新准则》的实施，有效缓解了已发生损失法存在的信用风险损失确认“太少太迟”的问题，既体现了会计拨备标准与监管拨备标准的协调与趋同，也体现了金融会计准则与金融审慎监管目标的融合与统一。2020 年 12 月财政部、中国银保监会发布《进一步贯彻落实新金融工具相关会计准则的通知》。根据该通知，2022 年 1 月 1 日后，所有商业银行在计提减值准备时，均需要按照新金融工具准则，以预期信用损失法来测算相应的准备金规模。

第二节　银行预期信用损失管理的现状与趋势

银行预期信用损失管理现状

毕马威 2022 年 5 月发布的《2021 年度上市银行预期信用风险损失披露情况分析报告》为我们刻画了截至 2022 年 4 月 30 日，59 家已完成年报披露的上市银行预期信用损失法实施情况，并有如下发现：

一是减值范围及构成呈现差异化。在 59 家样本银行中，将贷款及垫款分类为以公允价值计量且其变动计入当期损益的贷款（FVTPL）的银行共 10 家，其中国有大型银行 4 家，股份制银行 4 家，城商行 1 家，农商行 1 家。样本银行平均 93% 的发放贷款及垫款以摊余成本计量；票据贴现、福费廷等业务由于双重业务模式分类为以公允价值计量且其变动计入其他综合收益金融资产（FVOCI），平均占比约为 7%；个别银行还有少量分类为以公允价值计量且其变动计入当期损益的贷款。从银行类型来看，国有大型银行以摊余成本计量的贷款（AC）占比最高。

二是各阶段资产计提比例差异显著。在 59 家样本银行中，58 家银行对发放贷款和垫款三阶段计提比例进行了披露，仅 1 家城商行因未按照三阶段披露贷款余额而无法统计。样本银行发放贷款及垫款阶段一资产计提比例平均为 1.84%，阶段二资产计提比例平均为 21.47%，阶段三资产计提比例平均为 65.93%。样本内，阶段一资产计提比例最低的银行阶段一整体计提率为 0.54%，最高的银行阶段一整体计提率为 3.90%；阶段二资产计提比例最低的银行阶段二整体计提率为 7.23%，最高的银行阶段二整体计提率为 54.48%；阶段三资产计提比例最低的银行阶段三整体计提率为 39.77%，最高的银行阶段三整体计提率为 90.77%。由此可见，不同类型银行各阶段资产计提率差异较为明显。

三是前瞻性情景宏观指标选取与更新存在差异。在 59 家样本银行中，57 家银行披露了在前瞻性预测时所采用的宏观指标名称，其中 33 家银行披露了部分宏观指标的预测值，分开披露三情景下宏观指标预测值的银行有 25 家，仅披露综合三情景宏观指标预测值的银行有 8 家，从预测指标明确可看出有 1 家城商行在前瞻性调整里预测了未来两年宏观经济指标对预期信用风险损失的影响。样本内 59 家银行中，42 家银行明确披露会对前瞻性宏观指标进行定期更新，其中 22 家银行披露了具体的更新频率，以季度为频率更新的银行有 10 家；以年度为频率更新宏观指标的银行有 12 家。

四是管理层叠加执行情况存在差异。在 59 家样本银行中，有 16 家银行明确披露了管理层叠加相关内容，其中国有大型银行 2 家、股份制银行 4 家、城商行 6 家、农商行 4 家。

通过以上分析不难发现，在《商业银行预期信用损失法实施管理办法》发布前，各家银行主要参照财政部、中国银保监会发布的《进一步贯彻落实新金融工具相关会计准则的通知》以及财政部等四部门联合下发的《关于严格执行企业会计准则切实加强企业 2020 年年报工作的通知》中关于预期信用损失法的规定构建模型并进行计量。但由于各家银行在模型方法、计量敞口、信息披露、管理制度等方面存在很大差异，预期信用损失法的实施缺乏统一的标准和有效的监控，并主要存在以下三个方面的问题：一是商业银行存在“不愿预期”“不能预期”的问题，“预期”特征未得到充分体现。二是由于缺乏有效的管理和控制，预期信用损失法成为部分商业银行调节利润的工具。三是新金融工具准则对预期信用损失法的规定比较原则化，商业银行在实际操作过程中存在执行不审慎、不统一等问题，影响实施效果。

银行预期信用损失管理的趋势

《商业银行预期信用损失法实施管理办法》（以下简称《办法》）的出台，从治理机制、实施基础、实施过程和监管等方面对预期信用损失法的实施提供了全方位的指引，弥补了《商业银行预期信用损失法实施管理办法》的空缺，将有助于新金融工具准则的有效实施。

《办法》体现了监管部门推动银行预期信用损失法高质量实施的决心，从管理要求、实施要求及监督管理三个方面全面而具体地对预期信用损失法的实施明确了监管的底线要求，为监管检查提供制度依据和保障。

首先，《办法》进一步明确了管理要求。

《办法》通过明确董事会、监事会、高级管理层、牵头部门、内部审计部门等在预期信用损失法实施过程中的职责，从制度、资源保障、数据管理、文档管理等角度，强调对预期信用损失法实施全过程控制，以夯实实施基础。

银行需要重新审视是否已对预期信用损失法实施过程中涉及的重要模型和关键参数进行定义，是否授权清晰；现行管理制度是否涵盖了《办法》中列举的全部领域；内部审计部门是否按照《办法》要求对预期信用损失法涉及的制度落实、政策执行、部门履职以及内部控制和审批流程设计的合理性及执行的有效性进行评估。

其次，《办法》进一步明确了实施要求。

《办法》对预期信用损失法的重要内容明确了实施要求，其中，下列几方面对银行预期信用损失法实施影响较大。

阶段划分：《办法》强调了对阶段划分应坚持前瞻性、实质性风险判断原则，不得将违约概率或逾期天数作为阶段划分的唯一标准，不得用内部评级或风险分类替代阶段划分并对修改或重新议定合同、对公信用风险敞口、阶段上迁标准提出明确要求。

模型验证：《办法》对模型验证的范围、频率、验证内容、验证实施主体以及汇报路径提出明确要求。商业银行需要在投产前完成投产前验证，至少每年一次对模型表现进行持续监控；投产前验证及持续监控需要由独立于模型开发的第三方团队执行。《办法》还要求，商业银行应至少每三年一次聘请独立外部第三方机构进行全面验证，商业银行同年度外部审计师原则上不能作为独立第三方开展全面验证工作。全面验证报告应向高级管理层报告，验证报告应报送监管部门。

商业银行需要重新审视是否建立了独立于逾期天数和五级分类的阶段划分标准；是否满足《办法》中针对对公信用风险敞口、重新议定合同条款、阶段上迁的具体要求；是否建立了模型验证机制，模型验证的范围、频率、验证内容、实施主体及汇报路径是否符合《办法》要求；前瞻性调整的频率、情景数量是否符合《办法》要求，是否对前瞻性信息进行了敏感性分析；管理层叠加的原因、假设、授权审批是否留有明确的文档记录；现有信息披露是否充分。

最后，《办法》进一步明确了监督管理要求。

监管报送：《办法》明确了银行需要定期向监管部门报送的信息，以及监管部门针对《办法》实施情况可以采取的监管措施。

银行需要重新审视监管部门要求报送的信息是否完善；银行是否能够按照《办法》要求于每年4月30日前完成报送。

第三节　银行如何加强预期信用损失管理

基于《办法》的发布历程及监管思路的演进，以及商业银行向数字化转型的大背景，笔者认为商业银行预期信用损失法的实施应当基于一套完备的数字化解决方案，从完善预期信用风险治理架构、夯实信用风险基础数据管理、精细化客户与产品管理、提升宏观经济预测分析能力以及加强专业人才队伍建设五个方面入手，全面提升银行的预期信用损失法管理能力、实现损失准备的精准管控，为银行主体业务发展“保驾护航”。

第一，银行需完善预期信用风险治理架构。

作为数字化解决方案的上层建筑，要求商业银行全面梳理预期信用风险治理架构，强化治理层的监督审批责任，从治理层面保证预期信用损失法的高质量实施，不断健全完善预期信用损失法实施管理机制。进而实现从实际业务风险本质出发紧扣预期信用风险管理要求开展各项管理活动，并通过预期信用风险模型建立科学的、合理的、匹配的、动态调整的信用风险损失准备计量体系。

第二，银行应夯实信用风险基础数据管理。

部分商业银行在过往实践中，存在自身历史数据存储不完备、外部数据未及时更新、人工调整过程未留痕导致减值结果难以复现等问题。数据收集的准确性、完整性是满足准备金评估与复现的必要条件，而完备的数据中台为预期信用损失法的实施与管理提供基本保障。商业银行一方面需建立健全历史数据储存及管理机制，提高银行自身数据及外部数据的收集、积累及管理能力，加强定量信息和定性信息的收集和维护等。另一方面需围绕“业务中台建设重构企业级 IT 架构、全渠道协同建设承载业务流程再造、数据中台建设驱动全行数据治理落地”全面推进数字化转型工程。

第三，银行要精细化客户和产品管理。

预期信用损失模型需持续性地维护客户信息，管理层需着力细化客户与产品的管理，确保客户财务数据、抵质押品估值数据、回款计划数据、资产质量数据、客户评级数据等的更新与维护。在实践中，商业银行需根据产品类型、客户类型、客户所处行业及市场分布等信用风险特征，对信用风险敞口进行风险分组。按照不同分组的风险特征，分别建立前瞻性模型，以计量前瞻性信息指标对特定风险敞口违约表现的影响。

第四，银行需提升宏观经济预测分析能力。

为了推动银行在实施预期信用损失法的过程中保持足够的审慎性，充分发挥预期信用损失法的前瞻性特征，商业银行需加强宏观经济预测分析能力，充分评估前瞻性信息对预期信用损失的影响。商业银行应当根据业务性质确定驱动信用风险变化的前瞻性信息指标。当某前瞻性信息指标与信用风险的相关性发生显著变化时，应及时更换调整前瞻性信息指标。目前国有大型银行及大多数股份制银行都建立了较为权威的数据研究院，在宏观经济预测数据、情景设计、压力测试等方面的研究成果为减值模型计量奠定了很好的基础。然而，中小银行依赖外部机构数据，但是外部机构数据的精细度、更新频率、场景丰富度可能无法满足要求。因此，中小银行应当逐步提升自身的宏观经济数据的收集及自身预测能力。

第五，银行要加强专业人才队伍建设。

为进一步夯实商业银行预期信用损失法的实施基础，商业银行应建立健全职责架构体系，落实专业人员配置，组建预期信用损失法实施管理团队，在各相关部门配备具备预期信用损失法专业知识的人员，确保职责有效落实和执行。在预期信用损失法的具体实施过程中，需要风险管理与建模专业人员基于行内现有系统，根据预期信用损失法的实施要求进行系统建设或升级。此外，《办法》实施过程中的模型操作也需要财务人员在信用风险评估、业务模式测试、合同现金流量测试等诸多方面提供大量专业判断。因此，银行需要通过培训等方式提升风险建模人员、财务人员的专业能力，从而适应新的人员技能需求。

第四节 可持续发展三大监管新规对敏捷银行转型的促进

“资产分类新规”扩大了资产分类所覆盖的范围，不再只是对贷款进行5级分类，同时进一步规范资产分类标准，提高精细化水平。“资本管理新规”对标国际领先实践，充分借鉴了《巴塞尔资本协议Ⅲ》中对风险实质的解读，根据我国国情差异化定制各风险参数，对三大风险加权资产计量、内部资本充足评估和信息披露等进行了详细规定，使之更具中国特色。经过4年的试点，市场各方对“股票发行新规”——注册制的基本架构、制度规则总体认同，资本市场服务实体经济特别是科技创新的作用明显提升，法治建设取得重大突破，发行人、中介机构合规诚信意识逐步增强，市场优胜劣汰机制更趋完善，市场结构和生态显著优化，具备了向包括商业银行在内的全市场推广的条件。从可持续性三大监管新规的发布，并结合2023年3月7日公布的国家金融监管体制改革大背景来看，进一步凸显出强化机构监管、行为监管、功能监管、穿透式监管、持续监管的体系化金融监管导向。

风险分类、资本管理、股票发行三大监管新规的整体影响

三大监管新规出台的影响可分为三个层面，即国家层面、公开市场层面及商业银行层面。其中，对商业银行应对之策的讨论可主要针对两大梯队进行，已经完成内评法合规的五大国有商业银行为第一梯队，股份制银行及头部城商行等中小银行为第二梯队。

从国家层面来看，监管对商业银行服务实体经济及守住风险底线都提出了更高的要求。比如新规通过调整风险权重的方式，引导资金流向实体经济而非同业存单及金融债业务，为化解地方政府债务风险贡献力量。第一梯队银行在融资成本、资本占用、政府关系等方面有着先天的巨大优势，享受着明显红利，在支持实体经济及化解地方政府债务风险上责无旁贷。第二梯队银行则应该以服务实体经济为基本目标，充分利用本部经济圈资源及自身禀赋，在风险与收益间寻求最优解。

从公开市场层面来看，“股票发行新规”相较于主板核准制的相关规定，较大变化是在对发行人的财务指标要求方面，一方面取消了核准制下主板发行条件中关于不存在未弥补亏损、无形资产占比限制等方面的要求；另一方面综合考虑预计市值、净利润、收入、现金流等因素，设置了多套多元包容的上市指标。另外，“股票发行新规”对发行人的主体资格、财务会计、内部控制、规范运行等方面也进行了少量优化。整体来看，新规的修订对包括银行在内的市场主体后续 A 股 IPO 需要满足的发行上市条件等无实质影响；同时，由于本次全面注册制的相关修订不涉及证监会国际部的相关政策法规，目前对于 H 股增发暂无影响。

从商业银行层面来看，新的监管要求同时带来了机遇与挑战。一是从经营视角来看，无论是哪个梯队的商业银行，都应该设定合理的经营目标，同时优化资产结构。比如开展内部管理制度与监管新规的差距分析，基于差距分析结果，勾勒新规呈现的导向性框架，在新框架下审视自身经营目标的合理性、制定资产结构的优化方向、估算结构优化能释放的资本规模等。二是从量化风险管理视角来看。第一梯队银行已经形成了一套较为健

全的用 RAROC 等指标对业务进行考核的机制，需要探索风险计量对业务决策的支持。第二梯队银行应加速建立健全内评体系，争取实现内评法合规。以提升应用效能为目标，将内评模型更深度地嵌入审批流程及绩效考核中去，建立量化指挥棒，使风险管理融入业务发展和绩效考核。与此同时，要利用好政策落地的过渡期，加大化解风险的资源投入和激励约束，逐步将资产分类调整至与监管要求一致。三是从风险化解视角来看，无论哪个梯队都应该仔细解读监管原文，斟酌一字一句背后的用意。四是从金融科技转型视角来看，无论哪个梯队都应该对现有的系统及科技手段进行重检、升级或重构。与此同时需进一步夯实数据底座，更紧密地跟踪前沿技术发展态势，以求更好地识别底层资产风险并更迅速提高风险预警能力，加快向敏捷银行转型。五是从发行股票补充资本视角来看，“股票发行新规”明确了交易所发行上市全面实行注册制，由交易所负责发行上市审核并报中国证监会注册；加强对发行上市审核注册工作的统筹指导和监督管理，统一审核理念，统一审核标准并公开，定期检查交易所审核标准、制度的执行情况。整体来看，在注册制的审核程序下，后续中小银行 A 股 IPO 的整体审核时间及进度将更加透明，进一步增强了 IPO 时间表的确定性。

三大监管新规对中小银行的影响

对于中小银行而言，“资产分类新规”和“资本管理新规”在短期内会对风险拨备计提和资本金带来较大压力，银行需要整体推进治理架构、风险管理、系统建设、数据治理的改进优化；长期来看，银行将得以不断规范业务全流程管理、完善风险基础信息数据、深化风险收益平衡经营思维，实现高质量发展。

短期的具体影响如下：

一是按照“资产分类新规”，短期内中小银行的实际不良资产（银保监会数据口径）将会小幅上升，关注类贷款将大幅上升。银行必须抓紧在 2023 年至 2025 年这三年时间内，尽可能多地消化不良资产和问题资产。部分商业银行未来三年每年实际增提的减值准备与需要增提的减值准备之间存在一定缺口，需要加大计提力度，保证不良资产处置消化。

二是在“资本管理新规”中，信用风险权重法的计量规则更复杂、风险敏感度更高，对基础数据的要求也更高，实施难度更大，对公、零售、信用卡、同业、资金等不同业务条线的风险加权资产消耗结构将会有比较大的变动。一些中小银行由于正处于资产结构调整及转型发展的关键期，“资本管理新规”计量规则的调整，短期将对部分中小银行资本带来压力。主要是因为“资本管理新规”上调了对银行同业、房地产、国内信用证、减值准备比例偏低的违约风险暴露等的权重，并将计算超额损失准备使用的不良贷款口径调整为全口径问题资产，这将增大部分中小银行稳健经营资本充足压力。此外，“资本管理新规”对中小银行表外业务调整的影响进一步加大。例如可随时无条件撤销的对公贷款承诺想要继续采用零的 CCF（信用转换系数）需要满足贷前、贷中、贷后一系列管理要求；对金融机构和个人的可随时无条件撤销的贷款承诺 CCF 为 10%，且未使用的个人循环贷款授信额度的 CCF 至少为 20%；一年以内国内信用证的 CCF 从 20% 调整为 100%。这些调整将导致信用风险 RWA（风险加权资产）明显增加，初步测算对风险资产会产生一定负向影响。

三是关于“股票发行新规”。股票发行全面注册制的实施，将使部分管理基础较好的中小银行 IPO 更加便利，融资渠道更加多元化。只要中小银行在保持稳健经营的同时，始终坚持按照注册制要求做好信息披露等，就可以持续通过 A 股平台 IPO、配股增发股票，以及发行可转债等融资工具，确保融资渠道更加多元化。2023 年以来，已有多家中小银行相继披露了 IPO 准备的最新进展，多家中小银行开始启动上市辅导工作，上市“预备役”队伍有所壮大。

中小银行应对三大监管新规的措施选项

“资产分类新规”和“资本管理新规”两个办法的实施，既是监管要求，也是银行加快推动资产结构调整和提升精细化管理质效、实现高质量发展的内在要求，将为中小银行在新发展阶段助力国家构建新发展格局提供强有力的支撑和保障。

加快资产结构优化调整

相较于现行规则，“资本管理新规”强调资本要求与具体业务经营的联动与挂钩，落实监管要求必须对结构进行深入调整和优化。例如，对符合条件的中小企业及优质企业给予优惠权重，根据贷款价值比细化房地产风险暴露划分并设定不同的权重，但是对监管评级较低的商业银行业务、未进入运营期的项目融资及无法穿透的资管产品投资等则设定较高权重。本质上就是要求银行对客户、业务及产品进行调整、重构，就是银行业的供给侧结构性改革要求，与中小银行的战略导向相契合。全面达标也就意味着中小银行的战略落地、结构调整取得了扎实的成果，高质量发展基础更为坚实和稳固。

提升精细化管理质效

“资本管理新规”是中国版的《巴塞尔资本协议Ⅲ》，是对全球金融业经验和中国金融发展智慧的总结。中小银行的达标过程本身就是推动自身管理不断向先进理念和实践靠拢、提高精细化管理质效的过程。在新办法实施过程中，中小银行应探索建立全面风险管理体系，内评结果应充分融入政策制定及流程管控过程中，全生命周期精细化风险经营模式应基本确立。在新规则全面达标推进阶段，中小银行仍然需要将精细化管理向纵深推进：以监管达标为基础，强化“以客户为中心”的经营管理体系建设，扎实推进客户准入、存量管理等贷（投）后业务流程及系统优化，实现集团层面监管资本的集约化、系统化计量，提升风险管理的价值创造能力。

强化全流程风险管控

全面达标强调事前的全流程风险管控，内部评级等风险参数深入应用于偏好设定、结构调整、客户细分、缓释管理、绩效考核等多个环节，从客户、产品及交易结构等多个维度精细量化各类风险，为精准开展风险分类和制定差异化拨备计提政策提供可靠依据，提升预期损失管理的合理性和精准性。全面达标需要形成完备的嵌入业务全流程的精细化管理措施，支持“以客户为中心”的经营管理理念落地，实现主动识别、管控、消化、吸收风险，支持前瞻性开展逆周期拨备调整，从而主动保持较强的风险抵补能力。

实现经营与战略转型

监管新规中各项政策和风险权重的变化进一步强化了资本配置及考核导向。实现全面达标，要在业务条线及产品层面形成“业务经营—风险计量—资本占用—绩效考核”的闭环，通过风险调整后资本收益率、经济资本等工具，将资源有序分配到前台各业务条线和分支机构，引导全行优化业务结构。同时，只有形成上述闭环，才能够为业务一线准确理解和执行全行战略目标、积极落实精细化管理要求、全面履行“一道防线”风险管理职责提供有效的方法和数据，从而架设起贯通业务经营与战略管理的桥梁。

量身定制资本补充方案

正如中国人民银行金融稳定局局长孙天琦 2023 年 1 月撰文所指出的，“金融改革化险应‘防未病’‘治已病’有效结合”“地方政府应用好专项债补充机构资本，引进战略投资者，推动兼并重组，优化组织结构”。中小银行应缜密剖析自身股权结构特点、公司治理模式、资产风险状况，综合考虑战略转型、股权重组以及公开市场增发、配股、发债、专项借款等工具，量身定制资本补充方案。比如 2020 年 7 月 1 日，国务院常务会议决定“在 2020 年新增地方政府专项债限额中安排一定额度，允许地方政府依法依规通过认购可转换债券等方式，探索合理补充中小银行资本金的新途径”。只有审时度势、已病定治，未雨绸缪、未病先治，中小银行才能在资本层面为稳健经营、健康发展夯实基础。

*　　*　　*　　*　　*

北京时间 2023 年 3 月 11 日凌晨，因硅谷银行（Silicon Valley Bank，SVB）“流动性不足与资不抵债”，美国加利福尼亚州金融保护和创新部（Department of Financial Protection and Innovation，DFPI）宣布由联邦存款保险公司（FDIC）对其进行接管。

硅谷银行的倒闭不是因为硅谷的创业者，而是因为美元利率的急转弯以及华尔街的猎食者，还因为超越自身管理能力边界的快速扩张。其自变量在于硅谷银行负债端和资产端都集中度过高，资产负债结构严重失衡，资产端大量配置了久期很长的持有至到期债券（HTM）和可供出售债券

（AFS），同时，负债端资金来源主要包括一些科创企业和创业投资、风险投资大额不稳定批发存款，这类客户具有高度的同质性，未受保存款比例过高（91%）；其因变量在于数字化环境下流动性危机舆情传播烈度呈几何级数提升，多层级多维度叠加快速挤兑，以致硅谷银行顷刻坍塌；干预变量在于货币政策与监管政策之间缺乏协调，美联储加息节奏过快，利率快速上涨时债券价格暴跌，但硅谷银行可不受美联储流动性覆盖率、净稳定融资比率、补充杠杆率的压力测试约束。

硅谷银行向高科技初创企业及相关私募股权/风险投资（PE/VC）机构提供投贷联动业务模式是敏捷的，但其基于这一业务模式的资产负债风险管理模式适应性进化失于敏捷。

当前正值我国“资本管理新规”修订之际，需要深入分析国内外银行风险案例，将提高资本管理的敏感性、可比性、透明性，强化流动性风险管理，实施大额客户集中度管理等国际监管新趋势“有机适度”融入我国银行监管要求。投行 Rabobank 分析师Michael Every 表示，美联储对硅谷银行的救助就像是 Instagram 的滤镜，“使猫看起来像狗一样”。他认为，银行定期融资计划（BTFP）工具实际上是允许了金融环境的大规模宽松。华尔街普遍认为，加息、量化紧缩（QT）导致银行融资困难。花旗银行认为，美联储需要提前结束其 QT 计划，以保留金融系统中的银行储备金的数量。德意志银行则在报告中说，美联储加息的速度和利率峰值都应该下调，紧缩政策的负面影响会因为美国银行体系的压力而放大。总体而言，在利率上行阶段更应关注银行负债稳定性、金融资产潜在损失和资本充足情况。但是，一国金融监管当局应综合考虑宏观经济形势和微观金融企业承受力，统筹稳妥把握宏观货币政策以及金融资产权益确认、资本充足率最低要求方面的改革进程，避免因推动市场纠偏节奏失衡而放大系统性风险。

第三篇

敏捷银行产品服务创新实践

第十章　敏捷银行绿色金融及ESG创新实践

“水者，何也？万物之本原也，诸生之宗室也。”

——《管子·水地》

《管子》认为，所有事物的本源都可以归结为一点：“水”，“水”代表着自然本该有的样子。这虽然是古代人们很朴素的一种哲学认知，但即便放在今天也丝毫不显过时，人世间万事万物的发展都要坚持敬畏和维护最本初的自然环境。银行发展、银行创新同样如此，也应走符合自然环境规律、社会ESG需要的绿色道路。

第一节　绿色金融的生态银行范式

随着“十四五”规划的实施，我国加快迈入高质量发展的新阶段，坚持和加快绿色发展已成为我国中长期的重要战略目标。全国上下正全力以赴建设人与自然和谐共生的现代化，全面推进节能减排和低碳发展，迈向生态文明新时代。2021年，国务院政府工作报告中提出，我国二氧化碳排放力争2030年前达到峰值，力争2060年前实现碳中和。碳达峰、碳中和作为我国强化气候行动的新目标，不仅为国家应对气候变化战略的积极实施指明了方向，而且为进一步推动经济高质量发展、提升生态环境保护水平提供了强有力的抓手。

“朝发轫于太仪兮，夕始临乎于微闾。”商业银行在打造“生态银行”①、构建生态体系的过程中，需要坚持走绿色发展的道路，坚持“创新、协调、绿色、开放、共享”的发展理念，进一步推进金融服务实体经济和绿色创新领域的实践，探索可持续的绿色金融发展之路，引导和优化金融资源配置，使金融资源能在促进生态环境保护和经济社会发展中达到帕累托最优状态。本章力求从“绿天鹅”风险的防范、宏观经济政策、碳定价等出发，深入分析发展绿色金融的“道、法、术、势”，描绘绿色金融的生态银行范式。

发展绿色金融之“道”：防范“绿天鹅”风险

大“道”至简，发展绿色金融的核心理念就是防止“绿天鹅”风险。“绿天鹅”风险由国际清算银行（BIS）于 2020 年 1 月发布的报告②首次提出，指气候变化引发的对金融市场构成系统性威胁、造成颠覆性影响的极端事件。虽然其名字灵感来自纳西姆·尼古拉斯·塔勒布的《黑天鹅》一书，但与“黑天鹅”相比，“绿天鹅”带来的风险更“高阶”。其一，气候持续变化带来的风险在未来大概率会成为某种现实，而并非意外，如全球变暖。其二，气候风险带来的灾害性和破坏性比传统的系统性金融危机更为严重，甚至会对人类和动物的生存带来威胁。其三，“绿天鹅”是一种涉及环境、地缘政治、社会和经济等动态的且非线性的风险，链式反应和瀑布效应将更加复杂、难以预测。其四，各国央行直接有效的货币政策可以帮助金融机构渡过“黑天鹅”危机，但“绿天鹅”风险带来的影响或太长或太短，央行缺乏有效宏观调节工具，甚至许多国家仍没有划分清楚风险职责的归属。

首先，应对“绿天鹅”风险对于银行而言，既是重大责任要求，也是

① 本文所提的生态银行（Eco Native Bank），是指以有条不紊的内部迭代构筑自进化能力，以数、智、云的比较优势敏捷赋能合作伙伴，以无缝衔接的协作融合打造生态系统，围绕用户全方位需求实现无感泛在、浸润式服务的“金融＋”机构。

② 资料来源：The Green Swan：Central Banking and Financial Stability in the Age of Climate Change。

巨大的发展机遇所在。

气候风险已然成为全球面临的最主要风险，各国都在积极地防范“绿天鹅”事件爆发。自 2015 年联合国气候峰会（COP25）制定《巴黎协定》后，已有上百个国家承诺到本世纪中叶实现碳中和。2019 年底，欧盟首先公布应对气候变化新政——《欧洲绿色协议》，提出到 2050 年欧洲在全球范围内率先实现碳中和。美国总统拜登竞选成功首日，美国就正式重返《巴黎协定》；随后，拜登于 2021 年 12 月签署行政令，要求联邦政府到 2050 年实现碳中和。美国能源经济与金融分析研究所（IEEFA）发布的数据显示，截至 2021 年 5 月，全球已有 33 个国家的 143 家金融机构出台退煤相关政策，其中有 69 家银行、44 家保险与再保险公司、30 家其他类型金融机构（包括出口信贷机构、多边开发银行、开发性金融机构等）。此外，从区域分布来看，有近六成的金融机构来自欧洲（以英国、法国、德国为首），其次是亚太地区（以澳大利亚、韩国居多）和美洲（以美国为首）；从退煤政策发布时间来看，近两年发布的政策占一半以上，这也预示着全球资本正在逃离煤炭行业。

我国碳达峰时间对于《巴黎协议》目标的实现至关重要。2020 年 9 月 22 日，习近平主席在第七十五届联合国大会一般性辩论上宣布“中国将提高国家自主贡献力度，采取更加有力的政策和措施，二氧化碳排放力争于 2030 年前达到峰值，争取在 2060 年前实现碳中和。”因而，碳中和将为中国经济带来一场范式改变，从根本上重塑制造业产业结构，整个社会经济体系将面临一次巨大的变革。数据显示，未来三十年内，我国实现碳中和所需绿色低碳投资的规模至少在百万亿元以上，因此将为绿色金融带来巨大的发展机遇。根据绿色金融发展的经验，90% 左右的资金必须依靠金融体系来组织动员，然而绿色项目一般为中长期贷款，而我国的银行系统平均负债期限只有 6 个月，投资期限错配风险和转型风险都会给金融机构的资产端信贷质量带来巨大的压力和挑战。

作为经济运行中资金的主要提供者和风险管理中介，商业银行在减缓和适应气候变化、促进低碳经济发展过程中起着关键作用。为了有效应对和缓解气候风险对金融业的影响，中央银行和监管部门绿色金融网络

（NGFS）发布了《金融机构环境风险分析综述》和《环境风险分析方法案例集》，呼吁监管部门、金融机构、国际组织、第三方供应商和学术机构共同努力推广环境风险分析在金融业的应用。商业银行不仅要加强自身气候风险意识，建立完善环境风险管理体系，转变经营方式及创新气候融资，而且需要站在生态银行建设的角度，与生态合作伙伴协作，提高应对气候变化风险的能力，从而将“绿天鹅”风险对银行的不利影响降到最低，变挑战为机遇，积极开展绿色金融业务促进经济环境的和谐发展。

其次，在绿色金融实践中，银行要加快对方法、模型的研究、探索，以求更准确地评估“绿天鹅”风险的传导路径和影响范围。

“绿天鹅”风险主要通过物理风险和转型风险[①]两条路径传导至金融体系，造成系统性风险。物理风险是自然灾害本身导致的经济损失或对长期产能有负面影响的风险，可分为如巨灾的急性风险以及如气候变暖的慢性风险。“重启 2020”的呼声不仅针对蔓延全球的新冠疫情，也源于大洋洲山火、非洲蝗灾、英国超强飓风等多只“绿天鹅”的降临，各国经济都遭受了严重的损失。除大量实物与经济损失外，物理风险会通过金融机构资产负债表、银行信贷供求和市场流动性等渠道影响金融稳定。转型风险是指因过快进行低碳经济的过渡转型而导致的不确定金融风险。在低碳转型政策压力下，技术尚未突破，碳密集型产业面临大量资产人为加速折旧，或提前冲销、甩卖，价值下跌，导致企业声誉受损、产能严重过剩、搁浅资产[②]风险显著提升，资本和收入遭受双重损失，违约概率和违约损失率同时提升，债权人和债务人的市场风险及信用风险攀升。

为了预防“绿天鹅”风险，评估物理风险和转型风险对金融机构的传导路径和影响范围，商业银行要积极探索开展气候风险情景分析和压力测试，构建符合自身实际情况的气候风险传导模型，以此评估环境和气候因素如何影响自身资产质量和金融风险。同时当监管部门构建了规范的环境

① 气候变化相关金融信息披露工作组（TCFD）将气候变化导致的金融风险分为物理风险和转型风险。

② 国际能源组织（The International Energy Agency）将其定义为：在正常使用寿命前结束使用、不再产生经济效益的投资，包括矿产开采权、化石燃料储备或可能导致高碳排放的基础设施等。

气候风险分析方法和框架时，商业银行要持续用可比的分析框架、方法和假设进行研究，促进相关风险建模方法不断优化、相关数据质量不断提升，使其能够真正为金融机构业务的长期可持续发展提供前瞻性、实质性的指导。

以情景模型为例，首先商业银行可设置若干气候情景，并将各类气候风险驱动因素输入气候经济传导模型，以评估其对宏观经济、中观行业以及微观企业（金融机构的客户或投资标的）财务的影响，输出结果为经气候风险因素调整后的公司财务指标。其次，将前一模型的输出作为金融风险模型的输入，评估相应的各类金融风险（市场风险、信用风险、操作风险及流动性风险等）情况并输出金融风险度量指标，从而对金融机构的风险进行再评估。最后分析气候变化对系统性金融风险的影响。

发展绿色金融之“法”：宏观经济政策

气候变化本质上具有明显的外部性。一方面，企业生产或居民消费影响气候变化，给他人造成负外部性，但其无需承担碳排放的成本。另一方面，气候变化不仅影响本地区，而且影响其他国家或地区，该影响具有无差别性。外部性导致市场失灵，无法通过“无形的手”进行价格机制的自我矫正，需要宏观经济政策与气候政策“双管齐下”，针对风险特性予以防范或处置。

监管部门应对“绿天鹅”的“四维”

“绿天鹅”风险对宏观经济和金融体系可能造成系统性的冲击。央行作为主要宏观政策管理部门之一，应当在应对气候变化方面发挥关键作用，但是否及如何通过货币政策、金融监管及宏观政策等加以应对，目前尚存争议。一是防范“绿天鹅”风险非法定职能。货币政策并非推进经济结构性改革（如低碳转型）的恰当选择，支持环境可持续性、缓解气候变暖也不是央行法定职责。二是期限错配。货币政策旨在刺激或平抑未来一段时期的经济活动，而气候变化的经济影响太过短期（或太过长期），不足以影响货币政策决策，两者存在天然的期限错配。三是货币政策工具有限。目前，全球进入了低利率甚至负利率时代，可选择的经济调控预防手段少了很多。依据丁伯根法则，央行若将有限工具用于应对气候变化，就难以保障通胀等货币政策目标的实现。四是全球异质性。气候变化问题具有全球性，需全球性解决方案，而货币政策具有主权性，各国货币政策目标并不一致。

绿色金融的政策实践

中国人民银行的一篇研究工作论文表示，从国际经验来看，各央行法定职能与政策工具的不同决定了各央行在应对气候变化中所发挥作用的不同。发达经济体央行多关注价格稳定或金融稳定，其政策独立性较强，避免干扰市场规则与政府其他政策。因此，目前其央行多采用增加信息透明度、开发评估工具等方式，提高金融体系抵御气候风险的能力，如将气候变化作为央行在实现价格目标过程中的重要因素之一，输入对宏观经济或金融行业的压力测试中。新兴经济体央行承担的职能更多，与政府发展目标的关系更紧密，已采取更多直接举措应对气候变化挑战。例如，印度央行设置“优先行业清单”，强制商业银行将固定比例的信贷资源分配给清单企业。孟加拉国央行也规定了金融机构应向绿色行业提供的最低信贷比率，并为商业银行绿色信贷设置央行优惠再融资条款。

中国人民银行多采用将绿色金融指标纳入央行政策和审慎管理工具的策略。2017 年第三季度，中国人民银行将绿色金融纳入宏观审慎评估体系（MPA）中，用绿色金融标准体系对金融机构绿色金融服务情况（主要是绿色信贷和绿色债券）进行衡量和评价。2021 年 6 月 9 日，中国人民银行印发了《银行业金融机构绿色金融评价方案》，结合定量和定性指标建立了完善的评价体系，进一步明确了金融支持的具体模式与路径，约束金融主体“行为”，更好地规范和统领现有绿色金融标准，为保障绿色金融可持续发展奠定了基础。一方面，将绿色金融评价结果纳入央行金融机构评级等央行政策和审慎管理工具，对机构推动绿色金融形成实质性内在约束，有助于从整体上倒推信贷结构优化，更好地促进绿色金融创新和服务绿色发展目标。另一方面，科学合理的绿色金融评价指标体系是绿色金融由理念向实践转变的关键所在，不仅对银行业金融机构创新发展绿色金融相关业务具有正向引导作用，而且能够增强银行业金融机构管理气候变化相关风险的能力，以应对气候变化可能带来的系统性风险。同时，评级结果是开展宏观审慎评估、核准金融机构发债、发放再贷款和核定存款保险差别费率等差别化管理的重要依据。

除了监管要求外，制定综合性可量化指标并作为行业标准也是支持低碳转型和预防“绿天鹅”风险的有效方法。目前，我国银行多采用绿色信贷规模来间接反映对碳减排的贡献，但无法反映信贷投放产生的二氧化碳减排综合效益。在关注传统产业的节能减排升级和产业结构的低碳转型基础上，商业银行要积极探索和优化可量化的综合碳排放效益指标体系，有助于监管部门制定精准的碳减排效率政策以及搭建碳减排效益评估体系，从而助力我国尽早实现碳达峰。如某股份制银行提出综合性指标——信贷碳强度，用于衡量每新增一单位信贷投放将引致的二氧化碳排放量，该指标越低则反映银行对我国低碳发展的贡献越大。

发展绿色金融之“术”：碳定价政策

近年来，碳定价政策成为越来越多国家激励减排的有效工具。碳定价是通过发挥价格的信号作用，使经济主体减少排放二氧化碳，或为排放二氧化碳付费，从而引导生产、消费和投资向低碳方向转型，实现应对气候变化与经济社会的协调发展。

什么是碳定价

碳定价主要包括碳税和碳排放权交易两种形式。前者是通过税收手段，将因二氧化碳排放带来的环境成本转化为生产经营成本。其优点在于见效快、实施成本低以及可实现收入再分配。后者是指企业二氧化碳排放额度的分类和交易，具体政策实施因国而异。自欧盟于 2005 年运行全球首个碳排放权交易市场以来，碳排放权交易体系（ETS）在全球的实施版图不断扩大。相比于碳税，碳排放权交易的优势在于减排效果具有确定性，可通过价格手段促使企业减排，以及实现跨境减排市场的互联互通。根据世界银行 2021 年 5 月发布的《碳定价机制发展现状与未来趋势 2021》报告，当前全球已有 61 项碳定价机制正在实施或计划实施中，其中 31 项关于碳排放权交易体系、30 项关于碳税，共涉及 120 亿吨二氧化碳，约占全球温室气体排放量的22%。

碳定价政策面临诸多挑战

碳定价政策目前依然存在诸多挑战。其一，可能存在碳泄漏风险①，不利于全球减排联动。为有效规避该问题，欧盟已于2021年启动了碳边境调节机制（CBAM）。其二，碳税税率水平较低，或碳排放配额过剩，不利于碳价格机制发挥调节作用。其三，碳价格可能推高“电”等生活必需品的价格，加剧社会不平等问题。其四，碳定价的有效性难以保障。碳价必须在有足够流动性的市场中形成，需要金融机构和大量的买卖方参与才能保证定价的有效性。尽管如此，碳税和碳排放权交易依然成为减排、防止污染的优先政策选择，有助于形成合理、影响深远的碳价格，相关收入不仅可支持清洁能源和低碳技术发展，还可适当补贴受碳税影响的低收入群体。

碳市场的中国路径

碳市场的核心是通过市场化定价，约束排放，激励减排，同时发挥金融的期限转换和风险管理功能，引导跨期投资，推动低碳技术的研发。截至目前，我国碳市场的建设路径已实现从试点市场向全国统一市场的过渡。2011年10月，国家发展改革委②将北京市、天津市、上海市、重庆市、广东省、湖北省、深圳市七省市列为碳排放试点地区，标志我国碳交易正式启动。2020年底，生态环境部出台《碳排放权交易管理办法（试行）》，在明确生态环境部负责碳市场建设的基础上，规定了碳交易主体、碳分配方式、交易标的和交易形式，且明确了CCER③指标来源。2021年5月，碳排放权登记、交易及结算规则出台，碳交易逐渐完成从试点区域向全国统一的过渡。同年6月22日，上海环境能源交易所正式发布《关于全国碳排放权交易相关事项的公告》，规定碳排放配额交易方式。虽然截至目前纳入碳市场管理的行业主要为电力行业，但随着全国碳市场扩容呈现加速态势，

---

① 碳泄漏（Carbon Leakage）指实施碳税或碳排放权交易后，跨国企业可将高碳产业转移至低排放成本地区，致使本应减少的碳排放转移到其他地区排出，造成本地区碳税政策效果大打折扣。

② 资料来源：国家发展改革委《关于开展碳排放权交易试点工作的通知》。

③ CCER（Chinese Certified Emission Reduction）是由中国境内的碳减排项目经政府批准备案后所产生的自愿减排量。

生态环境部表示考虑在“十四五”期间将石化、化工、建材、钢铁、有色、造纸、电力、航空八个重点排放行业陆续纳入全国碳市场。

碳市场本质上是金融市场，应当用金融市场的发展规律来建设碳市场；商业银行可在价格发现、引导预期、风险管理等方面作用于碳市场。一方面，联合生态合作伙伴，从总量目标、交易机制、投资者基础、金融工具等多个角度共同支持碳市场的定价，释放价格信号，稳定市场预期，引导企业自主选择主动减排或购买排放权额度，进行碳减排融资，同时也能减轻财政税收补贴的压力。另一方面，商业银行针对八个重点排放行业制定符合自身风险偏好和可持续战略发展的授信政策，还可对碳捕获、利用和封存（CCUS）及碳沉降相关新兴科技企业进行信贷政策倾斜，为商业银行在低碳转型时代谋篇布局。同时大力发展衍生品市场，开发碳债券、碳远期、碳期权、碳基金等产品，在为企业提供交易中介服务的同时也积极参与碳交易，可加强风险管理水平，防范市场操纵和内幕交易风险。除此之外，在全国碳市场有效联通后，商业银行可进一步探索碳市场的金融属性，配合地方政府推进碳税试点工作，促进碳定价政策的完善，更充分发挥碳价格在应对气候变化方面的信号作用，助力我国低碳转型和实现“双碳目标”。

发展绿色金融之“势”：生态银行

“绿天鹅”风险通过物理风险和转型风险两条路径传导至银行业，导致贷款质量下降引发信用风险，市场价格波动引发市场风险，外部压力增大引发声誉风险，极端事件发生带来操作风险和流动性风险，波及整个金融系统。随着“绿色”已成为我国“十四五”时期发展的重要关键词之一，蓬勃发展的绿色金融给商业银行带来了新的发展机遇，这既是贯彻落实新理念新思路的有效途径，也为商业银行优化流程架构形成内部自洽、提升产品创新能力赋能外部伙伴提供了新的场域和土壤。

“善战者，求之于势。”商业银行应从生态银行和生态系统建设的角度出发，秉持开放创新、合作共赢、自进化与协同进化的理念，聚焦用户的显性和隐性绿色服务需求，搭建多方参与的绿色金融生态圈，把市场做深做细，垂直打通绿色金融服务路径，坚定支持绿色科技创新，服务实体经济绿色产业。同时，积极关注气候变化，开展环境压力测试工作，对投资的项目和企业进行气候和环境风险的识别与分析评价，防范“绿天鹅”风险的发生。

推进绿色金融数字化建设

目前，绿色相关信息收集和披露工作仍处于初期阶段，绿色相关企业和项目往往不会披露量化的碳排放和能耗信息，市场中也缺乏衡量绿色程度的判断依据，投资者无法找到有明显环境效益的绿色企业进行投资。绿色金融综合数据信息管理平台的搭建可以帮助资本市场识别项目或企业是深绿、浅绿、棕色，还是黑色的，有助于通过各种模型对企业的环境效益或绿色表现进行量化评估、排序。

未来商业银行将协同生态合作伙伴，积极探索金融科技在绿色金融创新中的运用，借助互联网、大数据等技术搭建全面的包括行业、区域、企业、项目、产品等在内的多维度绿色金融综合数据信息管理平台，一站式发布绿色金融政策、市场相关信息，包括绿色金融项目库、绿色金融产品、绿色政策库、第三方认证和服务资源、企业环境信息披露、市场分析研究等其他相关信息，为绿色投融资业务提供全面化、数字化和专业化服务。

具体来看，商业银行可从两方面着手搭建绿色金融生态数据库，从而加强客户引流能力。一方面，依托商业银行存量客户初步建立绿色金融数据库，按照绿色产业、夕阳产业等多维度进行分类，并对绿色产业链条上的客户和具有绿色环保需求的客户打标签，以便差异化营销。另一方面，借助外力外脑完善绿色金融数据库。比如，2020 年度国家绿色数据中心名单中有 10 家机构是金融领域的，它们将是商业银行搭建绿色金融生态数据库的主要伙伴。同时商业银行要充分利用各地市场监管、税务、工商、小企业局、法院、公安、社保、海关、司法、环保等政府部门搭建的信用信息服务平台，加强数据信息的自动采集，对外采购数据信息，与第三方科技公司合作对数据进行筛选，利用大数据对绿色金融客户进行分析画像，精准分析企业的生产经营、信用状况，以及要构建以客户引流为导向的线上产品开发，创新营收能力，建立快速迭代的创新与营销文化，探索绿色金融数字化道路。

聚焦生态，激活发展新引擎

在碳中和目标下，高碳资产风险将显著提升，及时调整信贷资源配置，加大对碳减排投融资活动的支持，撬动更多金融资源向绿色低碳产业倾斜，高效开发利用清洁能源是实现碳达峰、碳中和的重大战略性举措。商业银行可深耕行业银行和区域银行，有效甄别不同行业、不同地区的可持续发展投资机会，与生态伙伴相互赋能、协同进化，围绕绿色金融供应链、消费类、平台类等场景，聚焦生态打造核心战略客户生态圈。

其一，做细做深绿色产业，厘清主要绿色行业分类及相关标准，确定商业银行自身的“可持续定义”。一方面，商业银行可制定清晰、量化、可执行的绿色金融发展目标，如绿色投融资目标、绿色产业占比目标、环境效益目标等，从而推动绿色转型。另一方面，商业银行可根据自身资源和产业优势，聚焦绿色融资赛道，对存量客户的环境友好级别归类后，为客户提供差异化服务方案；对增量客户，需深耕细分行业，积累行业的相关知识，从模式创新和底层资产创新两大维度为客户提出针对性的解决方案。

绿色产业被细分为六大一级分类、30 项二级分类和 211 项三级分类，客户分散在如绿色能源、绿色交通、绿色制造、绿色消费、绿色科技等不同的产业体系、场景、渠道和生态的经营活动中。商业银行可在满足自身可持续发展的战略定位下，联合生态合作伙伴共同明确绿色行业的黑名单、白名单和灰名单，为发展绿色金融提供坚实的基础。进一步地，可全面梳理政策倾斜产业，并结合区域和客户组成多维决策矩阵，如重点支持、适度支持和谨慎支持等，在风险可控的情况下，扩大绿色信贷规模，最大限度地支持低碳转型和优化信贷结构。国务院 2020 年 12 月发布的《新时代的中国能源发展白皮书》表明将大力推进低碳能源替代高碳能源、可再生能源替代化石能源，则商业银行可在太阳能、风电、核电、水电、生物质能、地热能和海洋能等行业采用适度放宽准入标准或提供价格让步的方式，为低碳转型的长远发展谋篇布局。

其二，做好区域银行，促进区域内多方协作共赢。在满足国家政策方针的情况下，商业银行可以积极深入研究地方政府关于节能环保产业、清洁生产产业、清洁能源产业、绿色农业、绿色制造业等低碳发展相关政策及绿色基础设施方面规划。同时协助地方发展环境权益交易市场，创新环境权益有偿使用、预算管理、投融资机制，利用好用能权、用水权、排污权和碳排放权等环境权益交易，提高资源配置效率，降低企业的环境成本，提高企业信贷水平。在此基础上，做好 G 端与 B 端的连接器，充分发挥润滑剂作用，为区域内多方生态协作提供资金和专业支持，如开展气候投融资项目，设立气候友好型产业发展基金、项目专项资金，为气候投融资项目提供担保，或建立气候投融资风险分担机制，协助地方建设完善绿色金融和气候投融资基础设施等。

其三，围绕可持续发展的绿色金融供应链、消费类、平台类等场景搭建核心战略客户的生态圈。在经历了行业和区域的筛选后，对于绿色金融领域可持续投资的战略客户，加强“总对总”合作优势，根据集团客户架构关系树，在分析相关数据的基础上描绘出业务生态圈，一户一策，制定综合金融服务方案，激活战略客户业务生态圈。同时，商业银行可通过不同的金融手段协助核心客户将绿色投资外部性内生化，降本增效，提高客户黏性。如对绿色项目进行贴息，或为绿色项目提供担保降低其风险溢价，从而降低绿色项目融资成本、提高收益率；或者通过 PPP 的方式，把周边地区收益率较高项目与收益率不高的绿色项目捆绑运作，提高投资者的整体回报率。

把握绿色金融发展趋势

在政策驱动下，全球低碳转型按下加速键。商业银行要真正把握绿色金融发展四大趋势，创新绿色金融产品与服务，满足多元化、综合化、个性化的需求。

首先，绿色融资需求被激发。截至 2021 年末，我国绿色信贷余额达 15. 9 万亿元，同比增速为 33%。但据统计，财政资金只能满足至多 15% 的绿色投资需求，融资缺口扩大。同时，商业银行中绿色金融资产质量良好，其不良率远低于整体水平。

其次，我国绿色债存量规模截至 2022 年 6 月末已达 1. 2 万亿元，居全球第二位；在绿色债发行方面，仅 2022 年前 11 个月就已发行超 7445 亿元，我国已是全球最大的绿色债券发行国。

再次，以绿色信托、基金、租赁为主的绿色资管产品正在蓬勃发展，尤其是 ESG 类投资。据统计，常被误以为“做公益”的 ESG 投资收益相比传统投资更加稳定，未来将逐渐成为主流。随着监管部门对商业银行绿色金融资产规模和比例考核要求的不断提高，商业银行一方面应积极探索开展对 ESG 评价水平较高的绿色金融资产的快速流转，利用国内外金融市场对 ESG 高评级资产的偏好，大力推进绿色信贷资产证券化，提升绿色金融资产流转速度；另一方面要积极拓展绿色金融资金募集渠道，充分发挥金融资源对碳达峰、碳中和战略目标及各类绿色、节能、减碳项目的支持作用。

最后，碳金融被认为是未来最具潜力的绿色金融场景，碳排放权具有典型的金融属性，预计其现货、期货和衍生品交易以及碳排放权抵押融资等随着相关法律法规的完善都将成为标准化的金融产品。

丰富绿色金融产品谱系

目前，我国绿色金融体系的基本框架尚不完善，绿色金融标准、信息披露水平和激励机制等方面尚未充分反映碳中和的要求。2021 年 4 月，《绿色债券支持项目目录（2021 年版）》的发布就是绿色金融发展路线中的关键一站，不仅统一了绿色债券的准入、品种及数据统计标准，完善了绿色债券相关制度，而且强化了绿色金融激励约束机制，能够有效丰富我国绿色金融产品和市场体系。

生态银行在发展绿色金融、与生态伙伴共建绿色金融生态圈的过程中，需要强化各部门、地方政府的协调配合，紧密围绕生态伙伴和生态用户的绿色金融实际需求。不仅要建立起涵盖绿色信贷、绿色投行、绿色租赁、绿色基金、绿色投资等领域的多元化绿色金融产品谱系，而且要围绕清洁能源、绿色交通、绿色建筑、绿色农业等行业的融资项目设计支持绿色和低碳转型所需的金融产品和服务。同时需从标准、披露、激励和产品等多个维度系统性地调整相关授信政策，准备迎接“碳达峰、碳中和”所带来的绿色金融新机遇。

一是创新研发绿色金融产品及服务。一方面，积极发行政府绿色专项债、中小企业绿色集合债、气候债券、蓝色债券以及转型债券等创新绿债产品，不仅可以解决企业和银行的资金期限错配问题，提升中长期项目服务能力，而且有助于降低资金成本。同时绿色金融债更容易满足国际投资者偏好，有助于优化客户结构。另一方面，发放跟“碳足迹”挂钩的贷款。贷款定价可以跟获得资金支持的企业或者项目的碳足迹挂钩。如果企业能够把碳足迹降到预期之下，利率就可以降下来，反之则相反。利率变化的幅度和方向取决于碳足迹的表现。结合对新增绿色贷款的优惠政策，可激励企业的减排行为，支持企业进行低碳转型。

二是丰富零售端绿色金融产品。消费端的绿色行为依赖于整个社会绿色体系的完善。但目前零售端绿色金融产品仍是“蓝海”，商业银行可未雨绸缪，开发如绿色按揭贷款、绿色理财、绿色信用卡、绿色消费贷等，在帮助国家节能减排的同时提升行业竞争力，加强客户黏性。蚂蚁森林就是一个成功的案例，借助支付宝积累的数亿客户群，将所有参与客户的绿色行为和在支付宝生态内的服务使用与种植树木相连接，转变为实际的碳减排。在这个过程中，蚂蚁森林赚得了良好的声誉，吸引了更多用户，用户黏性增强。而“渤碳庄园”作为渤海银行的首个绿色碳账户，以种植植物的养成游戏方式，将绿色行为与银行权益挂钩，以银行产品服务鼓励用户参与社会减碳目标的达成。

三是发行“债转股”盘活信贷资产，优化资产结构。针对产能过剩和高污染、高耗能行业，商业银行可通过“债转股”模式，盘活自身信贷资产，逐步退出高耗能、高污染等夕阳行业，该方式有利于降低商业银行信贷风险。同时要用好各项差别化政策，持续提高绿色信贷占比。

四是借鉴成功经验，继续开发和创新碳金融产品和服务。如针对碳市场，积极开展结算与存管服务，碳资产的管理服务以及碳资产抵质押、回购、碳债券等“涉碳融资”。同时根据发展战略进行规划，建立与银行碳融资业务相适应的风险防范机制以及针对性的创新贷款管理机制。

加固“绿天鹅”风险防控底板

在推动绿色金融发展的过程中，商业银行要加固“绿天鹅”风险防控底板，着力构建包含事前预警、事中监控、事后分析等在内的集“防、控、避、处”于一体的智慧化风控体系，不断提升风险管控水平。

一是认真核实客户项目，防止“洗绿、染绿”风险，即部分业主为了享受国家和地方政府层面给绿色项目的优惠或支持政策，通过造假的手段满足验收时点的要求，从而骗取补贴和贷款。同时，严格执行客户环境和社会风险分类管理，在客户准入时准确识别环境和社会风险，并在贷后跟踪管理时进行重检。部分处于起步阶段的绿色行业过度依赖政策和财政扶持，需时刻关注客户和项目的现金流问题，以防财政补贴无法按时到位可能导致的违约风险。

二是学习掌握气候情景分析方法，将“绿天鹅”风险纳入其风险控制及投资决策中，并通过开发环境压力测试等量化工具对碳密集行业的极端风险进行评估，提升银行自身风险管理能力，建立“绿天鹅”风险的管理制度和流程，以提高抗击风险能力。

三是建立绿色金融信息共享生态圈，开展风险动态管理。通过打造绿色金融产品、推广绿色金融服务、运用金融科技等手段开展风险动态管理，以减少投资者因气候风险造成的损失。在金融机构内部、各机构之间以及与利益相关者之间开展相关合作，进行气候风险相关信息与成果共享。

四是用发展的眼光看待政策变化，分析监管趋势，对标和学习 TCFD 的管理披露建议，制定时间表。借助 TCFD 气候相关财务信息披露工作组、GIP、IOSCO 可持续金融网络等国际交流平台，加强与其他国际金融机构之间的沟通与合作，积极参与国际气候风险金融防范体系建设。

规划自身碳中和路径

绿色生态银行的打造，需要以银行自身运营的绿色转型为基础前提。商业银行可制定碳中和目标，协调业务发展与碳减排、整体与局部、短期与中长期之间的关系，建立健全运营机制，推动商业银行自身运营的碳中和，建设碳中和银行。

第二节　商业银行在 ESG 浪潮中的角色与机遇

自 2020 年我国提出“双碳”目标后，绿色金融领域在近两年实现了跨越式发展。绿色信贷、绿色债券、绿色基金、绿色保险等绿色金融创新产品层出不穷，绿色银行、碳中和银行、绿色金融事业部等绿色专营机构逐渐普及。随着绿色金融体系的日趋完整，我国目前正在从侧重单一环境维度的管理，提升至包含环境、社会和治理等在内的多维度的管理，即当下我国正在步入全面、系统化发展 ESG 可持续金融的窗口期。

商业银行在金融市场上占最大的市场份额，一般被公认为处于市场领导者地位。随着 ESG 投资快速发展，全球各大资本市场也加强了对企业 ESG 信息的披露要求。如何将 ESG 理念融入银行全部门、全流程治理体系，优化投资模式，防范 ESG 相关风险，提高治理效率，是当下商业银行实现可持续发展亟待解决的关键问题之一。

2022 年 6 月 1 日，中国银保监会发布《银行业保险业绿色金融指引》，其中也明确提出，银行保险机构应当有效识别、监测、防控业务活动中的环境、社会和治理风险，重点关注客户（融资方）及其主要承包商、供应商因公司治理缺陷和管理不到位而在建设、生产、经营活动中可能给环境、社会带来的危害及引发的风险，将环境、社会、治理要求纳入管理流程和全面风险管理体系，强化信息披露和与利益相关者的交流互动，完善相关政策制度和流程管理。

ESG 的内涵与政策支持

ESG 是环境（Environment）、社会（Social）、治理（Governance）的简称。ESG 理念应用到企业评价中，将重点考察企业环境责任、社会责任和公司治理等非财务指标，呼吁企业在谋求商业利益的同时兼顾责任，推动企业重视长期利益，践行可持续发展理念。目前，ESG 概念广泛应用于上市公司企业主体评价、ESG 投资及企业信息披露等多个领域。中国银保监会在《关于推动银行业和保险业高质量发展的指导意见》中明确提出，银行业金融机构要健全环境与社会风险管理体系，将环境、社会、治理要求纳入授信全流程，从监管角度对商业银行 ESG 治理提出要求和指引。商业银行作为可持续金融的主要参与者，应当推进自身 ESG 治理体系建设、提高 ESG 风险管理水平、优化投资决策、提高自身可持续金融发展水平。

表 10-1　　我国 ESG 相关政策文件汇总

年份	发布部门	政策文件	主要规定
2007 年	国家环境保护总局	《环境信息公开办法（试行）》	强制超标、超总量排污的企业公开披露环境信息
2008 年	国家环境保护总局	《关于加强上市公司环境保护监督管理工作的指导意见》	积极探索建立上市公司环境信息披露机制
2008 年	上海证券交易所	《关于加强上市公司社会责任承担工作暨发布〈上海证券交易所上市公司环境信息披露指引〉的通知》	要求上市公司加强社会责任承担工作，及时披露公司在员工安全、产品责任、环境保护等方面承担社会责任的做法和成绩，并对上市公司环境信息披露提出了具体要求
2014 年	环境保护部	《企业事业单位环境信息公开办法》	重点排污单位应当公开制定环境信息
2016 年	人民银行等七部委	《构建绿色金融体系的指导意见》	建立和完善上市公司强制性环境信息披露制度，实行“三步走”计划
2017 年	证监会	《公开发行证券的公司信息披露内容与格式准则第 2 号——年度报告的内容与格式（2017 年修订）》	规定公司在报告期内以临时报告的形式披露环境信息内容的，应当说明后续进展或变化情况；重点排污单位之外的公司可以参照上述要求披露其环境信息，若不披露，则应当充分说明原因；鼓励公司自愿披露有利于保护生态、防治污染、履行环境责任的相关信息
2018 年	证监会	《上市公司治理准则》修订版	上市公司应关注所在社区的福利、环境保护、公益事业等问题，重视公司的社会责任，确立 ESG 信息披露的基本框架
2020 年	深圳证券交易所	《深圳证券交易所上市公司信息披露工作考核办法》	对上市公司是否主动披露 ESG 履行情况，报告内容是否充实、完整进行考核，并有加 1 分的机制
2021 年	证监会	《上市公司投资者关系管理指引（征求意见稿）》	纳入了 ESG 内容
2021 年	生态环境部	《环境信息依法披露制度改革方案》	目标是到 2025 年环境信息强制性披露制度基本形成

续表

年份	发布部门	政策文件	主要规定
2021 年	生态环境部	《企业环境信息依法披露管理办法》《企业环境信息依法披露格式准则》	年度报告规定了关键环境信息提要，污染物产生、治理与排放信息，碳排放信息等内容，管理办法要求按照准则编制年度环境信息依法披露报告和临时环境信息依法披露报告，并上传至企业环境信息依法披露系统
2022 年	银保监会	《银行业保险业绿色金融指引》	银行保险机构应当有效识别、监测、防控业务活动中的环境、社会和治理风险，将环境、社会、治理要求纳入管理流程和全面风险管理体系，强化信息披露和与利益相关者的交流互动，完善相关政策制度和流程管理

商业银行 ESG 发展状况

可持续金融从量转化为质的提升

自 2004 年联合国全球契约组织将十项可持续发展的价值观和原则归纳为环境、社会和治理三个维度，正式提出 ESG 概念后，ESG 逐渐得到了国际社会的广泛认同。伴随着政策规则的日益完善，特别是在碳达峰、碳中和背景下，以 ESG 为代表的可持续发展受到了前所未有的重视。将 ESG 理念融入金融商品和服务逐步被广大投资者和企业所认知，从量的增加转型为质的提升，永续金融发展逐渐走入深水区，将是不可避免的趋势。

从 MSCI（Morgan Stanley Capital International）发布的 ESG 评级指数可以发现，全球对 ESG 的关注明显提升。从全球前三十大金融机构的 MSCI ESG 评级来看（见图 10－1A），2016 年至 2020 年，多数机构的评级结果都逐年攀升，直到 2020 年底几乎都介于 BB 级与 A 级之间。此现象说明可持续金融已普遍受到国内外金融机构的重视。分行业来看（见图 10－1B），商业银行表现好于投行及券商。在全球 201 家银行中 ESG 领先银行约占 16%（其中 ESG 评级 AAA 级占 1%，AA 级占 15%）；相较而言，在 56 家投行及券商中，ESG 领先者仅占 6%（其中 AAA 级占 2%，AA 级占 4%）。由此可见，商业银行对于 ESG 的关注处于金融领域的领先位置。

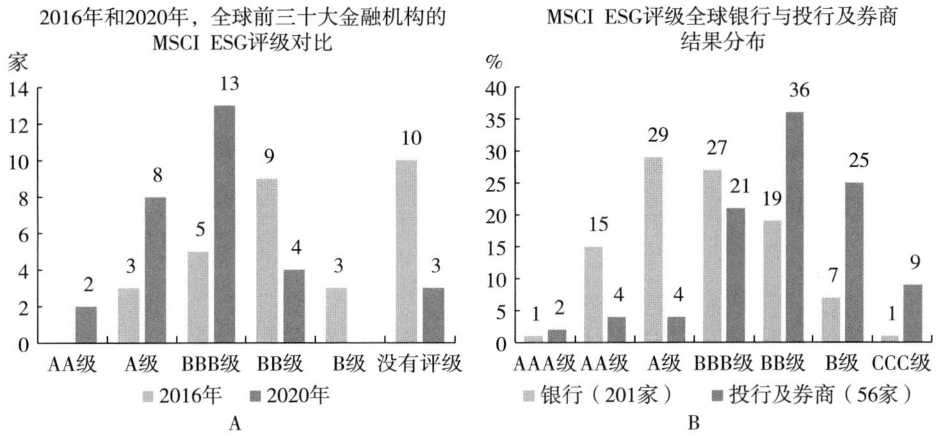

图 10－1　MSCI ESG 评级结果对比

商业银行 ESG 发展起源

ESG 理念起源于可持续发展理念。企业虽然承担了经济发展的责任，但是只有平衡自身效益、环境利益和社会利益，实现协调发展，才能保证自身和整个社会的长期可持续发展。早期，银行业通过签署可持续发展公约等方式，促进自身可持续发展。其中，“负责任银行”和“赤道银行”是目前国际上银行机构践行可持续发展理念的重要途径。“负责任银行”旨在鼓励银行在最重要的领域设定目标，在战略、投资组合和交易层面以及所有业务领域融入可持续发展元素，确保签署银行的战略和实践符合联合国可持续发展目标（SDG）和《巴黎协定》。“赤道银行”是指已宣布在项目融资中采纳赤道原则的银行。赤道原则是参照国际金融公司（IFC）的可持续发展政策与指南建立的一套自愿性金融行业基准，旨在判断、评估和管理项目融资中环境和社会风险，倡导金融机构对项目融资中的环境和社会问题尽到审慎性核查义务。我国签署《负责任银行原则》和《赤道原则》的银行机构见表 10－2 和表 10－3。

表 10－2　　签署《负责任银行原则》的银行机构

序号	银行类型	银行名称
1	国有大型银行	工商银行
2		邮储银行
3		中国银行
4	股份制银行	兴业银行
5		华夏银行
6		恒丰银行
7	城商行	九江银行
8		四川天府银行
9		江苏银行
10		重庆三峡银行
11		吉林银行
12		苏州银行
13	农商行	江苏紫金农商银行
14		青岛农商银行
15		广东佛冈农村商业银行

表 10－3　　签署《赤道原则》的银行机构

序号	名称	采纳时间	地区
1	兴业银行	2008 年 10 月	福建
2	江苏银行	2017 年 1 月	江苏
3	湖州银行	2019 年 7 月	浙江
4	重庆农村商业银行	2020 年 2 月	重庆
5	绵阳市商业银行	2020 年 7 月	四川
6	贵州银行	2020 年 11 月	贵州
7	重庆银行	2021 年 2 月	重庆
8	福建海峡银行	2021 年 12 月	福建
9	威海市商业银行	2021 年 12 月	山东

商业银行探索 ESG 发展模式过程中遇到的挑战

从大方向来看，随着 ESG 相关监管力度的不断加大，发展 ESG 已成为商业银行的必然选择。若商业银行不主动建立和完善自身 ESG 发展策略，可能将会面临如声誉危机等一定程度的监管和外部风险。从“E”来看，商业银行业务迎来诸多不确定性，如高碳行业从碳密集型向清洁能源转变，产业结构不断调整和变化，银行难以依赖于运用历史数据或现有的风险评估框架来预测企业信用等级，对高碳行业的贷款利率和定价将会显著改变。但随着聚焦于支持高碳行业按照全球或区域的气候目标和路径进行有序转型的“转型金融”发展，高碳企业低碳转型融资有了新的选择，同时商业银行业务也面临着新的不确定性。商业银行应该准确识别 ESG 趋势所带来的业务不确定性，并在 ESG 战略规划中予以体现。从“S”来看，金融消费者权益保护将会是商业银行更关注的内容，要从前端把控，将消费者权益保护理念贯穿到经营管理的各个环节，切实保护消费者隐私和信息安全。从“G”来看，对于公司治理水平和 ESG 相关信息的披露，商业银行要研读监管要求，提升自身治理水平，持续完善银行框架，强化内部治理，同时积极履行社会责任，督促并指导融资企业按监管要求提高 ESG 治理水平和信息披露质量。

更具体地看，ESG 理念改变了商业银行原有的融资模式和授信原则。

第一，绿色与可持续融资的兴起改变了融资结构。由于 ESG 理念的融入，银行融资发生了显著的变化，绿色融资、可持续融资相关的债权商品都呈现稳定的成长趋势。为配合绿色转型，银行从业人员也开始涉足绿色领域的研究并逐步积累了丰富的审批经验。但 ESG 相关贷款①除了绿色授信外，还包括社会授信和可持续授信，后两者相关领域在社会上仍然属小众。但预计随着 ESG 的发展，商业银行的融资结构应会发生进一步变化。

第二，在 SLL（Sustainability-Linked Loans，可持续发展挂钩贷款）的热潮下，SLLP（Sustainability-Linked Loan Principles，可持续发展挂钩贷款原则）和融资模型需要完善、改变。SLL 是指银行在授信时，参考企业在 ESG

---

① ESG 投资研究机构 Sustainalytics 将市面上类似的授信产品按照资金用途差异由窄到宽分为三类。（1）绿色授信，贷款用于环境保护或气候相关支出，例如塑胶资源回收。（2）社会授信，贷款用于能够发挥社会影响力之专项，例如，身心障碍者的职能培训。（3）可持续授信，贷款用于绿色与社会关怀相关专项，比如培训身心障碍人士投入塑胶资源回收产业所需专业技能。

的 SPT（Sustainability Performance Targets ，可持续绩效目标），并通过利率优惠给予支持，希望借此提升企业制定 SPT 的动机。SPT 目标包括提升能源使用效率、减少温室气体排放、增加再生能源使用、节约水资源、增加可持续物料采购、循环经济以及提升外部 ESG 评级等。与传统绿色融资相比，SLL 可广泛应用于一般企业贷款，并不必然局限在绿色用途，资金的调度更有弹性，可以增进企业对 ESG 潜在风险的抵御能力。商业银行在开发 SLL 产品时，可遵照 SLLP，首先界定借款企业的可持续目标，然后衡量借款人的可持续表现；其次定期审阅企业书面报告；最后依赖第三方机构的审查。然而，对 ESG 的表现如何进行标准化评价，如何监测 SLL 借贷资金用途，仍是未解决的挑战。若无法律强制规范，则 SLL 可能会产生漂绿、漂可持续风险。这也表明 SLLP 亟待进一步完善，以配合 SLL 的快速发展。

第三，ESG 的融入，改变了授信尽调原则。除了积极开发绿色可持续相关的授信产品之外，授信尽调准则中纳入 ESG 理念也是银行履行可持续发展的关键环节。赤道原则可为 ESG 授信尽调准则提供具体的参考架构，但只能用于专项融资，一般授信仍无法使用，这也是一个亟待解决的问题。问题的解决主要包括六方面：（1）将 OECD 所定义的 RBC（Responsible Business Conduct，责任企业行为）导入决策与管理体系，商业银行使企业决策的制定、协商与 RBC 紧密结合，以风险评估基础作为贯穿尽职调查工作的主要原则，并定期披露决策信息。（2）商业银行必须辨识和评估所有潜在的 RBC 风险，不仅要利用客户信息以及第三方市场研究报告来初步识别客户本身运营及业务关系，还要寻求额外的咨询顾问对是否涉及高风险部分进行进一步评估。（3）基于不利影响的评估，终止、防范和减轻不利影响。（4）追踪及检测 RBC 相关议题落实是否有成效。（5）银行应就 RBC 议题的目标、政策、有关作业流程，沟通如何处理不利影响。（6）必要时采取补救措施，如银行级别的申述机制等。

第四，融资业务与可持续金融需要对应统一的 ESG 标准。从 ESG 评价标准来看，影响不同行业可持续发展的指标不尽相同，要针对各行业的财务特征、非财务指标和行业特色指标，在“E、S、G”三方面科学地建立指标评价标准，并基于机器学习和量化的方法对不同行业企业、不同指标之间的复杂关系进行建模。只有建立了可靠有效的指标体系，ESG 才能被更好地运用于银行业务中。同时，统一的、可供比较的 ESG 标准是推动 ESG 发展，防止漂绿、漂可持续，强化金融机构按照规范进行相关融资决策的关键。但根据欧洲地区银行授信产品与 Taxonomy（欧盟可持续金融分类标准）相容性的测试结果，在 26 项监测商品中，7 项为可符合，8 项部分相容，11 项不确定是否符合规范（占比逾 42%）。各种标准的实际制定和实施并不容易。

第五，统一的可持续原则如何导入银行框架。以德意志银行为例，其运用三道关卡和三种参数来进行检查。参数 1 为所得款项用途：是否与可持续经济活动相关，资金用途是否符合环境、社会标准门槛；参数 2 为公司运营背景：公司 90% 以上的营业收入来自符合可持续框架的运营活动；参数 3 为金融产品特性：是否为可持续发展挂钩贷款产品。若三关的答案皆为否，则无法归为可持续金融。每个商业银行在发展 ESG 的过程中都需要根据自身业务结构，搭建自己的“决策树”，从而将 ESG 原则融入自身的战略规划中。

我国商业银行 ESG 发展策略

商业银行应深入研究国际主流 ESG 评级体系和国内外 ESG 领先银行的良好实践，在 ESG 内涵、ESC 评分、信息披露机制等方面向先进同业对标看齐，明确提升自身 ESG 评价水平的关键要点，据此采取针对性措施补齐 ESG 管理短板，并结合商业银行自身的资产结构和客户类型探索建立具有差异化的内部 ESG 评价指标体系，用以指导风险管理、投资分析和资产配置。

第一，完善 ESG 制度流程，将 ESG 管理要求纳入商业银行顶层设计、日常经营和全面风险管理中。

面对碳达峰、碳中和政策背景下我国产业结构、能源结构的变革转型，为确保金融业务的绿色、健康、可持续发展，商业银行可基于国际通用的赤道原则搭建环境与社会风险管理体系、建立和完善内部 ESG 管理体制、构建科学合理的可持续金融业务流程、加强可持续金融市场研究，做到 ESG

风险有效识别与准确计量，并将其融入与业务相关的顶层设计、日常经营管理以及全面风险管理之中。

商业银行应建立 ESG 投资管理制度和流程。商业银行要重视 ESG 理念，逐步完善 ESG 策略的体系建设，构建 ESG 评估和投资体系，将 ESG 理念贯彻到各类投资的决策过程中，同时将 ESG 作为重要的因子纳入产品设计和风险管理中。ESG 理财有投资起点低、期限灵活性大以及主体信用评级高三个显著特点，且其收益不低于传统投资。虽然泛 ESG 主题基金随着碳中和、光伏和新能源等热词有所扩容，但 ESG 投资理念却尚未普及，加之国内银行理财子公司成立较晚，目前国内 ESG 主题理财较少且以固收为主。未来伴随着 ESG 投资体系向着本土化和标准化发展，ESG 理财产品种类将更加丰富，逐步成为助力我国低碳转型和高质量发展的重要抓手，商业银行要抓紧谋篇布局。

商业银行可借助 ESG 评价方法、工具，对现行风险管理体系进行提升改造，并在此基础上实现对环境、社会和治理风险的有效管控。一是开展 ESG 风险分类管理。参照赤道原则环境和社会风险管理体系，对具有一定融资规模的中长期融资项目进行环境和社会风险分类，针对融资项目申请人参照国内外主流 ESG 评分结果对其治理风险水平进行分层分类，从而有效识别融资项目和融资人主要环境、社会及治理风险点，综合确定融资项目的 ESG 整体风险分类结果，并作为内部评级、授信准入、管理和退出的重要依据。二是强化 ESG 风险过程管理。对 ESG 风险分类较高的融资项目和融资人采取强化尽职调查、修订合同条款、差异化风险定价、加强授信后管理等针对性风险管理措施，不断完善以 ESG 管理为基础的风险管理流程。三是在资本管理方面，商业银行可借助 ESG 评级体系优化现行经济资本分配方式，结合融资项目 ESG 风险分类结果相应调整经济资本分配比例，优先支持符合监管政策导向、环境社会效应良好、融资人治理结构完善的项目，实现商业银行整体资产配置结构的持续优化，逐步压减低 ESG 水平的棕色资产，以有效应对“双碳”及 ESG 可持续发展背景下的经济结构转型风险。四是通过开展 ESG 风险压力测试量化分析 ESG 风险对商业银行带来的影响。

第二，加大 ESG 评价结果运用，推动优质金融资产流转，制定 ESG 专项业务规划，促进供应链金融企业 ESG 信息披露。

商业银行一方面应积极探索开展对 ESG 评价水平较高的金融资产的快速流转，利用国内外金融市场对 ESG 高评级资产的偏好，大力推进 ESG 高评级信贷资产证券化，提升 ESG 高评级金融资产流转速度，拓展 ESG 资金募集渠道，充分发挥金融资源对 ESG 可持续发展战略目标及各类 ESG 项目的支持作用。另一方面，商业银行可制定清晰、量化、可执行的 ESG 可持续金融发展目标，如 ESG 投融资目标、ESG 友好产业占比目标、ESG 效益目标等，从而推动 ESG 转型。同时商业银行可根据自身资源和产业优势，聚焦 ESG 融资赛道，对存量客户的 ESG 友好级别归类后，为客户提供差异化服务方案；对增量客户，需深耕细分行业，积累行业的相关知识，从模式创新和底层资产创新两大维度为客户提出针对性解决方案。强化银行 ESG 评价结果的应用有利于倒逼供应链金融企业进行 ESG 信息披露，引导企业重视可持续发展理念，促进其健康发展。

第三，加强银行自身 ESG 信息披露，提升 ESG 信息披露质量，构建我国特色 ESG 评级体系。

未来银行 ESG 信息披露将会呈现越来越严格的趋势。银行要遵循《金融机构环境信息披露指南》《关于加强上市公司社会责任承担工作暨发布〈上海证券交易所上市公司环境信息披露指引〉的通知》等信息披露相关文件，应进一步参考 SDG、GRI、TCFD 等国际主流 ESG 信息披露标准，建立健全自身环境信息披露框架，加强环境信息披露质量。从资本市场角度看，由于 ESG 投资理念获得越来越多国内外投资机构的认可，上市银行的财务表现与 ESG 表现同样重要，ESG 信息披露质量的不足有可能会对商业银行股票及金融债券发行、再融资能力造成不利影响，需要引起高度重视并采取有效措施加以改善。

对标国际 ESG 领先银行的信息披露标准，商业银行可进一步提升对 ESG 信息披露的规范化水平，强化 ESG 信息披露的专业服务能力。一是明确各类 ESG 信息披露的范围和深度，结合自身经营特点构建 ESG 指标体系，在公司年报中披露相关内容，并逐步探索编制专项报告，如 ESG 报告、社会责任报告、可持续发展报告、绿色金融报告等。二是提升 ESG 质量，根据实际情况增加定量指标比重，提升全行信息披露内容质量。三是推动 ESG 信息披露实现与监管部门、股东、客户、供应链、社会公众的交流互动。及时针对 ESG 议题与市场进行沟通反馈，传递 ESG 理念，树立商业银行形象。

同时，以 ESG 信息披露为基础，构建我国特色的 ESG 评价体系，通过“以评促改”的方式，不仅可明确企业在 ESG 实务中需要着重改进和加强的薄弱环节，推动企业持续深化 ESG 实践，提升企业可持续发展能力，还有利于将绿色可持续发展由单向传递升级为双向传导，促进更多的市场主体积极参与 ESG 建设。这也将提升国内市场 ESG 信息披露的完整性和透明度，让商业银行及其利益相关者对 ESG 理念和要素形成更透彻的了解和认知，推动 ESG 理念在我国良好健康发展。

第四，科学、系统地规划全行级 ESG 建设，全面提升自身 ESG 治理能力。

一是建设 ESG 机制体制。从战略规划和公司治理层面将 ESG 纳入全行业务高质量发展体系，按照“董事会—高级管理层—职能部门/团队”的架构搭建 ESG 治理框架，进一步明确 ESG 建设目标、实现路径和职责分工。二是形成与 ESG 相适配的“数据基础设施”。ESG 管理依赖于大规模的非结构化数据，为了将 ESG 理念更深入地融入日常运营中，发挥决策支撑作用，商业银行必须加速数字化转型。将大数据、人工智能、云计算等技术投入银行智能营销、智能经营、风险管理等场景建设，对行内非财务信息数据进行治理和整合，积极引入监管数据、新闻媒体、企业公开信息等多元化数据源，支持 ESG 数据的集成以及在投融资部门的有效流通，使海量 ESG 数据得以整合、流转，打破“ESG 信息孤岛”局面，使 ESG 管理与日常运营融合，使与内外部利益相关者的沟通更加高效，从而构建起商业银行 ESG 生态体系。三是将 ESG 因素嵌入现有信息系统中和搭建自身 ESG 可持续金融系统。基于金融科技手段建立 ESG 评估机制，将 ESG 因素融入信贷管理、违约率模型、产品创新等环节；依托 ESG 可持续金融系统开展客户 ESG 管理、环境与社会风险识别、监管数据监测与管理、ESG 友好业务识别、ESG

友好资产管理、赤道原则评审等，为绿色及 ESG 友好业务赋能。四是提升 ESG 专业人才储备，将 ESG 纳入考核和激励机制。绿色金融业务和 ESG 涉及经济、金融、环境、工程等多学科领域，提升机构的专业人才储备极为重要。同时，为配合绿色及 ESG 可持续金融业务目标，商业银行应配套设立对机构和个人的业绩考核指标与绩效激励措施，将 ESG 绩效与高管业绩考核挂钩，并对所有员工对商业银行环境和社会业绩作出贡献的行为进行激励。

*　　　*　　　*　　　*　　　*

总而言之，ESG 正在成为人类社会发展至关重要的一种核心潮流，商业银行在 ESG 浪潮中首先应加强自身 ESG 信息披露与治理模式变革，提高自身 ESG 风险应对能力和可持续发展能力；其次，要结合自身业务分布的行业特征，加强业务过程中的 ESG 风险识别、管理和 ESG 评价结果的应用，以提升融资客户 ESG 信息披露水平；通过自身治理体系建设和业务管理模式转变，实现银行可持续发展。

第十一章　敏捷银行养老金融创新实践

“老去悲秋强自宽，兴来今日尽君欢。
羞将短发还吹帽，笑倩旁人为正冠。”
——杜甫，《九日蓝田崔氏庄》

杜甫用寥寥几笔就生动地描出了老年生活的萧瑟秋意以及老年人对“白发岁月”来临这一事实的不甘、无奈与不得不接受。

当时间拨回到当下，当代的大多数老年人已经能拥有一个比杜甫时代的老人们更加充实、圆满的晚年，养老金融服务在科技及各种制度创新的赋能下，也已经成为现代社会为老年人群体提供有温度的“正冠”服务的关键组成之一。

第一节　我国养老金融的现状及挑战

“老龄化社会”是经济社会发展进步过程中人口再生产方式转变所致，是低生育率和寿命延长共同作用的结果，已成为全球普遍现象。中国因人口基数更为庞大，以及严格的计划生育政策持续多年，面临更为严峻的老龄化趋势。2021 年中国 65 岁及以上人口已增至 2 亿人，占比 14.2%。从国际比较看，根据联合国统计，2020 年全球 65 岁及以上人口占比 9.3%，其中高收入经济体、中高收入经济体分别为 18.4%、10.8%；日本、意大利、葡萄牙老龄化居全球前三，分别为 28.4%、23.3%、22.8%。中国排第 63 位，但仍高于全球 9.3% 的平均水平。

预计“十四五”期间我国人口进入深度老龄化，65 岁及以上人口将突破3亿人，并且2033年前后将进入占比超过20%的超级老龄化社会，之后持续快速升至2060年的35%。总体来看，我国人口老龄化呈现以下特点：

一是老年人口基数庞大。2020年我国65岁以上老龄人口达到1.91亿人，占总人口的比重为13.5%，全球每4个老年人中就有一个中国人。预计2057年中国65岁以上人口达4.25亿人的峰值，占总人口的比重为32.9%~37.6%。

二是老龄化进程快，过渡期短。2001年中国65岁以上人口超过7%，标志着进入老龄化社会；2021年65岁及以上人口占比超14%，即中国从老龄化到深度老龄化用了20年（2001—2021年）；预计再过11年后即2032年前后进入超级老龄化社会。而从发达经济体的情况看，从老龄化到深度老龄化，法国用了126年（1864—1990年）、英国46年（1929—1975年）、德国40年（1932—1972年）、日本24年（1971—1995年）；从深度老龄化到超级老龄化，法国用了28年（1990—2018年），德国用了36年（1972—2008年），日本用了11年（1995—2006年）。

三是未富先老。中国进入老龄化时国内人均GDP较低，面临经济增长和养老负担双重压力。中国在2001年进入老龄化社会时，人均GDP仅处于4000美元的水平；2021年进入深度老龄化社会时，国内人均GDP为1.25万美元，刚刚接近高收入国家下限水平。反观发达经济体，大部分是在物质财富积累到一定程度后，才开始进入人口老龄化阶段，瑞典、日本、英国、德国、法国等发达经济体在进入老龄化时，人均GDP在1万~3万美元。相应地，这些国家有足够的财力来解决老年人的养老问题。

四是“新锐老人”强势崛起。据统计，我国老年人口增长高峰主要集中在2021—2035年，未来14年间中国老龄化将迎来“冲击波”。原因是中国的两次婴儿潮高峰，特别是第二次“大饥荒”之后的1962—1975年的婴儿潮，连续14年年均出生人口超过2500万人，甚至有的年份接近3000万人。上述人口自2022年陆续进入老龄化，每年预计退休2500万人，持续近15年。这部分“新锐老人”出生在新中国时代，享受了改革开放的红利和房地产市场快速发展带来的财富，也接受过数字化时代的洗礼，无论从消费、社交、投资、科技、养生等方面均保持了豁达开朗的态度，可以说蕴含巨大的业务增长潜力。

养老已上升至国家战略，政府全面推动

显然，国内庞大的老龄人口基数已形成巨大的养老产业和市场，而养老产业的快速健康发展需要更加健全的政策支持与政府全面推动，养老已上升至国家战略。为此，中央加快顶层设计，2013 年国务院出台《关于加快发展养老服务业的若干意见》，标志着我国养老工作推动机制由民政“单轮驱动”转为各部委全面推动；2019 年中共中央、国务院联合印发《国家积极应对人口老龄化中长期规划》，标志着养老工作上升至中央推动。2022 年 2 月国务院再次印发《“十四五”国家老龄事业发展和养老服务体系规划》，重点从多支柱养老金、加强科技支撑、推动社区养老、强化养老保障等十大方面进一步明确。

表 11 - 1　　我国近年来出台的重点养老政策文件

出台时间	政策名称	主要内容
2012 - 09	国务院《关于加快发展养老服务业的若干意见》	明确到 2020 年，全面建成以居家为基础、社区为依托、机构为支撑的养老服务体系，具有标志性意义，2013 年被称为“养老元年”
2016 - 03	人民银行等五部门《关于金融支持养老服务业加快发展的指导意见》	鼓励银行、证券、保险、基金等各类金融机构积极应对老龄化社会发展要求，优化内部组织架构和管理体制，增强养老领域金融服务能力
2017 - 03	国务院《关于印发“十三五”国家老龄事业发展和养老体系建设规划的通知》	提出到 2020 年，以居家为基础、以社区为依托、以机构为补充、医养相结合的养老服务体系更加健全
2019 - 03	国务院办公厅《关于推进养老服务发展的意见》	破除发展障碍、健全市场机制、完善养老服务体系、优化养老服务供给、扩大养老服务投资、释放养老的消费潜力
2019 - 06	中共中央、国务院《国家积极应对人口老龄化中长期规划》	按照近期至 2022 年，中期至 2035 年，远期展望至 2050 年进行规划，是到本世纪中叶我国积极应对人口老龄化的战略性、综合性、指导性文件

续表

出台时间	政策名称	主要内容
2019-08	中国银保监会《关于印发推动银行业保险业支持养老、家政、幼托等社区家庭服务业发展试点方案的通知》	明确北京、上海、广州、天津等10个试点城市，是首个指导金融机构加大养老产业端融资支持的具体政策
2022-02	国务院《“十四五”国家老龄事业发展和养老服务体系规划》	明确多支柱养老金、加强科技支撑、推动社区养老、强化养老保障、资源融合/协调发展、适老化、补齐农村养老短板等十大重点

我国养老保障体系及特点

第一，养老金制度日臻完善，但发展参差不齐。

我国养老金制度建设起步较晚，自1991年6月国务院发布《关于企业职工养老保险改革的决定》后，开始探索建立基本养老保险、企业补充养老保险和个人储蓄型养老保险相结合的多层次养老保障体系，即三支柱养老保障体系。经过三十余年的发展，形成了以第一支柱（基本养老保险）为核心，以第二支柱（企业年金/职业年金）为补充，第三支柱（个人养老金）全面落地的市场格局。2022年3月末，基本养老保险参保人数达10.3亿人、参保率超过90%，累计结存超6万亿元，构建了世界上最大的基本养老保险规模，但这更多是因中国人口规模所致。

第二支柱覆盖面窄，发展不均衡现象突出。第二支柱也称补充养老保险，包括企业年金和职业年金。从目前发展看，第二支柱内部结构极不均衡。企业年金设立较早，2004年我国就出台了企业年金制度，截至2021年底，我国企业年金覆盖人数2875万人，累计基金2.64万亿元。相比之下职业年金起步较晚，2018年启动实施，面向全国机关事业单位人员。截至2021年底，职业年金累计规模约1.8万亿元，覆盖人数约4300万人，已远远超过企业年金的覆盖人数，且基金规模与企业年金的差距快速缩小。有学者预测到2023年职业年金的规模将超过企业年金。

表 11-2　　　　我国三支柱养老体系构成

类型	构成	资金来源	参与人数	累计结余（万亿元）
第一支柱	基本养老保险	城镇、城乡基本养老保险	10.3 亿人	6
第二支柱	企业年金	企业缴费 + 个人缴费、自愿建立	2875 万人	2.64
	职业年金	单位缴费 + 个人缴费、强制建立	4300 万人	1.8
第三支柱	个人养老金	自愿参与	—	—
国家储备金	全国社保基金	由中央预算拨款、国有资本划拨、基金投资收益等构成	—	2.5

此外，我国第三支柱制度试点多年，全面落地蓄势待发。第三支柱有三个特征，一是专门账户，二是税收优惠，三是投资增值。2022 年 4 月 21 日，国务院办公厅发布《关于推动个人养老金发展的意见》，标志着试点四年后，国内第三支柱制度框架和发展思路愈发明确。但因在税收优惠、系统建设、投资产品范围等领域需进一步细化，人社部、税务总局、财政部、银保监会、人民银行、证监会等多部门为出台细则准备了较长时间。2022 年 11 月 25 日，人力资源社会保障部宣布启动实施，36 个城市开始展业。个人投资者缴费上限 1.2 万元，可享受税收优惠，可购买储蓄、基金、理财、保险四类产品。

第二，养老金市场化投资程度较低，长期面临贬值压力。

从国际经验看，据统计在全球养老金资产最多的七个国家（美国、英国、日本、澳大利亚、加拿大、荷兰、瑞士），权益投资占比达 43%。我国养老金投资总体比较保守，权益类资产欠配。2021 年人社部调整年金基金投资范围，将权益类资产投资比例上限由 30% 提高至 40%，但目前实际占比可能为 10% ~20%，大量沉睡资金只能投向国债和银行定期存款，将大幅跑输通胀。此外，缺乏长周期考核机制，交易过程呈现“散户化”倾向，不符合养老金长期投资的基本特点。一些企业年金和职业年金甚至进行月度排名。这种做法使投资短期化，极大地削弱了长期资金的优势，在强大的考核和业绩压力下，一些机构“追涨杀跌”的短期行为仍较为普遍。

第三，国际经验分析。

从国际经验来看，建设多层次养老保障体系是大势所趋，全球也普遍采用三支柱的养老金制度。但没有最好的模板，只有适合国情的制度。例如德日模式以第一支柱为主，德国通过实施延长退休年龄、提高缴费费率、调整养老金计算公式及引入一项新的养老保险，完善第一支柱，并通过税收补贴等方式大力发展第二、第三支柱。英美模式以第二支柱为主，成熟的资本市场为发展第二、第三支柱提供多样化的产品，税收优惠、自动加入机制、合格默认投资工具（QDIA）机制和账户转换成为美国第二、第三支柱发展的重要推动因素。

我国养老需求端特点分析

正如上文的分析，我国老年人口增长高峰主要集中在2021—2035年，因为1960年前后新中国“婴儿潮”出生的人口以及“大饥荒”之后“婴儿潮”出生的人口陆续在2021年进入老龄化。

该部分老年人口教育程度有所提升，充分享受了我国改革开放的红利、房地产市场的发展高峰进而积累了相当的财富，具备一定的资产及消费能力；同时子女数相对较少，家庭照护功能减弱，更注重自我享乐与追求生活品质，健康状况良好，因此也被称为“新锐老年人”，是潜力巨大的老年群体。

第一，由单一的基本养老需求向多元化需求转变。

21世纪的养老是一个“享老”的过程，新锐老人对养老生活的期待已不再是单一的基本养老保障需求，而是向多元服务需求转变。对老年人社交、养生休闲、投资理财乃至互联网产品等接受程度更高，对精神需求、自我价值实现等也有更多期盼，这也对养老金融的个性化定制服务提出了更高要求。

第二，老年群体面临的“数字鸿沟”相对缩窄。

一直以来，“数字鸿沟”阻碍了老年群体迈入数字化时代的步伐。但有研究表明，这一差距正在相对缩小。新冠疫情全球暴发期间，有调查机构针对65～74岁年龄区间的“年轻老人”做了互联网使用情况调查，年轻老人代际数字鸿沟正在缩窄。一个原因是每年都会有新的老人对原有群体形成替代，这部分新成员从“数字时代”中走来，具有一定的数字技能基础。另一个原因是在数字时代的驱动下，为了应对必需的生活场景，老年人不得不学习一些基础数字技能，另外来自家人、朋友的鼓励也在不断激发老年人对数字设备的使用兴趣和学习动力，例如近年来老年人对短视频和视频通话等功能越发青睐。新冠疫情的暴发也为老年群体更加深入触及数字时代提供了契机。2020 年 11 月，国务院办公厅印发了《关于切实解决老年人运用智能技术困难的实施方案》，将进一步帮助老年人拥抱科技浪潮，也为养老金融与金融科技进一步结合奠定了重要基础。

我国养老产业供给端现状分析

养老产业是围绕老年人的“医、食、住、行、养、娱、用、财”等全方位需求提供产品和服务，具有跨行业、弱周期的特征，不仅包括传统的制造、建筑、家政等行业，也包括信息技术和创新金融产品等新兴业态。

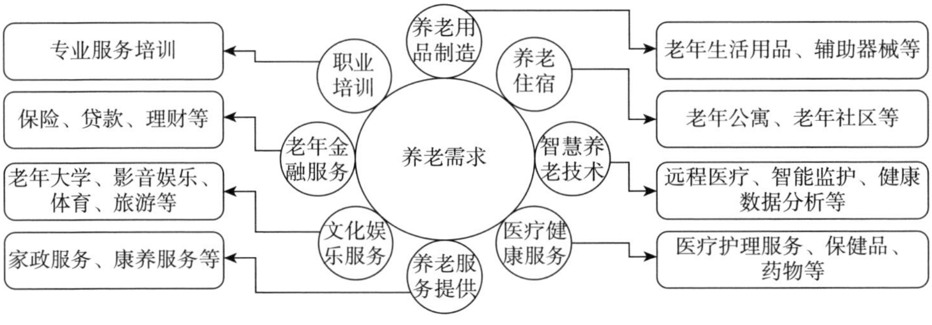

图 11－1　养老需求的类型

从产业链细分来看，养老机构、养老用品、养老服务和智慧养老是四个识别度较高的行业，也是近年来受中央政策扶持发展迅猛、符合国家“9073”养老模式①且未来潜力较大的行业。

① “9073”养老模式：2012 年国务院出台《关于加快发展养老服务业的若干意见》，明确建成 90% 的老年人居家养老、7% 社区养老、3% 机构养老的养老模式。

表 11－3　　养老产业细分及发展状况

主要细分领域	涉及内容	行业现状
养老机构	以租赁或自建等方式，在固定场所为老人提供照护服务的专门机构	从供需看：供给结构性失衡，床位数不足 从主体看：社会资本参与度提升，民办养老机构从 30% 提升至 50% 从盈利看：普遍回收期长，自建 10～15 年回本
养老用品	包括医疗器械、康复辅具、智能设备、可穿戴装备、生活用品等	从供需看：供给端存在多样性不足、品质欠佳等短板；需求端消费不足，主要以养老机构购买为主 从主体看：规模较小，缺乏龙头企业
养老服务	依托社区或家庭，为老年人提供生活照料、康复护理、辅具租赁等嵌入式服务或上门服务	以政府采购为主，如大连、上海、南京、北京、宁波等面向专业养老机构采购基本公共服务，尚未形成多层次服务体系
智慧养老	利用互联网、云计算、大数据等围绕老年人生活起居，安全保障、医疗保健、学习社交等提供服务及管理支持	《智慧健康养老产品及服务推广目录（2020 年版）》明确 118 家智慧健康养老企业，总体上看，科技赋能养老模式仍处于萌芽阶段

目前我国养老产业仍处于初级发展阶段，产业链头部企业较少，仍为点状式布局且集中度较低。2017 年 2 月，工信部等三部门发布了《智慧健康养老产业发展行动计划（2017—2020 年）》。该计划提出，到 2020 年底，中国将面向居民全生命周期建成基本的智慧健康养老产业系统，在国内建设至少 100 个示范基地，培养至少 100 个发挥示范作用的产业领军企业，建立多个优秀的服务品牌。从目前情况来看，该计划实际执行情况并不乐观。

银行同业在养老金融领域的实践

目前关于养老金融尚无标准的定义，各方对其内涵与外延还存在不同的理解。中国养老金融 50 人论坛发布的《中国养老金融发展报告（2016）》将养老金融概念界定为围绕社会成员各种养老需求所进行的金融活动的总和。目前行业普遍根据服务对象不同将养老金融分为三个子领域：养老产业金融、养老个人金融和养老金金融。养老产业金融指向养老相关产业提供的投融资等金融服务。养老个人金融是指除制度化的养老金以外，金融机构提供的满足个人养老需求的投资、理财、消费等产品与服务。养老金金融指为制度化的养老金资产提供的金融服务。近年来，无论是政策性银行、国有银行还是股份制银行纷纷布局养老金融，先行者各有侧重，但总体仍处于探索布局阶段。

我国养老金融市场整体结构概述

第一，养老金市场竞争激烈，增量规模可期。

近年来，我国积极推动多层次养老保障体系建设来应对老龄化，养老金市场发展越发成熟。银行、保险、券商等机构纷纷涉足。例如，第一支柱基本养老保险的投资角色、第二支柱年金（企业年金/职业年金）的四个角色（受托、托管、投资、账管）均需要人社部颁发牌照参与，持牌机构涵盖银行、保险、基金、证券、信托等，市场竞争激烈。

表 11－4　　年金持牌机构分布　　单位：家

第二支柱	资格	银行	信托	基金	证券	保险	养老金公司	合计
企业年金/职业年金	受托	4	2	0	0	6	1	13
	账管	9	1	0	0	7	1	18
	托管	10	0	0	0	0	0	10
	投资	0	0	11	2	8	1	22

特别是第二支柱，借助 2020 年职业年金落地迎来了市场大幅扩容，首年 33 个省份覆盖 4000 余万名机关事业单位公务人员带来新增缴费资金 1.1 万亿元，预计后续每年都将新增资金千亿元以上，为持牌机构带来了巨大的中间收入。

第二，养老产业金融起步较晚，融资渠道单一。

养老产业企业发展水平参差不齐。我国养老服务业自 2013 年进入市场化以来，各类企业纷纷涉足，从 2014 年地产、保险、医疗服务、康复辅具等企业的蜂拥而入到 2015 年地产、保险、医疗、康护、器械、互联网、大健康等行业企业的群英荟萃，再到 2016 年国有大型企业和民营企业集团的资本介入与跨界涌入养老产业市场。但与欧美等发达国家和地区相比，我国养老产业起步晚，市场化水平较低，从整个养老行业来看，现有的存量养老产业中大部分是小微企业，行业仍然没有出现成熟的行业领导者，尚未形成品牌化、规模化发展，依然存在盈利难、融资渠道少、融资成本高、抗风险能力弱等多方面的问题。

养老产业融资体系建设也仍处于起步阶段。目前，养老产业融资模式主要涵盖银行贷款、政策性金融支持、政府补贴、产业引导基金、发债、PPP、私募基金等手段。从整体看，养老产业金融在各部分均存在短板，系统性建设仍待加强。

商业银行虽有加大信贷投放的意愿但落地的授信总量不足，实践中存在诸多政策性与现实性障碍。一是养老客户经营状况参差不齐，与银行传统风险偏好存在差距；以养老机构为例，多为民非性质（即从事非营利性活动的社会组织），银行信贷动力不足；养老项目用地多为慈善医卫用地或租赁物业，增信措施有限，授信难度较大。

政策性金融是支持养老产业发展的中坚力量，例如国家开发银行融资项目以养老基础设施建设及养老社区等为主，但一般倾向于政府或国有企业主导的养老项目，覆盖率有限。除此以外，近两年国有大型银行也加大了对养老产业的授信力度，并在部分分行落地（例如某银行创新“床位贷”产品），但多为单点项目，未形成成熟模式推广复制，授信规模总体偏小。

此外，其他资本形式探索参与养老产业的效果不佳。养老服务行业前期投入大、回收周期长、回报率偏低，在国内过去长期经济高增长率的背景下，较难吸引金融资本。发行债券是养老服务产业发展的新型途径。2015年国家发展改革委发布《养老产业专项债券发行指引》以来，根据Wind统计，目前全市场共有16只存续养老产业专项债券，发行总额为108.7亿元，余额79亿元，发行主体多为湖南、湖北、四川、安徽、广西等中西部省份的县市级城投公司，债项评级多为AA-级或AA级，整体信用资质偏弱。此外，红杉资本、经纬中国、真格基金、腾讯投资等境内外创投基金自2015年开始开展境内养老领域投资，涉足安和护养、爱照护、小柏家护等少量居家社区养老服务企业。部分上市公司，如双箭股份、宜华健康、南京新百等通过子公司布局康养产业，但尚无以养老服务为主业的企业登陆主板市场。

第三，养老个人金融发展提速，但有效产品供给不足。

伴随人口老龄化持续加深，老年客户金融资产总量快速上升，各金融机构纷纷将养老个人金融产品和服务作为进军养老金融、树立养老品牌的首选。例如养老财富管理（如养老理财、养老储蓄）、消费融资（如农户养老贷、“以房养老”、住房反向抵押保险）、风险保障（商业护理险、老年防癌险等老年专属保险）、财富传承（家族信托、家庭信托）等单一或组合型个人产品。

不同机构的养老个人金融发展思路与机构自身类型有较大关系。比如国内知名保险公司均成立了专业性养老保险公司，为客户提供不同类型的养老金融产品，满足客户个性化需求；而信托公司推出的资产管理、债券计划等均包含养老金融产品，比较适合中长期投资活动；基金公司更侧重于推行生命周期型基金，为老年人群长期稳定收益提供强大保障。

从目前来看，尽管银行、保险、基金、信托等各行业都积极投身到养老金融产品供给中，但总体上，发行的养老金融产品数量仍较为有限，同质化也较为严重，且普遍存在概念化、期限短等问题，全生命周期的个人养老金融产品供给不足，缺乏足够大的有效选择空间，个人养老资产难以实现有效配置。

我国商业银行养老金融业务的发展状况

第一，当前商业银行发展养老金融业务的基本手段如下。

一是企业年金计划。部分大型银行通过企业年金业务介入养老金融，并获取企业年金的受托、账户管理、托管等资格，抢占养老金融市场对公业务的市场高点。同时，针对一些中小企业的职工养老服务需求，部分银行推出了企业年金计划，有针对性地解决中小企业资金规模小、专业人员缺乏、单独建立年金计划成本高等问题。比如，部分银行推出了弹性养老金融产品，企业员工可享受量体裁衣式的福利选择空间，为企业提供运作灵活的弹性养老及福利管理方案，为中小企业职工提供养老金管家服务。

按照 0.7‰的最低托管费率计算，10 家持牌机构（工商银行、农业银行、中国银行、建设银行、交通银行、中信银行、浦发银行、光大银行、民生银行和招商银行）平均每年至少新增职业年金托管收入 7000 万元。

二是打造老年专属理财产品。这些产品大多根据老年人注重资金安全性等需求设计，兼顾安全性和流动性。例如，部分银行为中老年客户打造了创新储蓄产品，可以急用可取、通存通兑、提前支取智能分段计息、到期自动转入借记卡备用金；又比如另一款存款类产品，起存金额越高，享受同档次利率也越高，且存款时不必约定存期，支取时按实际存期所对应的利率档次整段计付利息。

三是发行老年专属卡。一些商业银行为老年客户发行了专属银行卡，通过专属卡的专属服务增强老年客户黏性。如某银行面向 50 岁以上客户推出专属卡，打通理财服务、支付结算、增值服务、商超优惠等多重领域，开辟国债购买专窗绿色通道，开通“亲密付”功能，自动帮缴水电煤各类费用，一站式解决生活费用缴存困扰。

再比如某股份制银行 2019 年正式推出国内首款老年专属信用卡，降低了以往信用卡对老年群体的准入年龄限制，将申卡年龄放宽至 70 岁，附属卡申请年龄放宽至 75 岁。虽然老年人专属信用卡消费、透支、交易等能带来业务，但这并不是该行发力“银发族”的全部原因。该行是在筹谋以老年人专属信用卡为桥梁，抢占包括养老、理财、健康、财富传承等在内的整个老年金融市场。

四是养老住宅按揭服务。部分商业银行推出“养老按揭”业务，以住房为抵押，向借款人分期发放用于养老用途的贷款，借款人可以选择每期只还利息，到期再还本金，如果借款人到期无法足额偿还本息，则按合同约定处理抵押物。

五是尝试打造养老金融生态。在养老金融领域，商业银行所扮演的角色从之前单纯的资金托管机构逐步拓展到养老理财、养老贷款、养老卡、养老网点等多项综合化服务；部分同业除设计各种单点单列的养老金融产品外，还进一步依托养老卡、养老储蓄、养老网点等基础产品服务能力，积极探索场景化增值服务，尝试围绕老年人的医、食、住、行、娱等日常需求对养老产业链实施更深渗透，进而将金融、非金融服务进行整合输出，构建 OMO 线上线下养老生态圈，打造具有银行特色的养老金融生态体系，满足客户全方位的养老需求。例如，部分银行尝试将社区银行与居家养老服务结合起来，打造养老金融综合服务方案，为老年客户提供存款安全保障、法律顾问等基础增值服务，以及专家预约挂号、全程医导、保险保障、私人律师等专属服务。同时，以老年大学为蓝本，在进行金融科普、防诈骗讲座的同时，组织中老年人开展书法、太极拳、摄影、剪纸等康养活动，提升全链路客户黏性，打造服务老年人全方位需求的养老生态圈。

第二，商业银行养老金融生态进展示例：以三家银行为例。

根据普华永道发布的《2017 年中国老年消费习惯白皮书》，老人主要消费支出为日常生活开支、养生健康和娱乐社交。因此在当前的实践中，银行非金融增值服务主要围绕老年客群的生活消费、健康管理和娱乐社交三大需求进行布局。以国有大型银行和股份制银行中的 C 银行、Z 银行和 X 银行三家为例，可大致反映当前商业银行建设养老金融生态方面的进展情况。

案例一：C 银行打造独立 APP 平台

C 银行自建的安心养老 APP 平台，系由 C 银行下属金融科技子公司研发运营，整合了“政、企、银、老”四位一体的养老用户体系，按照“共生共赢”“专业赋能”的建设思路，融合并提升养老生态内的用户能力、账户能力和支付能力。例如，该生态用户分为民政服务端、机构应用端、个人应用端和平台管理端四个不同类型访问端口，在大数据加持下形成了完整的服务闭环，有效支撑了以居家养老为基础、以社区养老为依托、以机构养老为补充、医养相结合的养老模式，是构建养老金融生态的有益探索。该平台在发布之后的 2 年内，实现了全国 164 个地市、463 个区县的上线运行，获取 APP 注册用户 300 多万户，已成为 C 银行拓展构建养老生态的有力抓手。

该平台覆盖了养老生态的关键场景，为养老机构提供服务发布渠道，让老年人通过平台查看和预订服务，提升养老服务质效；为监管部门提供智能信息化管理平台，促进智慧养老模式的发展。此外，该平台通过大数据能力，还实现银行优质客户和平台用户间的导流引流，有效提升银行获

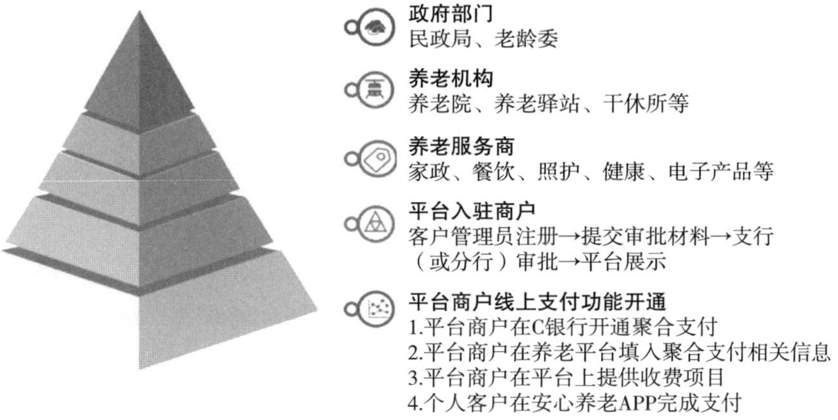

图 11－2　C 银行安心养老平台用户展示

客、活客、黏客能力。举例说明平台在建设运营方面的功能：

（1）可为 G 端民政部门实现对养老机构的许可管理和评价监督，实现服务商的准入和审批，协助稳定、高效、规范发展多元化养老产业。主要包括养老机构管理、养老服务企业管理、补贴管理、长者管理、志愿服务管理、呼叫中心管理等八项功能。

（2）面向长者客群满足其“住、行、安、康、乐、财”六大需求场景，平台提供养老机构入住查询、旅居安排、安全监控、健康管理、生活休闲、财富规划的全方位服务功能，可为老人提供养老全生态服务，连接养老企业、拓展生活娱乐、享受政府福利、获取养老金融服务。

（3）可为机构端支持居家养老、社区养老、机构养老等多种养老模式，为机构养老、社区养老引入智能信息化管理模式，提升健康养老服务质量和效率。主要包括机构运营管理、长者管理、长者健康管理、照护服务、入住管理等 16 项功能。此外还可以为 B 端养老企业提供供应链融资、小微快贷等金融服务，解决企业现金流短缺问题；提供信托产品等金融产品，帮助企业资产稳步增长。

案例二：Z 银行养老金融生态的基本布局

从 2020 年起 Z 银行也开始打造银发场景生态金融服务新模式，整合行业资源，搭建合作平台，联合中国银联、易方达基金、野村东方国际证券、中国太平保险集团、中国对外经济贸易信托公司、京东数字科技公司、新华网等知名金融、康养、互联网及传媒企业，打造“长情卡”、大额存单、理财产品、养老年金保险、家族信托五大王牌金融产品；建设手机银行银发专区，搭建了财富管理、品质生活、老年大学三大功能区，为老年客户提供覆盖“医、食、住、行、娱”等领域的便捷服务。并且，Z 银行还新增了适老便民服务模块，关注老年人生活场景、服务场景，包括养老一账通、生活缴费、医保电子凭证、话费充值、网点排队等，使老年人不用亲自跑腿，便可享受智能化服务带来的便捷。同时，Z 银行完成 100 余家养老特色网点建设，打造线上线下一体式服务体验，为老年客户提供更加便利的专属服务渠道。

案例三：X 银行养老金融生态的基本布局

X 银行依托集团的综合平台，主推“1 +6”资产多元化增值。“1”即依托集团在银行、证券、保险、基金和信托等方面的一个综合金融平台，“6”即老有所养、老有所医、老有所学、老有所游、老有所乐、老有所享六大特色服务，分别对应的服务是金融产品、健康银行、老年课程、老年专属旅游、老年才艺大赛、老年专属优惠，全面构建老年客户高品质的养老生活平台。另外，针对老年客户对周边生活小场景使用率高、依赖性强的特征，X 银行推出“幸福三公里”服务，为客户提供专享超市、药店等满减优惠。举办丰富多彩的老年才艺大赛、“幸福家爸妈才艺活动”等多项服务和活动，展现老年人的精神风貌。

商业银行养老金融面临的问题和挑战

商业银行在养老金融业务领域内发展时间较短，自身具备的竞争能力与保险、基金等同业存在一定差距，在客户满意度、服务集成、个性化、互联网机构冲击等方面面临着制约自身养老金融业务发展的多种因素。

一是银行养老金融布局与金融同业存在差距。当前，商业银行在养老金融市场上主要集中于养老金的管理和养老产业的信贷业务。但是，保险机构早已开展B端、C端、G端的协同布局，涉足养老地产、养老社区、老年养生等产业，提供多类型、针对不同群体的高附加值保险和理财产品，涵盖生活看护、医疗康复、护理保险、日常缴费等各种老年需求。而商业银行目前在养老产业方面尚未形成完整的服务链条，业务发展模式较为有限。

二是银行养老金融客户满意度不足。“数字鸿沟”使得在新型金融服务中老年客户被边缘化。很多老年客户学习能力变弱，加之生理能力退化，使得他们难以适应和接纳新的业务办理方式。电子化和智能化的转型实际导致了商业银行对老年客户服务的弱化和边缘化，老年群体不论通过电脑终端还是手机终端使用互联网的水平都明显低于其他年龄段群体。同时，大部分银行网点在软硬件设施方面对老年群体也缺乏关照。银行ATM和VTM的字号普遍较小、页面跳转速度较快，给老年群体使用并办理业务带来一定的障碍。

三是银行养老金融业务管理碎片化。目前商业银行养老金融业务的分布较为分散，既有传统的针对社保机构的存款业务、社保资金代理业务，也有新型的社保资金的资产托管、账户管理、资产管理业务，大部分银行对养老金融的统筹协调不够，养老金融业务管理呈碎片化，制约了商业银行在养老金融业务方面的综合竞争力的提升。

四是银行养老金融产品服务针对性不强。在市场竞争压力相对较大的情况下，相比其他金融机构，商业银行的养老金融产品服务存在针对性不强的问题，从而导致难以占据优势发展地位。

以银行个人养老理财为例，第一是养老属性不明显。虽然在产品名称上体现了“养老”这一主题，但是大部分在条款设置和投资策略上与普通理财产品差异不大。第二是同质化。养老理财产品大多为低风险、开放式的产品设计，投资期限集中于半年至三年，各银行差异也不大。

有鉴于此，为大力发展真正具备养老功能的专业养老产品，进一步加强个人养老金融监管，中国银保监会于2021年9月、2022年2月先后下发《关于开展养老理财产品试点的通知》《关于扩大养老理财产品试点范围的通知》，明确由指定机构面向指定地区发售养老理财，目前试点范围已由原先“四地四机构”扩至“十地十机构”。

从产品设计来分析，试点机构设计的养老理财产品总体上具有“三性”特点，即稳健性、长期性和普惠性。主要投向为固定收益类资产，风险等级以 R2 级为主，少数产品为 R3 级。同时，引入了目标日期策略、平滑基金、风险准备金、减值准备等，减少产品净值波动，增强风险抵御能力。

表 11－5　　十地十机构养老理财发售试点情况

首批试点机构（2021 年）	工银理财、建银理财、招银理财和光大理财 募集规模上限：500 亿元
第二批试点机构（2022 年）	中银理财、交银理财、中邮理财、农银理财、兴银理财、信银理财 募集规模上限：100 亿元
十个试点地区	北京、沈阳、长春、上海、武汉、广州、重庆、成都、青岛、深圳

五是银行面临互联网金融机构带来的冲击。这种冲击是对未来潜在客户的争夺。由于社会养老保障普及、老龄化和少子化新形势，以及新冠疫情暴发等原因，人们对养老和健康等方面的预防性动机增强。商业银行虽然由于自身行业声誉和地位，对部分老年客户有着较好的黏性。但是，随着互联网无所不在地覆盖到生活的方方面面，青年一代受网络影响更深，对互联网平台有天然的亲近感，一旦这一群体普遍进入思考养老问题的年龄阶段，在其他条件不变的情况下，其首选渠道或与互联网平台密切相关。相较于头部互联网机构，商业银行起步稍晚，若不借助金融科技逆势而起，则会在未来养老金融市场中面临来自“供与求”两方面的压制。

第二节　商业银行发展养老金融的路径

商业银行发展养老金融的战略选择

结合战略导向，综合前述章节对政策、市场、同业的全面分析，商业银行应重点将养老金融列为向生态银行转型的一号工程。事实上，商业银行相较于养老金融生态乃至养老服务生态中的其他伙伴也的确具有独特优势。银行用户规模大、服务体系渗透深、信誉度高，相对保险等其他类型金融机构也更少直接投资养老服务资源，银行一般也更少拥有自己的投管产品等。这使得银行在养老金融生态乃至养老服务生态中比其他参与者更适合充当生态协调者的“中间人”角色，更适合为生态中的各种参与方提供包括资金撮合、信息咨询、用户教育等在内的多元服务，也更适合充当养老金融产品及养老服务的集成者角色，为养老客群提供“一站式”便利。

在发展时机上，我们认为恰逢其时。养老是面向夕阳群体的朝阳产业，刚需可持续，是未来不确定时代的确定性机会，银行应抓紧进入，早谋划、早布局、快行动。

在发展方向上，我们认为应重点发力。养老是一个“大场景”“长链条”，涵盖养老金金融、养老个人金融、养老产业金融。随着我国社会老龄化程度的加深，50 岁以上客户在银行整体客群中的财富资产比重将越来越高，老年客群可能成为银行拓展零售负债业务最重要的抓手。因此可在养老个人金融领域重点发力。在推进过程上，可结合区域特点，强化与民政、人社部门等 G 端合作，可先行先试单点落地居家养老、社区养老、智慧养老等创新性项目。

在发展模式上，我们认为应生态协同。在人口新形势下，银行应积极总结提炼同业先进实践经验，加快构建“养老一族”生态系统。以生态银行模式服务居家养老，从客户需求出发，聚焦养老、医疗、教育等生态，与生态伙伴协同挖掘细分领域痛点需求。对内打破条线、总分支的界限，以生态思维有机整合客户、产品、服务和渠道，横向协同、纵向穿透，有针对性地完善产品谱系，构建敏捷产品工厂。在生态协同中做大做深养老金融服务，探索构建“以老年客群为中心的‘金融 + 非金融’协同服务模式”，打造最佳体验的现代财资管家。

在发展目标上，我们认为以价值为纲。发展养老金融，政府、个人、企业三类群体不可或缺。要强化批零联动，打破条线部门壁垒，通盘做好养老金融的短期和长期业务规划，将养老金融打造成银行获客、活客的重要平台，实现经济效益和社会效益双丰收。

商业银行发展养老金融的执行策略

基于前文的基本判断和分析，商业银行在发展养老金融的策略上可以创新为主线，从生态策略、客户策略、产品创新策略、渠道策略、区域策略、创新机制策略六个方面推进。

生态策略选择

银行可通过整合各方面社会资源，借助智慧城市建设浪潮，主动融入针对个体、家庭与老龄人口开展的养老公共服务之中，并将相关定制化产品服务向高净值和中产家庭的中年群体渗透。例如，银行可以与地方卫健委、医疗机构、保险机构、养老机构组成生态合作联盟，构建智慧健康养老产业生态。

进一步而言，商业银行可以生态银行模式开展居家养老金融服务，以“银+保+医”综合产品与强大的金融和非金融服务体系为基础，积极打造智慧养老网点，实现“线上+线下”“人工+智能”“金融+非金融”的有机融合，延伸养老金融服务内涵。商业银行可以利用机器学习、人工智能等技术研究成果，探索金融科技在居家养老场景中的应用方法。一方面通过数字化可视平台（如手机 APP、智能穿戴装备等），为居家养老用户提供便利、平等、优质的管家式健康服务；另一方面，通过生态系统的整合，推动健康医疗产业链价值提升，实现金融、生活、医疗等场景覆盖多元、广泛、无感。

客户策略选择

养老客群横跨企业（B）、个人（C）、政府（G）三类群体，彼此兼具独立性和融合性。商业银行在客户策略上可重点突破、差异营销；以搭建客群生态圈为抓手，找准客户链条的融合点，形成“点—线—面”的场景拓客模式；精准定位三类群体需求，实施差异化营销策略，全面提升客户服务水平，创新落地 B、C、G 养老客群综合发展模式。

第一，个人是中心，需强化创新。

个人是养老服务的最终落脚点和终极消费者。

比如，据统计，截至 2022 年 6 月末，B 银行 50 岁以上存量客户超过 190 万户，占全行存量客户近三成，年增 25.91 万户，占全行客户年增量过半，说明该行老年客群基础扎实且具备增长潜力。该行就可重点关注“50 ~ 70 岁新锐老年客群”，着重打造“在职 + 退休客群”的“全生命周期、全量个人客户平台”，通过对细分客群进行精准画像，匹配差异化的创新产品服务批量获客、活客，激发并释放新锐老人更多价值。

又比如，另一银行对本行既有养老客群进行洞察，对客户特征及需求进行画像，为后续优化产品、渠道、营销及生态策略提供重要参考。

该银行首先通过数据分析对存量养老客群关键特征进行画像：学历以本科及本科以下为主；家庭属性强，近一半育有未成年子女并负担父母养老；兴趣爱好集中在旅游、运动和阅读；行业多为事业单位、制造行业及金融行业，以非公务员为主，一般员工或担任中层管理人员居多；家庭年收入多数分布在 10 万 ~ 50 万元，较多客户将收入的 10% ~ 50% 用于投资理财。

基于上述画像，该银行进一步定位存量养老客户群的金融需求：一是养老方式选择方面，本行养老客群最倾向选择家庭养老，或家庭养老与其他养老方式相结合，含家庭的养老方式合计占比超过八成；二是养老财富储备方面，本行超过六成的客户尚无明确目的养老财富储备；已进行养老储备的客户中，多数选择银行理财（82%）和银行存款（55%），而尚未进行养老财富储备的客户的最主要顾虑是对可靠养老理财渠道和产品缺乏了解；三是养老顾虑方面，客户养老顾虑前三位是担心健康状况下降（82%）、担心失去生活自理能力（71%）、担心医疗费用昂贵（63%）；四是养老信息需求方面，五成以上本行客户对国家养老政策法规、养老理财规划及养老金投资策略感兴趣；五是养老理财特征方面：理财目标多为保证本金安全或抵抗通胀，34% 的客户任何时候都不能承受本金亏损，约 52% 的客户仅可阶段性承受 10% 以内的亏损。

对于大多数商业银行而言，应针对退休客群打造“长者贴心管家”形象。重点拓展新锐老人的“医、食、住、行、娱、用”全面金融和非金融服务；重点发掘中高端老年客群，特别是“高知、高干、高管”客群业务潜力，兼顾普惠养老客群的基础性金融需求；关注部分特殊客群如候鸟型养老客群开发维护，例如可与中高端养老社区保险巨头联合开发“养老+金融+保险”综合产品；研究家庭养老财富规划和养老模式，以点带面，由“个人养老”金融服务转变为“家庭养老”金融服务。

针对在职客群，应打造全生命周期“养老金管理专家”形象。着眼于提升个人客户的养老金储备和未来支付能力，重点做好未来5～10年内退休客群的市场培育；采取B2C营销服务模式，通过企事业单位批量激活和储备养老个人客户，适配钩子产品和组合产品。

第二，企业是未来，需重点培育。

养老企业是养老服务和产品的主要供给方，产业链涵盖养老地产、养老服务、养老用品、智慧养老等，涉及建筑房地产、医疗健康、民生消费、制造和IT业等多个细分行业。《艾媒咨询2022—2023年全球养老产业发展及中国市场趋势研究报告》显示，2021年中国养老产业的市场规模达8.8万亿元，预计2022年市场规模或将达到10.3万亿元。并且目前国内养老床位供给严重不足，养老产业供需端存在巨大剪刀差，在进入深度老龄化的过程中，可以预见养老产业具备相当的发展潜力。

商业银行可敏捷把握当前养老产业正在从初创期向成长期过渡的契机，积极主动培育市场，以大中型龙头企业为主，兼顾市场前景好、成长性强的企业和项目，并通过龙头企业“1+N”模式辐射服务上下游优质企业。

在养老服务领域，针对机构养老，商业银行可优先支持央企、国企等大股东背景、综合效益好、市场化运作程度高的大型养老企业和项目；积极支持品牌化、连锁化、规模化经营的养老服务机构；择优支持轻重结合、区位好的养老地产项目；针对社区、居家养老，应优先支持政府购买服务、股东背景好、政府或股东担保机制强、财政补贴的企业或项目；择优支持引入境外高水平企业与境内龙头企业合作的养老护理培训机构；重点关注国家发展改革委《城企联动普惠养老行动》项目清单，寻找优质目标客户开展合作。

在养老用品生产制造领域，商业银行可聚焦智慧健康养老，以工信部2020年发布的《智慧健康养老示范企业和产品及服务推广目录》共计236家企业为目标客群，在国家重点发展的五大类智慧健康养老产品中，积极支持集成度高、科技含量高、市场前景好、股东实力强的智慧健康养老企业，谨慎进入技术含量低的一般性养老用品生产企业，选择性支持智慧养老产品租赁、康复辅助器具租赁等轻资产项目。

第三，政府是源头，需合作共赢。

养老行业的政府主导特征鲜明。政策引领机构业务，要强化与政府的合作共赢意识。一是总、分行强化对重点省份发展改革委、民政、社保等主管部门的营销合作，及时获取政府扶持的重大养老项目信息，做好源头营销获客。二是加强与政策性银行等同业的合作互补，包括银团贷款为养老产业项目提供融资，进而通过批零联动匹配个人养老产品。三是与政府合作，参与重点省市区的居家养老、社区养老项目，加强单点项目创新。例如可借鉴前文的C银行安心养老平台案例，利用银行的科技力量协助政府共建智慧养老综合信息平台。

产品创新策略选择

产品方面主要涉及养老个人金融、养老产业金融、养老金金融以及居家养老服务组合四个方面。

第一，养老个人金融创新。

首先，对标目标客群，打造“钩子产品”。一是聚焦55～70岁的新锐老年客群，以老年卡、存款、理财、年金类保险等作为钩子产品，增加“T+0”理财、家族信托、养老社区等组合产品，丰富银行养老产品货架。二是依托银行老年卡，不断完善养老、健康、优惠、社交四大非金融服务，并持续搭建优惠商户体系，例如上述B银行个人金融部前期已落地过极速问诊、超市卡、健康检测等权益积分产品，后续可进一步从“医、食、住、行、娱、财、乐”等方面引入合作伙伴增加权益选项。再比如某股份制银行“幸福+”俱乐部会员通过签到、学习、打卡、分享可以积累“幸福点”，每月幸福点达到一定标准还可以兑换手机话费，以此吸引更多老年用户，提高客户黏性。三是强化投研能力，积极研发符合监管政策、满足老年长期稳健需求的养老理财和养老储蓄，打造爆款产品。

其次，聚焦医疗、教育、旅游等高频场景，创新产品供给。针对老年医疗康养场景，可借鉴某银行杭州分行落地的康养银医生态项目落地经验，从B端介入进而实现场景内的客户画像，通过批零联动拓展个人客群，匹配自身零售端产品。针对医疗、教育、旅游的中高端需求，创新信用卡产品，推出专项长者信用卡，逐步搭建包括老年客群教育培训、医疗保健、夕阳旅游、家政服务等在内的优惠商户体系。

第二，养老产业金融创新。

按照“探索进入、择优选取”的总体授信原则，一是鼓励公司、小微企业、个人经营性贷款聚焦智慧养老、医养结合、康辅器具等细分养老行业，同时制定专项行业准入指引或授信政策，为分行营销拓展养老产业客群指引方向。二是清单式批量拓展，以工信部智慧健康养老示范企业、上市养老企业为基础，优选项目。

第三，养老金金融创新。

首先，养老第一支柱：强化G端渠道建设。养老金制度事关资本市场和实体经济发展，国家将持续推动养老保障体系改革，提高制度化的长期养老金资产积累。因此应积极对接京津冀、长三角、珠三角、成渝等老龄人口较多省份的当地社保部门，争取部分地区的养老金代发业务，进而带动发卡量、稳定的个人存款和G端社保存款，夯实养老金融的业务基础。

其次，养老第二支柱：经营托管牌照，尝试投资撮合。一是申请或经营好年金托管牌照，积极参与第二支柱职业年金托管运营。2019年职业年金首次落地，实现托管规模1.1万亿元，每年还以1000亿~1500亿元的规模递增。据此测算，10家持牌托管银行每年至少实现7000万元以上的中收，是银行长期稳定的营收来源。商业银行应从年金托管牌照、系统建设、业务经验以及人员保障等方面打造和提升托管的市场竞争力。二是尝试财务顾问或撮合类业务。因养老金存在博取长期稳定收益的需求，银行可发挥风控专长，将其与行内的优质资产/项目撮合对接，进而实现资金端和资产端的闭环衔接。例如可与年金受托人、投管人以及人保养老、平安养老、太平养老、泰康养老等资金方合作，为本行存量授信客户扩大融资渠道开展撮合服务。

再次，养老第三支柱：关注政策落地，争取市场份额。养老金三支柱是国际上普遍采用的养老金制度模式。2022 年 4 月，国务院办公厅印发《关于推动个人养老金发展的意见》，业界期待已久的第三支柱顶层设计终于落地。特别值得关注的是，政策明确第三支柱以账户制为基础且账户具有唯一性，用于缴纳个人养老金、归集收益、支付以及缴纳个人所得税，实行完全积累且封闭运行。银行作为账户管理机构将承担重要职责。随着更多配套细则陆续出台，银行在个人开户、存款、养老金融产品发售、投资等领域将会面临激烈的市场竞争。银行应积极关注制度安排，加强研究，抢抓账户开立、养老金产品发售等业务机遇。

最后，形成多层次、多渠道、定制化组合的居家养老服务组合。

商业银行应进一步拓宽养老金融产品组合、客户服务和经销体系，立足于区域、收入、习惯等方面差异的实际，一方面满足中高净值客户财资管家需要，另一方面提供服务于普通群体的个人养老财务计划，通过优化产品和服务结构，促进不同层次养老金融体系的生态化构建。特别是，应推动养老金融业务在区域、客户和产品三个要素的协同发展和组合管理，认真研究在特定区域、对特定类型客户群体应提供哪类产品或其投资组合，打造智能财富顾问，根据客户画像和客户资产配置进行智能诊断和制定配置计划。

例如，基于当前和今后一段时期的外部市场环境、客户需求、监管要求、销售渠道、内控风控等因素，在动态客户画像的基础上，可探索通过智能投顾向一线城市、中高净值、中年客群推广钩子产品组合包，形成以止盈类理财、止损类理财、反向按揭产品为主打，以健康险、长期护理险、固收基金为辅助的金融产品体系，根据具体客户风险偏好安排资金投向比例，并与生态伙伴协同推出日间照护、健康跟踪、老年大学等居家养老非金融服务。该类型产品服务组合能够在一定程度上有效满足中高净值客户流动性期限需求、财富保值增值需求、风险理财需求、养老健康需求，附加健康保险产品和日间照护等非金融服务，形成居家养老服务组合，并不断迭代进化，提升产品和服务的竞争力。

渠道策略选择

第一，积极参与政府智慧养老项目建设。

关注各地区政府在居家、社区以及智慧养老方面的项目推广，积极参与政府养老服务平台建设。例如2020年某银行配合地方民政局搭建居家养老服务平台，将身份识别、金融服务、助餐服务、信息服务、流程整合为一体，通过银政合作切入养老生态场景，进而实现生态内的C端老年客群批量开卡、日常结算、存款以及B端助餐企业的批量开户、结算、现金管理和普惠金融等一体化的营销拓展。

第二，广泛参与养老行业协会联盟。

发展养老金融，需要加强与政府、协会、产业联盟组织的互动，积极参与政策制定与研讨、行业标准确立、协会课题研究、产业联盟计划推进等，既有利于及时掌握国家、行业层面的政策导向，确保自身生态建设能始终沿着符合国家整体战略要求推进，也有利于树立市场口碑与行业影响力，为生态增长提供更多可能性。总行（分行）可积极与人社部（厅/局）、民政部（厅/局）强化合作，参与全国各地养老产业协会、产业联盟、中国养老金融50人论坛等；鼓励各地分行与当地政府和优质养老服务机构合作，配合提供长者金融、文娱活动、餐饮、康复、看护、培训等养老助老示范服务，实现批量推广。

第三，发挥网点下沉社区天然优势，线下推广。

线下渠道优势是养老生态不可或缺的一环。社区街道、养老场所、活动中心是银行获客活客的主战场。一是优选老年人口密集区域、临近老年大学、养老机构、高校等推进养老特色网点建设，从软硬件改造、典型模式推广、产品创新、服务优惠、活动组织等方面改造实施。二是通过网点与社区养老服务实现线下互动，加大居家型、社区化属性的比重，组织志愿公益活动，提升养老服务的上门、到家、面对面服务能力，在区域范围内充当兼顾公共服务型和商业性的养老生态运营者，以填补社区养老微观实践与政府养老宏观规划之间的空白，探索创新居家、社区养老服务模式。三是加强分行与各地老年大学的渠道建设与跨界互联，组织赞助广场舞、钓鱼、书法、乐器等比赛活动，实现银行对养老客群的有效触达，拓展新的养老生态圈。四是银行可结合周边商圈、市场和园区的特点，将商户日常结算、小额短期融资及咨询服务等对公零售业务作为主体进行营销推广。五是银行应当面向不同地区、不同类型的社区，打造特色化微型养老生态体系，提供差异化的金融产品服务。面向中高端社区，可以侧重推荐大额存单、贵金属、本外币理财等综合性金融服务；对于老旧小区、城乡接合部及县域社区，则应更侧重于存款、理财、小额信用贷款等基础业务。

例如，2021 年 6 月某银行联合全国老龄办、中国老龄协会发起了“百城千场百万老人跨越数字鸿沟”活动，并发布了《玩转智能手机——开启老年幸福生活》新书。该银行在 100 余个城市，以 1400 多家网点为依托，深入周边社区，在小区、银行网点、老年大学和养老机构等多个场所，开展公益沙龙讲座活动，通过这本通俗易懂的图书和 60 余个手把手指导的视频讲解，帮助百万以上老年人逐步掌握支付、出行、就医、娱乐等七大场景中智能技术的应用。

银行应加入智慧社区的建设工作之中，与基层街道办事处加强联系，将下沉社区的养老特色网点打造成社区集成服务中心，充分促进社区周边商圈和社区居民金融服务的深度融合，并实现“社区物联网平台 + 智慧物业管理 + 电子政务平台 + 生活服务平台”为一体的综合性平台，真正为业主、物业和地产商提供全平台、全生态的整体解决方案。同时，可以基于智慧社区平台将其周边各类商圈、产业链进行整合，实现“圈—链—平台”业务发展模式。

第四，加快养老场景建设，实现线上线下融合。

目前生态场景建设已从 O2O（Online to Offline）进阶至 OMO（Online Merge Offline），即通过线上线下融合提供双向交织的全方位服务，为老年客群打造物理渠道、虚拟渠道和数字渠道相融合的无缝体验。

一是提供线上智慧养老综合服务。在线上方面，以手机银行或小程序形式打造“银发专区”。比如渤海银行以渤泰卡为载体，针对老年客群在健康管理、生活消费、娱乐社交三大需求进行布局，提供非金融服务。在养老方面，联合外部运营商建立“银发地图”，全面展示养老机构、老年大学、医疗机构、社区助餐、银行网点，并陆续丰富预约、办理等功能。在健康方面，增加上线极速问诊、健康检测等权益积分商品。在生活消费方面，联合互联网电商平台、品牌商等开展优惠购活动。在社交方面，联合老年大学、媒体平台录制视频或提供法律顾问咨询等，最终围绕“新锐老年”构建开放融合的线上养老金融生态。

二是贯通养老客户积分服务体系。通过积分平台建设将老年客群的存款、金融资产按一定系数折算为积分。可考虑在手机银行中展示养老积分，引入优质商户嵌入。客户可以用积分享受银行及养老合作方提供的包括医疗、老年大学、特色旅居、专属存款理财产品等在内的尊享增值服务，深度挖掘养老客户群综合价值贡献。

三是打造智能化 OMO 服务体系。具体而言，网点应用智能设备逐步转型为老年客户体验、业务交流的重要平台；老年客户在网点中体验产品服务，并通过二维码等方式转到线上完成购买。线上渠道强化数字化建设，随时响应和处理客户需求；客户可在线上完善个人信息，进行咨询交流，并通过线下进一步体验面对面的定制化服务。这个过程不断动态循环运作并相互渗透，最终实现全渠道全方位的融合。

区域策略选择

综合人均地区生产总值、65 岁以上人口比例、城镇平均工资、居民平均可支配收入、总抚养比①、每千名老人拥有养老床位数六大维度指标，应重点关注长三角、粤港澳、京津冀、海南等地区的养老金融业务，选取重点城市、重点客群、重点产品或项目先行先试，为全行养老金融发展树立标杆。

例如，根据区域环境，B 银行重点关注 16 个城市，细分为三个梯队：第一梯队城市（6 个）：北京、上海、深圳、广州、杭州、苏州；第二梯队城市（6 个）：天津、三亚、南京、宁波、无锡、青岛；第三梯队城市（4 个）：济南、温州、合肥、厦门。

---

① 总抚养比 =（非劳动年龄人口数 ÷ 劳动年龄人口数）×100%。非劳动年龄人口指 14 岁及以下和 65 岁及以上人口；劳动年龄人口指 15 ~ 64 周岁人口。

表 11－6　　全国各省份相关养老数据统计表

省份	人均地区生产总值（万元）	城镇单位就业人员平均工资（万元）	居民人均可支配收入（万元）	老人抚养比（%）	65 岁以上人口比例（%）	每千名老年人拥有养老床位数（个）	关注等级
全国平均	8.1	10.7	3.5	20.8	14.2	31	—
北京	18.39	16.6	7.5	17	13	54.83	★★★
天津	11.32	12.3	4.7	20	14.7	28.9	★★☆
河北	5.41	8.2	2.9	21	13.9	19.07	★★
山东（含青岛）	8.18	9.5	3.5	22	15.16	22.47	★★☆
广东（含深圳）	9.87	11.8	4.5	12	8.6	23.37	★★★
福建	11.75	9.8	4	16	11	13.09	★★
海南	6.42	9.7	3	15	10.4	11.71	★★☆
上海	17.38	13.7	7.8	22	16	36.99	★★★
江苏（含苏州）	13.73	11.5	4.7	23	16.2	37.11	★★★
浙江（含宁波）	11.39	12.2	5.7	18	13.3	38.43	★★★
安徽	7.04	9.4	3.1	23	15	22.61	★★
重庆	8.7	10.1	3.3	25	17	18.67	★★☆
四川	6.44	9.6	2.9	25	17	26.77	★★☆
广西	4.94	7.06	2.67	19	12.2	9.3	★☆
贵州	5.08	9.4	2.4	17	11.34	19.4	★☆
云南	5.75	9.8	2.56	15	10.75	12.41	★☆
湖北	8.66	7.38	3.1	21	14.6	32.64	★★☆
湖南	6.93	8.5	3.2	22	14.8	15.94	★★
江西	6.55	8.3	3.1	17	12	32.3	★★
河南	5.93	7.4	2.68	21	13.4	11.2	★★
山西	6.47	8.2	2.7	18	10.32	15.1	★★
陕西	7.54	9.1	2.8	19	13.3	21.2	★★
辽宁（含大连）	6.48	8.6	3.5	24	17.4	26.15	★★
内蒙古	8.53	9	3.4	17	13	32.1	★☆
吉林	5.5	8.3	2.7	21	15	35.57	★☆

续表

省份	人均地区生产总值（万元）	城镇单位就业人员平均工资（万元）	居民人均可支配收入（万元）	老人抚养比（%）	65岁以上人口比例（%）	每千名老年人拥有养老床位数（个）	关注等级
黑龙江	4.67	8	2.7	21	15.6	29.02	★☆
甘肃	4.09	8.4	2.2	18	12.5	8.67	★
青海	5.65	10.9	2.59	12	8.7	13.17	★
宁夏	5.28	10.5	2.8	13	9.6	25.84	★
新疆	6.19	9.4	2.6	11	7.7	24.56	★
西藏	5.5	11.6	2.49	8	5.67	14.22	★

突破领域：一是重点关注政府引导、央企和地方大型优质国有企业投资的养老项目，以授信、发债、银团贷款、银医康养生态项目合作等方式积极接入。二是重点关注智慧健康养老企业及项目，匹配银行已有的普惠金融、科创类、专精特新类产品。三是利用金融科技手段，积极参与直辖市、地级市内的重点城区智慧养老城市平台建设或者居家养老服务项目。

创新机制策略选择

创新作业方式，推行敏捷团队。养老金融点多、线长、面广，跨条线、跨部门、跨总分支，在具体组织推动中，借鉴互联网思维，创建敏捷团队工作模式；以客户为中心、以需求为导向、按“项目制”进行组织重构，打破部门竖井，以完成综合性产品解决方案为目标，形成信息透明、自组织、自管理、自激励的若干跨部门项目团队，配备营销、产品、运营、风控、科技等各领域专家，提高业务协同整合能力、产品创新能力、快速迭代能力；同时探索建立与“项目制”相配套的激励约束机制，实行“条线+项目”有机结合的考核制度。

第十二章　敏捷银行产业金融创新实践

“知止而后有定，定而后能静，静而后能安，安而后能虑，虑而后能得。”

——《大学》

《大学》中的这句话讲的是要清楚目标境界，从而才能坚定志向，进而才能有周到全面的思考格局，也才能行稳致远。对于商业银行而言，应该坚持的目标境界是“服务实体经济”，而支撑银行达成这一境界的基石则是银行对公业务，或正在数字化变革中兴起的“产业金融”。

第一节　银行对公业务面临的变局与挑战

在社会数字化变革、绿色环保、ESG 等新趋势的推动下，银行传统对公金融服务正面临诸多变局与挑战。

首先，银行对企业客户的授信越发显得不够精细、敏捷。以对集团型企业授信为例，银行的传统做法是基于集团的整体财务报表数据对集团整体授信，然后再将集团授信分拆到集团下属的各个分子公司。随着集团企业与分公司、子公司甚至孙子公司、参股企业之间的关系越来越多元、丰富，以及企业间并购、重组等资本运作越来越活跃，上述授信模式已经越来越不能及时、真实、准确地反映各个企业实体的信用状况，已经成为影响银行充分发现和经营企业客户信用风险及机遇的制约因素。

银行应该利用数字技术，更全面、更精准地采集各个企业主体的相关数据，建立更为精细、敏捷的企业信用风险评估模型。比如在外汇业务方面，银行需要具备足够的精准、敏捷能力为客户提供及时且恰当的服务，以应对市场变化。这要求银行充分整合海关数据、外汇结算数据、跨境金融区块链服务平台数据等多种数据源，为客户建立维度丰富的立体画像；需要银行以详尽的客户画像为基础，深入分析洞察客户各种特征、状态，包括但不限于了解客户结算银行状况（如银行规模大小，是中资银行还是外资银行等）、主营是出口还是进口、结算方式是 TT 还是 LC；应借助科技手段实时感知市场动态及用户需求，向其实时推送解决方案，如当汇率波动大时，及时为客户提供定制化的资产保值增值组合拳。

其次，随着社会数字化程度的提升，企业运行方式与商业模式都在持续发生演变，银行对公业务的风险判断及服务模式也需要随之进化。

银行对公服务需要从“产品”提供者向综合服务平台转型。在当前社会经济形势和技术趋势下，线上数字化经营是各行业企业的大势所趋，企业用户也更加强调商业银行在数字化综合服务等方面为其带来的附加价值。针对上述变化，银行可积极运用金融科技升级经营模式，将服务内涵延展至企业创办、经营等领域，覆盖企业全生命周期，将金融与非金融服务紧密结合，不断提升自身服务能力的全面性，实现由“产品销售”向“综合服务”模式转变。

比如，越来越多的企业希望在财务、资金管理方面能获得完整的成套解决方案。除了一些大型企业财务公司外，大量的企业自身并不具备足够的数字化能力以实现“关联交易、资金归集”等的智能化预警、监控等，此时由银行来提供系统化的数字金融解决方案是最经济、最有效的办法。因此，银行需要从传统的金融资源的管理服务提供者升级为数字化金融解决方案服务商。又比如，在跨境结算业务方面也会看到同样的现象。大型集团的财务公司具有足够的能力和经济实力直接接入人民币跨境清算系统（CIPS）。但对更多具有跨境业务需求的企业而言，则需要依赖银行来提供“间连 CIPS 服务”及配套解决方案。

银行需要建立起服务数字化原生企业的能力。随着社会经济数字化程度的加深，有大量的企业原生于数字经济生态之中，这些企业自诞生之日起，就与传统意义上的企业有着全然不同的经营方式。例如近年来兴起的直播电商，就是一种极具代表性的纯数字化的新商业形态。有数据研究显示，中国直播电商市场规模在 2016 年及以前几乎为零，而到 2021 年直播电商的行业市场规模已达到 2.27 万亿元，预计到 2023 年将逼近 5 万亿元大关。相应地，截至 2022 年年中，我国现存的直播相关企业已达 53.47 万家，其中仅 2022 年上半年就新增 18 万家，面向该类企业的金融服务已经成为银行不可忽视的一片蓝海。

银行对公服务需要具备全新的产业链视角。不少传统产业的整体运行模式也正在全面向数字化转型，产业中的企业与合作伙伴之间、与上下游之间、与其所服务的客户之间的关系都正在因为数字化转型而发生深刻变化。银行对企业的经营状况、信用水平的分析和认定不能再局限于传统的财务模型，需要更多地基于场景生态数据来对其中的企业主体进行画像，计算企业的“数字信用”。比如，某银行构建对公交易网络图谱，利用人工智能手段从交易链条中挖掘、生成交易银行产品的目标客户名单，大幅提高了营销成功率。另一银行则通过对产业链大数据的挖掘，精准识别出 100 多家信用水平优质的专精特新“小巨人”企业潜在客户，为下一步营销活动推进奠定了坚实的基础。当然，银行还需要应对基于数据计算出来的“数字信用”在贷款活动中缺乏对相关企业还款意愿的约束的挑战，因此应进一步考虑依托数据和模型算法，借助生态协同等手段，设立“数字担保”，建立起确保企业还款意愿的数字化“硬约束”机制。

银行对公服务向“产业金融”模式的转型升级反过来又将进一步强化对公客户群的产业化重构趋势。例如，银行与工程建设行业合作创新的穿透式工资支付模式正在兴起，即建设资金穿透支付到工人等相关建设者手中，解决了工程行业传统上因为层层转包等导致的资金易被克扣挪用、效率低、监管难等问题。而“资金”作为串联建设单位、施工企业、承包商、劳务分包公司、工人等工程建设各相关方最基础的一条核心主线，一旦其运行模式更为穿透化，势必引发行业组成结构、彼此合作关系、整体运转模式的产业化重构。这也更进一步要求银行强化对公业务中的产业视角。

最后，国家和社会对绿色发展、ESG 理念重视程度持续加强，这也正在成为影响银行对公业务开展的重要变量。时至今日，绿色发展、ESG 已经不仅仅是特定领域的专业问题，已不止于鼓励新能源企业发展、帮助传统高能耗高排放企业转型等，而是已经成为全社会所有主体包括所有企业、机构在内的一种责任担当，是所有企业、机构持续发展的一个硬性约束条件。银行作为掌握金融资源的一种特殊企业，天然具有一定程度的“公共机构”属性，应该在业务开展过程中积极发挥作用，督促自身的企业客户践行绿色发展、ESG 理念。

第二节 银行产业金融的未来机遇所在

银行在对公业务、产业金融端的机会开拓方面，应以党的二十大报告关于“中国式现代化”的论述为基本指引，以助力社会“建设现代化产业体系”为未来几年的工作重心。其中，可着重关注以下几个方向及领域的发展机遇。

国家高度重视科技自立自强，科创金融存在巨大机遇

“科技是第一生产力、创新是第一动力”是全社会经济发展转型的大势所趋，是社会谋求可持续的长久发展的必然需要。2020 年 10 月，党的十九届五中全会明确提出要坚持创新在我国现代化建设全局中的核心地位，把科技自立自强作为国家发展的战略支撑。在“十四五”规划和 2035 年远景目标纲要中，中共中央、国务院从国家、企业、人才、机制四个层面部署发展我国科技创新体系，将科技自立自强战略摆在“十四五”各项规划任务的首位进行专章部署。2021 年 12 月，《中华人民共和国科学技术进步法（修订草案）》经全国人大审议通过，并于 2022 年 1 月 1 日起开始实施，完善、夯实了科技创新支撑引领经济社会发展的法律基础。2022 年 10 月，党的二十大报告进一步要求“坚持面向世界科技前沿、面向经济主战场、面向国家重大需求、面向人民生命健康，加快实现高水平科技自立自强”。二十大报告关于“建设现代化产业体系”的论述中，从“实施产业基础再造工程和重大技术装备攻关工程，支持专精特新企业发展”到“推动战略性

新兴产业融合集群发展”，再到“打造具有国际竞争力的数字产业集群”，每一条背后都依赖于科技创新的发展，都透着国家对科技自立自强的殷切希望。

科创类企业正在成为社会经济发展的主要推动力，但传统银行并不擅长服务此类企业。在我国金融体系中占据绝对主体地位的银行力量仍然远未能在社会的科技创新发展中发挥与之相称的作用。科技创新类企业在企业开创的早期往往采用典型的轻资产运行模式，常常只有核心研发人员和“想法”，不但缺乏有效的抵质押品，而且缺乏信用记录，在较长一段时间内也难以看到明确的营业收入预期，甚至最终有相当比例的科创企业会遭遇失败，这导致银行传统的信贷业务模式很难较好地参与科创类企业的早期发展过程中。而等到科创企业发展壮大，具有相对稳定、成熟的财务表现之后，银行面临的竞争又会非常激烈，导致银行很难在这些企业的相关业务中获得理想回报。并且，即便顺利为成熟期的科技企业提供了服务，银行服务的作用将仍然局限于传统的生产经营支持范畴，银行在“科技创新”链中的价值缺位问题仍然未能得到充分解决。为此，银行应积极响应中国银保监会发布的《银行业保险业支持高水平科技自立自强的指导意见》，加大对科创企业等新兴市场主体发展、运行规律的研究，创新相应的风险评估方法，完善科技金融服务体系、创新科技金融产品和服务，提升内部管理水平、推动外部生态建设，用足用好科技创新专项再贷款，主动抓住国家相关部门陆续推进科创金融改革试验区等机会，在科创金融模式探索上快跑快试，让银行价值在未来经济的创新发展潮流中尽早“归位”。

例如，某银行针对科创企业，创新建立起一套融合传统“资金流”评价和科技创新能力即“技术流”评价的全面评估体系。该行的“技术流”评价体系将科技企业创新过程中产生的专利数量、专利结构、创新领域及未来技术发展趋势等行为数据作为量化评价指标，从专利含金量、创新成果含量、研发早慧度、研发投入稳定性、研发投入强度等维度出发，将知识产权和团队研发能力转换成多项可量化指标，让科技企业在技术创新、研发投入方面的能力在信用评价中得以体现，为商业银行全面、客观评价科技创新类企业的实力提供依据。

又比如有银行以科技部《关于国家高新技术企业科技型中小企业评价指引》、火炬中心《关于开展第二批企业创新积分制试点工作的通知》、工信部《优质中小企业梯度培育管理暂行办法》、证监会《科创属性评价指引(试行)》等政策为依托，与外部产业研究机构合作持续研究科创企业综合评价方法和风控解决方案，同时不断对自身分支机构的实践经验进行总结提炼，逐步形成了一套行之有效的科创企业全面评价指标体系。该指标体系主要包括以下几大维度：在人力资本方面，会重点评估科创企业的员工政策、员工构成、核心团队实力等因素；在技术创新能力方面，重点评估企业的研发投入、研发过程、研发成果等状况；在科技成果市场价值方面，主要考察成果的经济效益、转化情况、产业链关系等；然后还会从国家产业定位、股东支持、融资支持、政府支持、生态支持等角度去综合考察企业能获得什么程度的资源支持。该银行以上述指标体系为策略指引，已经在多家分行创新落地多种科创金融产品和服务，赢得科创企业客户不少好评，为该银行在科创金融浪潮中赢到一定先机。

数字经济和实体经济的深度融合创造大量产业金融机会

各行业数字化转型浪潮兴起，大数据、人工智能、物联网、区块链等新一代信息技术正在强力推动智能制造、智能物流、智能仓储、智慧农业、智慧城市、智慧园区等产业与基础设施升级。无论是以3D打印、工业机器人、柔性制造、数字孪生等为特征的CPS新一代工业智能升级换代，还是以水肥一体化、精准饲喂、精准滴灌、无人农机耕种、无人机播种等为表征的智慧农业快速发展，实现产业技术升级的经济实体，其产品质量、生产效率、资源成本效益都有大幅提升，对落后产能构成降维打击，成为市场竞争的赢家。商业银行在第四次产业革命中置身事外，将失去代表行业未来的领先企业和成长型客户，失去利用数字化技术实现产业价值链深度融合的机会，失去整合产业生态数据资源提升金融风控能力、创造更多金融服务机会的可能性。

全产业链协同发展模式正在推动包括汽车、医药、农业等在内的大量产业的整体快速发展。核心企业主导下产业生态价值的共生共赢态势初步显现，产供销一体化加速了资源配置、技术升级、商品流通的集聚效应，既为商业银行提供产业金融、普惠金融的广阔业务天地，又对结合生态应用场景实现“小快灵”的金融产品创新服务提出了新的挑战。不能驶入产业供应链、价值链、生态链、创新链与金融服务深度融合的主航道，银行将失去与产业核心企业的商业合作机会，失去与产业生态庞大客户群体的服务连接与客户营销机会。

在产业互联网阶段，“流量”不再是经营的核心，各个细分领域在数据要素化、要素数据化双重趋势的推动下，都将有机会整合、重构出多个各具特色的垂直类产业平台，都将有机会在各个垂直细分行业促成具有独特模式的产业互联网生态。例如，业界有研究者认为，消费类制造、汽车、建筑等行业的数字化都将分别是以 10 万亿元计的产业机会。而另有研究者认为，围绕家用机器人、头戴式 AR/VR 眼镜或头盔、柔性显示、3D 打印设备以及无人驾驶的新能源汽车等，多个万亿美元级别的战略性、全局性产业链集群正在初具雏形。

各个银行需要根据自身的资源禀赋确定优势产业，进而建立产业生态。比如某银行 A 发力于物流产业链金融，而另一家银行 B 则以餐饮产业链金融为切入点；在大的产业方向下，还可以有细分方向，如同样是以汽车产业为重点，有银行专注于新兴汽车产业链，有银行则侧重于服务汽车服务商。

尤其值得银行注意的是，银行对公业务所服务的企业、机构等，都将存在于一个或多个这样的产业平台或产业生态之中，产业生态中各个企业之间的关系变得“错综复杂、形态丰富”，银行对企业类客户的风险画像，将不能再简单地基于其孤立的传统财务报表进行，而应该从产业生态的全局化视角，立足于完整的供应链框架，联合上下游合作伙伴的相关经营数据，依靠模型算法来评估企业客户的信用水平，以及分析其经营所面临的挑战、计算其对金融服务的需求。

笔者过去曾经将产业互联网生态中各相关方之间合作关系的上述变化总结为“从 B2B 转变为 B4B”。各方之间不仅仅是“to”的关系，而是更加相互依存、交融的“for”的关系。在 B4B 的产业生态中，C2B 的终端消费模式成为生活中的常态，实时智能也将成为制造产出、服务供应的基本特征。因此，供应商、制造商、服务商与银行需要共建开放式的实时智能生态系统平台，以利于联合为客户的个性化刚需提供极致体验。

生态应用覆盖全产业链的场景越完整，商业机会挖掘越充分，客户连接的机会点越多，获取产供销的数据维度越多，对掌握产业发展现状、企业经营状况越有把握，对赢得客户转化和产品销售机会越有利，也有助于研发算法模型用于研判产业景气周期、企业盈利前景以及各类风险的传导关系，提供业务决策分析数据支撑，实现更敏锐的产业信贷政策调整。

物联网金融技术正催生值得银行关注的产业金融新机会

党的二十大报告中，物联网作为建设现代化产业体系的一个重要组成而被专门提及："加快发展物联网，建设高效顺畅的流通体系，降低物流成本。"物联网技术带给银行最显著的一个机会点也正是让"流动的物品"变得精准可控，从而让动产更容易被用于为相关主体增信。较为典型的应用包括仓储物联网金融、汽车物联网金融及大宗商品交易中的金融服务等。物联网技术也有助于银行更全面更精准地掌握目标客户的经营状况。比如，银行通过 RFID 等技术，可对整个供应链上的每个零件、配件、产品的数据进行实时跟踪和监控，从而能够对企业经营状况作出更加精准的预测，帮助企业提前防范经营风险。某银行借助物联网技术，帮助某汽车平台建立起集结商用车司机和车主、经销商、金融机构、物流公司（货主）的多场景生态体系，打造了"买""用""转""养"四位一体的商用车服务生态。平台企业在前端向金融机构推荐符合放贷要求的承租人，金融机构直接与客户签署贷款合同，该平台企业作为资产管理人和资产服务商负责贷后的资产运营和贷后管理工作。又比如，另一银行在位置跟踪物联网技术的基础上，联合国铁集团、各地车站、出口商、进口商以及相关境外机构打造了中欧铁路运输的电子提单系统，将货物数字化为电子提单，并进一步实现了提单资产化、物流可视化、单据链上化、操作线上化，支持提单的交易转让，解决了相关业务场景中融资困难、支付不畅等难题。

银行应积极融合运用物联网、区块链、大数据等技术，将金融属性嵌入企业采购、经销链条端到端的每一个流转环节，使动产质押过程数字化、可视化，实现物理可控、权属可控、价值可控，重塑企业价值链，乃至生态平台价值网。

数字乡村建设也大有银行产业金融的用武之地

党的二十大报告提出要求，要全面推进乡村振兴。但我国乡村仍然普遍存在信用体系智能化水平低下，数据价值未得到充分挖掘；村民基本公共服务、个性化服务、金融服务体验碎片化；乡村治理综合化管理和可视化监测手段缺乏；人民对美好生活的向往与乡村治理的“智”和“质”的发展不均衡等问题。

随着乡村振兴的有效推进，银行可利用数字技术打破政府、农企、农民、金融机构之间的数据壁垒，为突破“三农”金融服务成本瓶颈提供技术依托。农村数字金融新业态的打造也将助力农业互联网落实乡村振兴、共同富裕等发展要求。某银行联合农村合作社，整合线下场景、“三农”客户、线上平台、金融机构、生态伙伴等要素，打造农业服务云平台，实现了多方共赢共享合作社专项服务收入、合作社金融服务收入、三方场景运营收入、农户助老服务收入、公益保险服务收入等。另外，也有越来越多的银行开始运用卫星技术监测农作物的种植面积以及生长情况，并据此对相应的农业生产方进行授信，破解了该类群体过往缺乏信用记录而无法获得银行资金资源支持的难题，大大促进了农业生产的产业化。与此类似，银行的数字化风控技术还能在助力乡村智慧畜牧产业发展方面发挥作用。

数字乡村还包括公共支撑平台、数字应用场景、建设运营管理和保障体系建设等内容，比如数字应用场景又包括乡村电商、乡村党建、乡村政务等领域的一些主要应用。这些细分领域也都是银行发挥数字化服务平台优势进而建立乡村数字金融生态的机会。

2022 年 12 月中共中央办公厅、国务院办公厅印发《乡村振兴责任制实施办法》，进一步压实全面推进乡村振兴的各级责任，要求深入实施“万企兴万村”行动，为银行与各级政府、各类市场主体开展乡村生态合作奠定了很好的基础。例如某银行针对牧区牛羊肉产业链存在的诸多痛点难点，创新“数字牛羊肉”产业智慧生态解决方案，实现牛羊从出生、屠宰、上市到餐桌“一只一码”，建立数字交易平台，解决订单管理、资金结算、仓储物流、交易撮合等问题，根据存出栏数据、销售数据、补贴数据等发放贷款，大大促进了当地牛羊肉产业的发展。

数字医疗等仍是银行对公业务、产业金融的重要阵地

银行可深度融合金融服务与医院诊疗服务，银行可借助信息技术整合线下医疗服务模式，搭建智慧医疗线上综合服务平台，延伸医疗服务链条，使金融服务与医院诊疗服务深度融合。银行可依托“科技＋金融”的优势，在医疗健康生态下全方位覆盖用户需求。以科技层为底座，连接各个合作机构，提供基于医疗数据的融资服务，充分将金融服务深入每个消费场景中，创新互联网时代的金融、医疗服务。

银行在医疗领域的服务创新还可以医保结算为切入点，串联医疗服务链。比如，某银行抓住社保医保分家的行业机会，协助某省医保局上线新的医保业务与财务管理系统，让该省原先通过各家银行对公企业网银办理的医保待遇批量发放、医保资金划拨等业务直接通过“银医直连系统”实现。

与数字医疗相似的还有数字校园等领域，同样值得银行重点关注。

数字政务及社会公共服务数字化已为多家银行重点布局

2016 年政府工作报告中提到大力推进“互联网＋政务服务”，实现部门间数据共享。2020 年国家发展改革委发布《关于促进“互联网＋社会服务”发展的意见》，着力解决社会服务资源相对短缺、优质服务资源供给不足问题。公共服务的互联网化具体表现在整合政务资源打造政务中枢平台的智慧政务产业，进行内容传播和快速学习的智慧教育产业，以及慈善、救助、福利、护理、帮助等社会工作的数字化社会产业等领域。2022 年 10 月国务院办公厅印发《关于扩大政务服务“跨省通办”范围进一步提升服务效能的意见》，扩大“跨省通办”事项范围，强调各有关部门要加大业务统筹力度，各地区要强化上下联动、横向协同，加快实现同一事项无差别受理、

同标准办理。

数字政务及社会公共服务数字化已经成为银行打造与G端的合作生态从而撬动B端、联动C端的重要抓手。例如，某银行以“小场景、大市场”为切入点，提供财政社保、公共教育、劳动就业、医疗卫生、养老服务、社会服务、住房保障等10多个政务场景服务平台，对接各级政务服务平台近500个，涵盖60余类政府部门业务，累计办理量超过30亿笔，交易金额上千亿元。

第三节　银行构建产业金融生态的重点

在构建企业服务生态的实践中，不同银行有不同的思路、模式。有些银行“以我为主”，围绕本行金融服务拓展生态。比如某银行着力打造具备跨行财资管理能力的财资云平台。该银行从为企业客户构建资金管理系统起步，逐步拓展升级出以财务金融资产和资源管理为核心的财资管理云平台，通过构建资金管理系统、财资核心业务系统、供应链产融协作系统等多维度财资管理应用，完善和升级企业的财资管理体系，为企业搭建业务流、信息流、资金流、物流一体化的财资生态平台。而另一些银行则从自建非银行传统服务的企业数字化服务切入。比如某银行向企业类客户输出“一站式薪税管理”服务，围绕薪酬代发场景打造对公服务生态。还有一些银行借道为企业提供数字化服务的第三方渠道构建对公生态。比如某银行在某企业级服务互联网平台的生态之中，由该平台引流，并与该平台联合打造面向中小企业用户的知识社区，共同统筹运营中小微企业金融服务生态。

无论银行采取哪种模式构建对公业务、产业金融生态，有两个基本点不容忽视：其一是银行本职的金融服务能力必须过硬，且不能仅仅提供产品，还应具备输出完整解决方案的能力；其二是应该充分运用好连接对公金融服务与非金融服务的抓手，而这其中最值得重视的就是企业网银。

银行在从基础对公生态向产业金融生态升级、升华的过程中，还需要重视对产业生态链中商业机会点的把握，需要重点提升对产业生态的数字化管理能力，努力成为具有高科技含量的数字化撮合中介。

以坚持做好银行对公金融服务为本

从银行服务供给的视角看，银行针对企业经营管理提供的传统产品及服务大致可归纳为六大类。第一类为账户管理。银行帮助企业合理搭建资金账户架构。账户管理类服务的一个核心功能是帮助企业对各个分支机构各自的银行账户实现统一管理以及分级审批。借助账户管理服务，银行可帮助企业更清楚、全面地掌握自身资金运营及业务经营状况。第二类为收付款管理。银行一方面可帮助企业针对不同场景、不同渠道建立收款入口，使企业能够为客户提供最佳购买体验；另一方面银行可帮助企业解决不同支付渠道来源的资金归集与统一管理，提高企业整体收款管理效率，安全管控资金。银行也为企业提供付款预算管理、统一付款通道等，帮助企业更有序地管控资金的对外支付，让付款流程畅通高效，提高资金利用率，降低企业的流动性风险。第三类为资金集中管理。银行可提供相关产品，帮助企业统筹管理内部资金资源、票据资源，实现完美头寸。第四类为票据及融资管理。银行为企业提供票据类产品，盘活票据资源，实现承兑汇票的全业务管理；进一步地，银行可为企业扩展提供融资资源管理，协助企业对融资业务实施全流程管理，更好地管理和满足企业经营过程中产生的各类融资需求。第五类为资金计划、监控及风险管理。银行为企业资金计划的编制、审批、汇总、调整和执行分析提供产品和服务支持，协助企业进行付款控制，帮助企业监控所有资金及资源状况，规避资金风险。第六类为投资理财。银行为企业提供投资理财服务，帮助企业资金保值增值，平衡流动性收益。

从企业经营过程的角度看，银行在企业经营的各个方面发挥的作用是不同的。在供应商管理方面，银行能够为企业提供历史结算信息，协助企业更精准地识别出优质上游供应商，进而制定更具针对性的扶持政策。在采购预算编制方面，银行能够协助企业编制预算计划，配合企业进行头寸管理。在生产资料采购方面，银行能够为企业提供多种结算方式，协助企业监督预算执行情况，实现快速对账。在企业生产经营核心环节，银行能够配合企业做好生产经营流动性管理，实现头寸资金的保值增值。在产品销售方面，银行能够协助企业实现销售快速回款，盘活应收账款和票据。在经销商管理方面，银行可以帮助企业更准确地监控经销商销售情况，有助于企业更精准地扶持经销商，构建高效销售网络。而在分支机构管理方面，银行则能够以账户架构管理为基础，帮助集团实现内部资金转移计价。

按照企业生命周期来划分，企业需要银行在自身的不同发展阶段匹配不同的产品及服务。在企业创办开业期，企业需要进行工商注册、税务登记，相应地，银行可向企业提供开户申请、缴税手续办理等服务。随后，企业需要办理人力、社保、公积金等，银行则对应提供工资代发、扣缴社保、扣缴公积金等服务。在企业正式开业并进入正常经营阶段后，商旅等日常费用报销成为企业最为高频的活动之一，资金管理、商旅管理、报销管理成为企业刚需；与此同时，采购管理、销售管理、资产管理等与企业核心业务紧密相关的产业供应链服务也成为企业核心需求；此时，银行一方面可为企业提供商旅管理、报销管理等服务；另一方面需要结合企业业务及产业特点，为其提供资金结算、融资贷款产品申请、支付收款、基金理财等专业化的产业金融服务。当然，在企业存续期间，税务问题也是企业必须一直面对的，由此会产生对报税纳税、税筹咨询等企业服务的需求，而银行则可协助企业办理税款预缴、扣缴、退还等业务。

银行应该紧跟金融科技的发展，持续将基础对公服务做精、做深，构建对公服务解决方案体系，重视相关服务与能力的输出运营。例如，某银行与旗下金融科技子公司联合，持续研发、升级业财融合分析平台。该平台在交易流水数据分析方面，能够自动实现交易数据的标准化。传统上，在企业交易过程中，当涉及不同的银行及交易支付渠道（如微信支付、支付宝）时，来自不同银行的交易回单或交易数据在格式上往往不统一，导致企业需要依赖人工对交易记录做统一登记处理，不但时间、精力成本高，而且也会出现操作人员的业务水平不一致而导致交易流水记录的数据质量一致性不高等问题。该平台基于自动化技术很好地解决了这些问题。此外，该平台还具备对交易流水自动打上多维标签的能力，业务人员无需技术人员直接参与即可根据需求对标签的规则和计算模型进行调整。企业客户一旦引入该银行的业财融合分析平台，在预测资金流状况时，就可不再依赖低效的人工方式进行历史数据对比，而可通过基于自然语言的人工智能模型，更经常、更及时也更精准地完成预测分析，从而更好地规避资金链短缺风险。该银行也围绕该类系统的打造及输出，在营销运营上实现转型，更多开展跨界合作，多次与咨询公司、创投组织、孵化器、产业园运营方等联合举办沙龙活动，面向企业客群输出综合性的干货知识，以更灵活的模式获取新客户以及运营用户群。该银行凭借在财资解决方案上的体系化输出能力，帮助多家大型集团建立起包括账户分析、资金余额分析、资金轨迹分析、财务分析、内部借款分析、担保分析、融资分析等在内的强集中、强管控、强服务价值创造型资金管理分析平台，实现了业务财务分析的多数据源全面融合、可视化直观展示、风险动态管控、智能辅助决策等。以该业财融合分析平台为基础，该银行还为多个企业客户进一步打造了全体系融资管理方案，以数据智能驱动融资成本测算、融资方案配置、融资实际使用成本分析、偿债风险预警等各个环节工作，推动企业融资活动融前、融中、融后全链路向精益融资管理转型。

以企业网银为打通金融与非金融的关键着力点

企业网银是银行对公条线转型发展、打造对公产业金融生态的重要支撑。银行要提升综合服务能力，可将企业网银由封闭支付结算系统向开放的对公综合服务平台转变，在进一步丰富金融服务、不断完善线上金融服务生态体系的基础上，大力发展非金融企业服务，以跨界合作为抓手，借助开放化的企业网银促使金融与企业经营场景充分融合，金融与非金融服务无缝衔接，由此积极探索良性互动、优势互补、共赢发展的对公网络金融新生态。

在围绕企业网银推进对公网络金融生态建设的过程中，银行需要考虑到各种类型企业推动线上化、云上化的侧重点和切入角度各有不同。小微企业倾向于以能力交易为导向，借助云端平台，剥离非主营业务，实现企业核心业务上云，以求更加专业专注。中小型企业以集成应用为导向，重点推动企业管理上云。大中型企业则以成本驱动为导向，推动企业基础系统上云。而垄断性企业则以生态构建为导向，致力于打造各种综合性平台，推动企业生态服务上云，拓展自己的服务范围。无论是小微企业还是垄断性企业，大部分企业平台均或多或少有提供线上金融服务形成交易闭环的需求。但由于线上金融服务的特殊性，比如需要安全工具来保障信息的不可篡改和不可抵赖，也需要安全运营来保障客户不被欺诈，同时还要满足监管要求，不少交易闭环需求尚未得到满足，导致企业客户、企业服务提供商等各相关方，包括银行自身在内，在数字化、云上化转型的过程中仍然面临诸多运营痛点。

企业客户的痛点在于，客户在平台与企业网银之间重复操作，耗时费力；业务财务资金分离，业务流程割裂。企业云应用平台的痛点在于，只能为客户提供信息服务，没有形成客户的线上线下交易闭环。而银行方的痛点则是，银行难以深入企业的工作场景和经营活动中，无法形成银行与企业间的强绑定关系，缺乏场景带动。需要找到妥善解决方案，在各类平台中嵌入对公金融服务的同时要兼顾体验和安全。

就这些痛点而言，值得银行尝试的解决方案思路是打造一站式综合化服务平台：银行以企业网银为基础，统一用户体系、服务界面，打通对公用户和客户信息，提供一致页面体验，支撑对公客户画像、数据挖掘；为企业提供集人事、财务、业务、企业成长、企业建设于一体的一站式综合化解决方案；并与金融服务紧密结合，在报销、薪酬业务中与企业网银转账、代发业务联动，打造业务闭环，为企业融资提供全面的信贷产品。

银行打造一站式综合化服务平台，首先需要拓展非金融服务。适合银行开展的典型非金融服务包括电子工资单服务、征信报告查询服务、在线财务会计记账服务、创业服务专区、创新发票服务、企业信息查询等，甚至可搭建企业网银在线管理云服务场景，提供进销存、企业办公等 SaaS 服务，服务中小微客户。更具体来说，在电子工资单方面，传统的纸质工资条存在低效繁琐、耗时费力、耗费纸张且不便于保存、信息泄露风险等缺点；银行可在企业网银、员工渠道、企业手机银行上推出电子工资单管理服务，支持柜面上传工资单加密，并可为特定场景、特定客群的个性化诉求提供定制服务。在引入云会计方面，银行可引入在线财务会计记账服务，打通企业网银与云会计的用户体系，支持企业网银客户直接使用云会计服务，帮助企业规范会计核算，有效提升小微企业财务管理水平。在发票金融方面，银行可提供银企直联发票金融相应服务，方便银企直联客户直接应用；可支持图片识别查验、查验结果保存、完善报表功能等；并与第三方专业公司探索发票金融服务，拓展挖掘更多应用场景的可能性，如发票开立、发票管理等。在创业专区方面，银行可对接行内渠道管控平台，以对公政务服务为切入点，连接政府和合作机构，持续建设非金融场景，为数字化经营战机群夯实平台基础，在平台已覆盖地区全面推广服务应用。

为了横向尽可能拓宽潜在客户群的受众面，银行的一站式综合服务平台在面对不同类型客户群体时应采用不同的推广策略。在面对无企业数字化系统的小微企业客户时，银行可推荐使用人事、业务、财务、企业成长、企业建设一站式服务；而面对有部分企业数字化系统的中型企业客户，则可根据客户自身整体状况选取其缺失、急需的功能和服务进行推荐，比如可推荐客户使用与银行金融服务无缝对接的财务管理，或事关企业成长的融资、孵化、员工培训板块，或与员工福利及党建等有关的企业建设类模块；而面对有企业数字化系统的大型企业客户，银行则可重点聚焦于推荐企业成长及企业建设模块。

从纵向尽可能提升客户转化率的角度看，银行的一站式综合服务平台需要注重分层次差异化服务。比如，某银行按普通注册客户、中级客户、高级客户提供不同层次的服务，并根据人员在企业中所属岗位角色的不同，如管理员、普通员工、老板、人事、财务、自定义角色，对相应人员提供差异化服务。普通注册客户即为游客，低门槛、可自助注册，未认证，也不是银行对公客户；该银行的一站式综合服务平台能为此类用户开通员工管理、OA 审批、进销存管理、创新孵化、在线学习等功能。中级客户为已完成工商认证的企业，但仍然未成为银行客户，该银行的一站式综合服务平台在普通注册用户基础上还能为此类用户开通信息收集、云会计、不含报销代发的费控报销、不含工资代发的薪酬管理、进销存管理、需求撮合、投资顾问、企业融资等服务。而高级客户为通过企业网银认证的、已成为该银行对公客户的企业，该银行的一站式综合服务平台在中级客户基础上还能为其提供报销代发、工资代发等金融服务。由此成功打造企业客户逐级转化的成长漏斗。

在围绕企业网银推进对公网络金融生态建设的过程中，实现银行与相关方的连接是焦点所在。银行可尝试以下几种连接方案。

模式一：通过中间连接器完成银行与企业服务的协同整合连接模式。银行打造开放银行体系，开放公对公付款及公对私付款等支付能力、余额及明细查询等查询类API、理财信贷融资等金融服务接口等，构建连接银行企业支付能力的HUB，赋能SaaS与B2B，服务终端企业。比如某银行与第三方科技平台的云账户及跨平台应用连接器合作，一方面引入头部SaaS平台的非金融服务，嵌入银行的金融服务，与合作伙伴协同产品部署、数据共享、客户服务、运营推广，分享盈利；另一方面向头部企业SaaS服务平台提供金融服务，助其打造交易闭环，吸引头部SaaS平台的客户成为银行用户 。

模式二：银企直联模式。通过应用接口对接方式实现银行与客户之间的连通。可以通过接口的新增、优化，为客户提供功能、流程上的个性化、差异化服务，提供接口能力输出，具有非常大的灵活性。比如某银行通过银企直联，不但将银行常规服务如查询、转账、代发代扣、电子对账、电子回单等嵌入企业自有系统，还实现集团账户、现金池、结售汇、通知存款等特色功能，甚至提供国税资金监管、公积金等服务的个性化嵌入定制。

模式三："预制单+银企直联"模式。银行与第三方对公线上平台合作，第三方平台开通银行企业网银银企直联（行内平台可通过公有云通道直接对接）与银行系统进行对接。企业客户开通银行企业网银高级权限；第三方平台预制单据，并利用网关/直联将预制的单据从第三方线上平台传输至企业网银；然后，企业客户制单员就可在企业网银中查收预制单据并直接提交复核。这一模式大大减轻了企业人员的操作负担，同时也让交易得以形成闭环、无缝衔接。在整个过程中，银行端进行平台名单检查、请求权限检查等，并接受平台预制单信息，发送至对应客户企业网银。某银行基于"预制单+银企直联"模式已成功对接某省能源交易平台、某数字化农业产业平台等多家企业服务平台。该银行通过将企业网银服务开放至对公平台，不但满足了对公平台的迫切需求，还延伸了银行金融服务的触角，便于吸引对公平台的客户成为该银行客户。同时，该模式也不改变既有流程，客户仍会对系统对接的内容进行人工确认，并用网银盾签名，不涉及向外传输任何带有客户信息的内容。在合作中，该银行还允许平台方按需调用相关服务进行模块化定制，让客户办理业务流程更加顺畅高效。

把握产业生态链条中的商业机会点

完整的产业链包含原材料生产、半成品加工、成品制造、物流仓储、贸易流通、终端销售以及设备生产和配套服务等众多价值创造环节，不同的经营实体有差异化的金融服务需求，不同的经济活动场景需要不同的金融产品组合方案，从而为商业银行提供了多样化的服务商机。

产业链价值挖掘可以从核心企业、交易中介与平台服务企业入手，逐步向上下游延伸。挖掘产业链各环节的商业机会时可以有如下考虑：

一是在原材料生产、半成品加工、成品制造环节，以企业经营性贷款业务为主，优先考虑技术改造、绿色信贷等有专项用途的贷款，并通过增加厂房、设备、经营性“土地、山林、水体、矿藏”权属、家庭固定资产等抵押物作为风险缓释手段。已完成物联网技术改造的养殖业，以及具备电子围栏、RFID 身份标识和活体监测设备的畜禽也可以作为抵押权属物。技术创新能力强的企业可以将技术发明专利作为附加的抵押权属物。

二是在贸易流通环节，与交易中介平台合作，相互提供开放 API 实现交易场景融合，结合白名单预授信机制，可以在线提供电子票据、保函、信用证、关税贷、订单融资、应收账款融资等短期信贷产品。

三是在物流环节，可以考虑在生产企业、商贸企业的授信额度项下为物流运输企业或个体货运司机提供应收账款融资业务，用于运输过程中的加油、高速公路收费、食宿等关联成本支出，也可以提供代理商业保险服务。

四是在仓储环节，针对已完成物联网监管升级改造的仓储企业（如危化品专用仓储）和具备物联网相关技术的平台企业，可以创新动产融资业务，实现资金流、物流、信息流的融合与动产抵押权属的强监管。比如，通过平台内置的交易中介能力和系统配套的货值盯市功能，可对超长质押或市场价值跌穿安全线的货品进行线上止损快速处置变现。

五是在终端销售环节，可以结合积分权益与社区生活服务电商平台合作，向C端消费客户发放电子优惠券推动支付结算、信用卡分期、小额消费贷业务；还可以向资信良好的线下专卖店提供商户贷，以及与电商平台合作向线上商户提供应收账款融资等。

除了传统产供销环节，还可以考虑进一步拓展产业生态的应用场景和商业价值。例如针对装备制造业可以衍生相关产业的设备租赁业务，向已授信企业提供设备租赁贷款业务。

成为具有高科技含量的数字化撮合中介

银行需要在对产业生态中各类资源实现充分整合的基础上，重点提升对产业生态的数字化管理能力，努力成为具有高科技含量的数字化撮合中介：利用智能技术深度理解产业链各参与方的交易偏好、产品偏好，实现需求自动化采集、感知、预测和智能撮合，加快产品交易速度，提升金融资源配置效率、服务供给效率，为产业高质量发展提供及时的技术保障能力。

一是交易需求的撮合。

构建产业生态各类参与实体包括个人客户的全息数字画像，比如整合各类偏好标签以及关于资源需求方和供给方的结构化与非结构化数据，利用产业知识图谱技术、智能算法模型实现产业链交易中供需双方的智能撮合。如福建泉州的石材产业链，石材制品属于非标产品，某银行利用图像模式识别技术，让家装企业只需拍照、上传照片，即可自动匹配到能提供相似纹理和色泽石材产品的供应商。

二是服务需求的撮合。

与交易需求撮合类似，通过构建服务企业和技术专家的技能标签，可针对产业生态场景提供相关配套服务的搜索、推荐和撮合。如利用卫星遥感技术结合无人机空中巡查，识别发现农田疑似出现病虫害，可实现向擅长相关病虫害防治专家的技术服务自动派单，并通过远程视频诊断及时干预。

三是金融需求撮合。

商业银行构建产业客户的金融业务画像，深度理解客户产品偏好、融资需求、支付结算需求，结合新闻舆情等信息源，预判产业客户技术改造、进出口贸易、股改上市、兼并重组等重大事件的发生，主动提供配套综合金融解决方案。

*　　*　　*　　*　　*

社会生产经营中的大多数价值，最终都会反映、对应到货币，最终都会依靠货币来量化和记录，并实现流动、转移。作为社会中各种价值的最终记账服务提供者，是银行最根本的特许价值之一。也正因为如此，银行及银行服务是帮助企业形成“价值闭环”，从而让各种产业生态能正常循环运转起来的关键要素，银行需要、也应该在企业生态、产业生态中发挥重要作用。

在未来，银行可以继续探索，帮助企业在数实融合持续深化的时代更好地管理和运用好从金钱到财资、从财富到信用、从权益到其他更广义的价值载体，让企业能够建立起更加全面、更立体的数字化价值经营管理体系。

第十三章　敏捷银行乡村振兴金融服务创新实践

“绿遍山原白满川，子规声里雨如烟。

乡村四月闲人少，才了蚕桑又插田。”

——翁卷，《乡村四月》

宋代翁卷的《乡村四月》以清新明快的笔调，描写了江南农村初夏时节的旖旎风光，雨丝之纤细、轻柔，天空中烟雨蒙蒙，杜鹃声声啼叫。生动地描绘了山坡田野间草木茂盛，稻田里的水色与天光相辉映的美丽乡村景象。近年来，为响应国家乡村振兴战略、服务“三农”产业，国内许多金融机构加大了对“三农”的金融服务力度，推出了一些涉农的信贷产品。在产品模式、技术手段方面，进行许多有益的探索。但总体上来说，涉农信贷对于大多数商业银行而言，还是一个相对较新的领域，有必要进一步探索。

本章对银行涉农业务的讨论主要围绕涉农小微企业数字化经营展开。

以物联网、大数据、人工智能、卫星导航、遥感测绘等新技术为核心基础，结合智能农机、无人机、机器人等农用设施技术升级并与无土栽培等现代农艺技术融合，技术升级后的现代农业产业生态已经发生了颠覆性的变化，相关经营实体的盈利能力、抗风险能力、经营可预期性、市场竞争力都得到显著提升，正逐步成为商业银行的“香饽饽”。

第一节　改变传统授信观念，创新数字信用增信

涉农的产业链通常包括三个环节：一是上游的农资企业，如农药化肥、

饲料兽药等；二是中游的种养殖环节，典型的是农户，按规模和形态细分，有个体农户、种养大户、合作经营体、种养小微企业；三是下游的加工环节，如生鲜和农作物加工；此外，在上中下游之间，往往还伴随着中间贸易商、批发市场等中间环节。

从这个产业链可以看出，规模上是从集中到分散再到相对集中。上游的产业链，包括农药化肥、饲料兽药等，一般具备一定的企业规模，属于金融机构的传统客户。而中下游的产业链，也就是从农户到农贸再到农产品加工，这部分涉农经济体包含大量的种养大户、家庭农场、农产品加工企业等适度规模经营的各类农业经营主体，是商业银行金融服务需要加强覆盖的重点。

涉农产业链中的不同类型参与主体，有不同的资金需求。小农户需要资金购置生产资料，如购置鱼苗种苗、农药饲料等；新型农业经营体具有一定的规模，既有原材料的购买需求，又具有一定的生产资料的购置需求，比如农机的购置、鱼塘林场的承包及流转、智慧农业设施的建立；农产品加工企业具备企业类资金需求的特征，兼有短期流动运营资金和中长期生产经营所需的资金需求。

传统授信看重企业规模和财务表现及经营稳定性，注重强担保和抵质押品的风险缓释作用，涉及“三农”的企业恰恰规模较小、经营波动性较大、风险缓释条件不足，可以通过“数字信用”实现增信补偿。需要充分研究可能的风险场景，针对性设计完整的技术和业务产品方案，争取更多筹码去说服授信评审人员信贷资产是相对安全的，逐步围绕“物理可信”“价值可信”“权属可信”设计、构建数字信用体系。

可能的风险防控措施包括：（1）通过传统的舆情、司法、工商、水电、电信等数据判断企业主是否正常经营；（2）通过传统的资金流向分析判断信贷资金是否投入主业；（3）利用各类传感器、监控视频、遥感、气象数据预判农作物、畜牧物、水产物等生长情况，作出产能预测；（4）盯住市场价格波动、进出口数据、电商销售数据，作出销售价格趋势预测；（5）盯住影响成本和销售的上下游产业和核心企业，预防关联风险传导；（6）构建以养殖、仓储、运输环节的 IoT 设备采集数据、GIS 定位数据、视频监控数据等为基础的可信监控算法模型，减少权属物灭失风险。

在产品方案层面，设计随借随还产品形态，依托平台企业、核心企业，尽量增加仓储、销售等交易流通环节短贷业务比重，同时引入核心企业担保、农户互保、特定商业保险、土地使用权抵押、银团贷款等风险缓释和风险分散手段；在组合风险管理层面，尽量考虑市场波动性较大的细分产业与相关对冲、补偿替代细分产业之间形成信贷资源投放平衡。

与此同时，做好运营成本（包括人力、数据、算力资源等）与收益测算，争取在预期风险损失前提下大概率仍然是盈利的。

在实施策略上，在从 0 到 1 的技术方案验证环节，小步小额试错、强化人机协同验证，让技术与方案风险可观察和损失可控，甚至故意制造红蓝对抗机会（人为模拟攻击等），加快产品技术迭代速度。与华为等技术领先企业或在领域内深耕的智慧农业平台企业（资信相对较好）合作，在孵化阶段给予一定的融资支持，一旦方案成熟，可以结合银行线下客户营销优势并借助合作方技术实施力量迅速以更低成本铺开。

改变传统授信观念、创新数字信用体系，要注重发挥典型成功案例的示范作用。此外，还要重视对数字化营销、数字化运营与数字化产品设计思维的鼓励和培育。

第二节　挖掘区域产业链商业机会，提升生态价值创造能力

涉农产业往往具有地域集中的特点，如湖北的鸭养殖与食品加工、江苏小龙虾和大闸蟹、云南普洱茶、黑龙江五常大米、山东寿光蔬菜、江西赣南脐橙等，都形成了一定的规模和品牌效应，有相对稳定的消费刚需，具备穿越长周期的特点。银行家需要考虑的是，相关产业是否已经有智慧农业升级的商业成功案例；如果没有，该部分产业的经济体量、银行可及的市场空间是否足以让银行收回智慧农业方案设计研发的前期投入成本。

特色农业产业链的挖掘，是介入涉农产业的途径。对于银行而言，网

点资源没有优势，涉农贷款必须从特色产业链入手。我国许多地区具有地方特色的农业产业。这些产业往往具有一定数量的市场主体，具备金融服务的市场潜力。商业银行的基层经营机构，如县域支行，是此类市场的开拓主体。可对当地特色农业产业链进行调研，通过对产业链进行深入分析，挖掘核心企业、上下游企业、农产品贸易商、批发集散地等主体金融服务的需求。分析产业的规模及价值模式，选取具有一定规模、具备一定利润空间、有一定抗风险能力的经济群体作为融资服务对象。

产业链的挖掘，通常可以试行白名单管理手段。可以通过与商会、产业协会合作的方式，掌握某个产业链有市场竞争力的主要市场主体名单，并作出客户的筛选。

要切入一个区域的涉农产业链，往往需要有一个从浅到深的过程，随着业务的开展，逐渐掌握产业链的相关数据，逐渐深入挖掘这个产业的金融价值。比如，在福建漳州、宁德地区，对虾养殖加工颇具规模，某国有大型银行当地支行通过对产业的调研，从中下游具备一定规模的对虾加工企业入手，通过数年对产业链的耕耘，逐渐扩展到中间批发贸易商、养殖场及养殖户，并在此基础上，提高客户黏性，深化金融服务，提供票据、保函、信用证、财务管理等多层次的金融服务。

重点围绕当地农产品批发市场进行深度挖掘，通过深挖一类产业客户可以把他们上下游优质客户都找出来。例如对于粮食收购行业，可以通过与存量客户联系，加入相对应的粮食收购户微信群，集中在群内宣传特色产品，筛选优质客户，批量上报贷款，同时与业务部门沟通好，实现批量快速审批的效果，给予客户良好的产品体验。而且联动农产品批发客户可以获取到上下游客户，通过产业链条顺藤摸瓜，能以点带面，批量开发市场，大大提升客户开发效率。

在准入方面，可以先设置一定的门槛。如在面向奶农的数字养殖贷贷款方面，客户准入要求借款人从事奶牛养殖，并与主要乳品加工企业开展生鲜乳合作1年以上，并且在所属地区拥有自己固定的养殖场地，奶牛全部为自有；担保方面以生物性资产抵押（育成奶牛），通过中登网登记，加以实际控制人或股东提供个人无限连带责任保证担保。通过一段时间的经营，通过对数据及风险的了解，再适当扩容客户群体。

在资金管理层面，比如大蒜是山东省临沂市兰陵县的特色产业，大蒜在当地集中收购，并在上海有成熟的销售网络，银行通过便捷的资金结算和短期理财方案切入，能形成规模化的忠诚客户群体，而且有助于找到持续经营的机会。

涉农产业链可以衍生出与旅游休闲相关的地方特色美食、旅游采摘等项目，借助智慧农业生成的实时视频数据，可以针对城市细分客户群体做主动推荐引流，扩大银行的潜在客户群体，结合积分权益促活提升高价值客户群体。

第三节　强化资源整合撮合能力，确定可持续共生共赢模式

一是积极与地方政府建立联系及合作。争取到政府的支持，可获取当地经济形态、产业主要参与者的相关数据，甚至接入地方大数据局获取数据。了解政府部门的政策，通过与政府职能部门沟通合作获取各个产业的人员融资需求名单等方式，向符合政府平台要求的群体发放“三农”贷款。基层网点机构主动与县、乡镇、村各级政府进行合作，对于具有特色优势产业和信用环境良好的地区，依托政府信息，对客户进行联合筛选，提供贷款服务。例如，向农业农村局获取各乡镇的养殖大户信息，进行批量电话营销。此外，可以与具有政府背景的农业担保公司合作，由其提供增信，帮助商业银行开展业务。

二是通过与产业核心企业合作，实现基于平台的融资模式。在不少地区，随着农业产业链的发展，出现了“核心企业 + 农户”和“合作社 + 企业”的组织形式。与核心企业及平台合作，既能够获取稳定的客户，又能够获取相关的评价数据。产业链上下游企业利用信息共享、技术合作、资金融通以及订单优势，有助于形成整体产业的循环链。某些平台还具有信用担保的特性，可以有效帮助银行开展产业链融资业务。例如，黑龙江某

金融机构通过对接 XY 农业物产线上科技平台，通过信息交互验证，向与 XY 农产平台有合作关系的农户、专业大户、粮食经纪人（包括个体工商户、小微企业主）提供数字仓单质押融资服务。

三是与智慧农业服务机构合作。比如智能农业技术服务类机构，其一，这些农业服务机构具备一定的市场规模，是银行金融服务的天然理想对象；其二，这类智慧服务机构具备农业行业特色技术，能帮助银行在特定领域实现对农业规模、状态的掌控，补充了银行这方面的能力；其三，这类机构本身就掌握有相关数据资源。比如联通数科，通过 RFID 智能耳标、电子围栏、摄像头等设备及技术，在畜牧业中可实现对牛羊等生物资产的监控，某银行青海分行就基于此种方式实现了面向奶农的贷款业务。

四是与电商类平台合作。银行可以关注与农村电商类平台合作的机会。近年来，农产品上网的趋势明显，不断可见各地农产品在各类电商平台出售。全国也涌现出了一批农村电商，比如江苏沙集镇电商、浙江遂昌电商、沭阳苗木电商等。新希望公司实施了“福达计划”，为农业产业链上的小微企业与上下游农户提供小额信贷服务。电商平台具备生产经营及财务结算数据，同时具有可观的客户群，从某些电商提供给店铺的金融服务的经验来看，店铺本身也是一笔隐形的抵押。电商能基于这些信息，提供信用评估服务，如阿里巴巴对入驻淘宝、天猫购物平台的农业电商企业和中小微企业提供信用评价服务，促进后者融资。宁夏某地金融机构推出“肉牛贷”，采用“农民合作社 + 电商 + 银行”模式，为当地肉牛产业链上的农户、养殖场、屠宰场和经销商提供生产销售资金贷款。

五是强化与国内顶尖农业科研院所的合作。一方面，涉农产业的智慧农业方案是个性化的，需要细分专业技术支持，如从稻种叶子图像判断病虫害情况，从温度、微量元素状况判断水产物养殖环境是否较佳，从养殖物的活跃程度判断生长发育是否正常等；另一方面，利用数字技术网络，为相关科研团队提供天然的课题研究数据，提升产研转化机会，比如助力科研团队研究早期风险发现技术，为养殖大户提供远程问诊和干预手段。

六是与行业协会合作。整合细分产业链的知识图谱，构建产业链交易网络图谱，既可以扩大银行的服务客群，又可以寻求产业链交易撮合机会；与此同时，对于优质的产业链客户，银行可以考虑利用自身平台上的手机商城、积分权益、企微小店等，帮助这类客户面向社区居民、高端财富客户、合作商户推销其生产的特色“三农”产品，且在此过程中银行可通过全程数字化绿色认证手段，树立消费者信心，提升消费端撮合能力。

第四节　塑造技术势能优势，筑牢数字风控防火墙

对于金融机构而言，要突破原有的对涉农产业不敢贷不值得贷的困境，对风控技术的升级，是金融机构必须面对的课题。

一是农资类资产的评估、监控及处置技术。传统涉农类贷款面临的问题之一就是传统可抵押的资产少，对于大部分农业资产，包括农资及生产资料（如农机、土地山林池塘的承包权、仓储设备）、养殖业的禽畜、农作物及加工品类，由于缺乏手段，通常难以实现有效的评估、监控及处置。近年来，已经有金融机构通过与第三方平台合作，使用智能化监测设备，能对部分类型资产实现有效监控，以及实现对资产价值的有效评估。比如，畜牧养殖业活体抵押已经有较为成功的案例。金融机构应该积极探索，努力实现对更多农业类资产的资产评估，甚至可争取实现有效抵押物作为第二还款来源。

二是基于模板框架的风控策略模型技术。银行应建立若干类别涉农产品的风控策略模板。比如，养殖种植大户的模型，可以同时适用于奶牛养殖、蜜蜂养殖、小龙虾养殖等。这些养殖作物或农产品，虽然具体产物不同，但可以纳入同一框架，此框架充分考虑到养殖的产能、价格、成本、毛利润、集中度、季节性因素、价格波动率、养殖周期等因素，不同的具体信贷产品可进行特定的模型参数设置。如此可加快特色产品的创设周期，同时也为相关模型提供一定可对照的评价标准。

三是与外部机构联合建模技术。银行直接掌握的数据有限，往往需要

从合作平台、第三方数据提供方、征信机构获取相关数据，并需要考虑利用联邦学习等技术，实现多方数据在安全前提下的打通和深度结合。部分合作平台，特别是地域性产业平台类，往往由于行业地区所限，科技水平还处于比较低的水平，银行通常需要提供较为完备和便捷的数据安全交换方案以及隐私计算能力。

四是风控策略及模型的持续迭代优化。农业养殖通常具备季节性、周期性和波动较大的特点。外部条件变化较大，导致风控策略及模型会较快失效，需要建立起动态的模型监控及更新机制，持续对模型进行迭代优化。

五是新产品冷启动。面对新产品没有足够的历史样本数据，一个思路就是，通过对客群的分析，找到相似群体作为参考，扩大样本范围，并使用迁移学习方法，进行模型训练。比如面对涉农企业客群，可参考小微企业的授信评价策略，运用聚类算法、协同过滤算法、LightGBM 集成回归等算法做相似客群的迁移学习和额度归一化处理。对于农户经营，可以考虑个人经营贷的风控策略。并在此基础上加以适应性调整，以作为冷启动的风险策略及模型。另一个思路是，为解决在新领域构建有监督学习算法常常较为困难的现实问题，可以考虑引入强化学习方法，先结合专家经验初始启动后，建立持续的学习、决策、反馈、优化机制，以真实环境的运行数据结合专家的评判结果，持续迭代优化模型。

六是数字化风险监测及预警的机制。需要综合运用多种手段，建立风险监控及预警机制，对行业、地区、产业链实施风险监控，实现风险的早发现、早预警。需要对涉农产业链产品针对性设置监控数据项，如特定农产品价格、上下游商品价格、平台企业进货、销售、仓储数据等。通过测算不同变量的风险指向性，设置预警规则。需要监测风险暴露的变化趋势。建立风险动态检测的机制，对于一定周期内风险暴露（如逾期率）明显增加的，要对客群层面进行风险预警。此外，要根据风险传导性，对上下游产业客群进行风险预警。

七是多维数据的鉴真反欺诈技术。智慧农业方案的实施，不可避免地要和技术平台服务商合作，一旦出现平台与产业链从业者勾连数据造假，就会引发系统性风险。养殖、生产、物流、仓储等多个环节，需要有不同的数据来源，包括行政事业单位的水、电、税等信息、第三方遥感信息、气象数据以及银行利用无人机、机器人随机抽检获得的数据等。对多个信源进行交叉比对发现矛盾冲突点；比如现场图像和当地的天气数据变化是否吻合，时点生产情况和水电消耗是否一致，各类专用传感器的数据变化是否和种养行为（喷水、施肥）、作物成长变化有合理相关性，仓储环节出入库动作和影像数据是否一致，等等。

第五节　打造全方位数字化服务，提升客户黏度与业务附加值

“三农”客户群体的普惠绿色属性决定了“三农”业务是单一客户低利润的业务，需要银行依靠长期持续的全方位数字化经营转型来取得商业成功。

抓住农村客户生产生活痛点

抓住农村客户生产生活痛点，提升服务附加值和客户忠诚度。涉农的企业和农村客户原来是不被银行服务重点关注的，对金融业务理解认识和所享受到的针对性服务都是不足的。比如针对细分产业的季节性生产特色和农民家庭特点，提供符合现金流需求的灵活理财产品方案；针对农机租赁需求，提供土地经营权质押的农机租赁担保业务，借助遥感和其他物联网技术手段进行交易确认等；对于农村教育、医疗等重要需求，整合远程教育及医疗资源，提供二手书籍赠予、相应积分权益服务等；为城市、农村家庭互助提供撮合服务（比如专属果树、专养家禽），并协助双方安排定期互访等。

运用平台化思维

发展涉农金融需要银行运用平台化思维，高内聚提炼技术与产品共性，低成本装配实现个性化定制，敏捷支持持续的数字化运营。

分行贴近市场，往往能挖掘出地区特色的涉农产业链市场机会。然而，也正因为各具地方特色，且所经营作物类型（如农、林、牧、渔等）也不相同，其担保方式、增信机构及合作方均会有差别，所以各自的产品要素、风控策略及模型、平台和数据接口都需要分别设计和开发。商业银行只有具备灵活敏捷的信贷产品研发上线能力，才能在较短时间内以较低成本完成从市场挖掘、产品构建到方案论证、模型设计，再到科技系统研发、上线的全过程。

所涉及的系统，包括前端对客端（如手机银行、小程序、开放给合作平台的接口或 H5 界面）、信贷业务系统（如内部审批、产品管理及运营、合作方的对接等）、风控系统（如智能决策及规则引擎、模型部署平台、风险监控系统、外部数据对接等），以及后端支持系统（如核算会计、支付、电子签章、运营报表、监管报送等），都应该实现敏捷架构化，只需通过参数配置加少量技术开发，就能实现新产品的快速上线。

银行要建立涉农客户统一视图，获得客户洞察。对客户进行有效识别及分析，是数字化信贷的必然，也是开展以客户为中心的运营的基础。通过对客户相关信息的收集和分析，形成客户标签，对客户进行画像标识，进而对客户的基础状况、金融属性、信用记录、外部评价、行为特点、社会关系等方面进行特征化，并在此基础上展开行为分析、风险评价、分层分群，建立客户统一视图，获得对客户的全方位洞察。

银行还需建立涉农业务的数据化运营体系。通过对业务数据的收集和加工，建立业务指标体系，实现业务指标化、指标可视化，运营人员既可以通过管理驾驶舱平台等，及时掌控业务申请、授信、放款、还款、风险等情况，也可以根据需要自行开展各种数据分析，优化调整业务参数和风控策略，实现数据化运营。

加强数据资源的整合复用能力

要持续加强资源尤其是数据资源的整合复用能力。涉农产业信贷面临的典型问题，如贷前阶段对信用及资产的有效评估不足、贷后阶段由于地域偏远分散监控成本过高等，都需要通过加强数据获取和运用来解决。

获取多来源多类型的数据。首先是外部数据，从类型上看，既包括征信数据、企业公开数据（如工商、司法等）、行业数据（如农产品价格、仓储贸易数据等）、地方政府大数据（如水电、环保、税务等），也包括来自合作平台的数据（根据类型可能是订单、仓单、结算额、产量及生产资料规模、智能设备检测及分析评价结果等）。其次是内部数据，包括用户提交的数据、用户在内部系统中留存并衍生的行为数据等。此外，还需要充分利用新技术方式尽可能多地获取更多新型数据，如通过 RPA 技术、物联网设备、卫星遥感等技术手段采集不同形态的数据等。

各类数据融合运用。一方面，不同的数据，其形态和格式、安全敏感性、采集频率等均有所不同，接收存储和处理技术也多种多样，银行需要具备多种不同的数据处理能力，如行为埋点数据的采集加工能力、工商等带有关系的数据的图计算能力、遥感数据的图像识别能力、半结构化数据的结构化处理能力、智能设备采集的流数据处理能力等。另一方面，不同来源、多态异构的数据，需要交叉验证、结合使用，实现多源数据的有效融合和复杂关联，识别并打通实体，建立关联性及时序性结构，充分挖掘人、物、关联体的复杂关系及行为特征。要实现数据的融合和处理，需要有功能强大的数据处理平台提供技术支撑。而且，要有持续经营意识。银行不能只顾推进短平快的授信业务，而不考虑数字化风控技术的成熟度。例如，对于数字化程度较高的细分产业链，银行可优先通过融资业务切入；对于尚不具备数字化条件的，则可考虑借助移动 APP，从支付结算、代缴费、专项理财产品、代理保险等业务先行切入，待智慧农业方案成熟后，再引入信贷与交易撮合业务。

发展智慧农业对接能力

银行应重点发展智慧农业对接能力。随着现代农业的发展，5G 与物联网等技术在智能大棚、智能灌溉及水肥一体化系统、RFID 标签、可视化监控、病虫害监控等方面的应用逐渐广泛。这些智能化设备与技术，基于感知、连接、边缘计算等手段，可实现对农业设备、农业产品、牲畜活体等的全方位监控，不仅让银行能精准及时地判断标的物是否存在、是否非法移动等，而且使得银行更容易精确掌握农业资产规模、损耗率等整体状况，从而推动抵质押物管理乃至涉农信贷全流程向着实时、动态、智能化方向进化。

先进信息技术与先进农艺技术完美融合的智慧农业，正逐步将现代农业从发展缓慢的传统产业嬗变为高新技术驱动的优质产业、实现数字孪生技术的先进产业。在产业变革的过程中，因其技术体系的复杂性与萌芽发展阶段的不确定性，各金融机构尚未深度开发，因此蕴含产业生态场景与金融服务一体化融合的商业机会、优质高潜客户的发掘与经营机会、数实技术结合提升客户经营态势感知和智能风控技术机会。

一个典型的案例是生物资产活体抵押融资。基于生物识别、物联网等技术，能体现生物资产的唯一性（一畜一码），还能采集生物资产的稳定度、活跃度、位置、健康状况等关键数据，确保生物资产的真实性，帮助银行有效掌握生物资产的状态，帮助银行降低风险。

推动信贷业务的线上化、自动化

要重视持续推动涉农信贷业务的线上化、自动化。涉农产业地理位置通常较为偏远，距离网点通常较远。借助于金融科技手段，可实现涉农信贷业务全流程线上化、自动化、智能化，从而提高信贷业务便捷性、改善客户体验并显著降低运营成本。

例如，某银行推出一款面向农户的小额信贷产品，所面向的目标农户多身处偏远农村地区，但其中部分借款农户有子女具备良好的信用记录，只是往往处在异地城市。针对这一情景，该银行使用生物核身、联网核查等技术，实现了农户子女远程异地担保签约，有效提升了该产品的可得性。

又比如，RPA 技术也是提升涉农信贷业务自动化水平的有效手段。一个典型的案例是在某面向奶农的信贷产品中，在获得客户授权的情况下，在贷后阶段利用 RPA 技术，采集奶农在上游奶业企业信息平台中的销售记录，提升了贷后监控的自动化程度。

第六节　培育“三农”金融人才，提升差异化竞争优势

银行要提升“三农”金融服务水平，强化营销、风险等核心能力，不仅需要内部培养既懂业务又懂科技的专业人才队伍，也需要从外部引入复合型人才，以更好地支持产品、营销、风险管理的定制化，探索“三农”金融数字化运营。

银行应该打开视野，加强对同业的学习。积极关注涉农产品经验比较丰富的银行同业，并组织学习借鉴。

银行要加强内部产品的交流。调动经营机构积极性，鼓励经营机构开拓涉农产业市场。可从农业资源比较丰富、特色农业或现代农业产业开展得比较好的地区入手，让相应分行设计产品方案，并进行试点。加强经营机构的交流和相互学习，加强对正面案例的宣传和经验的总结。

银行应该建立“三农”金融业务的敏捷协同机制。农业产业链往往具备地方特色，每个产品都有自己的地区特性，一般都不太适合全行普及推广。如果没有相应的敏捷机制，面对地区级别的产品，启动门槛过高。所以，对于商业银行而言，必须建立起内部敏捷协同机制，如此才能以较小的成本，支持分行经营特色产品。敏捷协同机制一是要加强总行与分行协同，二是要加强业务、风险、科技的联动协同。

应引入产业相关专才。不深入了解涉农产业生产经营特点以及其中的关键技术，将无法支撑涉农金融业务的持续经营。通过建立外脑组织或社会招聘引入行业协会人才、产业成功经营人才、关键农技人才（比如农业院校的博士生或建立博士后流动站），可以更有效地完善智慧农业技术方案，打磨产业链综合金融解决方案，形成基于智慧农业技术之上的产研一体化服务与运营方案。

应引入相关技术专才。比如，在物联网相关技术方面，多数银行仍有所欠缺，虽然短期内可与华为、阿里等公司合作，但从长期来看，还是需

要有行内自主掌控能力，才能避免细分产业集成解决方案受限单一厂商能力。此外，机器视觉、空间感知、机器人等是智慧农业的核心技术，视频图像的语义理解和模式识别能力则又是这些技术背后的关键基础能力；相关技术若一直依赖外包，研发成本、计算资源要求都将过高，银行需要引入高端核心人才，提升这些技术的工程化水平，降低项目运营成本。

应培养全能产品经理。产品经理不仅要有涉农金融解决方案的规划设计能力，还要有较强的生态应用拓展能力和服务体系构建能力；此外，还应具备产业视角的项目投入（研发、数据、运营成本）产出（包括短期、中长期）的精算能力。如果单个人难以完全满足上述能力要求，那么至少在业务中台层面能够提供相应能力支撑。

* * * * *

中国传统艺术有“生境”之说；生境（Habitat），分为园林生境和自然生境。中国银行业转型的未来方向既包括以数字化、智能化技术服务于普惠、零售、科技创新、产业圈链、养老服务及乡村振兴，类似于营造园林生境；也包括以碳减排、碳中和为背景的绿色金融服务，类似于保护自然生境，达到陶渊明《归去来兮》的境界：“木欣欣以向荣，泉涓涓而始流。”银行业未来沿着上述两种方向的转型符合党的二十大对金融服务政治性、人民性和专业性的要求。至于其畅通内循环和打通外循环的可持续性则取决于敏捷银行实践能力。

或者可以这样认为，本书在其他篇目中更侧重于谈论敏捷银行如何做到“捷”，在本篇中则更侧重于强调敏捷银行首先需要练就敏捷中的“敏”——敏锐感知实体经济之变、敏锐洞察业务需求新机会之萌芽，然后才能为转型行动之“捷”树起清晰航标。

第四篇

敏捷银行科技转型创新实践

第十四章　敏捷银行创新之动力输送：业技融合

“与谁同坐，明月清风我。”

——苏轼，《点绛唇·闲倚胡床》

苏轼的这句词是对人与自然和融一体，即天人合一，最具诗情画意的写照。“天人合一”是中国传统艺术创造的精神核心，从生命力美学的角度讲，它所表达的是“天地合而万物兴”这一朴素唯物主义观，即“融合”构成生长、发展的动力。

图 14－1　“与谁同坐，明月清风我”

金融行业的数字化转型，其核心之一亦与“融合”紧密相关，即需全面提升业务与科技的融合。这是因为，数字化创新作为推动银行转型的第一动力，其能量、动力的可用化和输出，以及对银行转型的正式供能、动力的充分送达，正是源自于“业技融合”。当业务、技术在合规的前提下融为一体、不再是独立的两个物种，将不仅仅能大幅降低这两个物种间沟通协同的能量损耗，更将在彼此融合中发生“化学反应”，让先进科技所内含的巨大储能得以以可用、有效的形态释放，并贯通至银行体的每一个细胞，推动银行转型。

有鉴于此，金融业务和信息技术的融合也已成为近年来金融机构的重点关注领域和孜孜以求的管理目标。

第一节　商业银行业技融合模式与管理实践

金融科技正在深刻改变金融服务的形式，这使金融业务的效用和体验不再依附某个具体金融产品，而是直接嵌入个人日常生活场景以及企业生产贸易活动中。科技作为金融业务创新的重要推动力量，和业务结合越来越紧密，科技和金融业务之间的边界越来越模糊。某业内顶尖咨询公司认为，商业银行数字化转型的实质，是从商业战略到信息和数字战略的实现。

业技融合（业务和技术融合）服务于商业银行数字化转型策略，体现在战略层面、架构层面和实施层面的业技握手与协调一致，统筹驱动数字化转型从点到线到面再到体的全面变革。本节结合银行企业架构转型先进实践，着眼于机制、组织、岗位和架构四个方面促进深度业技融合，给出相关高阶思考。

业务和技术的高效融合，直接关乎商业银行能否在未来竞争中占据一席之地。只有不断提升业技协同程度，利用敏捷、柔性组织，打造数字化转型氛围，以业技融合提升效率和竞争力，才能快速响应不断变化的市场和客户需求。

业技融合的三个层面

业技融合服务于商业银行数字化转型策略，深度业技融合体现在战略层面、架构层面和实施层面的业技握手与协调一致。

第一层是战略融合，业务战略引领 IT 战略，金融科技赋能业务质效提升，匹配业务战略、业务举措与业务能力建设计划，定义科技实施项目卡片，厘清实施项目所支撑的业务举措、业务能力、业务价值分析。

第二层是架构融合，即通过业务架构描绘业务视图与业务能力，IT 架构承接业务架构，确保业务与技术协调一致，将业务能力要求映射到业务架构，指引 IT 架构（应用、数据、技术）的规划与设计，边界更清晰，迭代更敏捷。

第三层是实施融合，借助业务架构、技术架构等架构资产与工具平台，有效管理各类需求，根据不同业务需求的协作特点，制定业技融合模式，并提供组织、流程、机制与人才等方面的配套保障，确保融合效果，然后采用合适的开发方式，加以开发实现。

参考业界领先实践，在具体落地过程中，从机制、组织、岗位和架构四个方面探索促进深度业技融合，需从优化业技融合模式、重塑组织管理架构和细化科技运营体系等方面进行详细设计与发力。

树立"多方协同、打破壁垒"理念，进行机制重塑

当前，业技融合的机制主要有两种，即 BTIT 和 Agile 模式。

第一，BTIT 机制。

BTIT（Business Transformation and Information Technology）体系与方法是一种业务与 IT 的融合机制，其本质是以流程—IT 作为核心纽带，通过逐层协作，承接公司战略、规范业务过程、在管理中融合信息技术，以此加强业务优化与 IT 治理的相互促进与融合。BTIT 是一种充分运用 IT 技术促使企业战略落地和流程优化的手段，同时也是引领创新、业务优化、持续变革的有效方式，从而提升 IT 开发的响应速度，实现 IT 对业务的价值。

各行业数字化转型的先驱者，如 IBM、宝洁、华为、招商银行都曾经设立信息与流程管理机构，承担企业的 BTIT 职责。随着数字化转型的深入推进，金融机构纷纷成立数字化转型办公室，行使 BTIT 职能，推动 BTIT 持续落地。其中 BP 工作模式（Business Partner，业务伙伴）是 BTIT 落地的一种常见模式，通过相关人员主动深入业务和市场一线，运用科技思维和手段主动创新金融服务方式，提升客户体验、赢得市场竞争力。常见的 BP 岗位有 IT BP、流程 BP 和 Data BP，分别承担 IT 需求、流程管理和数据需求

职责。

国内某头部科技企业建立流程与IT管理部，紧跟企业战略制定IT战略及举措，利用BTIT模式，从企业战略出发，由相关流程、组织与IT技术来支持落地，归口管理公司所有端到端流程建设，由被动变为主动，引导业务需求，推动构建IPD（集成产品开发流程）、MTL（描述上市的产品到客户购买意向）、LTC（从线索到现金，即从市场客户的销售线索到把市场需要的订单交付给市场客户，收回订单回款）、ITR（从客户使用产品和服务时遇到的问题出发，把客户遇到的问题解决掉）四大业务流程变革，优化企业架构规划与执行架构管控，为组织、流程提供强有力的支撑。在技术支持方面，优化企业架构规划与执行架构管控，避免重复建设和系统架构混乱，协助编写详细的业务需求说明书，跟踪业务需求实现质量与价值，按照“谁收益、谁承担”实现IT预算管理。在组织架构方面，围绕端到端流程，构建流程管理与决策体系，明确业务流程责任人，清楚定义和理解角色/职责/技能，按照角色画流程，按照职责分离的要求和工作量大小来组合划分岗位，岗位再跟组织挂钩；构建有效的绩效评价、报酬和激励机制与管理体系。在流程方面，关注端到端，关注市场、服务、研发等部门集成与协作，清楚定义有效的流程系统，把企业所有活动纳入一级流程中；将部门与公司的一级流程关联起来，并通过业务变革来实现流程再造，明确管理体系如何与流程相匹配；将数据与端到端流程进行匹配，分析流程中嵌入的业务规则，明确输入输出所产生业务数据。在企业战略方面，紧跟企业战略，制定对应的IT战略规划及科技举措，从科技赋能出发，主动提前与业务部门讨论和商议年度科技任务要求。

某头部股份制银行持续践行业技融合理念，将BTIT由“刚性”推动逐步融入企业文化“血液”中。在此过程中，通过调整和优化组织架构不断推动业技融合落地。该银行2013年成立流程与信息管理办公室，在五年内，大力推动业技融合与BTIT。2017年，该银行撤销战略发展部、流程与信息管理办公室，成立战略规划与执行部，其定位是全行战略规划与执行的管理部门，统筹管理组织与流程变革，落实全行金融科技战略转型。2019年，本着“最优化资源配置”原则，成立金融科技办公室，信息技术架构由

“一部三中心”改为“一部六中心”。在明确金融科技发展战略后，战略规划与执行部更名为金融科技办公室，定位为全行金融科技的统筹管理与推动部门。信息科技部保留了测试中心、数据中心，撤销了原研发中心；新设四个中心，分别针对零售业务、对公业务、硬件及软件基础设施、数据化转型。充分展示了按业务类型、服务客群重新配置研发团队，确保研发资源能够及时响应并最大化贴合业务逻辑。

在 BTIT 机制下，业务和 IT 各参与方不仅要关注自身关键工作任务，更需要考虑业务和科技的协作环节，在关键环节明确职责、建立规范、投入资源、把控质量，从而推动建立企业自身的业技融合机制。如某商业银行在全行成立业务架构管控部门，通过架构管控工具的使用有效完成管控过程，利用 BTIT 模式加强业务优化与科技运营体系的相互促进与融合。

第二，Agile 机制。

Agile 机制强调研发过程的敏捷性，追求系统灵活性、可扩展性、用户体验，适用以敏捷的工作方式成立敏捷小组，以快速实现交付敏捷。以金融科技产品创新为例，通过组建跨部门、多技能的创新团队，引入金融科技创新直达机制，利用迭代式“小步快跑”发展思路从最小应用场景切入，推动业务成果的落地，实现从“重目标、轻过程”向“重过程、成目标”的创新转型，支持持续性产品创新。

自顶向下建立战略目标层、产品规划层和团队交付层的敏捷研发实践三层框架，以业务价值为导向，不仅关心交付效能，更要关注业务价值的度量与反馈，根据项目类型，选择更合适的敏捷开发方法。

按照“共享愿景、同舟共济”思路，实践组织建设

参考同业实践，业技融合组织形式主要包括独立合作形式、派驻式、科技嵌入式、业务科技一体化四种。商业银行可以根据业务发展阶段、业务与职能领域、科技管理成熟度，采取不同的组织形式或者多种形式并存。

第一，独立合作形式。

独立合作形式的组织方式是业务与科技部门之间通过需求对接。独立合作形式的主要特点是业务人员和科技人员按需参与到项目中。业务部门

承担业务需求提出、整合和编写的职责，科技部门及时响应，承担系统需求分析、架构和技术方案设计与开发、技术相关测试和应用运维等科技相关工作。该组织形式适用于传统的基于项目实施的合作方式，通常以项目管理流程为纽带。

第二，派驻式。

派驻式的组织方式是科技部门派驻人员/团队到业务部门。主要特点是科技人员前置，通过合署办公等方式贴近并理解一线业务需求，派驻的科技人员/团队归业务部门和科技部门双线管理；建立科技人力资源池，根据人员技能及项目经验等维度对业技人员进行评价以便精准和灵活分配；对派驻的科技人员采用“业务＋科技”双线考核。该组织形式适用于需求密集的、持续升级的科技项目与项目群，通过派驻人员，促进业务与科技的相互了解，促进融合创新。

“派驻式”的优势是科技人员前置，与业务人员同址办公，便于随时沟通业务需求以及科技赋能，成功的派驻制对派驻人员的技能与经验要求较高，派驻的业技团队采用“职能线”和“项目线”双线管理和考核的模式。在职能线，由业务提出部门对业技团队成员按照派驻时预设的日常工作进行管理。在项目线，由项目牵头管理部门和项目交付审核部门共同对业技团队成员进行管理。在考核端，根据承担工作比重，由职能线和项目线“双线考核”。

第三，科技嵌入式。

科技嵌入式的组织方式是在业务部门内设科技处室，强化业务主导。管理模式为业务部门可自行招聘科技处室人员，或与总行科技部门协商调入资源，科技处室绩效管理在业务部门，与总行科技部门共同定义其他方面的管理关系，该种模式下需妥善解决业务科技处室与总行科技部门分工定位和未来发展关系。

“科技嵌入式”的优势是能够确保科技资源的稳定投入，适用于贴近市场和客户运营的业务部门，必须在技术标准和架构管控上遵从统一的治理与管控要求，落实应用架构、数据架构和技术架构的统筹设计与共享平台。“科技嵌入式”通常在银行业务快速发展时期使用，用于支撑业务快速发展。

第四，业务科技一体化。

业务科技一体化组织形式是国际领先银行的业技模式，是金融科技导向文化，是对组织与员工的数字化重塑。业务科技一体化需要复合型人才，在业务侧，业务部门自行招聘懂科技的业务人员，或与科技部门协商调入懂业务的科技人员；在科技侧，业务科技人员来自业务条线和科技条线。

“业务科技一体化”的优势是可以按照业务类型、服务客群，跨部门重新配置业务与科技资源，形成混编团队，弱化传统部门条线管理。在银行业技融合能力已下沉渗透到具体组织与文化的基础上，可进一步采用敏捷部落等形式开展更深度业技融合，给敏捷部落更自主的管理授权，更好地发挥组织与个体效能；相应地也对组织变革和职能管理能力提出更高要求。

无论银行采用上述哪种形式推进“业技融合”，从全行整体组织架构的建设角度而言，都是对本书前面提及的“科技联邦”模式的强化，而非取代、更非推翻。

建立“人才储备、引领未来”体系，完成岗位设置

无论采取何种业技融合组织形式，随着数字化转型的纵深发展，都必然会产生新岗位、新职责延伸和新技能要求。以生态金融业务为例，围绕生态场景与客户旅程，需要业务与科技的多种技能与岗位协作，同时升级岗位技能，业务、产品、技术三类岗位联手打造数字化产品。商业银行迫切需要增加科技岗位与编制，以期解决组织机制和数字化人才问题。

对于业技融合后的岗位，需要统筹岗位职业发展，建立科技人才岗位图谱以及关键岗位职业发展规划，培养一支懂业务、精技术的金融科技队伍。试点科技团队的考核、薪酬与相应业务绩效挂钩政策，激发能动性与创造力，使科技、业务“劲儿往一处使”，以拉动业务增长为共同的目标。

采用“统一语言、高效沟通”形式，推进架构统筹

在架构方面，建立包括架构管理对象、架构管控组织、架构管理流程及架构管控平台在内的企业级架构管控体系，建立企业级规范标准和组织

机制，通用统一的官方架构术语，发挥架构资产价值，节省业技沟通成本，实现高效赋能。

综上所述，在数字化转型的大背景、大趋势下，商业银行应“享前瞻之思”，深度领会业技融合驱动企业发展的思想。在机制重塑上，树立“多方协同、打破壁垒”理念，建立敏、稳两种机制，并结合商业银行战略重点、业务流程成熟度、产品类型等情况灵活选择或搭配这两种机制。在全行统筹与各业务领域各自统筹两种模式的并行过程中，科技和业务部门要加强主动融合和衔接。银行要加大数据模型等数据融合人才的培养和引进，采用“统一语言、高效沟通”形式，通过企业级架构资产，建立企业级规范标准和组织机制，通用统一的官方架构术语，减少业技沟通成本，提升科技赋能效率。

第二节　实践案例：渤海银行推动科技业务一体化

近两年来，渤海银行制定数字化转型行动纲要，坚持科技业务一体化转型的战略定力，以创新孵化机制提升全员数字化思维，全行参与转型战略项目；践行“科技强行”，夯实数字化基础设施，建设业务和数据“双中台”，重点做好数据安全和网络安全风险防范。金融科技生态银行模式初步构建，数字化转型取得阶段性成效。

落实监管要求，将数字化转型与自身发展战略相融合

渤海银行深化数字金融战略，积极落实监管数字化转型指导意见。2021年是渤海银行“四五”战略规划和科技“四五”规划元年，渤海银行以中国人民银行《金融科技发展规划（2022—2025）》和中国银保监会《关于银行业保险业数字化转型的指导意见》为指引，从顶层设计入手，编制了《渤海银行数字化转型行动纲要》，涵盖战略篇、业务篇、能力篇、保障篇四大部分，从战略指引、组织统筹、业务经营数字化、持续提升数据 + 科

技治理能力、做好风险管理及数据安全、网络安全保障等方面制定渤海银行行动纲要，与自身“四五”战略规划和科技规划有机结合，为渤海银行整体数字化转型指路导航。

渤海银行统一思想，坚定数字化转型的战略定位。渤海银行党委、董事会一致认为数字化转型是全行战略驱动力，数字化转型是渤海银行“四五”战略规划的主线。近年来，行领导多次主持召开数字化转型研讨会，邀请国际知名咨询公司和领先同业先后沟通重点数字化转型专题 16 个。重大数字化转型项目由党委会审议，同时副董事长亲自参加蓝海工程例会并协调重大事项，通过广泛深入交流，全行进一步统一思想，凝聚共识。

“十四五”期间，战略层面采取的主要推动措施

其一，以蓝海为纲，坚持数字化转型的全行统筹。2021 年，渤海银行成立战略推动与科技转型工程（蓝海工程）领导小组和办公室，统筹全行资源，统一负责牵头推进数字化转型。全行各部门、各分行都配合成立推动小组，支持、配合、推动相关的“蓝海工程”实施工作。

其二，举全行之力，推动数字化转型化云为雨。数字化转型是全行业务经营管理的转型，而不仅仅是科技的转型。渤海银行行长亲任蓝海工程领导小组组长，各业务分管行领导统筹业务转型，由战投办、产创部（合署）与信息科技部主要负责组织项目实施，各业务部门深度参与项目建设，选派最优秀的业务骨干人员切实承担业务需求、方案设计讨论、用户验收测试、系统上线切换和测试演练等重要任务。通过全行级新型组织模式的建立，打破部门壁垒，加强战略规划与数字化建设的衔接，推动一体化转型。

其三，保转型投入，保障数字化转型的火力支援。在当前银行业增收节支压力较大的背景环境下，渤海银行决策层优先保障转型投入、科技预算、人力加持，持续为转型输送战斗活力。

一体化数字化转型方面的重要举措和成效

第一，聚焦五大战略能力，实现生态银行模式全面升级。

“四五”时期，渤海银行致力于构建“渤观约取，海润万物”的生态银行业务模式，通过“聚焦生态”“共生共赢”“专业赋能”“无所不在”“智慧引擎”五大战略能力，实现业务模式的全面升级。

在生态银行模式的打造上，渤海银行根据战略方向和客户行业特点积极布局养老物业、跨境物流、出行、绿色农业、医疗健康等生态。渤海银行与吉林省金控集团联合打造了集农户贷款、涉农电商、保险代理于一体的“三农”服务平台，合作推出助农、惠农金融产品“渤农贷”，有效介入“三农”生态圈，通过物权公司增信+保证金双重风险缓释，有效控制项目风险，打造绿色农业普惠生态；与伊利乳业合作打造现代乳业链条，融合了小额快捷通保证贷、流动资金贷款业务特点设计的“1+N”批量拓展业务方案，采用由核心企业全资子公司为上游牧场提供融资担保的模式，设置数字化借款人奶牛养殖经验、牧场资质等准入条件，帮助农牧民、产业人员实现就业增收致富，推动区域乡村振兴；与4PX合作将普惠贷款内嵌其数字化物流平台，实现基于税务数据、报关数据、海外仓质押的金融服务体系，打造跨境物流生态。

第二，构建企业级IT架构，推进数字化转型重点平台项目。

在蓝海工程领导小组的指导下，渤海银行完全自主设计并编制完成《渤海银行股份有限公司信息科技规划（2021—2025）》，明确提出围绕“业务中台建设重构企业级IT架构、全渠道协同建设承载业务流程再造、数据中台建设驱动全行数据治理落地”三大实施主线开展落地工作，全面推进数字化转型工程。

渤海银行成功完成金融科技转型规划与中台架构设计项目，识别71个业务领域、93个业务组件，形成了一套企业级、标准化的业务模型资产。该业务模型资产目前已经被新一代业务中台项目承接，形成模型驱动一体化开发的业务需求重要来源。

在业务中台线，承接科技转型与中台架构设计成果，已启动新一代分布式业务中台项目建设。业务中台系统既承载了银行的关键核心业务，如存、贷、汇等，也承载了全行共享业务基础和主数据，如客户、产品、合约等，其覆盖面和实施的复杂程度已经超过传统的银行核心业务系统。

在渠道协同线，聚焦移动端，持续推动掌上渤海、手机银行、企业网银三大移动渠道建设，“掌上渤海”项目已完成多项核心能力和功能开发；自主设计、合作开发新版手机银行并申请软件著作权，并于 2022 年 6 月 30 日成功面世；企业网银改造项目已完成企业金融门户、新一代电子票据模块等核心功能开发，并在 2022 年 7 月 1 日上线部分功能。

在数据中台线，规划构建平台化、组件化、服务化的企业级数据技术架构和统一的数据管理体系。全面推进湖仓一体的大数据平台建设，为数据价值挖掘、数据赋能业务提供高效算力支持和弹性资源供给能力；推进新一代数据仓库及五大领域数据集市建设，已投产企业级主题数据模型 800 余个、业务领域分析模型 161 个、客户标签 1300 余个，有效支撑客户营销、风险管理、经营分析等领域系统应用；上线数据管控平台、数据资产管理平台，构建全行数据治理技术支撑体系，初步实现价值驱动的数据资产运营能力；全面启动智慧营销、智慧风控、客户洞察、智慧运营、智慧财务五大业务能力中心建设，已上线数字化营销与运营平台等重要系统，支撑科技与业务融合的数字化协同创新，为精准营销、精细管理、科学决策赋能。

第三，聚焦风险防范，锻造数字化风险治理能力。

数字化转型围绕银行防风险的核心任务，推进数字化的风险治理能力建设。建立“集中、垂直、独立、制衡、融入”的风险管理体系，融汇“全面、主动、敏捷、到位”的风险管理理念，坚持“不讲政治的坚决不做、不合规的坚决不做、不符合风险管理要求的坚决不做”的发展法则，锻造数字化智能风控体系，依托全行数字化转型，打造全行企业级的风控底座，将制度化作流程，将流程集成进系统，通过系统“机控”，实现风险的层层控制和过程管理。

在流程端，结合业务场景，对 BCFG + E（批发客户、零售客户、金融机构客户、政信客户以及生态平台）构建全流程数字化风控，将信贷全流程拆解为近百个核心风控关键事项，200 多个标准化管理操作环节，与全行 30 多个核心制度进行逐条匹配，构建模块化、数字化的信贷业务流程规范。在工具端，通过湖仓一体的风险数据资产，集合数字化风险画像、智能财务分析、智慧风控引擎等工具上线，实现客户筛选、准入、授信、审批、放款、监控预警、风险报告等风险识别评估，提高风险的预判、预防、化解能力。目前已经构建涵盖客户经营、财务状况、偿债能力、对外担保、关联关系、负面舆情等5000多个基础风险标签，上线了1900多条财务分析规则，将量化模型工具嵌入业务系统，全方位为风险管理提供智能化决策支持，筑牢风险防线。下一步，渤海银行还在升级全渠道统一的风险管理底座，通过建设智能风险计量中心，打造模型管理工厂，实现5A智能风控，持续提升数字化风险治理能力。

健全敏捷创新机制、培养人才队伍方面的探索

树立全行创新理念，完善数字化敏捷创新机制。建立内部创新孵化器和外部开放机制，为创新能力培养、创新资源注入及创新效率提升打造内外部基础。从文化理念、管理制度、业务架构、培训和考核体系等方面保障创新项目的推进。建立大数据学苑培训体系和配套机制，通过培养多层次的、复合型数据及建模人才，为业务转型和创新发展赋能。同时设立创新专项激励，开展全行创新项目评审，鼓励员工自主申报创意孵化项目，引导创新成果向业务绩效转化，已经取得初步的效果。

促进科技业务融合，金融科技专才入阁。在数字化转型大的趋势环境下，渤海银行深度领会业技融合驱动企业发展的思想。在机制重塑上，树立“多方协同，打破壁垒”理念，搭建科技业务支持服务体系，建立业务支持服务中心，为业务部门提供贴身式上门服务，科技和业务部门加强主动融合和衔接，采用相向而行的方式来明确和完善需求；在重大项目上，在总行层面建立“客户经理、产品和运营经理、IT开发人员”三角模式，推进敏捷协同；在岗位人才上，建立“人才储备、引领未来”体系，结合经营战略需求，制定金融科技人才计划和青年骨干培养计划，做好数字化、智能化人才规划。在引入云计算、大数据、网络安全等领域高水平领军人才的基础上，持续加大科技人才引入力度，如通过行内数据学苑培训及社会招聘结合的方式，加大数据模型等数据融合人才的培养和引进。

在科技供给能力提升领域的布局

加强数据治理，提升全面的数据管理能力。加强数据资产建设与管理，提升可管理性。上线数据资产管理平台，打造数据分析人员的一站式“数据资产服务门户”，让数据可用、敢用、易用、好用。完成数字化营销与运营平台一阶段投产，支撑重点客群营销策略管理，搭建图形化营销活动策划与效能分析工具，全面提升客户运营的自动化执行、评估和迭代能力。重点打造预警头条产品，提升企业舆情风险实时预警能力，已智能推送3000余个客户舆情预警信息。制定《渤海银行数据责任管理办法》等制度，开展数据标准落地工作，新数仓系统数据项落标率达95%以上。推进EAST 5.0系统建设，同步推进银保监会数据校验规则检核质量提升，目前2712条检核规则通过率超过90%。

加快云计算架构升级，筑牢数字化转型基础设施支撑。坚定不移坚持云计算、分布式、微服务的技术发展路线，加快推进系统上云。基于此技术体系，渤海银行已经完成了多个试点项目上云，基于不同的微服务框架实现了近百个微服务的应用建设。在基础设施准备方面，渤海银行已经建设了同城三中心、两地四中心的私有云基础设施，实现了安全可靠、弹性敏捷的云计算基础架构，有效支撑了手机银行全新6.0版本的稳定运行。注重自主可控技术的应用，建立掌握核心技术的人才队伍，打造一体化自动运维平台，持续推动建设智能运维体系，保障新系统、新平台的平稳运行。

稳步推进新技术应用，构建稳健高效的供应体系。结合新技术研究，持续发力金融科技的合理应用。在业务营运方面，规划及研究RPA等智能技术，进行开户备案、信用卡报表生成等数字化场景建设，提升业务端到端的流程效率；研究光学识别系统，在手机银行、单据智能平台等场景方面实现自动有效识别；统筹规划智能风控技术支撑体系，规划建设基于知识图谱的风险预警系统，增强风险管理的前瞻性和预见性。推进联邦学习平台建设，完成天津移动、中航信、联通等数据源在风控与营销场景的测评，并与百度完成370万白名单用户撞库，匹配率达93.9%。

防范转型风险，提升数字化转型安全保障

渤海银行践行合规文化，强化转型中的新风险管理。严格落实“合规是命”的发展价值观，建立监管处罚和警示教育案例库，面向全行各条线开展合规专题培训，强化全员合规意识，注重底层逻辑，防范新业态逻辑变化衍生的合规风险。特别设立科技合规敏捷团队，统筹一线科技风险和内控合规管理工作，压实一道防线合规职责，提供数字化转型科技线合规保障。使用 FMEA 方法在生产运行、测试、安全等领域开展失效预防与风险控制实践，持续开展信息科技操作风险管理工具适用性评估，完善一线自查机制，严控转型中的信息科技风险。

渤海银行全面落实网络安全责任制，强化网络安全防护。强化党委网络安全和信息化领导小组履职，逐级压实全行网络安全责任，开展全行网络安全考核，为数字化发展提供坚实网络安全保障。规划构建共生泛在的安全体系，分层级、分步骤推进“零信任”网络安全架构，实现自主可控的主动安全防御能力。

渤海银行构建全生命周期的数据安全防线。建立以“让数据使用更安全”为目标的数据安全防护体系，设立数据安全管理团队，统筹推进数据安全规划落地。强化数据分级分类，明确数据权属，落地数据生命周期保护措施，保护金融数据安全，保护客户隐私。

第十五章　敏捷银行持续创新，铸就“数字银行”

“道在日新，艺亦须日新，新者生机也；不新则死。”

——徐悲鸿

如徐悲鸿所言，创新没有止境，永远在路上。银行数字化创新同样如此。在数字化敏捷创新动力的持续驱动下，银行应立足生态银行，进一步铸就数字银行；生态银行可视为数字银行的初级阶段，数字银行却不仅仅是生态银行。

那么，什么样的银行可以谓之数字银行？

数字银行应该是在敏捷银行能力体系的使能之下，以数字化创新为其发展的核心动力引擎系统，以客户为中心，能够持续跟随客户在整个生命周期中的发展、成长过程，针对客户在其日常生活生产旅程中不同场景下的具体状态和具体需求，不受条线部门壁垒约束地、高度自动化地、及时乃至实时地调度、整合行内外相关资源、能力，通过数字化的方式或充分利用数字化手段，为客户提供具有极致体验的高度个性化服务及产品的银行。

数字银行不仅仅是一种需要频繁地、大规模地运用先进信息技术的企业机构，它本身就是一类持有金融牌照的特殊的信息科技企业。5ABCDI 等数字技术充分融入数字银行经营管理以及日常运行的各个方面、各个环节、各种动作之中。在数字银行日常业务运行中，每一个经营问题既是业务问题，也是数字科技问题。数据是数字银行的核心生产要素。

前面章节所述及的生态银行外在、风险合规的进化、敏捷银行以业技融合输送创新驱动力、规模化体系化的商业创新活动等，都是商业银行从传统模式向“数字银行”演进必须经历的一些阶段或必须健全完善的一些侧面。

金融属性仍然是“数字银行”的内核，不过其金融业务的主要特征已经从为客户提供存、贷、汇服务升级为以FPA管理等为核心的综合金融服务；“数字银行”的日常经营则是以业务技术高度一体化的数字化经营为支撑。

第一节　日常运行：以数字化经营为支撑

总体上看，数字银行的经营以数据要素为基础，以数字科技为依托，以智能模型为手段，依靠数字化形态的策略自动驱动。数字银行的数字化经营不仅仅是在经营手段、经营方式层面的优化、改进，更是以数字科技思维为基础对银行底层经营逻辑的深度重塑。不过，若进一步拆解，数字化银行经营逻辑包含的诸多环节、步骤，在业界却仍未形成统一标准与定义。在本节中，我们尝试从“洞察与发现、连接与交互、提供产品与服务、持续运营”四个方面对数字化银行的数字化经营进行梳理，尝试对其大致应该呈现什么状态、遵循哪些规律加以阐述。事实上，笔者认为，这四个方面依次串接，即可构成数字化银行的经营主线。

洞察与发现

数字银行高度重视对客户的精细划分，并以此为基础，在“持续运营”环节将客户分配到不同的责任团队或责任人，然后基于高标准的客户差异化经营工作规范，对客户实施精细化运营、管理。在运营阶段，将根据不同的目标客群特征匹配差异化的客户策略，制定差异化的“抓、黏、提”经营战略。在客群划分的具体实施时，可基于人口统计特征、人生阶段、消费行为特征以及AUM、价值等方面客户洞察的汇总，形成对客户的分层、分类、分群；也可采用“聚类分析”方法，在选取划分因子之后，借助机器学习等算法，将“长得像”的客户自然聚在一起。

客户群划分应该尽量体现出银行自身在数字化经营战略上的差异、特色。某银行基于价值和生命周期，将城市零售人群定义为八大群体：低收入人群、打拼青年、豁达工薪、勤俭持家、中产新贵、传统乐储、富足优享、富裕人群，在对第一类群体保持关注的同时，将后七个群体作为可进行主动获客的首选目标人群，并根据不同的目标人群的金融功能特征和需求特征，形成差异化价值主张。而另有银行则基于客户资产和生命周期两个维度进行客群细分，形成从年轻起步族、壮年奋斗族……到白金客户族等 13 个不同的细分客群，在此基础上进一步从产品持有特征、价值特征及渠道特征等方面开展战略客户群画像分析。客群细分还需要逐层细化。某大型银行以成为客户主办行作为北极星指标，将分行一年内有过代发工资业务的客户划分为 7 类客群，梳理形成 31 种客户行为事件，作为营销策略的关键输入要素，开展针对性运营。

数字化银行需要持续迭代对客户趋势的洞察，通过对新的客群划分可能性的不断探索，去发现新的市场机遇。例如，某银行敏锐洞察到，在“双创”氛围的带动下，各种商会、商圈正在成为开展各项外拓业务的重要突破口。该银行突破了以客户自身的各项指标为衡量的传统方法，融入交易网络因素分析，通过社会网络分析的相关方法与工具，从历史交易关系数据中发掘交易网络中的龙头客户，进一步提取龙头客户及交易伙伴所构筑的交易子网络。在融入其他业务相关属性数据后，构建起个人客户生态圈分析模型，将目标圈子划分为中心辐射型、群落分散型、交往密集型三种结构，进而得到可读性强、更具业务意义的结论与方案。基于这种独特的客群洞察与划分，该银行以龙头客户为突破口，以点带面，针对圈子开展“链式营销”，通过提供个性化的综合产品配置服务的方式，实现了存款、理财、基金、保险等个金核心产品的全面渗透和指标提升。

从上面的内容可见，数字化银行会在精细划分客户群的基础上对不同客群实施全口径客户评价或 360°客户画像，包括但不限于对消费动因、客户行为轨迹、客户活跃度、客户价值贡献度、客户状态变化的分析与挖掘以及对评价标签的计算等，再联合对客户生命周期以及场景需求等维度的考量，综合形成以成长为导向的客户洞察体系。数字化银行通过对客户进行全生命周期的数据诊断来强化客户洞察和识别能力，以求深度理解业务痛点和机会点。比如某银行基于“新开户首月可能是准清零干预的黄金时间”的洞见，通过数据分析进一步诊断发现，该银行客户中首次交易30天内即有二次交易的客户的金融资产规模比其余客户高40%以上，且留存率超过90%；根据“AUM增长靠做深存量客户经营、存款增长靠做大新客规模”的经营规律认知，进一步精确地识别出，该银行74%的AUM日均增量由老客户贡献，62%的全口径存款日均增量由新客户带来。

需要强调的是，在数字化经营中，银行的洞察与发现，不应仅仅服务于自身经营活动，还需要具有输出洞察的思维，并建立相应的能力支撑体系。比如行业研究及投研分析是银行洞察能力的一个重要体现，银行会形成大量关于政策指导、市场开拓、风险研判、资产配置、投资组合、财富规划等方面的洞察研究成果。数字化银行应通过数字化手段，提升投研成果标准化，使成果能够通过有效运营并精准输出到某个部门、某个行业、某个客群，实现价值转化。

例如，近年来，某银行通过搭建投研队伍，整合子公司及内外部投研力量，运用数字打法，推出财务顾问系统，从客户拓展和投研成果推广两方面入手，建立有效的客群分析模型，根据不同类别客户需求进行精准营销，有效解决了客户财务顾问需求痛点，帮助提升企业价值；同时，通过该系统实现业务全流程管控，能有效突出客户的个性化需求并进行针对性解决，且对普惠客户实行免收费，较好地避免了合规性风险。

连接与交互

数字化经营在“连接”方面的首要特征是线上线下渠道的全面融合乃至完全整合。

数字化技术的持续发展，让银行与客户（或用户）的连接交互渠道趋于多样化。除了传统网点外，电话、PC、手机、展厅以及各种智能物联设备已经是或即将成为银客交互通道。在各种智能终端通道之上的软件层，又会分化出更多类型的交互界面，如短信、APP、小程序、社交媒体、二维码等。即便APP也还会分化出不同类型的连接方式，如某银行通过对手机APP进行持续的适老化改造，以更好地连接老年群体；通过推出专属APP连接乡村地区广大用户。而另一银行基于“移动优先”原则，持续提升传统线下柜面的被替代率；通过打造“劳动者港湾”及拓展第三方合作等方式，持续丰富社会化形态的连接渠道。

数字化银行的所谓数字化经营，意味着不同层次、不同类型的数字化银客连接交互渠道以及传统线下物理网点之间能够彼此无缝对接、实时联动、平滑切换，远程银行座席、网点客户经理、线上运营人员之间一体化协同，为用户、客户提供有机统一的接入体验。如某大型银行的全渠道客户连接布局，利用多目标最优化决策模型，对各渠道场景中的营销机器人进行协同优化，解决了营销目标、渠道效率、银行利益、客户需求与体验等多个方面经常冲突、难以一致的问题，在充分发挥各渠道潜力的同时，既确保了营销效率及精准度，也确保不发生重复营销、过度营销，保障了客户体验水平。另一家银行则通过“AI + T + offline”服务直通车，打通人工座席、AI客服、银行专家顾问和线下网点面对面咨询等多种银客交互旅程，建立“空中厅堂”，全渠道连接客户。

生态实质上也是银行实现全面、深度连接用户的手段之一。如某银行基于数字化生态“共同体”模式，分别以“产业 + 金融、政务 + 金融、同业 + 金融”数字共同体实现与B端、G端、同业端以及C端客户的数字化、生态化连接体系。

API、SDK、H5同样是数字化银行输出服务和能力、嵌入场景、融入生态的一种技术化形态的“连接”渠道。受限于传统经济的线下运行模式，传统银行作为社会经济体系中的一个功能部门，在具体的功能执行上，与社会经济系统中的其他环节并不直接连接，尤其是难以实时、充分地交换数据、信息，因此在一定程度上银行是以“孤岛”的形式独立运行。以对公业务处理为例，传统银行一般需要客户自行准备和提交大量纸质的相关证明材料，然后银行基于这些材料对客户的身份和业务背景进行审核、审查以及作出判断，完成业务审批。数字化银行则是以社会经济已经具有充分程度的数字化为大背景，是内嵌于全社会数字经济这一部巨型机器中的一种数字构件，它与社会数字经济体系中其他部件、单元之间以API等数字化方式充分对接，能在彼此间实时而充分地交换各种信息、数据。数字化银行的对公业务，将趋向于以数字经济中的数据资源输入为主，只在必要时才会适当结合客户自行提供的材料（也同样倾向于数字形态），其审核、审查以及最终的业务审批在准入条件、规则逻辑以及决策模型上也都迥异于传统银行。例如，某银行通过API开放平台与超过1.7万个伙伴建立对接合作关系，其API平台包含有对外输出服务接口4000多个，能与合作伙伴在资金结算、投资理财、商户收单等18个领域进行数据交换、开展业务协同。

AI智能助理也正在成为数字化银行的标志性交互模式。某股份制银行推出智能财富助理，为客户提供“专业但不失温度、智能个性有态度”的财富陪伴服务，“7×24”小时实时响应客户诉求，为客户提供投资账户查询、市场涨跌、板块行情、个股分析、资产配置、财经热点新闻播报、经济形势解读等方面的综合信息服务。而某银行将智能助理应用于客服渠道，打造智能客服服务，并已向26家公积金中心输出该项服务。还有银行加大力度推进语音、图像等智能技术的研发与应用，利用语音识别、语音合成、人脸识别等技术，进行NLP深度分析，持续提升手机、电子机具等设备终端以及客服渠道的自动化、智慧化水平，通过智能语音导航、智能问答、智能外呼、网点可视化设备等，让面向客户的人机交互“看得见”“听得见”，在显著优化交互体验的同时大幅节省人力成本。

什么银客交互渠道是主渠道，这一问题与客群类型有极大关系。以企业类客户为例，大中型企业一般以企业网银为主，手机银行处于辅助地位，这与大中型企业的财务管理制度和资金规模有关；而小微企业类客户则因为企业规模、资金量均相对较小，财务制度也较为简单，同时对场景灵活性、便捷度的要求增加，因此手机银行的使用会较为频繁；一些行业型客户对企业网银和手机银行会有行业特色的要求，此时需要银行针对性提供定制版本。比如托管行业专版。

数字化银行通过形态各异的多种渠道与用户、客户建立连接，而最终落实、确定银客连接关系的是“账户”。账户是银行最基础的一项业务，尤其结算账户，更是银行独有的特许业务。账户服务在银行经营中的作用是如此基础和重要，以至于我们应该将其视为连接用户、客户的一项关键基础设施。在账户方面，与传统银行最大的不同在于，数字化银行的数字账户体系是一套能支持用户到客户成长过程的生态连接设施，并借此将数字化银行的经营由“以客户为中心”外延至“以用户为中心”。

数字化银行将服务对象划分为自然人、用户、客户三个阶段。“自然人”是指在生态场景有访问、浏览行为但尚未注册的自然人，与银行关系较浅，属于银行未知的潜在用户。“用户”是指通过手机号、微信等方式在生态平台注册了的自然人或法人，在平台上可能会留有用户的基本信息、实名认证信息等。“客户”是指开立了账户建立了合约，且留有关键信息的自然人或法人，账户包括存款账户、投资理财账户、信用卡账户、贷款账户等。

对于自然人，数字化银行通过对交互行为数据的挖掘，识别目标个体；并通过引入银行自建场景引导其成为注册用户。对于用户，则多场景交叉引流，实现非金融服务的充分覆盖，通过支付账户能力助其向客户转化。对于客户，其已经是以银行数字账户为链接，能产生经济效益的对象，可进一步提升金融产品服务对其的覆盖度，并将其往多生态引流，增强市场接触面积，强化生态凝聚力，激发更多的生态整体价值。

例如，某大型银行在“数字账户＋用户中心”建设中，按照“用户连接—用户经营”两大生命周期模块，沉淀 7 项基础服务能力，包括用户注册、用户识别、用户视图和用户画像、用户评价、用户成长、用户经营策略等。该银行依托企业级用户中心，逐步接入总分行生态场景。在自建场景接入时通过用户信息要素创建用户 ID；在外联场景接入时，与外联生态合作方 ID 建立关系。该银行借助用户经营整体输出数字账户，从经营设施底层彻底打通生态内外的数字化连接，让生态得以在开放化、多元化的同时不失秩序和凝聚力。

各种连接渠道在结合银行经营活动之后，将进一步构成不同的银行数字化经营“场所”，如手机银行、云网点、线上银行工作室、智能远程银行等。

“连接与交互”为“持续运营”环节奠定设施基础，“运营”是在“连接与交互”设施体系基础上实施的动作、开展的活动等。“连接与交互”是硬的方面，“运营”是软的方面。

提供产品与服务

对于数字银行而言，不能只有产品观，应该服务与产品并举，甚至服务应该在产品之前。数字化银行在日常更多以服务而非产品的形式为用户、客户提供价值，以与用户、客户保持高频且无处不在的价值互动。从这点来看，数字化银行是通过提供服务的过程来完成日常的用户、客户运营。只有通过服务的无形才能“水银泻地、无孔不入”，才能实现银行对用户、客户场景的充分浸入。而产品则是更大颗粒度的特殊“服务”，是在服务的基础上，更模块化地向用户、客户提供价值。

数字银行的产品管理基于企业级产品谱系平台，具有智能化的产品标签和多维产品分析能力，通过统一、开放、灵活的企业级产品管理和货架服务体系，进行产品价值管理、产品动态定价、产品全周期管理等，使银行能够以用户为中心，根据用户精准画像，为用户或客户智能推荐对私或对公产品。强大的数字化产品货架管理能力，也是产品智能嵌入不同场景、通过场景精准触达用户及客户的基础支撑。某银行以全行统一的数字化产品货架为基础，打造机器人金融管家，先在第一阶段实现了智能资产配置：实时跟踪客户的人生阶段、财务状况，动态更新配置模型，自动为客户提供资产类别配置建议；随后在第二阶段建立起智能化的产品搜索及分析匹配能力，以 NBA、PLY 等形式智能化地帮助客户完成产品配置。

数字经济的生态化特征决定了数字银行的服务与产品需要嵌入生态场景之中。而数字经济场景的多样化、快速变化的特点又决定了银行的服务与产品必须具备灵活组装能力。所以数字化银行都将是以像数字化业务中台这样的跨条线、跨领域的能力共享中心作为输出服务和产品的支撑。比如某银行通过建立全行通用共享的“业务能力中心、数据能力中心、能力集成中心”，实现及时随场景需求的变化而快速灵活调整、适配服务及产品；其业务中台已纳入 63 个业务领域、113 个业务单元、近 5000 个产品条件、2000多个业务实体等。某大型银行业务中台包含的“产品能力中心”以企业级产品谱系为基础，通过打造产品货架管理能力和产品标签能力，对产品进行多维分析，实现产品的智能推荐，是对私及对公服务产品灵活配置能力的共同支撑。而另一家银行95%的可售产品都可基于产品装配工厂所提供的基础“积木块”迅速组装而成，为融入场景、提供因人而变、因需而变的金融服务提供了有力支撑。

除了具备乐高式快速组装特点之外，数字银行产品及服务应该以数据为驱动。数字化银行的新产品或新服务的设计、改进，都应该以大量的数据积累为基础。这些数据包括且远不限于用户群构成数据、各个用户群的偏好情况数据、不同类型用户对各项既往产品及服务的评价情况等，甚至还包括各项产品及服务对用户数、AUM甚至银行营收的影响等。基于海量数据，新的产品及服务在推出之前，就已经能够对市场反应建立非常详细、精确的预期，这种预期与实际投放市场后的现实情况之间的差异，又会成为迭代出或者发现更新、更受市场欢迎的产品及服务的重要基础。这种数据驱动的产品设计范式在互联网企业里已经得到很好的运用。比如前些年，流媒体服务商Netflix根据对观众的大数据分析结果来策划、调整后续剧情，它以该模式推出的网络剧《纸牌屋》风靡全球，成为影视行业的一个里程碑；而近来，某互联网咖啡品牌则通过建立起对原料、口味、流行趋势、用户体验等多方面因素强大的量化分析能力，实现远超竞争对手的新品研发、新品推出速度，并由此连续捕捉住市场机会，连续推出深受用户喜爱的爆款，激发出颇具规模的口碑传播势头，让整个品牌在短短两三年的时间从一度因财务丑闻而濒临崩盘迅速反转成为市场增长明星。

“智能化、科技化”也已成为银行在产品及服务设计上获得差异化优势的重要手段。例如，让信用卡产品实现远程实时审批、秒出结果，并利用社交网站开展口碑营销；消费贷款实现几分钟之内放款，并纯线上完成，以及对贷款需求做到精确预测；在房贷业务上，利用AR技术显示房屋规格及房贷建议信息，支持一键申请、线上快速放款等。有银行还通过发射人造卫星，构建物联网联盟，整合各方数据，推出面向网络货运平台的“支付结算+融资一体化”解决方案，解决网络货运司机缺乏正规贷款融资通道及融资贵的痛点。某银行甚至将为客户提供高科技体验的身份识别、语音识别、机器人对话等定位为其产品及服务的高级阶段，比如让客户能够通过智能语音对话查询基金表现、获取个性化的理财投资策略。

“权益”正在成为数字化银行的一类特殊“产品”。一直以来，权益主要应用于运营活动中，作为激励用户或客户的手段使用。在数字化经营过程中，“权益”的运用变得非常频繁，尤其在串联生态以及生态协同过程中是至为关键的黏合剂甚至“通货”。对于数字化银行而言，权益已是驱动整体经营过程、促成经营目标达成的核心要素之一，再仅把权益当作运营的辅助工具已有些不合时宜，而应考虑将其视同为一种特殊的产品、服务，参照产品、服务体系，加强对权益的全行统一管理，赋予权益更丰富、更严谨的价值内涵。这也将提升权益的正式感，彰显对用户权益的重视和尊重，并将感染到用户、客户对权益的态度，提升权益在其心智中的价值定位，进而也能更大程度地激发权益的运营价值。例如，某股份制银行构建以经营目标驱动的客户权益体系，将权益划分为包括阶段性活动奖励、信用卡权益积分、企业员工福利等在内的六大类别，搭建涵盖适用客群、经营目标和权益组合内容的权益策略库，打造从供应商管理、权益生成与折算规则到兑换核销、统计分析等八大主要环节的权益运作闭环。而某大型银行则升级权益中心系统，建立权益总仓—子库—账户体系—权益超市，实现全行权益的企业级统筹管理，支持权益资源的统一展示、权益调用的统一输出、权益面客的统一视图、权益数据的统一归拢，保障了权益能力在各类场景搭建中的灵活调用。

持续运营

自动化、高效率是数字化银行在运营方面的突出特点。某商业银行的数字化营销运营平台每月能完成10万份营销活动素材的自动生成，从活动配置到正式上线再到通过其手机APP触达客户，整个过程可以在5分钟之内完成。另一银行通过客户旅程运营机器人、重点客群运营机器人，对低效代发工资客户、信用卡活跃用户等重点客群持续开展自动化运营，自动生成日常营销名单，按日触发名单及相应的营销策略开展营销活动。单就代发工资客户重点客群而言，该银行通过整合理财、基金、信用卡等21种产品，以及结合手机银行、客户经理甚至叫号机等线上线下多种渠道，制定了53类备选营销策略供运营机器人触发。在总控机器人协同下，该银行实现了85%的资产、85%的客户借助机器人技术进行运营。

运营策略是数字化运营的核心重点之一。以数字化营销运营为例，最重要的工作就是制定、部署并执行策略，针对不同客户，在不同事件中，出于不同的经营目标，应用不同产品，组合配置后，部署在不同渠道，并完成执行、评估效果。营销策略沉淀了客户经营的思路和智慧，指导具体的营销。一条数字化营销运营策略一般包括以下主要要素：客户筛选规则，适用于哪些渠道，投放哪些产品、权益、服务，策略的简要描述，推送的营销内容（如文案、视频等），营销成功与否与成功程度的判定准则。通常而言，数字化银行会建立全行级的策略库或策略中心，统筹、协调策略的基本管理，如策略素材管理、策略发起、策略审批、策略管控、下发执行、策略评估、策略图谱沉淀等。

运营策略备选数量的多少以及策略的精细化程度，是由各个要素的可选项数量及精细度决定的。从银行营销来讲，在构成营销策略的所有要素中，产品、权益或服务要素又是其中的第二核心所在（第一核心是客户，因此营销策略也是以前述对客户的洞察和细分为基础前提的），其他要素乃至整个策略就是以达成产品、权益或服务要素对目标客群的营销为目的。因此，数字化银行会构建产品地图、权益地图以及服务地图。地图中不仅仅包含所有可选的产品、权益或服务的详细脉络，还包括不同视角下对产品、权益或服务的分类标签。比如从客户视角可以有存款、基金、理财产品、国债、保险、贵金属等分类标签，而从KPI视角则可能会是流量类、规模类、收入类、经营类、黏性类等标签。该地图越全面、越精细，营销策略的质量就会越高，就越能结合客户需求特点，形成差异化的产品和服务推荐，进而形成聚焦细分客群、围绕客户全生命周期的客户旅程与事件的个性化策略图谱，呈现出一套高度清晰、完整的经营打法。

就运营形式而言，活动运营是最能体现数字化银行的数字化经营特征的一种运营方式。活动运营可以看作一种强调过程中的互动性、参与感的特殊运营策略。因此上述关于策略的发起、投放以及策略体系、策略库等思路同样适用于活动运营。活动运营也需要建立全行级营销活动库，建立起面向客户和员工的统一活动视图。也要实现营销要素的串接、活动创建，以及充分的数据埋点，以支持营销成效数据完整回流营销中心，建立多渠道统一的营销成效监测评价视图，打通营销成效数据闭环。活动运营与常规的运营策略最显著的不同是，活动创建时将涉及更复杂的交互页面、流程模块、任务单元的串接与装配，以及更复杂的参数配置。例如，某大型银行建立的企业级活动营销中心支持活动界面、达标任务、权益奖品等活动要素的快速装配。在该中心的任务库中，已经沉淀活动模板 37 个，涵盖抽奖类、答题领奖类、裂变营销类、盲盒类等多种玩法，已成功承接业务部门及分行所策划的数币裂变、点亮城市、达标好礼、数据方舱等运营活动。

就运营的对象而言，“用户运营”首当其冲，对数字银行具有最为基础的意义。

用户运营是在用户分层的基础上，细化用户到客户的成长阶梯，以增值服务、活动奖励等驱动客户价值成长。例如，某银行信用卡中心通过权益规则的设计，驱动用户、客户从一级场景向下一级场景转进。在新客获取阶段先促成生态流量转化，然后实现新客的激活；在潜客提升阶段对客户按资产规模施以阶梯牵引；在稳定经营阶段鼓励价值客户快速裂变，推动用户实现自身属性标签不断进阶，完成从“游客、粉丝”到注册用户，再逐步升级为二类账户客户、一类账户客户、长期稳固的客户的成长旅程。

数字银行的经营还非常关注流量运营、内容运营。

流量是数字化经营中最宝贵的资源，数字化银行的流量运营重点是对已经纳入自身体系的流量进行精细化挖掘、利用。优秀的流量运营首先应该建立起全行级的流量资源视图，包括手机银行平台、自建的非金融平台、合作方平台上的线上工作间（室）可用的流量资源位，也包括各分行特色场景流量资源。其次，应该实现流量千人千面、千时千面的精准触达，并应提供足够丰富的触点类型。再次，还应打造智能化流量分发工具，充分设置不同平台间、不同板块间、不同页面间的交叉引流，并结合用户动态行为和模型算法，提升流量分发策略管理能力。此外，还应基于 A/B 等方法对流量所产生的经营价值进行精确分析，以此作为流量决策的主要依据。最后，应该建立起流量全链条数据跟踪能力，结合用户行为数据，有效支撑流量归因分析及成效转化分析。

场景也是数字化银行的一类“实体”，也可成为一类运营对象，配以相应的持续运营体系。

场景运营又可分为每个场景单独的运营以及全行、全生态所有场景的整体运营（以下简称生态级的场景运营）。对于前者，前文已有相关讨论，业界也有较多经验、技巧可供参考。而对于后者，虽然正在成为银行数字化经营的焦点问题之一，但业界的讨论却仍然偏少。

当银行生态中的场景数量增长到一定规模以及场景投放渠道较为复杂多样之后，场景接入及场景管理等方面往往会涌现出一些场景拓展早期不容易注意的新问题、新挑战。这些问题及挑战主要包括：（1）缺少全行场景管理服务，各分行各业务部门各自对接各自管理，无法形成生态级场景管理视图，无法对全行场景进行统一管理和经营，容易造成通用类场景重复引入，导致资源浪费。（2）各渠道接入标准不一致，场景方需要根据各渠道标准实施多次对接，导致多倍对接工作量，且场景的客户体验也容易不一致。（3）场景分散在各个渠道，由各分行业务部门各自经营，无法对存量场景进行统筹管理及评价。（4）缺少对第三方机构的统一经营视图，难以对第三方机构的成效进行统一评估；第三方机构既可能是提供场景引入银行的机构，也可能是银行的金融产品服务输出嵌入的对象。

为此，数字银行通过建立生态级的场景运营中心，从而：（1）实现场景方对接一次，即可多渠道（场景平台）进行投放部署，实现生态中所有场景的全生命周期线上化管理；（2）建立完善的场景接入业务规范标准；（3）提供标准开发规范，实现统一的用户认证、收银台服务、订单同步；（4）为场景分配 ID 以识别和区分每一个场景，实现场景数据成效链路跟踪，以统一标准采集、加工、呈现场景数字化经营成效；（5）多维度场景分析看板，如提供场景交易情况、日活月活等经营视图；（6）集中提供具体场景的运营工具，如营销活动模板、对接权益中心等，以更高效地持续扩展场景运营能力。

内容运营是数字化经营非常基础、非常重要的一项工作，但同时也是传统商业银行比较容易低估其价值的一项工作。当前的数字化经营，其基础载体仍然是Web互联网、移动互联网。截至目前，互联网最核心、最本质的价值就是变革了信息传递方式，因此“内容为王”一直是互联网经营中颠扑不破的诀窍之一。而对于银行与用户之间的交互而言，“信息”的表现形式，除了UI界面的功能操作之外，就是内容的交互。包括UI界面如何组成、如何布局也需要内容运营的深度参与。营销策略中的营销素材是一种内容；客户经理、远程客服的话术，同样是一种内容；至于理财顾问为客户提供的财富分析报告、理财建议，更是非常能体现银行专业性的内容运营。

数字化银行的内容运营应该统筹公共管理与媒体内容、营销与销售管理、知识管理、市场数据信息、数据管理、教育培训、投资研究与咨询等各领域的内容资源，建立起能支持专业制作、审核发布、共享复用、成效评价以及内容供应商管理的全行内容运营平台。数字化银行还应积极推进AIGC等人工智能技术的应用，比如以专业但晦涩难懂的资管内容为基础，智能生成客户和客户经理易于理解的语言，提升客户体验和服务效率。AIGC等的进一步推广，还可解决银行内容生产力瓶颈问题。

数字化经营背后的“人、货、场”逻辑

数字化银行的数字化经营背后，是数字科技所倡导的“人、货、场”逻辑对银行业务经营逻辑的重塑。“人”可对应为用户、客户，也包括对用户及客户的洞察，还包括银行在连接与交互、产品与服务、持续运营等活动中试图持续提升的用户体验。“货”可对应为银行提供的产品、服务以及权益，比如现金管理、资产管理以及支付结算服务等。“场”则对应为“连接与交互”，包括场景、生态，以及有流量发生的各种场所、渠道。

我们可以对“商户”的不同定位为例，再次感受数字化经营“人、货、场”逻辑与传统银行经营的差异。商户，在传统银行经营中，首先是客户，其次会因为“收单”而兼具些许的渠道性质，但这种“渠道”仅为“支

付”单项服务的通道，非常固化，难以服务于银行更多产品及服务的投放。而在“人、货、场”数字化经营逻辑下，商户既可以是“人”也可以是“场”。当商户本身作为一个传统意义上的市场主体，为了更好、更高效地参与社会经济体系的运作而需要银行提供金融支持时，商户是“人”，是银行服务的对象。而当商户是用户或客户发生消费的地方或页面或平台时，商户为银行与终端用户之间的连接提供了场景，商户就是“场”；银行在商户这个消费场景中为终端用户提供金融服务；更重要的是，数字化使银行能够与商户一道对“场”展开共同经营，不断推出新方法、新手段，以便为用户及客户提供更佳的“场”的综合体验。

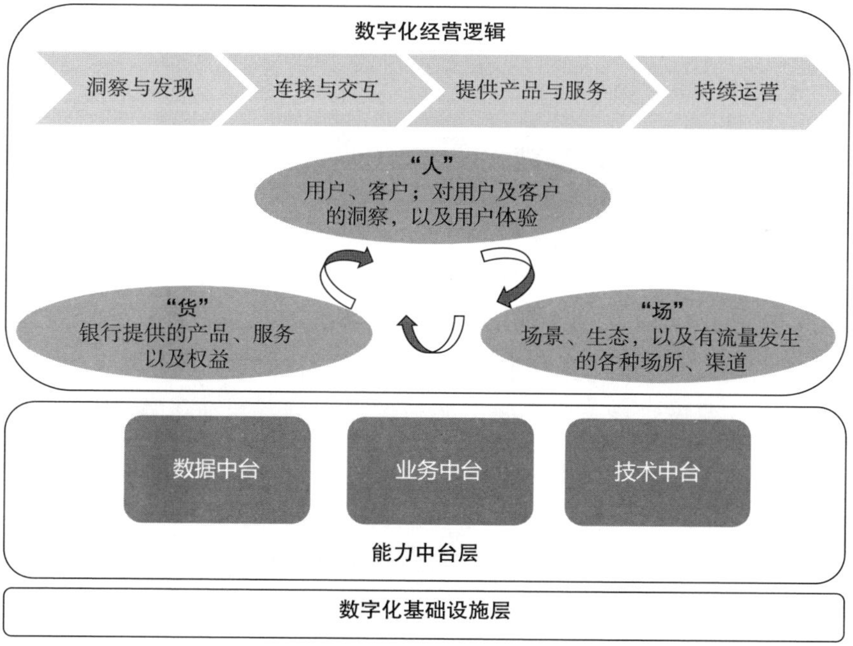

图 15－1　数字化经营背后的“人、货、场”逻辑

数字化经营的“人、货、场”逻辑，将推动银行进一步打破传统银行架构中条线、部门等现实边界的制约，加快向以数据为驱动的智能商业体演进。“人、货、场”经营逻辑的建构过程本质上是一个“可计算化”的过程。在此过程中，银行经营所涉及的主要对象均逐一被映射为数字化实体，银行日常经营问题转化为“数字化计算”问题，所有相关的对象、主体、实体都得以在数字化算法中流动以及被调度、被加工、被处理，从而银行能够以数字科技的效率、精度、灵活度、自由度不断构造出比传统经营模式更为丰富多样的经营策略。随后，这些策略以高度自动化的方式获得执行，所产生的反馈又将触发银行经营策略模型的迭代更新，进而带动数字化银行整体的持续迭代和完善。

需要注意的是，“人、货、场”三者本身也是随数字科技变革而持续演进的。比如近年来逐渐兴起的直播经济现象，就正在拉开“场”向“沉浸式”演进的序幕；而数字人等则正在改变“人”这一概念的范畴；对于商业银行而言，则需要及时敏捷创新，跟进解决“货”的供应问题，为新的“人、场”配备上相适应的金融服务之“货”，补齐拼图，促成新版本数字化经营逻辑的尽早顺畅运行。

夯实数据生产要素基础

数字银行的经营需要以数据为核心生产要素，夯实数据要素基础。

习近平总书记强调，数据基础制度建设事关国家发展和安全大局。2022年12月19日，《中共中央　国务院关于构建数据基础制度更好发挥数据要素作用的意见》（以下简称“数据二十条”）对外发布，提出20条政策举措，包括建立保障权益、合规使用的数据产权制度，建立合规高效、场内外结合的数据要素流通和交易制度等。“数据二十条”坚持促进数据合规高效流通使用、赋能实体经济这一主线，构建数据产权、流通交易、收益分配、安全治理四个方面的制度，为数据经济发展搭梁建柱，对于构筑我国竞争新优势、推动全民共享数字经济发展红利，促进实现共同富裕具有重要意义。商业银行在信息化时代就是国内的先行者，经过多年发展建立了较为先进的信息系统架构，沉淀了大量的客户、合约、交易数据资产，在数字化浪潮中具有先发优势。“数据二十条”为我国数据要素市场发展指明了方向，商业银行应充分发挥既有优势，响应国家号召，积极参与试点示范，强化数据治理、数据运用和数据保护，充分融入数字经济产业。

第一，协同联动，完善数据治理组织架构顶层设计。

当前商业银行已经普遍建立决策层、管理层、执行层协同履职的数据治理组织架构体系，设立了数据治理委员会，明确了数据治理归口管理部门，通过专兼岗形成全行的数据治理覆盖。对照“数据合规高效流通使用”的主线，在此治理架构的基础上还应进一步加强“两个协同”。一是与网络安全和信息化领导机构的协同，进一步提升数据安全政治站位，压实数据安全防护和合规使用责任；二是与数字化转型工程领导机构的协同，把握常态治理与重点工程项目的关系，服务于数字化转型的总体目标，形成推动数据治理的合力。

第二，制度先行，搭建银行数据基础制度的“四梁八柱”。

进一步完善政策、办法和细则等层面的数据制度体系和数据级别、质量、安全等层面的数据标准体系，明确数据管理与数据价值实现的工作范围和目标、管理流程和标准。一是完善内部数据责任制度，推动数据责任划分，通过明确各类数据的数据业务责任部门、数据技术责任部门、数据生产部门和数据使用部门，重新构建数据的底层逻辑，在此基础上进一步开展数据权属界定、实施数据确权授权机制、推进数据互联互通等工作。二是完善数据流通交易制度，合规引入和运用外部数据，集中管理计价，使价值最大化。三是完善数据安全保护制度，对数据进行分级分类，对数据生命周期的全流程保护进行规范要求，数据保护融入每一个业务流程。四是完善数据标准，将数据标准的执行要求嵌入项目研发工艺中，将数据标准要求落实到业务流程和系统规范中，并建立数据质量问题从检查到发现、原因分析、方案制定、整改追踪和考核评价的闭环管理流程，提升数据的规范性和质量。

第三，打造生态，挖掘和发挥数据资产价值。

积极与数据交易所合作，尝试通过场内交易，获取各类业务发展所需的标准化批量化数据，降低数据交易成本。加强与合法合规、专业高效的数据商及第三方专业服务机构的合作，获取各类合规化、标准化、增值化数据服务，形成以银行自身为中心的数据生态。

进一步理顺数据流，加快一体化平台与数据打造，积极与各级机关、公共服务单位进行互联互通，打破“数据孤岛”，充分利用隐私求交、多方安全计算等数据安全技术工具，拓宽公共数据合作维度，加大使用范围，提升服务社会和客户的效率和能力，赋能社会和经济发展。

利用数据建模、机器学习、人工智能算法等先进技术及方法，加之可视化呈现，根据业务发展需求，盘活数据资产，挖掘数据价值，为客户打造系统化、智能化，直观、高效的综合分析平台及数据模型工具，赋能客户提升经营管理效率及科学决策。

进一步深化与行业龙头企业客户、互联网平台企业客户的合作，在与中小微企业双向公平授权的前提下，将金融服务辐射至这些中小微企业，助力普惠金融。

第四，合规是命，严格保护银行数据和客户隐私。

将数据安全作为数据治理工作的重中之重，统筹数据开发利用和数据安全保护，强化数据安全保障体系建设。一是严格按照个人授权范围采集、传输、存储、使用个人信息，依法依规对数据进行开发利用，重点做好移动 APP、开放银行等主要触点的合规保护，保障个人隐私安全；二是加强数据安全评估与检查，定期组织开展数据安全培训，提升全体员工数据安全防护意识和执行力；三是建设数据安全运营中心和技术中心，积极探索并应用个人信息匿名化、隐私计算等数据流通技术手段，提供数据安全管控策略的基础支撑；四是基于分级分类保护机制，在系统建设过程中落实数据安全保护要求，从源头加强数据安全防护能力；五是加强数据出境管理，落实数据跨境传输评估要求，维护国家安全和利益；六是响应号召，在时机成熟的情况下申报数据安全管理认证。

在实践中，数字银行的经营是在夯实数据这一核心生产要素的基础上，集洞察、连接、服务、产品以及各种运营于一体的企业级活动。不同的银行会根据战略偏好、资源禀赋的不同，选取不同环节、手段，并赋予不同的重视程度，打造具有自身特色的数字化经营模式。例如，某银行打造数字化工厂的标准化、流水线模式，实现从策略分发、数据洞察、智能决策到精准触达的全方位数字化运营；基于细分场景建立策略图谱，支持产品权益的运营与渠道的分发，持续积累策略用例，持续迭代，量化经营效益；建立以 NPS 为核心的体验闭环体系，建立精准量化、覆盖全面、触达及时的客户体验监测体系，建立体验指标体系，及时定位问题，及时推动改进。以大学生客群为例，该银行对生命周期所处的场景进行细分，如校园场景、考研场景、求职场景等，洞察大学生客户的金融与非金融需求，以权益与互动任务为抓手，设计覆盖各重点场景的活动任务和任务达成后的权益领用成长路径。该银行还一直将客户旅程延伸到学生毕业就业后的生活场景，如定居购房、为家人购买保险等，直至客户成为黑金会员。该银行以这样贯通全生命周期的优质服务和运营，赢取客户衷心认可，进而客户就会积极主动地向周边亲友推荐该银行的服务。

本节所讨论的数字化经营四大方面和一个核心要素基础，可同时穿透对公和零售的数字化经营逻辑。对于对公业务而言，尤其适合对长尾客群的批量化经营情形。虽然当前在对公业务的其他一些情形中，通过客户经理对接、服务客户的模式依然处于较为主要的地位，但上述几方面讨论所涉及的规律、思维也并非完全失效；只不过在实践中，需要更侧重于关注这些规律、方式对客户经理及传统银客关系经营模式的赋能。

最后需要强调的是，商业银行终究是一类经营风险的特殊企业，因此上面所讨论的数字化经营的方方面面，其实质也都是在探讨如何以数字化经营的理念与范式，做好风险经营。更具体地讲，银行在风控技术上的水平既设定了银行经营的底线，也划定了银行经营可拓展的疆域边界。对于数字化银行自然也是如此。数字化银行在数字化经营上的各种精雕细琢与创新探索都必然只能限于自身数字风控能力边界之内。由此可见，数字化银行要把握住未来可能发生的经营进化，最重要的是首先把握住风控技术的演进与变革。

第二节　行业角色：中介模式的数字化嬗变

商业银行的金融中介作用体现在四个方面，面额中介（化零为整或化整为零）、期限中介（错配和组合）、风险中介（风险回报平衡）、信息中介（缓解信息不对称）。而在科技创新持续变革之下，银客交互方式和风险分析复杂性持续上升；生态银行向数字银行的进阶过程，也将是通过差分进化实现中介模式的数字化嬗变之旅。

再看传统银行的金融中介角色含义

银行作为中介，基础职责就是不断发现资金与资金的需求场景，并基于一定判断完成相应的资源转移配置。资金，作为银行所调度的资源的其中一侧，由海量的公众群体提供；这些资金，数量上有多有少，期限上有长有短；有想高收益的、有想低风险的，有苦于不知道哪里有资金需求信息的、有苦于机会太多不懂得如何筛选挑出优质需求的。而另一侧，就是海量的资金需求场景，当然诉求也是各异。一旦这些场景对接了资金，就会形成资产。银行也会继续充当中介，对这些资产进行转移配置。

在资金与资金需求的对接过程中，受制于生产力水平的限制，传统银行发挥中介价值的主要思路是把资金来源端和资金需求端分别当作一个整体来对待：先把来源端的资金汇总到银行的池子里，然后再由银行基于对该统一池子的统筹，转过身来面向需要资金的场景端进行浇灌；而浇灌决策（如信贷资源准入与否、授信额度等）的依据，主要是资金需求者的结构化、数量化程度高的“财务流”信息，而非结构化、数量化程度不高的“非财务信息”仅仅用于辅助判断。

银行将在三个层面上实现中介角色的蜕变

随着金融科技的持续变革，社会金融资源（资金、资产）的流动性不断得到解放，新的可能性被不断打开。为了充分释放金融资源的流动性潜力，为社会实体经济带来最大的赋能价值，作为金融资源融通中介主力军的银行，必须从中介的执行效率、决策能力甚至具体表现形态三个层面谋求蜕变，以匹配持续增长的流动性生产力水平的要求。

第一个层面，首先是银行中介角色执行效率的提升，这个提升相对而言比较自然。科技的革新会让银行所提供的中介服务更加自动化、智能化，从而会引发银行服务流程、服务模式的重塑。比如信用卡从营销到客户申请、从审批完成到告知客户、再到客户激活整个过程，会因为技术的充分运用而发生彻底重塑，如基于实体卡的信用卡服务演变为无实体卡的数字信用卡服务甚至无卡的信用支付服务等，这要求银行内部岗位、角色、工作内容等的大幅度调整。但是，总体而言，服务效率上的提升并不会改变银行与客户之间的业务关系的基本逻辑。

第二个层面，在中介服务中的决策能力上，需要银行突破自己的能力舒适区，探索风险评价方法的无人区。比如需要银行能够通过财务数据之外的信息发现新型信用机会，某商业银行针对科技创新型企业财务收入往往滞后于科技成果、财务数据不能及时或准确地反映科技创新的价值潜力的普遍特征，建立起“技术流”的信用风险评价体系，围绕知识产权、研发能力形成10多个评价指标，对科技企业的信用风险承受能力进行分级；同时结合传统的信用评价方法，实现了对科技企业的信用水平更为客观准确的判读，从而让银行的资金融通中介服务能够更好地覆盖科技行业。

第三个层面，则更进一步，在智能技术等的推动之下，资金需求场景与资金源的对接，可以变得更加“科技原生化”，可以形成一些传统上不存在的中介模式，而不仅仅是基于传统的对接模式进行效率提升或能力扩展。

例如，各种科技变革、各种新兴金融力量都在指向“银行脱媒”，银行为何不干脆主动拥抱“脱媒”，主动脱去“传统的媒”，主动去发现并充当好新形态的中介之媒。

银行可以由传统隔离资金和场景端的“屏蔽式”为主的中介，转变为金融资源融通平台的组织者，以平台、以生态组织者统筹者的形态呈现，更多地去协助资金端与场景端的直接对接，在这个对接过程中成为陪伴式、伴随式的中介。

银行可以充当算法中介/“智能”中介。有些资金端或需求场景端的客户不缺资源对接服务，但其在做资源选择的决策方面，效率不高、智能判断能力远远不足，这些方面需要银行的专业能力赋能。银行可凭借数据、算法模型优势，为这类客户提供能力支持而不直接承担具体资源的对接责任。

银行可以成为平台、生态的造就者、统筹者，成为一种高级中介，而不是停留于倒手资源的“二传手”式的传统中介。这种生态级的高级中介角色，看似让渡了一些传统意义上的金融资源中转职能，甚至可能因此显得有些若有若无，但实际上至关重要、不可或缺，一旦生态平台生长壮大，其竞争壁垒比传统中介更为坚实，更为不可替代。

甚至，云计算、智能技术、分布式计算等的持续发展，将使银行能够解构自己的中介角色，化整为零，银行由集约式的中介角色转变为分布式的、隐形无感泛在的中介角色。同一家银行，针对不同的客群、不同的场景可以扮演不同类型的中介角色。这些不同的中介形态又能进一步相互组合形成更为丰富的可选形态。智能技术的自动化、云计算的可弹性灵活伸缩扩展，还使银行能够以很低的边际成本为单一客户提供“一对一”式的中介服务。

某商业银行近两年不断加码财富管理业务的发展力度，不断加大对AUM、FPA等指标的重视程度，就是在主动求变，主动调整自身中介价值的体现方式。

银行中介模式嬗变的数学化表达

当然，在科技新世界中，银行对新的中介能力、中介新形态的探索不会一蹴而就。一家银行，最终整体上的中介模式是什么结构，是作为“平台统筹运营者”的中介多一点还是算法中介更多一点，以及传统的资源中转角色比重应该保持多少，抑或将是一个怎样的动态结构，等等，这些问题的完全明晰化需要一个过程。这个过程也不能由银行自己内部说了算，而应该由基于生态“群体智能”的差分进化之旅来求解。这一进化过程，尤其需要充分融合银行、资金提供者群体、带有资金需求场景的群体这三者之间的差分信息。生态银行在基于差分进化的敏捷自进化中，逐步收敛于符合整个生态基因的稳态的新型中介。

生态银行在结构上的一个基本特征是基于分布式协同、分布式共识的方式来完成决策，这个过程其实就是一个尽量充分挖掘、利用、释放群体智能的过程，就是在基于分布式技术记录生态中的差分信息，就是在为生态银行的差分进化提供输入。没有分布式技术，生态中的协同（不但包括合作，还包括彼此的竞争）状况就不会被采集为数据信息，因而无法被差分进化算法所计算；没有分布式技术的组织，生态的基因信息将是混乱的，毫无章法，并不能被充分有效地输入差分进化算法中，也谈不上在生态银行的进化中被准确、高效地遗传下去。以下为差分进化法数学表达式：

最小化目标函数为：$y = f(\vec{x}) \qquad f(\cdot):R^n \to R$

以箱子式约束条件为例：$x_j \in [L_j^{\min}, L_j^{\max}] \qquad j = 1,2,\cdots,n$

（1）种群初始化（第 0 次迭代），在可行解域内随机生成 M 个点：

$$X_{i,j}(0) = L_j^{\min} + unif(0,1) \times (L_j^{\max} - L_j^{\min})$$

$$i = 1,2,\cdots,M$$

$$j = 1,2,\cdots,n$$

（2）变异，在第 g 次迭代中，从种群中随机抽取 3 个个体：

$$X_{p1}(g)、X_{p2}(g)、X_{p3}(g), p1 \neq p2 \neq p3$$

$$\text{则}: H_i(g) = X_{p1}(g) + F \times (X_{p2}(g) - X_{p3}(g))$$

$$F \text{ 为放缩因子,取值在} [0,2] \text{ 之间}$$

（3）交叉算子，信息（基因片段）的随机换位：

$$v_{i,j}(g) = \begin{cases} h_{i,j}(g), & unif(0,1) \leqslant P_{cr} \\ x_{i,j}(g), & \text{else} \end{cases}$$

（4）选择、迭代：

$$X_i(g+1) = \begin{cases} V_i(g), & \text{if } f(V_i(g) > f(X_i(g)) \\ X_i(g), & \text{else} \end{cases}$$

如果 $X_i(g+1) = X_i(g)$，则算法找到最优解，算法终止。否则返回步骤（2），重复步骤（2）、（3）、（4）。

至于“差分”信息的具体利用，虽然很多情况下需要借助 AutoML、终身学习、元学习等较为复杂的先进计算技术来完成，但也仍然有很多场景，基于简单的一般计算方法即可实现。对于生态银行中各种具体的业务模型的进化和银行整体的中介形态的进化，均是如此。

以电商平台生态客户（或伙伴）的信用风险评价能力的进化为例，传统视角往往从财务流出发，仅仅考虑电商平台的应收账款、应付账款等财务流信息。但这种视角已经很难满足对新业态的研判，因此要引入生态流的理念，它将是技术流的升维，而非简单升级，以便更科学、更准确地评价生态型伙伴以及生态型客户的信用风险承受水平。

生态是立体的、多维的，应该考虑电商生态的规模、质量和价值可用度的非财务信息。其中，规模包括生态中的连接点数量（即生态的规模）以及生态所能延伸连接到的其他生态的数量等信息，如平台客户总量及增长速度；而质量则指生态潜力能转化为实际价值的比重，如活跃客户占比及增长速度；价值可用度指电商生态的数据、客户等资源能在多大程度上开放给银行、供银行所用，利用这些数据能挖掘哪些价值，助力提升银行自身细分市场的能力，从客户的客户身上实现收益，等等。要充分考量以上因素，衡量生态效应在未来呈几何级数增长的潜力，从组合和动态的角度，综合研判未来生态模式能带来的利差之外的收益，如存款、中收、费用、流量等。将这些非财务信息进行结构化、数量化分析，可以有效预测未来一段时间的财务影响。

具体而言，对新业态企业的投资，是投资企业平台式、生态式的长期增长能力，需要配以量化分析来支持决策。假设银行能获得某跨境物流平台过去 3 年客户活跃度统计数据，那么是不是可以计算几何平均增长率，再用这个增长率假设来预测未来两到三年的情况？这些数据分析，其实不需要过于复杂的模型，利用加、减、乘、除、幂都能实现。

第三节　金融内核：以 FPA 管理体系为抓手

数字银行能够将“以客户为中心”推进到更为深入、更为彻底的层次，每个客户的独立实体属性将在银行及银行生态中得到更加立体、全面和丰满的呈现。近来，被越来越多领先银行所重视的 FPA 管理理念正是数字银行上述特征的一种重要体现。

为积极应对直接融资和金融脱媒大趋势下的外部压力，以及净息差收窄和资本补充等内部挑战，商业银行通过 FPA 管理，主动顺应客户综合化、一体化融资需求变化，激励员工敏捷营销和创新营销，提高综合服务能力和市场竞争能力，加速生态开放和轻资本转型。

探本溯源，在挑战中寻找机遇

第一，外部挑战：金融脱媒及直接融资或成未来金融发展大趋势。

党的十八大以来，习近平总书记就提高直接融资比重、优化融资结构、增强金融服务实体经济能力作出一系列重要指示。“十四五”规划和2035年远景目标纲要也提出，要完善资本市场基础制度，健全多层次资本市场体系，大力发展机构投资者，提高直接融资比重。近年来，紧抓注册制改革的“牛鼻子”，资本市场正在进行一系列基础制度改革，不断探索提高直接融资比重。不难预料，中国未来经济高质量发展需要充分发挥直接融资，特别是股权融资风险共担、利益共享机制的独特作用，加快资本形成，增强企业抗脆弱性，促进科技、资本和产业的紧密融合。

作为最大的“媒”，或者狭义的“媒”本身，商业银行受金融脱媒趋势的影响是不言而喻的。一是息差缩小。随着利率市场化改革和金融自由化的不断推进，去金融压抑进程不断加速，大量资金绕过商业银行在体外形成循环。银行信贷规模缩减，利息收入在收入总额中的比重持续下降，全行业息差收窄的情况也日益显著。二是业务成本提高。在资产业务方面，资金需求者融资渠道多元，贷款议价能力提升，从而压缩了银行信贷收入空间；在负债业务方面，金融脱媒使证券、基金、保险、财务公司等金融机构成为新的资金来源，大大提高了银行的融资成本。三是流动性风险加剧。随着金融脱媒的深化，金融市场产品日益多样化，负债端收益率提升使商业银行的负债结构呈现出短期化的趋势。以短期融资来投资于长期资产，期限错配赚钱的盈利模式使资金流动问题日趋严重，埋下了备付金兑付的流动性风险。

第二，内部挑战：资本补充受阻，净息差显著收窄。

随着资本监管逐步与国际接轨，《巴塞尔资本协议Ⅲ》的实施对商业银行的资本要求逐步提升，加之监管部门建立了逆周期资本缓冲机制，出台了《系统重要性银行评估办法》，并发布了《全球系统重要性银行总损失吸收能力管理办法》，商业银行资本监管标准易增难降。

从数据来看，近年来我国社会融资规模、人民币贷款存量余额同比增速都远高于商业银行核心一级资本充足率，究其原因，主要在于商业银行资本补充面临巨大压力。一方面，外源性资本补充困难，多数商业银行市净率（PB）偏低，无法满足非公开发行普通股、配股等融资工具定价不低于每股净资产的国资管理要求，缺乏资本补充的外部渠道，尤其是在压缩同业市场、表外回表、加大对实体经济支持的背景下，面临的困境更加突出。另一方面，内源性资本积累不足，作为间接融资中介机构的主力军，商业银行大量的信贷投放消耗巨额资本，仅依赖利润留存不足以弥补资本缺口，从而使资本的稀缺性愈加彰显。

同时，受经济周期及结构性改革调整影响，尤其是在新冠疫情等冲击之下，银行业资产质量劣化趋势尚未见底。而商业银行作为经营风险的特别主体，资本的消耗实则是其承担风险的“外在化”表现，资本消耗的规模越大、速度越快，意味着银行承担的风险体量越大、风险积聚的速度越高。在息差下降与风险成本上升态势双重挤压下，银行业开始步入利润下滑周期。

相得益彰，FPA 管理与商业银行生态化转型

第一，生态开放和轻资本转型正在为商业银行打开高质量发展的新世界。

轻资本转型主要是通过轻资产、轻成本两个路径落地。从轻资产角度来看，一方面，是要做好“线上”业务和“线下”网点的均衡配置。随着物理网点成本快速上升，依靠物理网点扩张的外延发展模式不可延续，但其也有不可取代的作用，如何做好优化部署，满足客户全方位、全渠道的产品、服务需求与体验，是重中之重。另一方面，就是处理好表内业务、表外业务以及表表外业务的关系，要改变传统的片面追求资产负债表扩张、依托表内业务高耗资本发展的惯性，着眼于发展低风险、低资本消耗乃至零资本消耗，建立在风险隔离机制基础上的表外业务、表表外业务，打造依托内生资本积累的可持续发展模式。

从轻成本角度来看，主要是资金成本和营运成本。资金成本考验的是

商业银行的客户经营能力、产品创新能力和定价管理能力。只有以客户为中心，通过持续创新，提供全渠道产品与服务，才能最大限度地拓展高忠诚度、有黏性的结算性价值客户。运营成本考验的是商业银行的流程整合能力、业务整合能力和财务管控能力。只有以客户为中心，在确保有效控制风险的前提下，业务决策流程精简有效，业务操作流程优化高效，同时依托科学有效的财务管控，才能占据运营成本管控的优势“高地”。从根本上讲，轻资本转型将带来业务能力的转型，只有具备轻资本业务的经营能力，才能够真正摆脱对重资本业务的过度依赖。

几乎是必然的，轻资本转型为商业银行打开了生态开放的大门，这是由于在轻资本转型下，商业银行的角色将由“信用中介”向“信息中介”“服务中介”转变，在不高消耗资本的情况下，银行需要充分发挥信息集合、服务集成、资源整合、交易撮合的能力，从传统模式向生态开放模式、继而向数字银行模式转型正是当下商业银行高质量发展的大趋势和关键路径。生态银行业务模式体现为由“服务”客户到“浸润”生态的转变，通过银行客户升级为生态用户、银行主导升级为共生共赢、产品服务升级为能力输出、线上线下升级为无感泛在、人为判断升级为数据决策，从客户、产品、渠道、合作伙伴和经营等方面做到“五个升级”，实现由传统银行向生态银行、数字银行的演进。

第二，FPA管理或将成为商业银行生态开放和轻资本转型最有力的抓手。

在不断的探索中，商业银行衍生出以客户综合融资总量（Finance Product Aggregate，FPA）为口径的营销体系和考核机制，也可称为FPA管理。FPA管理是商业银行适应当下外部环境和客户金融需求的一种积极的管理方式，是银行理念创新、经营变革、业务拓展和市场竞争的着力点和突破点，有助于推进生态开放和轻资本转型，从而推动商业银行高质量转型发展。

客户综合融资总量（FPA）是一家企业可以从一家银行所获得的全部融资产品的总量，是从客户需求端出发考量。从这个角度来看，FPA的内涵与社会融资总量有异曲同工之妙。随着社会融资结构的变化，也从根本上改变了商业银行的服务内涵，为客户提供多元化的金融服务，有效整合银行、证券、保险、信托、基金等金融资源，催生了各类创新型业务。

引入 FPA 管理理念是商业银行主动拥抱直接融资和金融脱媒变化的智慧选择。通过搭建 FPA 口径下的营销体系和绩效考核机制，引导商业银行将对公客户营销的重点更多地聚焦于更少资本消耗、更低风险资产占用、更高盈利回报的投行、托管、同业、票据、资金等业务，丰富金融产品和服务的种类。真正做到根据客户的需求推荐资金融资方式，致力于做交易型资源整合者，通过客户、产品、渠道、合作伙伴和经营等多个维度，加快实现从持有资产向管理资产转变、从服务客户向浸润生态转变、从传统模式向轻资本模式和生态开放模式转变，提升市场占比份额，实现规模、质量和效益协同发展的目标。

笃行致远，推进 FPA 融入银行管理

其一，发挥服务中介作用：客户融资不必经我出资，只要由我服务即可。

银行作为市场上唯一具有支付结算功能的金融机构，在客户融资活动中不可或缺。同时，与其他非银机构相比，银行也具有其不可比拟的客户资源与渠道资源。发挥银行的服务中介能力，通过主动引入各类非银资金与银行现有产品体系形成差异化互补，不仅能够全方位契合客户需求，提高综合服务能力，提升客户体验质感，而且能够发挥银行在资产供给与渠道资源方面的功能优势，获得结算性存款，赚取中间业务收入。

商业银行推行 FPA 管理体系，要基于拓宽客户的思路，发挥金融机构协作效应，其关键是非传统融资渠道选择和合作模式建立。拓展综合融资合作渠道，搭建生态开放模式是重中之重。例如，商业银行可发挥具有强大服务中介功能的新投行能力，建立渠道合作制和综合服务生态圈。投行业务的真正“硬核”是资源整合的能力，是由“信用中介”向“服务中介”转变的能力，是居间撮合服务能力，是融智的能力。这种能力的建设往往需要银行的投行部门、公司部门、同业部门、分支经营机构等共同投入，搭建起以客户为中心、以提高投融资对接效率为核心的资源整合业务

平台，通过双向赋能，实现企业客户融资需求与行外资金（各类机构投资者）高效精准对接，让项目方、资金方、渠道方共建生态，形成利益共同体，为企业提供涵盖“股、债、贷、顾”的全方位综合金融服务，为资金合作机构提供优质便捷的资产供给渠道。

国内一家股份制银行在其战略规划中提出了“智慧赋能”和“超级门户”两种对公业务的生态模式。前者是指银行作为金融产品和科技服务的供应商，为生态伙伴提供“金融+科技”双赋能。围绕生态伙伴全景生态图谱，向生态伙伴输出银行智慧服务能力。后者是指，银行作为客户综合化解决方案的整合者，在提供自身金融产品服务的同时，通过底层 API 对接精选第三方服务提供商，进行合作伙伴能力的投射和管理模块的集成，为客户提供一站式服务。生态模式的搭建，将是 FPA 管理的重要依托，为非传统融资提供强大的科技赋能。

我们来看一个案例，某银行在传统融资无法切入的情况下，发挥服务中介作用，敏锐挖掘目标客户痛点，通过引入保险资金成功撮合交易，通过 FPA 中非传统融资实现多方共赢。该银行此前受限于表内产品的结构、期限及定价，针对目标客户的投资授信业务中断，且与其下属公司的合作在规模和深度上无法取得突破。目标客户为房地产客户，该银行抓住其痛点，利用保险资金使用灵活的特点，充分发挥服务中介作用，实现项目落地。

在该项目中，银行传统融资无法满足客户需要，利用非传统融资手段实现了客户、银行、保险公司多方共赢。业务落地也为该银行提供了多方面收益，一是在账户中实现留存，在无资本消耗的情况下，贡献一般性日均存款。二是成功拉动有效户开发，与其他产品形成互补，实现对该公司及其下属公司的有效开发，新增有效户效果显著。三是深化银企业务合作，重新恢复夯实了该银行与客户的合作关系，该笔撮合业务落地与表内信贷形成业务联动。四是进一步深化了与保险公司的合作共赢。在开放生态中，客户融资需求的资金来源是多元化的，银行不再仅是“信用中介”的角色，转而成为“服务中介”。

其二，以客户为中心：为客户提供“一体化”的综合金融产品和服务。

FPA 所指的综合金融服务主要是指商行服务与投行服务的结合、表内服务与表外服务的结合以及银行与非银渠道的结合，体现的是商业银行链接传统信贷市场与资本市场的能力，是对客户全生命周期、多市场渠道、全品类产品的综合金融服务能力。

从同业实践来看，某银行为顺应直接融资大趋势，突破传统商业银行赚取期限利差和信用利差的盈利模式，以“商行+投行”作为战略转型的发力点，扎实做到客户为本、商行为体、投行为用，为客户提供跨市场的投融资综合解决方案。数据显示，截至2021年6月末，该银行对公融资总量（FPA）余额较年初大幅增长，且承销境外债券规模、银团融资、并购融资、代客FICC业务、资产托管业务规模等都呈现不同程度的高增长，其中手续费及佣金净收入同比增长23.88%，快于非息净收入增长。

商业银行各业务条线可结合分管产品总体情况，建立FPA综合金融产品和服务清单制，加强合作渠道推荐产品的研究与分析，梳理每个渠道重点产品及当前发展短板产品，分类整理出每个重点产品和短板产品的营销关键要点、营销话术、适合客户群体、营销策略等，本着聚焦重点导向、问题导向、短板导向的要求，进行细致谋划。通过建立FPA产品清单制，着力提高全条线的产品营销拓展能力。

推行FPA管理体系与部分商业银行提出的机构融资投行化、商行交易银行化、托管业务泛在化、非银服务集成化四大产品策略异曲同工，同曲发功，推动公司业务由资产拉动向资产撬动变革，在节省资本的同时降低风险，增加中间业务收入。一是结构融资投行化。“投行+商行”联动，向上溯源、向下延展，为战略客户、圈链客户和机构客户提供综合投融资解决方案，成为现代企业CFO和“智慧财资管家”。二是商行交易银行化。以供应链金融、票据、现金管理、跨境金融等产品为抓手，围绕企业的物流、资金流、信息流，推进交易银行业务场景化、线上化、数字化。三是托管业务泛在化。发挥专业能力，升级服务内容，以“托管+”“+托管”为抓手，与其他业务在功能、服务、渠道、获客等方面相互赋能，推动托管、监管、存管一体化。四是非银服务集成化。一方面，集成公共资源，通过对接服务政府机构客户，置换资源和服务并提供给B端、C端客户。另一方面，整合专业服务，接入外部供应商，向客户提供轻量、高频的嵌入式增值服务。

因此，推行 FPA 管理意味着银行在拓展对公业务上，更多的是从客户视角而非单一产品视角出发，能够有效提升商业银行在客户、产品、渠道、系统、流程和队伍建设等方面的综合实力和资源整合能力，有助于发挥商业银行的能力输出和数据决策能力，有利于以生态合作伙伴（客户）为中心，打造共生共赢的生态圈的落地实施，进一步增强客户黏性。提升巩固客群、综合经营客户的能力，正是增加生态开放和轻资本转型的收入的重要来源。

其三，视角转变：从银行的资产负债表到客户的资产负债表。

客户既是商业银行业务发展的源泉，更是我们赖以生存的基础。FPA 管理正是实现这一愿景的又一有力抓手，FPA 管理强调的是基于客户的资产负债表，商业银行要从基于自身资产负债表的理念中变革出来。

从同业实践来看，一家领先的股份制银行基于“存款转 AUM、贷款转 FPA”两步，形成“投资银行—资产管理—财富管理”的“大财富价值循环链”，成功地将自身资金来源、资金运用从银行资产负债表转向了客户资产负债表，一笔业务可将 B 端和 C 端串联起来，在客户的资产负债表之间循环流动。从该银行公布的 2021 年半年报中可以看到，到 6 月末客户融资总量 FPA 余额较年初大幅增长，非传统融资余额占比近五成。

从客户的资产负债表出发，将客户分为融资类需求客户与投资类需求客户。针对融资类客户，根据其不同生命周期不同需求将其融资需求进行细分，着力提升标准化资产、非标准化债权、股权类资产创设能力和供给能力，建立非传统融资资产项目库。针对投资类客户，打造最广泛的投资者朋友圈，根据投资者机构特征、规模、风险偏好进行逐一梳理、精准画像、精准营销与个性化服务，形成覆盖 BCGF 的泛化投资者联合体。

商业银行可考虑发挥集团综合化经营优势，时刻保持集团下各子公司与母行战略协同与资源整合，并重点关注对 FPA 作出贡献的子公司，如理财子公司。作为独立法人，其在资产投放上具备全牌照优势，可充分利用债券、股票、非标资产、股权及另类投资等工具，满足客户综合融资需求，发挥客户经营的撬动作用，既便于强化银行与客户的全方位合作，又有助于银行资产轻型化。商业银行理财子公司作为一种新模式、新平台，应能体现出银行系的特色，突出资管业务与各业务条线的协同能力，在客户营销、产品服务、风险控制等关键环节发挥综合竞争优势。

商业银行可建立客户清单制，对公条线每个部门在建立分管渠道合作制、分管产品清单制的基础上，要结合自身分管渠道及产品适合的客户群体不同，首先进行客户名单的纵向梳理，制定各部门产品营销的目标名单，然后再根据各条线目标客户群体具有交叉性、互联性、同质性的特点，进行横向梳理和链接，梳理出联动营销目标客户名单。在建立营销客户名单制的基础上，部门间按照分工明确、责任到位的要求，做到业务互补、相互支撑、联动营销。

其四，最佳体验：最大化员工工作满足感和事业成就感。

强化考核激励，最大化员工的工作满足感和事业成就感，才能激励员工“敏捷”营销和“创新”营销。员工无法得到足够激励，就没有动力去探索新的业务机会。商业银行转型亟需以 FPA 考核口径变化为契机，旗帜鲜明地在经营管理全过程中传递“轻资本”和“生态开放”的发展导向，引领行内资源配置，推动传统经营理念变革。而 FPA 考核体系与生态开放、轻资本转型的核心理念不谋而合，就是要少消耗、多产出，不应只关注营收，更要关注滤掉资本成本、风险成本后的经济利润。故应摒弃以往以资源换效益、将资本节约与经营效益截然对立起来的思想，要加强对轻资产、轻资本业务的绩效考核激励，要体系化地将轻资本业务的业绩成效清晰地还原到分支机构、业务条线、客户经理的经营结果中。

FPA 实际上是银行公司金融业务营销推动和绩效考核风向标，体现的是综合服务客户的能力，并非风险管理口径的概念，亦非客户在本行融资总量的概念。首先，充分认识到传统对公业务的局限性，用“净增对公 FPA”取代“贷款总量”纳入批发业务考核体系。在总行层面，针对非传统融资不同产品类型指定牵头责任部门。其次，商业银行要成立“总—分—支”联动的纵向 FPA 工作小组，逐步搭建客户融资总量指标统计分析体系，并定期统计 FPA 业务信息，对各类业务和产品数据的变动情况进行对比分析。再次，建立“FPA 项目库”，推动新兴融资产品创新和联动营销，并针对战略和战术规划不断调整，以保持与政策环境、行业趋势等元素同频共振。最后，为激励员工积极推动 FPA 相关业务发展，设置多维度的项目奖励，对综合得分靠前的分行进行奖励，如客户融资总量优胜奖等；同时表彰在推动 FPA 转型发展工作中有突出贡献的机构或团队，如非传统业务首单突破奖、存款风险资产先进奖、营收风险资产先进奖、中收风险资产先进奖等。

第四节　全能银行：大资管背景下的敏捷银行实践

随着大资管时代的到来，在敏捷银行能力体系的使能下，在数字化创新第一动力的推动下，“全能银行”正在成为银行中介模式实现数字化蜕变的一种可行的实践路径，“数字银行”在业务含义上的画像也因“全能银行”而更为丰满、清晰。

全能型敏捷银行发展的机遇与挑战

近年来，疫情肆虐，全球经济走向低迷，资本市场的竞争尤为激烈，银行业面临空前挑战。未来，资本市场可能呈现三大趋势变化：一是社会融资结构变化，直接融资占比提高。在政策导向上，党的二十大报告中明确提出“健全资本市场功能，提高直接融资比重”，数据显示，2017 年企业直接融资占比为 26.4%，到 2022 年提升到 30.3%，银行业的金融中介功能进一步削弱。二是居民金融资产结构变化，在家庭资产整体增长的情况下，存款占比却持续下降，居民投资消费行为深刻变化，这一现象也将挑战商业银行传统经营模式。三是信息技术和金融科技的蓬勃发展，商业银行通过网络也可以提供低成本的证券、投资、顾问服务。这些趋势性变化标志着大资管时代的开启。

与此同时，为适应经济全球化背景下的全球资产配置需要，银行业加强调整、兼并、合并和金融创新。

在上述背景下，金融机构传统经营模式正在被打破，银行与非银行金融机构之间的业务界限逐渐模糊，金融机构业务走向多元化、综合化，商业银行可能需要由简单的混业经营向全能银行转化。全能银行提供几乎所有的银行和金融服务，如贷款、存款、证券、支付清算、外汇、代理保险、租赁与咨询等业务。在实践中，部分商业银行也已经开始从传统的放款业务向证券投资、信托、抵押、保险等一些非传统银行业务领域进军。

面对党的二十大报告中关于“中国式现代化”的新要求，银行家需要进一步考虑的是，“大资管”如何落实服务于中国式现代化的总体目标。“中国式资产管理”是一种可行思路，它具有天然的充分竞争性，既有全球资产管理行业的共同特征，更有基于中国国情的特色；既要把收益率做上去，又要把波动性控下来；既要投资策略容量大，又要产品设计个性化。

以大资管视角勾勒全能型敏捷银行轮廓

从大资管的视角看，基于“中国式资产管理”的全能型敏捷银行应具备四项功能和十种角色。一是提供支付金融服务的交易中介功能，二是提供借贷金融服务的信用中介功能，三是提供交易金融服务的金融市场功能，四是提供资管金融服务的受托管理功能。未来全能型敏捷银行具备十大角色：存贷汇结专业机构、客户资金集散地、金融产品销售平台、资金托管与运营中心、财富管理机构、资产管理机构、投资银行、资金与资产交易商、金融科技化公司、超级数据库。

基于上述功能和角色，致力于实现人民对美好生活的向往，全能型敏捷银行涵盖三种类型的服务：其一，为客户提供全品类敏捷银行服务，既有传统存、贷、汇，也深度参与资本市场（股票、债券、大宗商品、另类资产等），更有综合金融产品（基金、理财、信托、期货、保险等）和非金融服务（住房、养老、生活消费等）。其二，为客户提供全生命周期敏捷银行服务，包括企业全生命周期（创业期、成长期、成熟期、转型退出期等）和个人全生命周期（教育、就业、住房、消费、投资、养老等）。其三，为客户提供全资产负债表敏捷银行服务，包括企业资产负债表（从存款、贷款拓展到整个资产负债表）和个人资产负债表（从主要做左侧拓展到平衡左右两侧，协助客户规划管理资产负债表）。

基于上述三项服务，财富管理与资产管理在其中展现出一体两翼、互为表里、异向同归的特色。正面是外在表现，是财富管理；背面是底层逻辑，是资产管理。资产管理与财富管理之间可穿透和推演，互为支撑、互相依存、共生共荣。银行理财子公司是连接财富管理和资产管理的桥梁和纽带。理财业务发展带动财富管理和资产管理规模增长，惠及基金、信托、保险子公司或同业合作伙伴，对全能型敏捷银行集团发展产生倍数效应，同时也对银行集团跨部门、跨母子公司、跨境内外、跨生态合作伙伴的协同能力提出更高要求。

大资管背景下全能型敏捷银行建设的关注重点

在商业银行发力全能银行建设的同时，亦伴随着我国资管新规的全面落地。在此背景下，商业银行要完成从传统业态向全能型新业态的转换，应重点关注能力提升、内部协同、合规建设三个方面。

第一，以能力提升为基础，扩大金融服务能力和范围。

一是提升银行业金融机构的产品创新能力，不断深化从以“存、贷、汇”为主的传统业务模式向全业态、全场景服务模式的转型，真正实现向轻资产业务的转型。二是提升数字化经营能力，增加数字化工具与能力的使用范围，实现服务的智能化、自动化。三是提升投研能力，提高自身在展业、风控等多方面的核心竞争力。四是提升风控能力，通过投研能力的提升及数字化风控模型等多种方式，提升自身风控能力，保证自身持久经营、持续盈利。

第二，以内部协同为抓手，提高金融服务质效。

在当前“分业经营、分业管理”的大背景下，商业银行为追求一站式、全生命周期、全场景的服务能力，正在不断通过多种方式开展同业合作；但受各自经营理念及偏好等多方面因素的制约，往往不能达到预期效果。未来在“以客户为中心”的服务理念指导下，为追求内部协同效率和服务效果，商业或将重启“全牌照”发展之路。

第三，以合规建设为底线，护航高质量发展。

在过往多年的发展与积累过程中，资管行业曾有过“野蛮增长”的混乱经营时代。在资管新规及其附属细则出台后，当前资管行业已迈入“有法可依、有制可寻”阶段。商业银行开展资管业务应严格遵循资管新规相关规定，以合规发展为底线，提升自身稳健经营能力，在为我国经济社会发展提供金融服务与支持的同时，保持自身健康、持续发展。

大资管时代全能型敏捷银行建设路径

在明晰了全能银行建设需要重点关注的三大方面后，我国商业银行似可结合市场需求及自身资源禀赋，抓住大资管时代市场机遇，探索出一条适应我国国情的全能型敏捷银行建设路径。

第一，以客户为中心，以创新驱动业务转型。

坚持“以客户为中心”的服务理念，商业银行母行及集团内子公司应不断丰富产品谱系，统筹创设更多适应市场需求的产品，并综合运用包括业务模式创新、新技术推广、新行业拓展、业务流程优化等在内的多种创新手段，不断丰富服务内容、拓展服务外延，以创新为第一动力，实现在产品资产配置管理、经营模式、盈利模式上的进化转型。

第二，以自身优势为出发点，在协同中谋求共同发展。

对于牌照较为齐全、集团化及综合化发展具有先发优势的国有大型银行及头部股份制银行而言，可协同集团内子公司，从业务本源出发，在全集团统筹管理的基础上，发挥自身业务优势，发挥多牌照服务能力及全渠道服务资源的协同效应，形成集团合力，满足客户多元化金融服务需求，更好地服务实体经济、服务人民美好生活。对于中小银行而言，为谋求中间业务发展、提升业务多样性，可根据自身业务发展的具体实践，充分利用好子公司独立经营实体模式，通过牌照申请、股权并购等多种方式，探索申设理财基金托管等细分经营门类的子公司。

第三，以投研能力建设为核心，形成竞争优势。

从资管产业链及产品维度分析，商业银行传统优势是财富管理业务和投资管理业务，但较券商等资管机构而言其业务管理能力不强。而资管新规施行后，包括商业银行在内的金融机构均应加强市场、行业及资产的投研投入，提升投研能力，全面开展并完成以各类资产可投池为核心的市场化投研体系建设，快速弥补权益投资能力，提升核心竞争力。

第四，以金融科技建设为发力点，提升科技赋能业务能力。

金融行业，特别是资管行业具有高信息密度、高财富效应的基本属性，深受数字化和智能化技术革命影响，拥抱科技是当前商业银行向全能型转型、实现创新发展的必然选择。在获客、营销、资产配置、风险防控等环节，应进一步加大金融科技的投入与运用，不断提升科技赋能业务能力。

第五，持续提升风险管理、合规管理水平，稳定金融发展。

在向全能银行迈进的过程中，母行应发挥其在风险管理、合规管理方面的优势，做好集团内风险与合规的统筹管理工作，协同集团内子公司，加强监管沟通，加强政策研究，共同做好集团内风险管理与合规管理工作。

第六，提高大资管时代消费者沟通的成熟度。

这也是当前资管新规和大资管环境下的当务之急。比如为了处理好权益类产品亏损情形与客户维护，对理财经理的培训应包括市场发展趋势研判、净值产品波动处理方法、客户亏损情绪处理的步骤和话术等。

第十六章　敏捷银行创新的未来动力“芯”

“灵境在何处，梦游今几回。”

——纪晓岚，《纪梦十首》

在纪念钱学森诞辰110周年时，上海交通大学钱学森图书馆披露，著名战略科学家钱学森先生在20世纪90年代初给VR取过一个名字：“灵境”。他还在同一时期陆续命名了“遥作”（Teleoperation）、“遥触”（Telesensation）、“遥知”（Teleperception）、“遥在”（Telepresence）、“信息环境”（Cyberspace）等。如果将这组新概念有机结合在一起，恰似一张“元宇宙”的蓝图。而这张蓝图，钱学森在30多年前已经绘就。他进一步指出：“灵境技术是继计算机技术革命之后的又一项技术革命，它将引发一系列震撼全世界的变革，一定是人类历史中的大事。”

眼下，5（5G）、A（人工智能）、B（区块链）、C（云计算）、D（大数据）、I（物联网）等金融科技的应用持续深入和扩展，边缘计算、AI工程化、生成式AI、自动化机器学习、可信技术、多方安全计算等加速推进与落地，AR、VR等沉浸式技术日趋成熟，3D体验、数字资产、虚拟数字人等潮流迅速兴起……越来越多的迹象表明，集各种技术趋势交叉融合之大成的下一代互联网正呼之欲出，或可称之为互联网3.0。在互联网3.0中，“灵境”、元宇宙等将从愿景落地为现实。

本章将对互联网3.0时代的金融科技新趋势、数字经济新规律、银行转型新要求做些许展望，以期在方向层面，为当下的商业银行数字化敏捷创新及转型提供更多来自未来的参考、启发。

更进一步而言，对未来数字科技变革趋势的及时跟进，事关银行数字化创新的动力之“芯”的更新换代问题，是确保创新动力持续升级的必然要求，是银行转型能够持续运转、不断突破的核“芯”所在。

第一节　呼之欲出的互联网 3.0 与数字经济 2.0

截至当前，互联网仍处于 2.0 阶段。基于互联网 2.0 的各种经济活动都是“信息消费”与“信息服务”。而互联网 2.0 中信息交换活动（进行信息消费与提供信息服务）的底层价值支撑，依然主要来自线下或由线下驱动，社会经济仍然是将互联网空间视为线下价值实体的信息通道，主要利用互联网实现“连接”。所以我们看到，“广告”至今仍一直是互联网最主要的商业模式之一。例如，2022 年 9 月被 Adobe 以 200 亿美元收购的 Figma，同样是传统互联网“连接”价值的再次体现。作为一款 UI 设计工具，Figma 最显著、最核心之处就在于以全在线化的方式打通、连接起设计工作中的各个相关角色，极大地提高了多人协同设计的效率；但价值的主要驱动者仍然是被连接的线下相关人员。

前文谈到的数字银行，其核心本质也是通过银行自身的转型，充分利用传统互联网的“渠道价值”，打造线上线下一体化的数字化经营模式，挖掘当前科技发展阶段商业银行能达到的最大效能，服务数字经济 1.0、服务全社会。

在本节中，笔者将陆续探讨一些与互联网 3.0、数字经济 2.0 相关的重要趋势，并希望管中窥豹，为商业银行如何拥抱呼之欲出的新一轮金融科技变革提供些许启发。在第一节中，将主要讨论 Web 3.0、价值的数字化表示、数字人民币、非中心化数字身份、无密码、生成式 AI、自主系统等重要金融科技趋势，以及数字经济 2.0 的体验范式变革、数字经济 2.0 虚实相生的未来指向。在本章的后一部分，笔者还会在讨论商业银行未来发展的过程中，进一步谈及对元宇宙、数字藏品、虚拟数字人等金融科技趋势的一些研判、看法。

互联网 3.0 的星星之火

Web 3.0 的“人”与“价值”

从“人”在其中的呈现情况来看，从 Web 1.0 到 Web 3.0 的演进，实质上是“人”在网络空间、数字世界中越来越立体化、越来越人格化及丰满化的一个过程。在 Web 1.0 时代，“人”的概念很淡薄，以至于不被大多数人所注意，Web 1.0 的核心要素是“信息”，整个网络空间各种行为、事务都主要围绕信息的连接、信息的互联互通展开。“人”是隐藏在互联网上丰富的、能跨时空的“信息”背后的消费者，信息的聚合让“世界扁平化”，正如托马斯·弗里德曼在《世界是平的》一书中所言。但在 Web 1.0 时代，已有电子邮件，也已有 BBS 论坛、校友社区（ChinaRen），这些都是比较原始的“人”在网络空间的身份符号，只不过这些网络符号化的“人”仍然未普遍化地走到网络舞台的中央——虽然少数网红已经开始在局部的、较为封闭的 BBS 中出现。QQ、MSN 等社交工具在 Web 1.0 阶段就已出现，但主要解决的是人与人彼此之间的消息联络问题，仍然没有更多涉及身份、形象的塑造。到了 2000 年代中期，随着互联网技术的发展及普及，Mysapce、Facebook、开心网、QQ 社区等兴起，以“用户为中心”的 U-Center 模式成为这一阶段的标志。UGC 受到空前关注。User 在这个阶段具有更加完整的形象，网络世界中“人”从 Web 1.0 阶段的一维“人”升级为 Web 2.0 时代的“二维人”，网络“人”的身份信息、图片信息甚至视频信息、活动轨迹等被更为系统化地在二维网页空间中呈现出来。在“人格化”大潮之下，自媒体盛行，网红、KOL 现象等越来越常见、普遍。同时，此阶段的网络空间中“人”存在基础性的不完备特征，比如缺乏信任基础设施，人的形象展现、相互感知、情感传递技术设施仍然非常原始，围绕“人”必然存在的利益、权益、价值属性等难以在数字空间中被呈现、体现、保护，这些问题正是 Web3.0 诞生的背景。

简言之，从 Web 2.0 到 Web 3.0，是从以冰冷数据为主要成分的薄片式的“二维人”到富有人情质感的立体化的“3D 人”的跨越。

具体而言，Web 3.0 首先是让用户“所有权”在数字空间中能够得到确立和保护。比如用户数据权的清晰界定在技术层面和数字世界的实际运行中都得到普遍的切实落实。这将使在数字空间中，Web 2.0 时代原本散落在各个围墙花园里的数据历史、数字足迹终于能被凝聚到“自身”身上，每个人都将获得一个数据内涵极为丰富、全面的“数字空间中的抽象的数字用户”，每个人都将充分自主地掌控自己的数据痕迹。这个在数字空间中具有高度独立性、平等权的数据凝聚体似的数字化虚拟“存在”，拥有一个人非常完整的历史，与充当交互和体验界面的3D“数字人”结合，就构成了数字空间中的基础主体。架构在数字网络上的高级数字社会真正有望成形。相比之下，现在的数字社区、平台社区是薄片式的原始数字部落。

“价值”将成为 Web 3.0 的核心主题。Web 1.0、Web 2.0 基本主题都是“信息”；Web 2.0 区别于 Web 1.0 之处在于，用户拥有更丰富的制造、输出信息的方式、手段，如丰富的自媒体（微博、微信公众号、朋友圈、抖音短视频、小红书评论等）。而在 Web 3.0 中，“价值”的创造、确认、输出、流转将成为新的关注点所在。而价值的携带，如数字钱包，也将成为 Web3.0 中一种普遍的基础设施。围绕“价值”，Web3.0 中的各种行为也自然普遍拥有很强的经济属性。

非中心化是 Web 3.0 的核心特征，但这并不表示非中心化将取代中心化。事实上，未来的数字世界，将是非中心化与中心化并存的“Hybrid”模式。此外，在当前阶段，用户的 Web 3.0 接入体验和安全性等仍然处于“高技术门槛”的阶段，银行可以将充当“接入中介”作为抓住互联网 3.0 时代的一个切入点，带给用户更加安全、放心、顺滑、简易的专业金融级接入服务。

价值的数字化表示

科技发展到今天，“价值”的表示形态已越来越需要变革，也正迎来难得的变革机会。

虽然当前的互联网、数字化技术已经极大地改善了人们的生活品质、提升了生产效率，但我们仍然需要保持符合“第一性原理”的认知：所有的当前数字化产品、数字化服务，都只是一定技术条件下的产物，并非本该有的或并不是最符合人类直观的形态。这使得在很多情况下，人们为了将就技术的局限性而不得不去适应相应的技术范式，这种“将就”或明显或隐性，大多可能会变得习以为常，以至于人们很容易“忘记”或“忽略”最底层的诉求所期望的模样，“错”将阶段性的范式当作“初心”来信奉。

基于银行账号的价值交换，虽然在历史上带给了人类极大便利，让人类在价值交换过程中不必再携带实物货币，但从更底层的体验诉求来看，人们其实为此放弃了相对更为符合人性自然、直观诉求的价值交换方式，即放弃了“物物交换”方式。与此同时，在实践中，银行账号其实又不得不努力去逼近人对自然态价值交换方式的期望；由此，导致当前银行数字化、数字经济发展过程中许多不得不面临的复杂性，比如跨境支付结算就很能体现基于传统记账方式的货币体系的上述纠结。这便是为什么要重构电子化的货币价值形式，要从底层重新创造出数字货币、数字人民币这样的数字原生的货币形态。同时，这也是为何数字人民币等将成为推动数字经济 1.0 向数字经济 2.0 变革的一股基础性力量。

区块链技术的诞生为更广义概念上的“价值”（包括资产）的数字化表示带来了实现及持续变革的可能性。NFT 技术是其中备受业界关注的一种选择。2022 年 10 月 31 日，中国香港特别行政区政府在香港金融科技周上正式发布《有关香港虚拟资产发展的政策宣言》，认为“虚拟资产在市场上已变得不可或缺”，表态香港将积极发展 NFT、绿色债券代币化、数字港元等虚拟资产。上海市政府发布的《上海市数字经济发展“十四五”规划》也已明文支持对 NFT 及资产数字化的探索。BSN 是由国家信息中心、中国银联、中国移动等联合设计、研发、推行的一个公共区块链基础平台，其在 2022 年 1 月发布的分布式数字证书（BSN-DDC）也是一种类 NFT 产品；该产品已应用于公益慈善、物品溯源、电子发票、版权保护、供应链管理等领域。从技术上讲，BSN-DDC 是“下一代对象型、分布式、可共管、可编程的单体数据库技术”，其中 DDC 指分布式数字证书（Distributed Digital Certification）。BSN-DDC 基于 BSC 开放联盟链，而后者“都基于开源代码，并且官方 DDC 合约也全面开源”。

当然，价值表示形式的充分实现与变革，任重而道远。目前，与金融化炒作乱象关联的 NFT 业务和 NFT 类技术本身之间界限模糊，极易混淆，这将严重制约 NFT 类技术的合规、健康发展，延缓其积极、正面价值的尽早释放。“数字藏品”路线的提出是可能的解决思路之一，但该思路的挑战在于不足以充分代表 NFT 类技术本身；未来，围绕 NFT 类技术与 NFT 业务，仍有待于建立起类似于区块链技术之于比特币、加密币的剥离和清晰区分。

在 NFT、Web 3.0 等多种技术发展的综合推动下，数字世界中的各种“价值标的”越来越有可能成为人们拥有完全自主权的“元资产”，被纳入受法律保护的私有财产（财富）范畴。甚至，物理现实世界中的各种资产也将有望被映射为对应的数字化“元资产”，从而被赋予数字化的各种便捷特性。

数字人民币

数字人民币是由中国人民银行发行的数字形式的法定货币，由指定运营机构参与运营，以广义账户体系为基础，支持银行账户松耦合功能，与实物人民币等价，具有价值特征和法偿性。在表现形式上，数字人民币是存储在系统或特定介质上的一串加密数据，主要包括编码、发行机构、指定运营机构、金额、持有人等要素。数字人民币在运营架构上采用“央行 + 运营机构”的双层架构。央行和运营机构均不设置数字人民币业务库。数字人民币兑付流程为：（1）指定运营机构缴存备付金，作为初始额度；（2）指定运营机构受理客户兑换申请，逐笔实时兑换；（3）指定运营机构日终与央行进行轧差清算。而数字人民币支付流程中的关键点有：（1）央行组织建立互联互通平台，并进行资金清算；（2）每一笔交易均涉及熔币和铸币；（3）交易信息由指定运营机构登记，并异步上传至央行。

数字钱包是指经央行批准的按照央行确定的业务和技术标准向社会发行的数字货币支付工具。关于数字钱包的基本规定包括：（1）编号：钱包具有唯一编号；（2）数量：客户可开通多个钱包；（3）互认互联：不同运营机构的钱包之间可转账结算；（4）密码重置：钱包密码可重置。数字钱包有手机 APP 钱包、网页钱包（云钱包）、硬件钱包等几大类形态，从类型和功能上又可分为个人钱包、对公钱箱。

相比当前的电子支付，数字人民币支付具有“易用、安全、互联互认”

等优势：(1) 支持离线支付、操作简便、实时到账、无需清算成本；(2) 可控匿名，保护隐私，国家信用；(3) 不受银行或商业机构限制，互联互认。数字人民币还具有免收商家收款手续费、免收取钱手续费、实时到账、通用性高、支持离线支付、支持智能合约等显著优势。

对于商业银行的转型发展而言，传统支付赛道已经较为拥挤，大体格局已相对稳定，其中的创新突破机会已难以觅得。数字人民币作为数字支付领域最为重要的基础性变革，将成为商业银行开拓新场景、建立新生态的难得机遇，也将是商业银行建成数字化银行、拥抱未来数字经济的关键基础设施之一。

就眼下的银行数字化转型实践而言，商业银行至少可将数字人民币定位为一种获取新客户的有效手段，应积极采取各种有力措施，充分发挥数字人民币低门槛的优势，大力推进数字人民币业务的发展：(1) 利用新技术为用户提供即时、极简、极速的支付体验，如面部识别、指纹识别、声纹识别、手势密码以及 NFC、声波支付、车牌支付等；(2) 探索数字人民币线上化经营模式，通过集约化的经营批量线上获客；(3) 探索红包的多种使用方式，打造面向 C 端营销活动的新抓手；(4) 探索发挥 C 端用户的主动性，通过红包激励开展裂变营销；(5) 探索智能合约的优势，带来的新玩法、新模式；(6) 通过积极促进数字人民币对公合作，创新数字人民

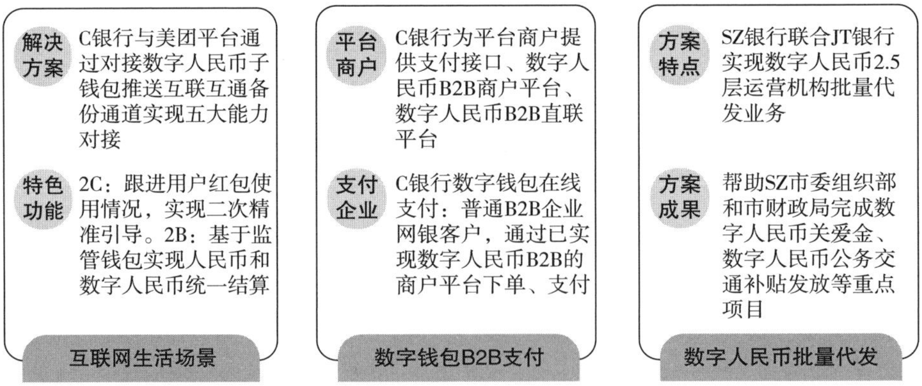

图 16－1　数字人民币试点应用场景示例

币 B2B 支付服务方案，争取企业数字人民币支付账户，进一步推动企业员工批量开户、代发工资业务合作，带动对私服务；（7）以数字人民币为支点，撬动与各地政府的合作，把数字人民币打造成数字城市、数字乡村等数字社会建设项目的亮点，进一步盘活银行生态在当地的布局；（8）以数字人民币的互联互通性为契机，将生态银行建设成为串联现有数字化平台的更高维生态。

商业银行在数字人民币业务的推进过程中，要恰当把握自身的运营机构角色与央行的数字人民币发行方角色之间的关系。银行需要看到，随着试点的逐渐深入和铺开，钱包生态发展的一些基本原则已经越来越明确，如个人钱包入口将由央行统一 APP 提供。银行要高度重视央行 APP 入口引流作用，推进自身优势场景入驻央行统一 APP。也正因为如此，商业银行数字钱包的研发重点不是在 APP 形式上，而应侧重于丰富钱包功能，提升钱包体验和安全，大力推进数字人民币支付与行内全渠道、全场景的融合，打造企业级支付生态。

商业银行在数字人民币业务的推进过程中，还需要重点关注数字人民币反洗钱工作。商业银行可依托优化现有反洗钱相关系统或新建数字人民币反洗钱系统，按照单一客户、统筹账户、现金、数字货币四个维度开展数字人民币反洗钱工作。

非中心化数字身份

在当前数字经济发展中暴露出来的很多问题，如平台垄断、用户权益难以得到保障等，都与用户数字身份仍为由各个平台各自掌控的中心化模式紧密相关。包括公安部第一、第三研究所以及微众银行、阿里云等在内的多类机构都在积极部署 DID（Decentralized Identity，非中心化数字身份，或分布式数字身份）方面的研究，并将 DID 视为下一代互联网和新数字经济（数字经济 2.0）最重要的基础设施之一。

在非中心化的数字身份体系的支撑下，能够更好地实现"让各种数据资源充分参与跨域运算而同时又无需数据本身出域"，既能很好地确保数据隐私安全又能最大化地释放数据要素价值。数字身份体系涉及颁发者、持有者、验证者三个重要参与方；与基于传统数字化平台的中心化身份 ID 相比，在非中心化的数字身份体系中，这三方之间将更为分离、独立；而这三方之间的互信架构（“信任三角”）也将成为下一代数字经济的信任基石。商业银行作为社会的信任中枢之一，应该大力强化相关技术能力的沉淀，积极参与非中心化数字身份体系的构建，争取赢得下一代互联网基础设施服务提供者的角色定位。例如，JP 摩根就已在为 DeFi（非中心化金融）体系打造一个能够支持 KYC 的数字 ID 层，并正在首先应用于 JP 摩根与新加坡金融管理局（MAS）、星展银行（DBS）等合作的非中心化资金池测试项目。

零信任下的无密码技术

零信任是近两年来金融科技领域在安全技术方面最主要的趋势之一。零信任基于身份的、无处不验证的安全理念，让传统的组织协同边界被进一步打破，比如 WFH（Work from Home）模式能够随新冠疫情而兴起，以及生态协同能获得广泛推广，其实在很大程度上都得益于零信任安全技术的迅速发展和足够成熟。然而接下来，站在零信任机制肩膀之上的“无密码”将是更具颠覆性的一个金融科技趋势，将为全社会生产及经济活动带来更为深刻、更为全面的体验变革，也更需要商业银行从内部管理到整体经营都给予足够重视。正在到来的“无密码”趋势将确保在“任何”地方、“任何”时候都无需使用密码，却仍然具有足够的安全性。

以各家银行的 APP 为例，其都会要求用户设置登录密码、查询密码、取款密码、支付密码等诸多密码，并且出于安全考虑，每个需要设置密码的场景都会建议密码尽量具有足够复杂度，且应尽量避免重复使用已使用过的密码。而手机本身、手机上的各种 APP 以及每个超级平台上的不同服务同样常有密码要求。综合而言，一个普通互联网用户可能需要面对上百个要求设置密码的场景。现实情况是，大多数用户没有办法严格为每个场景设置不同的密码，常常是几个密码反复使用。同时，为了方便记忆，相当一部分用户更是会将密码设置成与自己的生日、门牌号等有关联的字符串。这导致相当多的互联网用户面临密码泄露或被破解的安全隐患。

FIDO（Fast Identity Online）联盟，即线上快速身份验证联盟，是一个为应对“密码负担”等线上身份验证挑战而成立的全球性行业协会。微软、谷歌、苹果、Meta（原 Facebook）、高通、ARM、英特尔、Paypal、MasterCard 以及国内的工商银行、民生银行、联想等企业都是该联盟的成员。FIDO联盟为行业提供了一套简化用户身份验证体验的开放行业标准。近来，各大 FIDO 成员企业纷纷基于 FIDO 标准推出具体的“无密码”解决方案。

如苹果在全球开发者大会 2022（WWDC 2022）上推出“通行密钥”（Passkeys）新功能，由终端设备统一完成初始的身份验证，并生成相应的私钥、公钥，私钥保存于终端设备端，公钥上传至平台服务端，之后用户再在该终端设备上登录各种 APP 就只需进行生物特征（如指纹、面部等）识别操作，无须输入密码，而由设备和服务端在后台完成完整的身份验证过程。谷歌在 2022 年的 Google I/O 大会上也推出了无密码登录技术，同样支持用户通过手机的设备验证后，即可无密码登录各种网站或应用程序。据报道，微软也表示，将很快在 Windows 系统中推广无密码技术。

当然，从“无密码”技术的推出到最终“密码负担”等痛点的最终消除，仍然还有很多挑战需要解决，比如，如何实现用户更换设备尤其是用他人设备也能无密码登录自己的账号，以及不同的系统、生态之间如何同步本地私钥等问题。

不管如何，“无密码”的身份验证正在进入行业实施阶段，这已经标志着互联网 3.0、元宇宙、数字经济 2.0 这一系列愿景的实现又获得了一项重要支撑，跨平台、跨生态的自由连接、随意组装将可以很好地兼顾安全性和用户体验，各种虚拟、物理实体将可以在元宇宙中自由穿行，而不用再被密码等所困扰。

对于银行而言，一方面需要顺应“无密码”的体验趋势；另一方面需要继续保持银行业务的高度安全性，这无疑对银行的科技能力提出了更高要求。

生成式 AI 开启互联网 3.0 生产力新范式

AIGC（AI Generated Content，人工智能生产内容）是下一代互联网的核心生产力之一。AIGC 与元宇宙、数字人等技术结合，将引发营销、直播、咨询等的变革，将为相关产业带来巨大的想象空间。AIGC 背后是生成式 AI 的发展与逐渐可用，更具体而言是受益于近两年来预训练大模型、Transformer、RLHF 等技术的飞速发展。2022 年底，OpenAI 发布的 ChatGPT 就是一种预训练的大语言模型，它从海量公开数据和语言中学习知识，在人机交流中表现出强大的文本生成能力，引起全世界高度关注，仅用 2 个月便斩获 1 亿用户，被认为是有史以来获取用户速度最快的消费者应用。虽然 ChatGPT 等 AIGC 产品仍远不够完善，但已足以让人们见证下一代交互范式的魔力。

生成式 AI 的典型代表：ChatGPT 模型简介

ChatGPT 打破了原有认知智能的天花板，激活了大模型的强大推理能力，展示出显著的思维链（CoT）特征。它成功地通过谷歌的面试，拿到年薪 18 万美元的 L3 工程师 offer；还通过了美国执业医师资格考试（USMLE），在考试中表现出高度的一致性和洞察力。

ChatGPT 最初是基于 GPT－3.5 开发而成的，现已升级到 GPT－4 之上。GPT 模型是一种自然语言处理模型，使用多层变换器（Transformer）来预测下一个单词的概率分布，通过训练在大型文本语料库上学习到的语言模式来生成自然语言文本。从 GPT 到 GPT－3.5 智能化程度不断提升；GPT－4 更是引入了多模态能力，能接受图像输入，并可很好地解读图像中隐含的意思，在各种专业测试和学术基准上达到了与人类相当的水平，在模拟律师考试中获得了前 10% 的成绩（ChatGPT－3.5 是倒数 10%）；接下来，AIGC 很有可能在某些细分领域的知识咨询和内容输出型服务上实现对人工专家的替代。

ChatGPT 的模型训练主要分为预训练、监督学习和强化学习三个阶段。预训练阶段可类比为学习文字接龙，在无标注的海量语料上进行。监督学习阶段可类比为人类老师在引导文字接龙方向，通过指令训练对模型进行微调，同时也是对齐模型“价值观”的过程。强化学习阶段主要采用 RLHF 技术，可类比为模仿老师偏好，自动批改作业。强化学习阶段包括两个主要步骤：第一步是模仿老师三观，生成能自动批改作业的教师模型（即训练出强化学习需要的奖励模型）；第二步是使用教师模型自动批改学生作业，即运用前面生成的奖励模型进行强化学习的阶段。

ChatGPT 的训练是较为典型的“大力出奇迹”高投入模式，并非一般企业能承担，也超出了银行的能力所及。从数据上看，ChatGPT 用了超过 40TB 的文本数据量，近万亿个单词（超过 1000 万本牛津词典）。虽然在预训练阶段无需传统深度学习中的高强度“标注”工作，但指令学习的监督训练阶段仍然使用了上千名标注人员，并且其中本科学历占 53%，研究生学历占 37%，表明对标注人员有更高的教育背景要求。从算力上看，仅仅 GPT3 的训练算力就需要上万张英伟达 V100 GPU，每年云服务费用需要 7000 万美元；ChatGPT 对算力的要求更甚，由上万颗 A100（性能约为 V100 的 3 倍）支撑，总算力消耗达 3640PF-days。从时间和资金上看，则是上百亿美元的支持，以及长达 6 年无商业 KPI 的研发投入。

生成式 AI 在银行的应用前景

ChatGPT 的出圈，也把 AIGC、生成式 AI 推向了新的高度，从 AI 作画到现在的对话机器人，人工智能正加速实现从感知、理解世界到生成、创造世界的跃迁。生成式 AI 通过从数据中学习要素，进而生成全新的、原创的内容或产品，不仅能够实现传统 AI 的分析、判断、决策功能，而且能够实现传统 AI 力所不及的创造性功能，本质上是对生产力的大幅度提升和创造。

银行需从生成式 AI 在通用办公软件领域落地速度的白热化态势中看到推进生产力 AI 化的紧迫性、必要性。GPT－4 发布当天，Google 公布在其 Workspace 整套产品中整合生成式 AI 功能。而仅 2 天之后，微软便宣布推出 Microsoft 365 Copilot，在 Office 全家桶中集成 GPT－4 能力。在生成式 AI 加持下，用户能够通过自然语言命令以日常聊天的方式操控各种 Office 软件。用户只需简要说出基本想法、意图，AI 便可自动完成剩下的所有工作，并能随时根据用户的反馈指令（提示）进行优化调整。GPT－4 还解锁了 Office 中不太为常人所知的那 90% 功能，让普通用户也可轻松使用起来。此外，Copilot 让技术小白能在平台上编程、开发各种应用，也让 Office 中的各个 APP 实现了互通、协同。而 Microsoft Graph 功能则能基于每个人甚至每个组织所使用的所有文档和数据为其构建上下文、背景情况的全景图谱，为 Office 的 AI 能力“想象力”设定约束条件和边界，降低生成式 AI 的出错概率。

银行应用的生成式 AI 技术属于企业生成式 AI 范畴，主要包括生成式对抗网络（GAN）和自然语言生成（NLG）等，如可在欺诈监测、风险因素建模等场景中为银行提供测试用例生成支持，有助于解决银行机构缺乏数据样本或数据样例多样性不够而难以更深入开展 AI 学习等问题。另外，在商业银行领域，因其有大量的非公开数据，如能与公开数据相结合，则将更有机会基于大模型训练出高质量、高效率的智能应用。目前，国内已经有百信银行等开始在产品和服务中接入生成式 AI（百度的“文心一言”）。

生成式 AI 迅速发展，对银行最直接的影响是带来金融服务机器人、智能客服的技术升级，变得更加拟人化，甚至比客户经理更懂客户，更广闻博见；系统用户交互模式将从菜单网页逐步过渡到语音直接交互，基于对人类意图理解推出系统功能和数据资源；对于业务决策场景，机器将可在理解业务需求后直接在后台组织和发起智能处理任务，自动提供决策依据和建议；低代码开发技术将进一步升级为面向意图理解编程，业务人员也将和技术人员一样，都成为软件生产线的员工。生成式 AI 将使银行在财富管理业务中更易实现元宇宙场景，个性化和高度拟人化的数字机器人可能率先成为新一代财富新贵的专属客户经理；随着 VR/AR 设备的进化和可穿戴皮肤技术不断成熟，银行将逐步过渡到能够为各年龄段高端客户提供随时随地的财富顾问服务。

生成式 AI 还可从推荐、客服等多个方面提升手机银行用户留存；可提升银行非金融服务 APP 平台上的推荐模型效果，提升用户推荐体验；可提升银行抽取模型效果、单据审核准确率，提升银行审单智能化水平；在远程银行方面，可提升银行对话系统性能，提升银行业务效率；等等。

预计，生成式 AI 在银行业率先得以落地的典型应用场景将包括智能客服、辅助写作、智能抽取、辅助研发、智能助手等。一是智能客服。生成式 AI 能通过自然语言处理技术和人工智能技术，对客户的问题进行识别和理解，能较好地承接上下文，提供准确、及时的回答；亦可用于对客户意图或兴趣点画像的分析。与传统的智能客服相比，生成式 AI 更有希望获得更高的准确性和更快的回复速度，具有更佳聊天交流体验，能帮助银行提高客户满意度和客户忠诚度。同时，生成式的技术仍然有一定的不确定性与风险，若要在银行客服中直接承接回复，需要银行谨慎选择场景。二是辅助写作。生成式 AI 可为写作提供必要支持，可完成会议通知、产品介绍、宣传文案、各类报告、文档摘要、文档提纲等的撰写，甚至能够写书、翻译著作。比如某金融机构利用 ChatGPT 生成了一份颇为专业的医疗美容行业投研报告。三是智能抽取。基于生成式 AI 的智能抽取是指从海量自然语言语料库中，抽取出特定的事件或事实信息，并对文档中的内容实现自动分类、重要信息提取、生成摘要信息和重构文本结构等。如可利用生成式 AI 为一段客服对话生成一份客服工单，工单上包括客服的工号、客户的身份、客户的需求、客户的不满意程度等信息。又如生成式 AI 能接收银行员工以自然语言表述的指令，从合同文本中完成对合同关键信息的提取（如合同的甲方、乙方、价格、货物信息等），并能按要求的格式予以输出。四是辅助研发。生成式 AI 可在 IT 研发过程中，自动生成程序或注释、判断程序是否有问题、查找代码 bug，可用来辅助研发，提升开发效率。比如 ChatGPT 已能编写出可直接在手机上玩的手机小游戏程序。五是智能助手。生成式 AI 还可以在产品创意、内容创作、路线规划、数字劳动力、语言翻译甚至面试等方面充当智能助手，大幅提升相关人员的工作效率。

银行需完善 AI 研发的闭环迭代体系，推动生产力的 AI 化

ChatGPT 等生成式 AI 所展示出的惊人能力，正在重新定义金融业、银行业生产力；银行应该尽快梳理清楚相应的 AI 生产力进化思路框架，建立 AI 生产力持续迭代升级的闭环体系，以尽快推动生产力的 AI 化，并适应 AI 技术的持续突飞猛进。

关于未来 AI 应用模式，OpenAI 首席执行官 Sam Altman 在接受记者采访时表示：“未来，企业基于自身（私域）数据，在基础大模型之上，为每个垂直领域训练模型，将获得巨大成功和差异化。”以当下生成式 AI 最受推崇的预训练大模型为例，银行在 AI 应用模式和生产力的 AI 化方面，可关注以下几点：

首先是大模型从 0 到 1 的基础设施建设阶段。最终成果是形成通用的 AI 大模型。该阶段的模型训练需要掌握尽量丰富的全域数据、世界知识，

需要超级算力作为支撑，因此比较适合由 AI 领域的科技巨头来主导、负责。比如由 OpenAI 训练出的 GPT 系列模型（包括 ChatGPT）以及由 Deep Mind 所训练的 Gopher 模型等，在国内则有由百度推出的文心大模型。对于国内的商业银行而言，虽然目前暂时还不具备足够条件独立完成具有领先水准的通用 AI 大模型的训练，但仍可积极考虑参与到通用大模型基础设施建设之中，一方面发挥自身在金融领域的数据量、科技能力优势，为夯实国内 AI 能力基础贡献力量；另一方面也能够尽早在通用大模型建设初期就引入金融级的安全机制，以及尽早做好监管合规准备。

其次，在大模型从 1 到 10 的专业化训练阶段，则需要由具备银行领域知识的专业化部队推进。这要求商业银行建设起能够支撑大模型持续迭代的 AI 技术基座和工程化体系，以及与之相匹配的数据运营模式，从而在上一阶段所提供的基础大模型之上，利用自身所掌握的私域数据，对基础大模型完成 Fine-Tune，形成银行自己的领域模型，作为下一步开展场景应用的基础支撑。当前，商业银行在此阶段面临的最大障碍是相关人才非常稀缺。领域模型的 Fine-Tune，不仅需要相关核心人才精通大模型技术，而且需要有足够的 AI 工程化经验，更需要对银行专业领域有深刻的理解。

最后，在大模型的推广应用阶段，即从 10 到 100 的阶段，则可由银行负责应用开发的通用技术部队来完成。在这一阶段，最重要的工作是完成上述已经具备专业领域能力的大模型对场景应用的嵌入和赋能。该阶段对相应技术团队的要求是，除了应对大模型及 AI 技术有足够了解之外，更为重要的是要能精准把握场景需求。银行自身及银行服务所涉及的场景类型众多，需要相应的技术团队像毛细血管一样，浸入场景、深耕场景。此外，各种场景应用中的数据需要建立起回流机制，反哺大模型的完善。

上述三个阶段可以被视为银行利用 AI 大模型以及生成式 AI 等进化银行生产力的整体思路框架。在更具体的实践层面，银行还需要重点打造并持续优化 AI 生产力平台，建立 AI 模型的闭环迭代能力，以数据中台为基础，依次健全 AI 生产力平台关键环节的能力和流程，包括：（1）提升针对 AI 模型研发的数据处理能力，如数据集的准备、数据标注等；并要持续改进数据处理模式；（2）健全模型研发能力，如建设算法库、模型库等，完善模型训练、模型评估等工具箱；（3）优化工程研发体系，如模型的封装、模型的更新、模型接口的开发、模型接口的测试等；（4）建立起AI模型运营与监控的支撑体系，如运营设置、指标管理、租户管理、权限管理等。银行尤其需要注意，随着AI技术的快速发展，上述各个环节对能力和工作流程、工作模式的要求也可能随之改变。比如，随着预训练大模型技术的兴起，业界对AI模型训练数据集的定义和要求相比早几年的传统深度学习有了显著变化，预训练大模型在数据集准备以及模型研发环节之中正在越来越多地运用无监督模式，因此，银行应在相应的工作流程、工具箱组件以及人才准备等方面作出调整。

当然，从目前情况看，AI生产力平台闭环迭代体系的整体结构以及其中的几大关键环节，即数据处理、模型研发、工程研发、模型运营监控等，将在AI技术的不断更新换代中长期存在，并将保持相对稳定。例如，国内某银行在前几年建立起与上述体系相似的AI生产力平台。当时因为大模型尚未受到业界关注，因此该银行在建设AI生产力平台工程体系的过程中，也并未特意面向大模型进行专门的设计。近期，随着大模型成为AI研发的热点，该AI生产力平台仍然很好地支撑了该银行在大模型训练、迭代方面的探索。该银行以此AI生产力平台为支撑，高效调度10亿级私域金融文本数据、大模型算法专家、海量存储能力、AI平台专家、各种研发工具等资源，成功推出具有百亿级参数规模的基础大模型。

虽然上述AI生产力体系的打造思路是以大模型为例，但并不意味着银行就能忽视“中模型”“小模型”的发展，银行应继续对相关进展兼容并包。比如，亚马逊在2023年2月的一篇论文中提出融合视觉和语言特征的多模态CoT技术，训练出了参数量小于10亿、性能却较GPT-3.5高出16个百分点的文本生成小模型；随后，斯坦福大学的一个研究团队则在Meta开放的LLaMA模型基础上，以约52k数据、600美元不到的成本训练出了70亿参数量、性能约等于GPT-3.5、可直接运行于树莓派上的“中模型”Alpaca（羊驼）。

除了AIGC及生成式AI外，还有很多其他智能技术趋势也值得银行关注。比如自主系统将在赋予下一代互联网内生的自驱动性方面发挥重要作用。自主系统是对 Auto ML 的进一步扩展。自主系统不限于机器学习，比 Auto ML 具有更强的综合性，能够在系统执行过程中，无需人工干预便可主动吸收新的数据进行学习，并自主改进或调整自身算法，自主地适应新场景、满足新需求。一些银行服务网点正在试点推出人形机器人，若进一步建立起足够的自主学习能力，就有望打造出比较典型的自主系统，能够根据客户身份及与客户沟通情况的变化自主识别客户需求是贷款还是理财或其他，并自主调整服务模式。

关于智能技术趋势，更值得银行重视的是，ChapGPT 的出现，显示出 AI 技术乃至数字科技整体正在进入新一轮快速发展期，后续出现更多突破性进展的可能性大幅增大，亟需银行基于自身现实条件，选择恰当的算力基础设施进化路线，构筑算力生态、数据生态，尽快优化完善持续跟进、积极探索、敏捷整合、充分运用先进技术的机制和模式。

银行推进生产力 AI 化亦需审慎

在 AI 技术持续快速提升的同时，AI 的可解释性、隐私安全、伦理公平以及深度造假等问题依然是银行继续探索解决方案的挑战。例如 ChatGPT 就曾在与用户的“交流”过程中突然生成对用户很不友好的语言；此外，已经有人在利用 ChatGPT 帮助制造骗局、编写犯罪软件甚至生成病毒等。

相比企业级场景，消费级应用场景可允许更多“娱乐性”、具备更高容错空间，因而生成式 AI 等最新智能技术可能更容易更早地直接融入消费级产品和服务之中。而在前述这些问题得到比较有效的解决之前，生成式 AI 等最新智能技术的企业级应用价值可能将更多地体现在充当生产力辅助工具，武装企业人员，增强其能力，助力其提升工作效率，而非替代。这意味着，对于银行而言，当下可先着眼于如何开展好银行人员（如营销、客服、理财顾问等人员）与生成式 AI 等前沿智能技术之间的人机协同。比如某银行利用 ChatGPT 生成信用卡产品的营销文案，渤海银行利用 ChatGPT 对个人碳账户产品的宣传文案进行优化，都是将 ChatGPT 的输出作为参考，实际采纳与否、如何采纳仍然坚持由银行人员来把控。

前已提及，在 ChatGPT 大火之前，已有国内商业银行着手大模型和生成式 AI 类技术的相关研究，比如对面向特定领域规模相对中等的大模型的研究，对金融领域的增量学习、基于混合云架构的协同计算模式的研究，以及对底层的贝叶斯分析、因果推理链、强化学习技术等的研究。与相关合作伙伴也已在共同探索场景应用。同时，尽管类似 ChatGPT 框架的生成式 AI 有颠覆传统 AI 技术细分领域的能力，有向通用 AI 演进的里程碑式成果，但短期内国内商业银行还是要以传统 AI 技术为主，逐步向最新技术理性过渡，既不能简单地成为平台企业的技术输出战场，也不故步自封落为被降维打击的对象，整个团队知识体系和技术能力换代提速是近年面临的重要课题。

生成式 AI 等新一代生产力技术的飞跃式发展，不但将改变人们存储、获取、运用信息及知识的方式，还将加快“元宇宙”等愿景的实现。2023 年 2 月热映的《流浪地球 2》预示着，在不远的未来，用一个比较大的模型来完成多种功能，这是人工智能的一个主流的发展趋势。这部电影也在预告，在更遥远的未来，人类的生命不再以肉体生命为标志，随着科技的发展，人类的意识与记忆也可以上传到元宇宙中，最终实现数字世界与现实世界的二元融合，人类可以在元宇宙中获得数字化永生。同时，虚拟人物也可以拥有自主意识。

互联网 3.0 的体验范式变革

当前数字经济仍然以传统互联网为主要基础设施，各种生态的产生、发展，不同生态间的分割与聚合，以及数字经济整体生态结构的成型，都与“操作体验”这一传统互联网的关键变量有极大关系。百度是围绕搜索操作功能而建，微信生态是围绕社交操作功能而建，京东是围绕购物操作功能而建，美团大众点评是围绕点评搜索与外卖操作而建，抖音是围绕短视频的功能操作而建……人们对功能操作的需求是比较有限的，且具有比较强的排他性，如当搜索操作的功能需求得到较好满足后，对第二个搜索工具的需求就大幅降低了，这也在一定程度上加剧了传统互联网生态格局的“排他性”“寡头化”特征。

未来，随着生成式 AI、3D 沉浸式技术等的不断成熟，数字世界中的用户体验将更加侧重于“沉浸感”而非“操作便捷感”，用户旅程也因此而将更趋于故事化、剧情化，这将使数字经济 2.0 中的生态，包括银行金融服务生态，更多是以“故事类型”进行划分、聚类，具体类型可能是亲情型、体育型、历史古装型、异域风情型、科幻型甚至悬疑型等，当然，也可能仍然是类似于当前数字经济生态的普通商业流程型。商业银行的产品服务以及日常运营将需要根据具体生态所属的不同情节类型来塑造相应的体验色彩。

当功能操作在体验诉求中的占比下降，故事性、内容性诉求上升并占主导后，数字经济中各种新生态的发展将获得比传统生态更为广阔的想象空间，如同人们对电影的需求，喜欢一种类型的电影，不但不会只看一部，反而会多看几部。这也将要求商业银行在场景内容和旅程剧情方面，要么建立起足够丰富、强大的策划与运营能力，要么建立起足够灵活的嵌入、整合能力。事实上，近些年新崛起的小红书、抖音等生态，虽然其场景底层的基本范式仍未脱离传统互联网，但已经开始呈现出通过“内容性的运营”来打造生态差异化的趋势。网络游戏之所以能在当下的元宇宙发展上相对其他领域暂时领先，与其天然的故事化体验特征密不可分。

互联网 3.0 还将呈现出“体验高度积聚”“同时体验”“体验的叠加聚变”等特征。比如同时 3D 式地沉浸于多个社群中的，不同的群是不同的世界，这些不同世界中不同的立体、沉浸、全维度体验是在同一个用户身上实现了前所未有的跨时空叠加、积聚，让一个用户能够同时体验几种人生。不同生活状态、角色体验、生存形态之间可随时无缝切换、顺滑衔接。上海市黄浦区与华为联合在南京路等商圈开展的 AR 导购、虚实互动探索，就是一种初级形态的“体验叠加”。笔者在前文中已谈到过，传统互联网对社会生活生产的巨大颠覆性，很大程度上是源于人、信息、数据等要素因互联网而实现叠加、积聚，在要素的聚变反应中释放出互联网经济的巨大能量。下一代互联网仍然存在“网络聚变效应”，不过将推进到更深层次，将会因为体验的多重叠加、积聚而引发体验聚变反应，这可能将成为驱动数字经济 2.0 延续互联网“指数增长”特性的主要新动能之一。准确研判、把握聚变效应根本逻辑的变化是市场主体、银行机构在下一代数字经济竞争中赢得优势、谋求更好发展需要首要解决的关键基础问题之一，事关银行数字化建设的范式转换。

数字经济 2.0 指向虚实相生

从当下的数字经济 1.0 到下一代互联网的数字经济 2.0 将是一个从线上线下融合到虚拟原生，再到虚实共生，然后虚实相生的变革之旅。

首先是“虚拟经济”的价值进一步实体化，虚拟消费在人们总体消费中的占比持续提升、虚拟空间中的经济活动在社会经济活动中的重要性日益加大。从 20 世纪 90 年代闭户在线生活 48 小时都属于极限挑战到如今宅家十天半月不出门已成为一种并不少见的生活状态，在这一巨大变化中，电商经济和外卖经济的发展等扮演了极为重要的角色。而电商、外卖等商业现象背后，都体现着传统互联网（包括 PC 互联网和移动互联网）的渠道本质——渠道的核心功能是“连接”，通过互联网充分连接物理世界中传统的经济实体和经济活动。在下一代互联网中，原生于虚拟数字空间中的经济活动、经济价值将成为数字经济中的一个主要增长点。全球著名奢侈品品牌 Gucci 在虚拟游戏空间中发行一款包的虚拟款，后来该虚拟款的市场价一度超过了线下实物款。虚拟游戏只是该趋势的雏形，人们将在虚拟数字世界中获得原生、全真的多维体验，从观光旅游、展会展览到商务会谈，从体育直播、健身美容到教育培训等，涵盖生活、工作各个方面。渠道与连接仍然是互联网 3.0 的基本属性之一，但虚拟服务、虚拟产品、虚拟价值所带来的前所未有的体验突破，将让“虚拟原生”特征成为互联网 3.0 暨数字经济 2.0 更具代表性的经济特征之一。当前，包括可口可乐、欧莱雅等在内，已经有不少世界知名品牌开始推广纯虚拟的数字原生产品，如 NFT 等，在为用户提供虚拟世界中的价值体验的同时，强化了与用户群的联结。随着 Web 3.0 等技术的不断成熟，用户可享有的各种数字价值、数字权益的种类、数量都将空前丰富。

在基于传统互联网的数字经济 1.0 中，由于线上更多的是充当线下的渠道，根源上的驱动力仍然来自线下经济部分。而到下一代互联网，随着虚拟空间中原生出更为强劲、更为丰富、更为完善的经济活动，虚拟经济与物理现实世界经济同生、共存将成为常态，甚至虚拟经济将更多地成为驱动物理现实经济的原动力。美国时尚服装品牌 Forever 21 在 Roblox 上开设虚拟店面，为玩家的虚拟分身提供虚拟服饰，一款虚拟黑色线帽因为在虚拟分身群体中特别受欢迎，促使 Forever 21 决定开始生产销售该款帽子的实物形态。

对于普通消费者而言，虚实相生、虚拟驱动物理现实这一趋势所带来的最直接的影响是，购物旅程的逻辑可能发生重大变化。传统的线下购物常常可以做到“先试后买”，尽管往往“试”得并不充分。到了数字经济 1.0 阶段，基于传统互联网的电商兴起，“先看、后买、再试、然后退”的客户旅程开始普遍化，客户体验在更加省时和省事的同时，却存在“试”被普遍后置的现象，这一方面存在交易对手风险，另一方面降低了传统电商购物的实际效率——常常需要购买、退货很多次才能买到比较满意的商品。到下一代互联网，“先用后买、先充分体验再买”的购物旅程将越来越普及，前述购物问题将得到较好解决。以买衣服为例，消费者将可以首先在虚拟空间中充分“使用”意向商品后，获得商品全面、全场景甚至全生命周期的体验后，再决定购买物理实物形态的该商品供自己在现实的物理空间中使用。

消费者消费旅程的变化也将带来相关商业的运行规律的改变。例如彼时的商家所面临的退换货率挑战要比现在电商商家小很多，进而相应的消费—供应—生产全链条运行逻辑也将发生重大变化。此外，在虚拟空间中

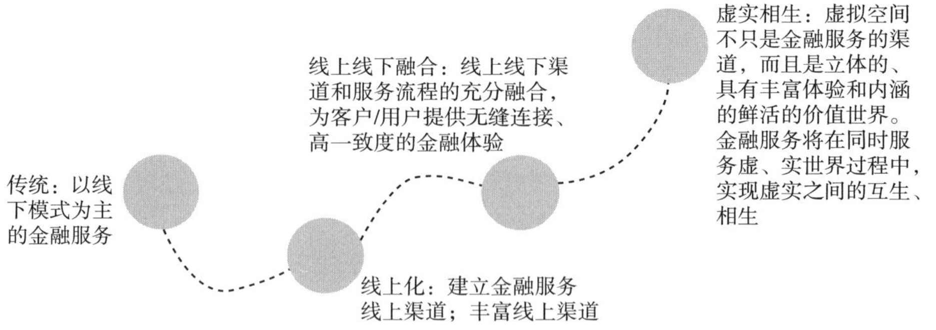

图 16-2　金融服务正在从线上线下的融合迈向虚实相生

全体验式的试用过程中，普通用户也将更容易参与到商品设计的调整迭代过程中，用户与厂家共创、用户之间共创、社群共创将成为越来越常见的商业现象。受益于 Web 3.0 技术，用户作为共创者在商业价值创造过程中所发挥的作用将更容易得到认定和保护，能更多地参与到商业价值变现后的利益分配中。这将使数字经济 2.0 空间中供应方和需求方之间的界限趋于模糊。

从全社会的层面看，既应充分利用数字经济 2.0 中更灵活的价值分配模式、更健全的价值激励手段所激发的创新发展活力，也需要规范这些错综复杂的数字化价值、权益，因为它们与货币价值体系之间的边界容易模糊，容易出现交叉，稍有不慎就容易被不法分子利用，进行监管套利和恶意炒作。尤其要避免它们与金融体系的复杂嵌套而为社会金融经济带来系统性风险。不管如何，互联网 3.0 和数字经济 2.0 的各种机遇与风险都显示，商业银行应该在下一代互联网的数字权益、数字价值以及数字货币网络体系中扮演重要的统筹、协调角色。而虚拟空间中原生的价值、权益，一旦合规问题能得到较好解决，将有望得到银行及传统金融体系的更多认可，进而可能充当贷款融资中的抵质押品。比如，北美金融科技企业 TerraZero 已经在为围绕虚拟房产的金融业务提供配套支持。

强调从虚拟原生、虚实共生到虚实相生，是在强调互联网 3.0 的突出特征不再只是信息消费与服务；在数字世界中也有了大规模的价值实体的创造、流动、供应和消费。未来，数字空间和物理空间各自原生的这些价值实体之间共生、互驱，即为“虚实相生”的数字经济 2.0。

数字经济 2.0 是基于开源、非中心化、开放公共基础设施的全新经济形态，商业银行及各类金融机构将随数字经济从 1.0 到 2.0 的演变而逐步呈现为“无许可”的、任何时候都可自由彼此对接、相互协同组装的、为客户提供全新体验范式的金融服务乐高模块。

第二节　虚拟银行的生态化建设

虚拟银行以其数字化、创新性、包容性等优势特征逐渐成为全球银行业关注的重点，许多国家和地区已经开展了虚拟银行机构设立和业务实践。然而，面对传统银行的诸多挑战和自身的短板，虚拟银行要在竞争中获胜并不容易，需要充分利用技术优势在扬长避短的基础上，以生态银行模式实现差异化市场占领。

虚拟银行的缘起和实践

随着数字经济、虚拟经济及相关技术的快速发展迭代，虚拟银行在全球纷纷涌现，在新冠疫情的影响下势头强劲，甚至成为行业未来发展趋势之一。作为跨越科技圈和金融圈的产品，虚拟银行尚无确定的定义，但大致可以分为两种，一种是传统金融机构开设的直销虚拟银行，另一种是依托科技巨头生态和流量优势的互联网虚拟银行。比较有参考价值的虚拟银行定义是香港金融管理局在《虚拟银行的认可》指引修订本中给出的版本：通过互联网或其他形式的电子渠道而非实体分行提供零售银行服务的银行。这意味着虚拟银行只支持线上经营，不开设实体网点，一般针对个人和中小普惠型企业，主要提供零售业务。

美国是全球虚拟银行的发源地，第一家虚拟银行 Security First Bank 诞生于 1995 年 10 月。该银行开业短短几个月内，就达到近千万人次的浏览。在亚太地区，香港金融管理局在 2000 年就发布了《虚拟银行的认可》指引，几经讨论完善，于 2018 年 5 月底正式发布。经过多轮激烈角逐，2019 年上半年，香港金融管理局发放了 8 张虚拟银行牌照，分别被渣打银行、众安、中银香港、WeLab、阿里、腾讯、平安、小米收入囊中。经过一年多的筹备后，全部于 2020 年前正式开业。

自开通以来，香港地区的虚拟银行以香港本地居民个人零售客户为主要服务对象，通过互联网而非实体网点提供纯在线、全天候的数字银行服务，与股东方和合作伙伴频繁拓展生态圈。业务主要包括开户、存款、转账、贷款等银行核心业务。例如，众安银行积极尝试将保险代理作为拓展金融业态的一个重要突破口，发挥协同效应为用户打造更多全新的理财体验；京东数科为 Livi Bank 搭建 IT 架构，以支持 Livi Bank 账户和交易，且在中间软件平台及工具体系、反欺诈系统、智能在线客服等方面给予支持；

平安壹账通银行以“随借随还”的服务理念推出的“壹易贷”产品；汇立银行与安联集团旗下的安联环球投资联手共同推出智能理财顾问服务。

在实践中，持牌虚拟银行的股东多为传统金融机构或科技巨头，具有明显的金融科技属性，在比拼科技力量的同时，也在谋求差异化的发展道路。虚拟银行以前沿技术为底层技术和核心驱动力，重构业务流程、驱动产品研发、提升风控能力、提升客户体验，所推广的产品和服务体现了金融科技的敏捷、泛在、无接触等特征。

表 16－1　　　　中国香港地区虚拟银行发展情况

名称	主要股东	典型产品	开业时间
众安银行（ZA Bank）	众安在线、百仕达	自定卡号的 VISA 卡——ZA Card	2020 年 3 月 24 日
天星银行（Airstar Bank）	小米金融、尚乘集团	远程开户、零收费通过转数快（FPS）和即时支付结算系统（RTGS）进行跨银行转账	2020 年 6 月 11 日
汇立银行（Welab Bank）	WeLab、阿里巴巴、建银国际、红杉资本等	实时转账的转数快（FPS）等零收费业务	2020 年 7 月 30 日
Livi Bank	中银香港、京东数科、怡和集团	与银联国际合作发行银联版的虚拟借记卡	2020 年 8 月 12 日
Mox Bank	渣打银行、携程	推出亚洲首张全功能无号码 MOX 银行卡	2020 年 9 月 22 日
蚂蚁银行（Ant Bank）	蚂蚁集团	与 AlipayHK 合作，直接从其电子钱包的小程序完成银行远程开户	2020 年 9 月 28 日
平安壹账通银行	中国平安	中小企业贷款业务：开户、存款及转账，“壹易贷”借贷服务	2020 年 9 月 28 日
富融银行（Fusion Bank）	腾讯、工银亚洲、港交所、高瓴资本等	与 WeChat Pay HK 合作，提供开户、储蓄、定期存款、本地转账和外汇买卖	2020 年 12 月 21 日

资料来源：笔者根据公开信息整理。

打造虚拟银行需要讨论的问题

在数字化时代，商业银行的转型发展路径之一是由实体走向虚拟。虚拟银行的设立在金融行业属于运营方式的创新，同时也是对传统银行运营模式和制度的挑战。打造虚拟银行需要讨论以下几方面的问题：

首先是金融监管和制度层面的创新问题。

虚拟银行的发展离不开金融监管和制度政策层面系统化的配套创新。目前，还没有专门针对互联网银行的监管政策。民营银行的监管政策相对较为相关（民营银行开展业务往往依赖互联网），但也没有充分考虑互联网银行的业务特点，如在开户、放款和金融产品销售等情况下有银行网点面谈或当面签字的要求，这是互联网银行难以实现的。同时，互联网银行通过金融科技的商业模式创新，在实际上并没有改变金融的本质和风险，必须纳入相应的金融监管框架，遵循金融监管的一般规律。对此，香港金融管理局的做法是，成立专责小组，为虚拟银行的业务提供重要支持；香港金融管理局发布的《虚拟银行的认可》实质上是对香港《银行业条例》的补充规定，该条例对虚拟银行的经营管理进行了原则性规范，但远程账户等具体业务的标准则是在监管沙盒中运行。

其次是拓客、推广与接受度方面的问题。

客户对传统银行的信任倾向根深蒂固，这将在一定程度上限制虚拟银行的运营。没有实体网点的虚拟银行，既有利也有弊，在其业务拓展和品牌普及的过程中，可能会受到一些质疑和阻碍，尤其是在运营初期或面临资金不足、资金成本高的困难的时候，这种质疑是相当强烈的。同时，目前虚拟银行的技术适应性还存在局限性，部分产品创新的风险管控仍需加强，个人信息使用的规范性尚待考察。

最后是流量的背后如何实现差异化突破的问题。

目前，从运行情况看，大多数虚拟银行在资产端还没有找到真正吸引用户的核心产品，还没有找到真正稳定的商业模式和清晰的盈利模式。长尾客户增量不足、获客成本较高、单一客户利润相对较低等，将对虚拟银行的净利润造成压力。同时，大部分虚拟银行还没有形成多元化的收入组合，如何实现差异化突破尚待破解。例如，香港的虚拟银行仍需通过传统的息差获利，但为了更大限度地吸引客流，只能采取尽量缩小存贷款息差、降低中间业务费用等措施，因此更难实现盈利，且抗风险能力也大打折扣。数据显示，2019 年，香港地区 8 家虚拟银行的税前亏损总额超过 11 亿港元，预计在 3 ~5 年内才有可能达到收支平衡。

生态银行模式下的虚拟银行发展“三阶段”

金融与科技的加速融合使金融服务形态发生了巨大变化。基于生态银行模式，商业银行与头部互联网机构合作搭建的虚拟银行，可以将银行金融中介职能解构、泛化和下沉，使金融服务如空气般渗透于客户的日常生活中，服务实体经济，服务人民美好生活。

阶段一：科技赋能，拓展边界。

在起步阶段，虚拟银行利用数字化平台和前沿技术，提供更高效的银行服务解决方案，大大提高了业务的效率和便利性。在虚拟银行模式下，银行变得更“轻”，组织结构更敏捷。在起步阶段，虚拟银行应以数字化转型为导向，完善内部组织架构，将企业级组件化能力与大数据、联邦学习、自然语言处理等人工智能化技术紧密结合，实时、准确地洞察客户生态全旅程的需求，具备乐高积木式地拆分和重组产品服务的能力。此外，持续搭建零售合作开放平台，通过多元化的技术模式，构建多场景、多渠道的线上客户运营体系，利用人工智能、生物识别、大数据等技术，加快金融科技转型计划，全面推进银行向数字银行转型，为客户提供有针对性的特色服务。

借助科技优势，以“快”求突破，上线速度要快，产品推陈出新要快，反馈客户要快。在初期，虚拟银行以客户为导向，加速完善面向零售类、批发类、存管类、非银金融机构的产品谱系，重塑银行与客户互动，实时倾听和响应客户需求，创新开发更贴心、定制化的可为客户增值的产品和服务，实现精准营销。

阶段二：错位发展，生态突破。

在第二阶段，虚拟银行通过已经积累的数据和业务流量，结合股东（银行和科技公司）的特长，快速实现错位发展和生态突破。在此阶段，虚拟银行需要更加充分且高效地筛选并以科技的比较优势浸润生态伙伴，挖掘其背后的消费场景等资源，利用数字化工具对业务全流程提供支撑，提升数据整合、特征提取、算法研究、智慧决策、流程管理、对外输出等方面的综合实力。笔者在《生态银行——敏捷进化实践》一书中曾指出，银行应以用户的显性、隐性、潜在需求为导向，集结用户、合作伙伴、第三方开发、科技公司、服务支持等多方参与者，聚焦圈、链、场景、系统、平台，重构服务链条，实现资源的高效整合与配置。同时，虚拟银行应多维度丰富创新产品线，与生态伙伴的产品服务形成协同效应，探索长期稳定的盈利模式，实现业务结构的合理化。

例如，在虚拟银行框架下，某银行与互联网生态企业合作，在共建生态中“开设”数字网点。银行专门为该生态设计Ⅱ类户数字卡，并基于该账户向客户输出为生态定制的货币基金等金融产品。通过数字网点，银行将其他定制产品，如消费贷等，嵌入生态的各种场景之中，为客户提供基于专属基金的智能支付体验。银行与生态伙伴还可以将联合服务延伸到ETC等增值服务场景中。进而，双方围绕数字网点实现从广告、触达、转化、业务办理、权益领取与使用、流客挽回等到客户洞察、客户画像以及关键旅程分析、关键节点优化等全方位深度合作。

鉴于非接触式金融服务的定位，数字化和虚拟化产品的创新必将成为虚拟银行的发展方向。其错位发展的基本路径是：聚焦金融科技元素，以产品为导向，以技术驱动业务，与生态伙伴协同通过创新场景进行颠覆性创新，加快更新迭代频率，扩大品牌效应，有效获客活客，并持续演进虚拟银行的商业模式。

阶段三：“Meta Bank”（元宇宙银行）无感泛在。

展望未来，元宇宙将对人类社会产生更深远的影响，重塑数字经济体系，数字世界逐渐从对物理世界的复制和模拟，转变为对物理世界的延伸和扩展。元宇宙连接现实世界和虚拟世界，这与虚拟银行的定位和特征有异曲同工之妙。元宇宙是人类数字化生存和迁移的载体，延伸人类的创造力和更多的可能性，而作为虚拟银行2.0版本的“元宇宙银行”可以有力提升这种体验和效率，真正实现“无感泛在”。依托元宇宙银行作为虚实价值连接的载体，数字资产的生产和消费、数字孪生的推演和优化，也会对物理世界作出实时反应。元宇宙银行以嵌入式场景为切入点，以数据和技术为核心驱动力，在元宇宙中实现与合作伙伴的场景共建、数据共享、价值倍增。

以元宇宙技术为基础，元宇宙银行并非一定是将传统网点搬进元宇宙，更可能化为一种无处不在的“服务”。在数字孪生环境的模型工厂助力下，结合 VR/AR 等技术，实现银客之间数字化模拟、智能化交流。在元宇宙中，元宇宙银行围绕客户和市场的微秒级变化，一切以时间、地点、条件为转移，将人的视觉、听觉、触觉、味觉融为一体，与各种生态伙伴实时协同，自动智能地为客户实时创造场景，并能精准、恰时地为客户实时定制符合其当时偏好的金融产品或服务，让客户每一次都能在随心所欲、独一无二的个性化旅程中获得超越现实的极致体验。

第三节　元宇宙银行——虚拟银行 2.0

2021 年 10 月 28 日，扎克伯格宣布脸书公司（Facebook）改名为“Meta”。扎克伯格在《创始人的信：2021》（*Founder's Letter 2021*）中做了较为详细的解释。他说：“我们正处于互联网下一个篇章的开端。”扎克伯格创建脸书的时候，大家基本上都是在网站上输入文本，后来互联网变得更可视化、更移动，从桌面发展到网络再到移动设备，从文本到图片再到视频。但这不是终点，下一个平台将更为浸入式（Even more immersive）。扎克伯格认为，这将是“An embodied internet where you're in the experience，not just looking at it”（全体验的互联网，你是亲身经历者，而不只是观看者）。这被称作 Metaverse（元宇宙）。当前，对元宇宙的理论模型、技术基础、进化方向的讨论方兴未艾；银行业界对打造元宇宙商业银行的讨论也日渐增多，本节基于元宇宙构想对商业银行构建服务模式进行初探。事实上，正如现今世界也将是未来元宇宙世界的组成部分一样，当前正为业界所实践的生态银行①乃至数字银行也是元宇宙银行的孵化者、早期形态，在生态银行所具有的三种展现形式（走出去、请进来、联合共建）中，元宇宙银行属于银行“走出去”到客户生态体系中构建虚拟银行的升级版。

---

① 赵志宏．生态银行——敏捷进化实践［M］．北京：中国金融出版社，2021.

元宇宙与元宇宙银行：以生成式 AI 等为基础

从消费互联网时代，到消费互联网、产业互联网和价值互联网三足鼎立时代，都是互联网科技变革趋势与社会经济发展进程相互渗透、彼此促进下的统一演进共振。元宇宙基于互联网而生，是与现实世界相互打通、平行存在的虚实融合世界。这不是一家独大的封闭宇宙，而是由无数个虚实生态并行组成的不断碰撞并且膨胀的数字超宇宙，它具有鲜明的分布式生态特征。生成式 AI（如 ChatGPT）等数字生产力技术的迅速发展，也正在加快元宇宙及元宇宙银行场景的落地实现。

关于元宇宙的构建

元宇宙概念最初来自科幻作家史蒂文森 1992 年创作的科幻小说《雪崩》，意指在共享的线上世界中，使用者能够互动，甚至能在其中生活、工作。故事中创造了一个平行于现实世界的网络世界，供在现实世界中地理位置彼此隔绝的人们通过各自的“化身”进行交流娱乐。回望过去 20 年，互联网已经深刻改变人类的日常生活和经济结构；展望未来 20 年，元宇宙将携同 Web 3.0、生成式 AI 等技术一起更加深远地影响人类社会，重塑数字经济体系。元宇宙联通现实世界和虚拟世界，是人类数字化生存迁移的载体，提升体验和效率、延展人的创造力和更多可能。数字世界从物理世界的复刻、模拟，逐渐变为物理世界的延伸和拓展；数字资产的生产和消费，数字孪生的推演和优化，亦将实时反作用于物理世界。所以，元宇宙的本质或将承载世界万物，充分利用心理学、生物学、仿生学等科学，将物质与人的视觉、听觉、触觉、味觉进行融合，让体验达到三维以及多维的极致。

始终处于不断创建之中是元宇宙世界的一个基本特征。AI 技术，尤其是生成式 AI，将是元宇宙虚拟世界得以高效构建的基础生产力；如前文所述，ChatGPT 在人机对话中所展示出的令人惊叹的内容生成能力已经让人们再次感受到了元宇宙愿景的进一步迫近。虚拟身份则是元宇宙最基础的维度，虚拟人技术已迭代多年，且目前已具备清晰、多元的商业化路径。区块链、Web 3.0 作为价值互联网的底层支撑日益坚实，跨链技术的发展将逐步解决“价值孤岛”问题，这意味着在元宇宙层面“元宇宙孤岛”将不再是问题。未来3~5年，元宇宙将进入雏形探索期，VR/AR、NFT、AI、云、PUGC游戏平台、数字人、数字孪生城市等领域渐进式技术突破和商业模式创新将层出不穷。从中长期看，元宇宙的基础设施与产业链包括GPU、3D图形引擎、云计算和IDC、高速无线通信、互联网和游戏公司平台、数字孪生城市、产业元宇宙、太阳能等可持续能源等。终极的元宇宙联通物理世界和数字世界，将成为20年之后人类的生活方式，重塑数字经济体系。元宇宙将大量离散的单点创新聚合形成新物种，带来长期超越想象的潜力和机会。

我们对元宇宙的想象依托于现实世界，又超脱于现实，将我们对可能性的奇幻畅想赋予其中。但必须意识到的是，正如19世纪的人们无法准确预测电力将如何彻底改变世界、早期互联网时代的人们无法预测移动互联网的突飞猛进，虽然技术迭代的方向具有一定的可预测性，但元宇宙时代的具体模样无法一言以蔽之，需要在实践中不断碰撞和磨合。

“元宇宙银行”的壁画

2021年爆火的电影《失控玩家》，以人工智能觉醒为主题，应用生物识别、虚拟技术、人工智能、大数据和物联网等手段构建游戏元宇宙，探讨了人与人工智能的差别等哲学和伦理层面的问题。这部电影虽然没少“黑”银行：银行在片子里基本就是大家发泄情绪的抢劫对象，天天被抢。最后，乐园来到了，银行还落得个“消失”的下场。在电影中，主角所处的世界是利用生成式AI、数字孪生等前沿信息技术，建立在区块链之上的虚拟世界，去中心化平台让玩家享有所有权和自治权，并通过沉浸式的体验让虚拟进一步接近现实。

或许正如电影中的场景，在未来的某一天，通过数字孪生等技术的深度应用，人们可以随时随地切换身份，自由穿梭于物理世界和数字世界，在虚拟空间和时间节点所构成的生态中学习、工作、交友、购物、旅游等。元宇宙的诸多畅想也提醒了商业银行，数字化转型必须打开脑洞，紧跟甚至引领前沿。因此，加快数字化转型，加快科技能力的全面提升，以生态银行模式构造虚拟和现实连接的元宇宙银行，是商业银行迫在眉睫的发展要求。

宇宙银行并非一定是在特定元宇宙中“实际存在”的虚拟网点，其更是一种无处不在的“服务”。客户通过穿戴设备进入元宇宙后，一方面可以使用自身特定的虚拟身份“一键直达”银行厅堂，由 AI 虚拟员工引导；另一方面，也可以通过特定指令在元宇宙中随时“召唤银行”，使用相关服务。元宇宙银行向用户实时推荐最优行动、预期关键决策并实现决策或任务的自动化，全渠道无缝覆盖各类产品和服务，实时同步触达实体和线上情景；同时，元宇宙银行以区块链加密实现身份唯一性检验和风控合规，真正实现生态化、敏捷化、安全化的服务体验。

被誉为“元宇宙第一公司”的 Roblox 总结了元宇宙必须具备的八大要素：身份、社交、沉浸式体验、低延迟、多元化、易进入性、经济系统以及文明。作为超级中介的生态银行与元宇宙的需求十分契合。如前所述，生态银行具有分布式协同、群体智能、差分进化等特征。基于此，生态银行可以为元宇宙社区提供包括硬件、网络层、计算力、虚拟平台、交互工具和标准、支付方式以及内容、服务、资产等在内的基础设施和中介支持。举例来说，元宇宙银行的最基础功能是：未来的元宇宙世界中有完整运行的经济、货物、内容以及 IP，人们通过可穿戴装备等硬件设备进入元宇宙世界。用户和公司可以在元宇宙银行的沙盒中进行内容创作、商品交易，并以区块链加密为保障。人们能够在元宇宙中进行一切现实生活中的活动，并通过实体银行构建元宇宙银行，形成虚拟资产与现实世界资产的官方互换渠道。

在元宇宙中，虚幻与现实的边界变得模糊，与之相伴的是数据安全、隐私保护和合规的重要性将更为突出。元宇宙银行可充分发挥银行在这些方面的专长，将这些专长打造为可向元宇宙世界广泛输出的服务。

元宇宙银行的服务特征

元宇宙的关键特点在于“A feeling of presence”（参与感，现场感）。基于此，元宇宙银行可以做能想象到的任何事情：除了对公对私传统业务、虚拟与实体货币兑换等金融服务之外，或许还能通过构建各种类型的虚拟生态场景，提供子女老人托管照护、创客和创业空间、工作和学习辅助、玩乐和购物支持、亲朋好友相聚场景等服务内容；还有其他一些全新服务，可能是我们在今天未曾设想的、实体网点或手机银行无法提供的全新体验。

无感泛在的全天候服务

无论对公客户还是零售客户，都不必按照银行“工作时间”到实体网点取号排长龙，而是利用自身在特定元宇宙的、被认证的虚拟身份，全天候通过特殊硬件设备进入元宇宙，便捷调取和使用智慧化敏捷的银行服务，真正实现“无感泛在”。例如，透过元宇宙银行各种与实体网点功能相近、但更加智慧的虚拟机具，智能识别匹配企业法人的虚拟身份与现实身份，真正实现遥距开户。

进一步推而广之，属于元宇宙标配的 VR/AR 眼镜、体感设备等，在与银行的风控、反欺诈等传统专长充分结合后，有望成为元宇宙社会普遍通用的身份验真与校验公共基础设施，推动全社会加速迈入零密码、零信任的超便捷时代。

重构客户互动模式

在元宇宙中，银行与客户的互动将更强调沉浸感和融入客户旅程，是更强调精准遵从客户心理综合诉求的“体验式运营、体验式营销”。比如在营销方面，银行导流的入口可能是元宇宙游戏或元宇宙漫游行程途中的“装备升级包”“开箱有礼”等形式，或是通过 AR 技术直接嵌入人们现实逛街购物过程中的现场消费优惠活动。在客户运营方面，银行可由真人业务人员（或客服）的数字化分身在与客户一起在元宇宙里“散步”的过程中完成答疑解惑、需求交流、业务办理等。

线上线下联结的“必由之路”

在元宇宙中，虽然数字资产的鉴证、保存、撮合、交易等可在区块链上完成，但相关的认证、反欺诈、保全等，特别是线上线下的联结必须遵照一定的规则和兑换机制，而提供这种机制保障的最优解之一就是元宇宙银行。依托商业银行的信用基础，元宇宙银行可以实现场景嵌入、数据驱动、智能联动，与其线下母行实现微秒级数据加密传输、跨次元即时认证，有效打通元宇宙与现实世界的经济往来。

仍需长期进化的风控合规体系

元宇宙在融合区块链、物联网等技术保障虚拟身份与现实身份对应的基础上，还需要基于机器学习和深度神经网络技术，实现“自动、实时、精准、敏捷、进化”5A智能风控的全新升级，实现自感知、自分析、自决策、自执行，建立并不断进化适应于元宇宙社区的风控工具和标准化流程，通过可复制、“工业化”的方式构建、测试、部署和监控模型。

元宇宙尚处于很早期的阶段，仍然存在诸多基础问题有待明晰，商业银行从生态银行、数字银行向元宇宙银行进化的过程中，将会面临大量的伦理风险、监管风险。比如，元宇宙的参与者包括真身与化身（Avatar，或称为分身）形态，两者之间在技术上的边界趋于交融、模糊，但在法律上存在权责界定的伦理风险。此外，虚拟资产将成为元宇宙非常重要的一类经济资源，但如何确定虚拟资产的权属关系仍然是一个未解的问题。再者，元宇宙中的经济规则与机制尚不清晰，可能会与目前的互联网经济系统有重大区别，元宇宙可能从一开始就会在利益分配规则上更加注重规避平台垄断现象的产生。

可以预见，在未来较长一段时期内，围绕“元宇宙”将会存在不少炒作概念的投机行为，以及浑水摸鱼的欺诈行为，还势必会出现很多监管空白的情景，元宇宙银行需要发挥生态银行的“自进化”特质，让自身的风控及合规能力体系随元宇宙世界的迭代演进及时调整、健全。

实时定制极致的个性化金融服务

元宇宙中的客户旅程具有极度个性化的基本特征，这决定了银行在服务供应上应该具备更为极致的个性化定制能力，以贴合客户体验之需。在元宇宙世界中，由于生成式AI等技术的强大加持，客户的日常旅程将仅仅受限于想象力，能在各种场景、各个生态间自由穿梭，上一秒还在足球比赛“现场”呐喊助威，下一秒可能就已经在邮轮上“远洋”航行，再下一秒则可能直接守在家具工厂的生产线旁，查看所定做的智能座椅的生产进度；甚至，客户可能借助在元宇宙里的不同化身（或分身）同时参与多个不同的场景、生态活动。客户所经历的场景可能完全由AI实时全新生成，之前都不曾存在过。

一方面，银行应积极参与客户非金融活动场景的创造。元宇宙银行可与生态伙伴合作，基于图像识别技术、语音识别技术、自然语言交互处理技术、生成式 AI 技术，开展微秒级的数据采集、存储、使用、分析，根据客户兴趣和虚拟身份选择，自动拟合展开个性化的客户旅程场景剧情，实现客户在同一旅程中多种模式间的无缝切换，前端互动界面接口的设计应保证灵活性，保留并不断更新互动情景。

另一方面，元宇宙中客户的金融需求均产生于极度个性化的场景中以及由这些场景串联而成的极度个性化的旅程之中，元宇宙银行需要持续升级数据中台、业务中台，基于近乎全维度的标签数据等进行客户画像，对客户风险偏好作出精准判断，借助 AI 技术智能感知客户旅程，实时为客户贴身定制能无缝耦合到客户旅程之中的金融服务内容、服务流程，让客户感受到随叫随到、无感泛在且一人千面的元宇宙金融体验。

促进资产形态与资产理念的发展

在元宇宙中，“资产”本身在形态上将进一步数字化、智能化。元宇宙银行应成为这一趋势的引领者，积极运用智能合约等技术，充分发挥数字资产、数字货币的可编程性特征，尽早构建起“数字财富”的管理服务能力体系。

资产形态的数字化，会引起人们“资产观、财富观”甚至社会伦理的演变。有一种观点认为，在终极元宇宙时代，人的肉体会消亡，但是意识会以某种形式保存并生活于特定的元宇宙中，形成“永续生命”。那么，根据行为数据集合分析，在“永续生命”的资产配置方面，包括现实资产处置、虚拟资产增值、线上线下兑换等方面，需要元宇宙银行的专业支持，保障“永续生命”在元宇宙中的长期生存。

元宇宙银行的业务模式畅想

未来，元宇宙的商业模式是一种分布式商业的形态，银行服务将深度融入服务场景。在完全信息条件下，元宇宙银行及其母行面临着高度透明的市场竞争。特别是在个人业务方面，为了更好地获客、黏客，必须通过精准的画像定位，以生态银行模式在特定元宇宙中敏捷搭建符合客户需求的各类场景，以最大化满足客户需求。

对于元宇宙银行的业务模式，我们可以做这样一种畅想：在元宇宙中，商业银行通过模型扩展将业务柜面按照银行产品及对公对私进行细化和虚拟化，如理财柜台、外汇柜台、票据柜台等，方便客户在虚拟状态中快速定位业务。同时，可穿戴设备植入了大量收集用户行为数据的传感器，银行可以根据收集的数据完善自己的产品业务，提升营销的成功率。例如，当客户在元宇宙中设计和建造自己的房子时，可以通过指令实时调出元宇宙银行；元宇宙银行则自动感知客户需求，结合客户行为数据、爱好特征、资金情况，迅速链接元宇宙地产商推荐各处地块空间、迅速链接元宇宙设计师设计各类建设方案、迅速根据各种方案搭配提供融资及分期服务方案。又比如，银行可以在不侵犯隐私、合规的前提下，根据用户在使用某项服务时的脉搏和脑电波反应，了解客户对业务流程和触点的喜好，从而对该服务解构和改进。为此，元宇宙银行在软件层面整合并重构业务处理流程，充分利用客户自助+创新的业务流程和后台专业审核模式，相比基于柜台人工受理模式速度可提升数倍。

在体验方面，可穿戴设备通过强大的视觉效果、多感知信息呈现的方式、极具浸没感的体验氛围，提升客户数字体验。例如，AI财资管家可以将相关投资组合建议的分析结果投放到客户的眼前，通过现场教学的方式，具象地展示投资的业绩和方式。将图表数据以更为美观清晰的三维形式展现，将各种所需的信息无限量地“摊铺”在用户的眼前，并通过手势轻松完成互动操作。在元宇宙时代，越来越多的个人客户将在虚拟空间的移动生活和产业应用场景中使用银行业务。这要求银行在元宇宙中提供生态化的服务供给，在核心客户旅程中嵌入个性化决策，了解其应用情景与需求，设计有价值的产品和服务并引入相应的非银产品，通过代客自动决策和执行的智能技术，确保金融操作更为私密安全，敏捷、无感、泛在、无缝地提供卓越客户体验。

元宇宙会产生新的价值。在元宇宙中，由于高度数字化且带有很大比重的虚拟特征，“创造”将成为普遍化的基础活动。这就像好的文学作品，读者各有解读，并由此衍生出许多全新的作品，可能远超作者最初构想。

就元宇宙银行而言，当银行产品的用户人群形成网络时，产品将可更敏捷地自进化迭代。一方面，越多人用，使用场景和方式就越多样，就有更多用户的体验反馈，银行就有望在不侵犯用户隐私的前提下获得更多相关信息，从中获得灵感，并驱动 AI 自主开发出新功能，推动产品不断自迭代。另一方面，用户本身也将更深度地直接参与银行产品的创新、搭建甚至运营过程，成为符合合规要求的银行“共建共营者”。

扎克伯格在有关 Facebook 改名的视频中表示：“是时候了，我们要使用一个新的公司名称，来包容我们所做的一切。体现我们是谁，我们希望创造什么。我们的使命仍然不变，还是为了让人们彼此相聚。”或许，有的人认为元宇宙银行“太过遥远、不切实际”；但笔者认为，银行不能像在移动互联网盛宴中姗姗来迟那样，再次丧失元宇宙时代的先机。实践证明，关键核心技术是要不来、买不来、讨不来的，银行只有以关键共性技术、前沿引领技术、颠覆性技术创新为突破口，敢于走前人没走过的路，努力实现关键核心技术自主可控，才能把创新主动权、发展主动权牢牢掌握在自己手中。正如《光耀生命》作者所言，“正确的姿态总是放松的，即便你伸展到极限也是如此。”虽然面对内外部多种挑战和压力，商业银行仍需要以开放、积极的态度拥抱元宇宙时代，逐渐建立线上线下强链接的分布式链路，不断迭代优化，实现真正意义的生态化转型。

第四节　数字藏品

2021 年底，中国首套新闻数字藏品由新华社正式发布，由于过量用户涌入新华社 APP 客户端进行申请，页面长达半小时处于几乎无法正常登录的近似崩溃状态。正如用户的热情所展现的，近年来，数字藏品正在发展为一项深刻影响社会的现象级科技创新。包括故宫都推出了自己的数字藏品——《国潮故宫冰嬉图》。其他如茶饮行业、服装行业、造车新势力、电影行业、体育行业等也都有不少品牌已经或正在考虑推出数字藏品。

而在银行业内，百信银行 2021 年 11 月推出的四周年纪念数字藏品是在国内同业中较早的一次尝试；此后越来越多的国有大型银行、股份制银行、城商行及互联网银行也开始推出数字藏品。

数字藏品是完全以数字化形态存在的一种资产。在国外，它一般基于区块链 NFT（Non Fungible Token，非同质代币）技术生成。Crypto Punks 是业界公认的第一个 NFT 项目，它由 10000 个不同像素风格的头像组成；在发行之初为免费，后来单个头像的价格一度高达亿元人民币。加密猫（CryptoKitties）项目的推出则让 NFT 开始在业内广为人知。随着数字艺术家 Beeple 的 NFT 作品 *Everydays—The First 5000 Days* 在佳士得拍卖行拍出 6900 万美元的天价等一系列事件的发生，以及偕同元宇宙概念的兴起，Decentraland、The sandbox 等推动了数字空间中的虚拟资产的价值被更多人所正视，NFT 开始成为普通大众关注的焦点。国际上最著名的三大拍卖行均已正式将 NFT 纳入拍品范围，SuperRare、Nifty Gateway、Rarible 等 NFT 专属交易平台也不断成熟壮大，越来越多的行业、场景开始推出代表各种价值、资产内容的 NFT。如 NBA 推出 NBA Top Shot，利用 NFT 锁定篮球明星在比赛中的高光时刻；加州大学伯克利分校则将该校诺贝尔奖获得者 James Allison 的关键研究数据打包为 NFT，并拍卖得 5 万美元。

国内的“数字藏品”在技术上可视为 NFT 的一种特殊“变种”。

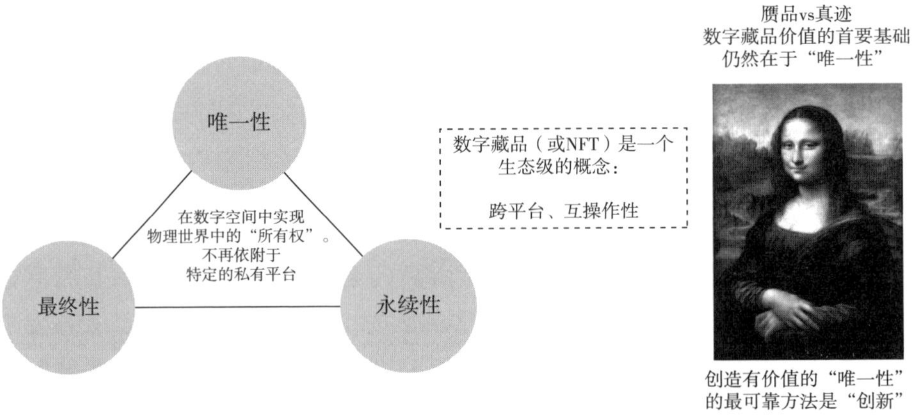

图 16-3　数字藏品的本质

数字藏品的本质与意义

如前文所述，无论是国外的NFT还是国内的数字藏品，其本质都相同，它们是元宇宙或数字空间中价值体系的基础设施，是构建元宇宙或数字空间经济体系必需的基础要素。它们是原生于数字生态时代的新鲜物种，希望在数字空间中实现物理世界中的“所有权”，让元宇宙或数字空间中的所有权不再依附于特定的私有平台。它们具有最终性（Finality）、唯一性，以及与物理现实世界中几乎等同的“永续性”。即NFT、数字藏品等都可以视为企图实现“元资产”理想的尝试性解决方案。

而与传统收藏品一样，数字藏品价值的首要基础仍然在于“唯一性”。如同在传统的艺术品市场，艺术品的价值并不简单来自“像、逼真”的程度，即便蒙娜丽莎赝品的仿真度达到99.999999%，即从概率上讲已经无法区别赝品与真品，赝品的价值也会远逊于蒙娜丽莎原作。因为真品原作代表着人类历史时空中唯一的点。创造有价值的“唯一性”的最可靠方法是“创新”，在数字空间中更是如此。

另外，需要注意的是，数字藏品（或NFT）应该是一个生态级的概念，“生态化”是其与生俱来的基因，体现为跨平台、互操作性。这对于正在步入生态银行发展阶段的商业银行尤为重要。数字藏品将可能成为商业银行发挥生态银行能力的绝佳场景之一，也将是商业银行参与数字生态空间经济体系构建，并成为其中关键枢纽需要努力经营好的一种基础业务。

数字藏品行业的发展与挑战

当前，国内数字藏品及数字藏品行业的发展还较为初级，比如大部分数字藏品项目的主要目的和实际价值仍然停留于品牌营销层面，还只能算作一种用户运营的辅助手段，并未真正找到与数字生态经济形成强力结合的切入点和模式。这一点对于除了艺术品、博物馆等资产行业以外的实体经济行业而言尤其明显。

看清楚数字藏品行业现有的发展状况和面临的挑战，是商业银行参与该行业、在其中扮演重要角色、充分发挥生态银行价值的首要前提。

数字藏品行业发展的中国特色路径

国内数字藏品行业的发展需要走，且已经开始走出基于中国实际情况的特色路径。

在国外，发行和经营数字藏品最直接的方式是采用公链。然而，公链往往会伴生虚拟货币，而虚拟货币被我国监管政策所明令禁止，因而国内数字藏品平台的构建一般都会刻意与公链保持距离。

在国内推出过的数字藏品项目中，以背靠大型互联网平台者最受关注。这些项目一般会基于互联网平台自有的基础链，比如腾讯幻核（已关闭）是基于腾讯至信链，而蚂蚁粉丝粒则基于阿里的蚂蚁链。国内主要互联网平台企业所推行的基础链一般会具有一定的联盟开放性，即允许链上具体项目在运营治理中引入外部合作伙伴进行协同，但这些基础链的底层设施一般都运行在平台企业的 IaaS 上，由平台企业掌控。此外，不同平台的基础链之间并不互联互通，甚至在体系架构上也都更为强调各自的特色和独立性而不是共性和互通性。更重要的是，各互联网平台企业受限于自身平台利益的考量，当前仍然缺乏足够的动力推进底层链以及数字藏品跨生态的通用性。上述这些因素导致国内的数字藏品行业目前实质上仍然延续着传统互联网（移动互联网）的格局，数字藏品依附于所属平台企业，受到平台及平台企业是否持续运行等因素的制约，在相关规则制定和调整上也主要由平台企业决定，用户对各种数字藏品的所有权并不具备真正的永续性，也并不真正完全拥有。

未来，国内数字藏品行业可更多发挥更具中立色彩或具有更强公共属性，且信用等级高于普通企业的第三方市场主体的作用，由其发起跨生态的联盟链，在多个生态之上建立高阶生态，基于这种高阶生态所发行运营的数字藏品将具有更广泛的认可度，用户对这类数字藏品的所有权也将更具最终性，将更可能实现永续。

国内数字藏品行业仍有结构性缺失

国内数字藏品行业缺乏数字藏品的定价标准，价格发现机制也不完善。包括蚂蚁链粉丝粒、腾讯幻核在内，国内平台在发行数字藏品时基本都未公开定价依据。因为缺乏定价标准，类似的藏品在不同平台上发行却可能呈现出明显的价格差异，这可能导致藏品发行主体与发行平台间的沟通、谈判、博弈的成本居高不下，非常不利于数字藏品的全面推广。价格发现机制的不完善也是制约数字藏品行业链条尽快完善的关键因素之一。例如蚂蚁链与敦煌美术研究所联合发行的敦煌飞天皮肤，发行时定价 9.9 元。而发行后在市场上很快被炒到高达 150 万元一枚。阿里只得迅速关闭市场交易。这表明国内数字产品的发行定价缺乏对市场预期的准确判断，价格发现过程仍然显得较为粗放、混乱。因此，国内的数字藏品行业因顾虑再次出现过于剧烈的炒作现象而一直未能正式全面开放数字藏品的交易、流通市场，导致数字藏品仍然缺乏价值认定和实现的正式渠道，助长了非正规渠道的恶性炒作之风；全行业业务闭环不能形成，数字藏品经济就难以进入良性循环、难以全面释放社会价值。

数字藏品全行业发行供给优质藏品的能力不足。与此同时，随着数字藏品发行技术越来越便利、开放，基于随意一张图片、一段话、一个头像、一个道具等都能发行数字藏品，行业中数字藏品总数量将急剧增加，这可能将促进提供数字藏品分类、分级、匹配、推送等服务的中间机构的产生。

数字藏品行业处于早期，乱象不少

数字藏品天然具有虚拟特征，且同样具有互联网世界中普遍存在的网络效应，又与资产、金钱直接关联，稍有不慎就会陷入脱离社会及实体经济的真实需求、凭空炒作、造假欺诈、空转造富等乱象之中。尤其当前处于行业早期，更需谨防行业野蛮生长。

例如，在当前数字藏品市场中，欺诈、洗钱等非法行为并不鲜见。行业中的服务平台参差不齐，有不少中小规模的数字藏品平台不但炒作风气浓厚，甚至涉嫌无照开展业务。数字藏品交易中存在不少通过对敲做高价格以吸引其他投资者参与炒作，以及利用普通人常有的 FOMO（害怕错失）心理圈钱行骗的现象。

又比如，有一些本来毫无价值的数字藏品，依赖表面包装和虚标的高价格诱导用户关注，并利用用户追涨逐利的心态套取用户资金。此外，虽然数字藏品本身是一种非常有用的资产确权工具，但行业中仍然面临恶意侵权的问题，如有不少艺术家的作品被其他人盗发为数字藏品。因此，数字藏品市场中有必要发展出具有足够权威性、信誉度的资产网关机构。

数字藏品行业在发展过程中还存在加剧名人与普通人财富差距的风险，让富者获取财富更容易，既不利于推进“共同富裕”，也不利于引导社会资本、社会资源“脱虚向实”。以国外 NFT 市场为例，头部现象显著，成交额主要集中在少数作品上，如 Twitter 平台上的第一条推文（由 Twttter 创始人 Jack Dosey 所发）铸为 NFT 后，拍出了 290 万美元的高价。虽然 Dosey 主动将拍卖所得捐给了公益组织，但对于国内的数字藏品行业而言，应从中借鉴，提前考虑建立起更利于社会公平及“共同富裕”的数字藏品运转机制，引导和激励各类参与者树立起积极正面的数字藏品价值观，力争避免头部现象，推动行业朝着更具普惠性、更能支持社会实体的方向迈进。

此外，虽然如今“NFT 猴”已成为很多“程序猿”们的新宠，但数字藏品技术本身仍不够成熟，尤其在用户体验方面还有很大的提升空间，对普通的技术小白并不友好。比如，大多数字藏品或 NFT 的唯一凭证就是一长串密钥；一旦忘记密钥，或被人盗取，便意味着数字藏品或 NFT 彻底丢失，无法找回。周杰伦就曾经被人盗走了好友赠予他的“无聊猿”，他这些被盗的 NFT 总价值一度达到 320 万元左右。由于相关法律仍然欠缺，不但难以对“盗取”行为定性，甚至都难以对用户的“财产权”予以界定，自然也就很难通过正规途径进行追查、追讨。

围绕数字藏品的监管框架尚待清晰

迄今为止，国内还没有关于数字藏品的正式监管政策出台。近来，与“数字藏品”关系较为密切的表态是中国反洗钱监测分析中心党委书记、主任荀文均在 2021 首届陆家嘴国家金融安全峰会论坛上的演讲。他就“虚拟资产”的发展和监管进行了阐述，但仍未直接涉及“数字藏品”。国际上，各主要监管机构同样还未对“数字藏品”及其含义、属性、监管规则等形成明确清晰的共识。巴塞尔委员会 2021 年 6 月发布参考指引《加密资产的谨慎对待》，并表示该指引也适用于符合加密资产定义的 NFT，不过同样没有直接谈及“数字藏品”。该谨慎对待指引对加密资产的定义沿用了金融稳定理事会（FSB）的定义：“加密资产指主要依托于加密算法和分布式账本或其他类似技术的私有数字资产”，认为“加密资产是价值的一种数字化表示，可被用于支付或投资目的，也可用作表示拥有某商品或可享用某服务”。金融行动特别工作组（FATF）2021年10月发布《基于风险为本的虚拟资产和虚拟资产服务商处置更新指引》，认为NFT或加密收藏品属于一种“具有唯一性、不可互换，既不作为支付媒介也不作为投资工具”的数字资产，一般情况下不在该处置指引的关注范围之内。

鉴于未来监管环境仍然存在较多不确定性，数字藏品生态非常需要在监管合规方面具有更多经验积累和更具专业能力的市场主体参与其中，以确保数字藏品行业生态能在始终保持监管合规的同时实现更快更高效的发展。

银行是数字藏品的最佳经营者

商业银行经营数字藏品具有独特综合优势

从上面的讨论可见，在数字藏品经营中，对风险乱象的有力防范、对监管合规的及时落实是至为重要的。生态银行具有“自动、实时、精准、敏捷、进化”的5A智能风控能力优势，通过自感知、自分析、自决策、自执行实现不断进化，实时适应于数字藏品业务经营过程中的风险环境及监管要求的变化。

数字藏品的关键特征之一是用户对其的所有权具有永续性。这种永续性，要么通过具有极高信用度的主体的背书或认证来实现，要么基于分布式程度足够高、公众属性足够强的基础链或生态化基础设施来生成和承载。商业银行作为信用中介，享有其他商业主体难以匹敌的信用度；而生态银行更是强调分布式协同；生态中的各参与方与商业银行一起，基于立足于各个平台生态之上的高阶联盟链等方式共同完成高阶生态的运行、维护和进化。因此，商业银行，尤其是发展到生态银行阶段的商业银行，将是铸造发行和支撑数字藏品永续运行的最佳选择。另外，商业银行发起的基础链自始至终都会严格遵循中央银行等监管部门的相关标准，因此基于不同底层链所形成的银行生态以及相应的数字藏品也将具有更好的互联互通性。

数字藏品应该以服务于实体经济、促进社会福祉为最终价值的落脚点。

商业银行在连接社会事务和实体经济方面有无可替代的广泛度优势，而生态银行又更进一步地提升和强化了这种连接能力。

商业银行天然具有社会公共基础设施的属性，在承担数字藏品鉴权、甄别、用户教育及保护责任方面具有其他经营机构无法比拟的优势。数字藏品降低了“唯一性”价值收藏的参与门槛，但同时大部分普通公众用户并不能够做到足够了解数字藏品背后的原理、本质逻辑，因而如何保护普通用户权益便会成为一个突出问题。商业银行参与数字藏品经营，能更好地推进全社会范围的用户教育，更好地帮助普通用户在分享数字藏品等技术进步的发展红利的同时，避免上当受骗。

商业银行经营数字藏品应该特别注意的几个问题

首先，商业银行应对数字藏品业务作出恰当定位，可从经营战略、业务体系等层面体现出数字藏品业务是生态银行占据元宇宙及数字空间中经济体系关键枢纽地位的具有基础设施性质的业务。

其次，商业银行应坚持对政策动向的密切关注，持续进化5A智能风控体系，持续完善对监管规则的体现。商业银行应认真研究近年来相关部门对金融、经济、市场的一系列监管举措，深刻领会其中的底层逻辑，将“回归实体经济、化解重大风险”等核心思想融入数字藏品等新型业务的探索过程中，坚决守住“万变不离其宗”的本源。数字藏品作为一种典型的数字科技，最显著的基本特征之一是其迭代演进日新月异，为了在顺应监管要求方面更加敏捷主动、更具前瞻性，商业银行应将国内各监管部门的表态及国际上重要的相关组织的最新观点、建议、指引吸纳为生态银行搭建外部输入模块的重要组件。商业银行应协同各生态参与方，共同对这些输入尤其是其中的变化进行实时综合研判，并实时采取措施主动校正生态，以实现生态银行基于“风险为本”的实时进化。

在更为具体的层面，由于数字藏品等的出现并备受关注，与加密货币的炒作和区块链技术的迅速发展有很强的关联性，商业银行探索“数字藏品”等业务时需要特别注意界线问题，重视对《关于进一步防范和处置虚拟货币交易炒作风险的通知》等规定的严格遵循和全面落实，务必与比特币等加密货币等进行清晰、完全的隔离。

商业银行应坚持避免数字藏品金融产品化。坚持数字藏品与“实体价值”的对应性，坚决避免数字藏品被过度创新为炒作工具。

最后，商业银行应注意到数字藏品与传统收藏品目标客群的巨大不同。传统收藏品往往以中老年人为潜在客群。但数字藏品等概念对大多数中老年群体来说，通常是难以理解、不可思议的存在。但对于“95 后”的 Z 世代，因自小的生活便与互联网世界密切相关，数字空间在其心智中具有更深刻的烙印，因而他们更容易接受数字藏品的潜在价值，或更可能萌发去尝试数字藏品的好奇心，也更愿意去等待和亲历数字藏品走向完善的迭代进化过程。而更加低龄的“10 后”将是真正生长于虚实融合世界中的一代，数字藏品等对于他们而言将是非常自然的甚至必不可少的价值实体。因此，商业银行数字藏品业务不能盲目参照传统收藏品运营的经验，不能将主力目标人群定位在中老年群体，而可将数字藏品业务打造为吸引 Z 世代甚至未来“10 后”人群的抓手之一。

第五节　银行数字人

几乎与元宇宙等概念的热度同步，我国从 2021 年开始兴起一阵数字人的热潮，先后有美妆数字人“柳夜熙”、全球首个火星车数字人“祝融号”等吸引大批粉丝关注。在 2022 年初北京冬奥会期间的相关活动中，更是出现了包括谷爱凌数字分身“meet gu”和手语主播“聆语”在内约 30 个虚拟数字人，个个都是网红级的现象。然而随着时间的推移，人们逐渐发现，这些数字人在发布之初的一阵“新奇”风头之后，似乎都逐渐归于平淡。

面对围绕数字人的期望与现实状况的差距，为了更精准地紧跟数字科技未来变革、对相关金融科技的发展规划作出准确决策，商业银行越来越迫切地需要回答好一系列与数字人相关的问题：应该如何看待数字人，是否应该投入精力发展数字人，为何要发展数字人，银行应该如何更清晰地定位数字人的价值，数字人对银行未来的建设及经营可能产生哪些主要影响?

本节是笔者就上述问题展开的一些思考。笔者认为数字人将在3D互联网（元宇宙）中充分释放价值，且数字人可能成为未来银行产品、服务与用户间最主要的一种交互界面，即成为虚拟数字空间中银行产品、服务的主要入口之一，并将为银行带来全新的流量机遇。同时，围绕数字人的发展利用，银行的数字化转型应遵循一些新的建设原则，包括但不限于确定自己的情感价值定位并主动创立“人设”、构建围绕知识整合的生态连接模式以及应积极考虑成为数字人及数字身份服务商等。

为什么要“数字人”

传统上，人对人的交流、沟通一直只能由相应的真人来担当，比如响应客户诉求的银行客服、向客户推销业务的银行客户经理、安抚病人的护士……尤其能证明人—人交流场景依旧“原始”的是老师与学生之间的教学场景，其全人工的“互动模式”甚至已延续了上千年都未发生本质上的变化。近年来，随着数字技术的迅速发展，在越来越多人—人交流、互动场景中，人们开始尝试通过数字技术手段来顶替其中一方的“人”，且力争保持交流场景中另一方（真人）的体验不受影响。这便有了“数字人”。“数字人”是希望借助数字技术高度可复制、可扩展的特性对人—人交流、沟通场景实现变革。

当前的数字人在视觉形态上还比较局限，如当下比较流行的视频形象数字人，就受限于屏幕的平面特性，只能提供二维的视觉体验，无法达到真实世界互动时的三维体验。而立体视觉及更丰富多维的感官感受对塑造沟通体验至关重要。因此，截至目前，数字人应用场景主要为智能客服、智能电话外呼销售，或电视节目里的虚拟主持人等；这些场景主要运用的是数字人的后台能力，即交流内容的数字化生成能力；在感官体验方面，一维（听觉）或二维（平面视频）基本就可支撑这些场景所需。

生成式AI、3D互联网（或称为元宇宙、Web 3.0）等技术的兴起，可能成为数字人潜能被全面释放的关键拼图，数字人将有望得以升华为3D数字人甚至高维数字人（3D+），不但能提供立体视觉、逼真触觉等多模态感官感受，还能根据上下文自动实时智能地生成对话内容、调度系统功能甚至构建业务场景，能与人以最符合日常自然习惯的模式展开交流，不再依赖传统的鼠标、键盘甚至触摸按钮，全面颠覆人—人、人—机沟通交互范式。因此，业界很多人认为，3D 及 3D + 数字人（以下简称 3D 数字人）将成为 3D 互联网中最重要的用户交互界面、入口，即 3D 数字人可能成为 3D 互联网中各种产品、服务的“UI”。

数字人的分类

除了上述从数字人感官体验维度的多少可将数字人划分为 1D、2D、3D 及高维之外，一般还可以从场景和技术等方面对其进行分类。

按照数字人的使用场景可以将数字人分为三类：第一类是服务类数字人，如替代真人提供服务的数字人，以及多模态 AI 数字助手。第二类是身份型数字人。第三类是偶像型数字人。业内有报告认为，未来数字人产业的发展重心是身份型数字人。

数字人在技术上主要包括建模和驱动两部分。其中，建模指构建出数字人，驱动指使数字人保持运行。按照建模和驱动所采用的技术方式的不同，数字人可以分为四类：第一类为建模和驱动均为人工方式（包括依靠传统操作模式的计算机工具软件等），比如《速度与激情 7》中保罗 · 沃克的角色及戏份就是采用这种方式生成。第二类为建模主要依靠人工手段，驱动依靠 AI。第三类为建模和驱动均主要依赖 AI，例如可基于生成式 AI 构建和驱动金融服务数字人、客户专属的数字人财富顾问等。第四类为驱动采用真人驱动，即在运行过程中，数字人与真人绑定、对应，通过动作、表情捕捉设备实时采集真人状态并实时驱动数字人，比如真人的实时数字孪生体就属于这一类。

数字人还可以按照在现实世界中有无真人对应进行划分；有真人对应的数字人又有虚拟分身与虚拟化身之分。

银行数字人的应用现状

目前，已经有一些银行和金融机构在推进数字人应用。其中，在银行里的应用场景主要有三类：财富顾问、智能客服、虚拟主播等。这些场景的共同点是，都需要围绕与用户或客户的沟通交流展开。正如上文中的讨论，笔者认为“沟通、交流”是数字人（及未来的3D数字人）应用的核心抓手所在，所涉及的关键技术包括NLP、CV、语音识别与合成、3D建模、IoT以及AI等。

表16-2　　　目前国内部分银行已经开展的数字人应用

机构	数字人名称	数字人主要特点
浦发银行	小浦	AI驱动的3D金融数字人，带情感，能主动学习、持续提高服务能力，为客户提供定制服务
光大银行	阳光小智、小璇	阳光小智：提供远程服务、金融理财顾问。小璇：产品营销讲解、业务办理、咨询播报、咨询问答等可视化个性化服务
南京银行	营业厅数字员工	迎宾咨询、各类查询、转账汇款等，支持个人客户大部分业务办理需求
百信银行	AIYA（艾雅）	理财和对外交互
江南农商银行	VTM数字员工	具有仿真人的面容，可以独立、准确地完成银行交易场景的自主应答、业务办理、主动服务、风控合规等全流程服务
西安银行	多模态数字人	形象逼真、高度拟人化，可以实时与用户对话交互，能帮助老年人使用智能手机转账，具“适老化”特点
宁波银行	小宁	从前端接待到后端运营管理的全链条服务；AI数字人服务中台
兴业银行	智慧数字人小兴	实时运行影视级超写实3D；运用机器视觉和AI技术对真人表情动作进行学习，能准确识别客户身份、属性和动作，更好地感知用户、理解用户意图；复杂业务问题推理询问
华夏银行	小华同学	在银行厅堂提供迎宾、聊天、咨询、指导、培训等全方位智能服务
工商银行		具备可视化交互能力的伴随式虚拟数字人服务体系

数字人能助银行破局流量经营

商业银行应对数字人尤其是3D数字人加大关注力度。因为一旦数字人如前所述成为3D互联网（元宇宙）的交互界面、入口，其凭借全新的交互体验，将可能打破当前已经相对稳定的互联网流量格局。事实上，从互联网发展历史看，每一次交互方式的变革都是流量格局发生重构的节点，都会造就一批新生力量。比如早些年万维网的诞生，以及后来从 PC 互联网到移动互联网的转变，均是如此。

首先，数字人不会改变流量经营从获取到留存的逻辑。所谓流量，其背后隐含的本质是“注意力”。而对流量的争夺，之所以对市场主体来说极为关键，是因为每个用户的注意力是有限的，受限于“7×24”小时，常常还要扣除用户休息和确定事务如工作、学习所占用的时间。在数字人交互模式下，虽然流量重新开始分配，但流量竞争依然是争夺用户的注意力，因此传统流量经营中的获客、留存、黏客方法逻辑（不是外在形式，外在形式会变）依然有效。

其次，银行可提升“情感体验”特性以降低流量竞争强度。流量成为互联网竞争的焦点，跟数字网络造就的“积聚”效应有关。在互联网之前，客流量对商业经营来说也很重要，但因为彼时没有哪个商业能够不受限地吸引、汇聚整个全国大市场的客群，所以彼时的流量竞争都是范围非常小的局部地理区域内的客流量之争。全国整体上存在成千上万个相对割裂、独立的市场区域。但在互联网、移动互联网时代，各个市场区域间的壁垒被打破，客流量被统一起来，一定程度上造就了“流量竞争的白热化”。

最后，当数字人成为主要的产品、服务 UI 后，市场可能会变得相对更碎片化。这是因为，目前互联网流量获取上的差异根本上主要还是来源于“功能、性价比”等偏理性方面的体验差异，如笔者在前文提到的“功能操作体验”概念，而这些体验相对而言更容易在人群中达成共识，从而更容易形成全国一边倒的格局。而当用户能通过数字人与产品、服务建立情感连接时，由于情感、感情偏好一般难以统一，很难达成共识，所以对应的人群划分就会更加分散化。当然，这样的市场人群划分在商业上是否具有足够的现实意义，还要取决于不同情感偏好的人群是否愿意为自己的情感偏好支付溢价。因此，从商业主体的角度看，需要充分利用数字人，在为客户群、用户群提供的价值（产品、服务）中尽量多地包含独特的情感价值。这对商业银行是一个新的挑战。银行提供给用户的价值，最终往往都可以用金钱上的收益多少来衡量，换言之，都偏“理性”、偏“量化”。银行需要着手开展更多探索。

银行应对数字人 UI 模式下的流量增长进程有合理认知。虽然数字人所能提供的服务体验相比当前的手机 UI 界面有着显著优势，但它要被普遍接受尚需时日。这一方面是因为数字人这类交互界面背后的技术成熟度仍然有待大幅度提升、交互准确度和交互效率仍然难言理想有关；另一方面也与人们的消费心理、操作习惯、观念的转变需要经历一定过程有关。当数字人成为银行服务的全新交互模式时，不少用户会像当初很多人对移动端支付、转账等的怀疑一样，对通过与数字人的交互来完成银行业务办理的安全性、可靠度持怀疑、观望态度。也就是说，银行应该认识到，用户使用习惯的教育、培养需要时间，数字人 UI 模式虽然具有全新的流量潜力，但其增长可能仍然还远未到一触即发的阶段。

数字人为银行数字化转型带来新原则

数字人技术的持续发展和应用将为商业银行的数字化转型引入一系列新的建设原则与要领，其中主要涉及系统化构建情感价值，以及建立起新的生态连接范式、新的通道中台、新的产品和服务、新的用户行为分析体系、新的北极星指标，并将推动“数字人及数字身份服务商”成为银行的新标签。

其一，银行应考虑主动创“人设”。商业银行应该加大力度研究客群情感，规划确定自己的情感价值定位，系统化地构建自己在用户、客户心智的“人设”。

其二，当下的数字化转型是为未来争取“门票”。情感价值是用户、客户的高层次需求，它的市场划分作用是建立在已经能满足好用户、客户其他低层次需求基础上的。对于商业银行而言，即意味着首先需要足够充分地做好“传统”数字化建设，需要在数字化服务的功能性、性价比等“传统”的数字化体验价值层面足够合格。即银行今天的数字化转型是银行明天参与数字人 UI 红利竞争的资格证、门票。

其三，数字人将改变银行的生态连接范式。基于数字人 UI 模式，银行的生态建设将进一步超越服务流程整合的生态范式，要求银行与各种专业领域中的伙伴建立跨领域的联合知识库、知识图谱，并据此打造具备“银

行家 + 领域专家”陪伴能力的数字人。

比如，对于个人用户而言，能与“爱好”结合的陪伴型银行数字人可能会是银行通过数字人建立起较深入情感连接的一种思路。运动型银行家可以随时陪用户玩各种运动，美食型银行家可以随时与用户探讨美食甚至陪“吃”，旅游达人型银行家则可以在旅途中一直陪伴用户甚至以极高的专业水准协助用户化解旅途中意想不到的困难……“爱好”型银行家在兴趣活动的陪伴中根据用户的意愿帮助用户分析其金融、财富状况，并提供媲美真实银行家级别的专业建议，在陪伴过程中即可完成用户需要的金融服务。

对于企业类客户而言，银行数字人的“陪伴”则可能需要具备相关行业的专业知识、经验。

其四，数字人将充当整合各种客户通道的通道中台。手机在银客交互中的使用占比将会明显下滑，手机及手机 APP 将只是银客交互界面之一，银行向用户、客户提供产品及服务的通道将是一个多设备、多模态组合并存的环境；对于银行而言，也将是更为复杂、更具挑战的环境。“数字人”可能成为银行统一、整合各种服务通道的关键手段。或者我们可以认为，“数字人”可能将充当银行纷繁多样的面客通道背后的“客户通道中台”。

其五，银行需要重构产品和服务以匹配 3D 数字人交互方式。3D 数字人 + 各种可穿戴智能硬件、IoT 设备甚至全息影像光场设施将构成 3D 互联网环境下用户与银行之间的交互层。与当前手机界面全然不同的交互环境意味着用户心中理想的银行“服务和产品”应该与当前手机银行 APP 具有完全不同的形态。银行需要坚持“以客户为中心”，以“客户体验”为抓手，对产品及服务进行全面重构。

其六，银行需要准备围绕数字人建立新的用户行为分析体系。当前银行对用户开展的数据分析，沿革自传统互联网的用户分析方法，主要通过分析用户操作按钮、菜单项以及页面间跳转情况及页面停留时间等日志数据来分析用户状态、预测用户意图。而在银行通过数字人与客户或客户的数字人分身/化身交互的过程中，更多的是（或近似于）自然人之间的交互模式，即以自然语言、自然表情、自然姿态等交互信息为主，与传统的日志型数据有很大差异，这要求银行重新搭建数据采集和数据分析体系。

其七，银行需要重新选择发展业务的北极星指标。手机上交互其实是让用户做选择题，而基于数字人的交互模式，对于用户而言将是更加开放、自由的作文题、唠嗑题；对于选择题，用户受制于可选项所隐含的边界约束，若用户已在进行选择，则一般用户意图就已经是有所聚焦的。所以移动互联网时代，MAU 可以成为银行经营移动平台和运营用户的北极星指标，但在数字人时代的自由“唠嗑”模式下，很有可能相当一部分参与唠嗑者的目标完全不聚焦于银行的业务目标范围之内。为了应对这样的问题，可能就需要银行调整甚至重新选取北极星指标，比如可能采用“每月有效交互沟通数”等作为新的北极星指标。最终是什么样的指标，银行只能通过持续不断的数字人实践去摸索、总结。而另一个常常被银行定为北极星指标的 AUM，在元宇宙金融时代，其内涵也可能发生很大的改变，银行可能需要将数字资产、数字权益等也纳入计算。

其八，银行应积极考虑成为数字人及数字身份服务商。到元宇宙、下一代互联网阶段，处于物理世界中的用户、客户，可能都需要一个或多个数字人来作为自己在虚拟数字空间中的“替身、分身”，物理世界中的真人用户、客户的所有行为甚至心理可能都通过他的数字替身、分身所反映并记录。就此而言，如果银行能成为用户数字替身、分身服务的提供者，那么银行就更容易掌握各种用户、客户信息（在法律允许的框架下）。事实上，银行在公众中具有较高的信任度，且银行所提供的银行账户具有社会公共基础设施的性质，凭借这两方面的积累和优势，银行完全可以在数字人服务商的基础上，进一步成为综合性的数字身份服务商，从而尽早在元宇宙金融时代占到关键的入口先机。

充分运用智能化、3D 化数字人的未来银行将如《失控玩家》所描绘的一样，银行与用户、客户之间的交互通过《失控玩家》主角“盖”一样的智能数字人完成，银客交互将是在银行的“盖”们与客户不断共同创造精彩故事的轻松、有趣的过程体验中完成的，而不必总是重复和拘泥于刻板、枯燥、千篇一律的流程、动作。

第六节　虚实相生对银行中介模式进化的检阅

下一代互联网即将开启的虚实相生时代，将是对数字化银行能否通过差分进化实现中介模式嬗变的又一次检阅与考验。

下一代互联网中，全真交互、数字孪生等技术会推动全社会的虚实融合乃至虚实相生，人们在数字虚拟空间里能够获得与现实世界无差别的全方位的全真体验。人们的生活、工作，企业的生产，或组织机构各种类型的活动都可以全部存在于数字虚拟空间之中，相应的价值、资产、资金、财富等也将充分数字化，并将会在数字虚拟世界中形成全链路的闭环：原生、流动、被运用、再增长等。

在虚实完全融合、虚实彼此相生的下一代互联网世界里，银行作为金融资源融通过程的面额中介、期限中介、风险中介（信用中介）、信息中介的价值定位并不会改变，但银行中介服务的交付方式、中介服务的营销推广，将完全不一样。

虚实全面融合、虚实随时相生时代的到来，会让银行的中介服务交付界面变成与客户如影随形的“具有100%真实感的数字人”。这个数字人，既全面传递银行服务又不全归银行控制，用户对其有足够的掌控力从而可以自主确定数据权限，因此不会发生数据隐私安全问题；这个数字人一方面几乎就是客户的数字孪生体，无时无刻不同步客户的准确状态，其身上拥有客户的完全信息，比客户自己还了解自己；另一方面这个数字人又是专业的私人银行顾问，全权代理客户以智能化、自动化的方式对接银行生态中的其他数字人。

资产网关将是金融资源在虚实融合、虚实相生进程中最为关键的一环，银行需要将其视为发挥枢纽性中介价值的战略阵地。

下一代互联网将会是一个无数生态纵横交织、彼此套接的世界，它不但包括所有物理现实生态的全镜像，也包括原生于数字空间的、更为丰富多彩的各种虚拟社区（平台）生态。各个生态可能会采用不同的价值（资金、资产）符号，可能具有特点迥异的经济系统，未来的数字银行（亦可称为元宇宙银行、Web 3.0 银行等）很有机会成为勾连这些不同价值体系、不同经济系统的关键一环，成为确保整个虚实世界平滑、顺畅、安全运行的关键中介。

当然，在科技创新持续变革的 VUCA 时代，整个金融系统变得极度复杂，风险的穿透性、传播性变得极为迅猛，牵一发而波及全球的蝴蝶效应将更为明显，金融资源融通的中介将是维护整个金融系统稳定的看门人，持牌经营将显得前所未有地重要。在监管导向上，则体现为规则为本向风险为本的转型；商业银行需要不断探寻更为本质的监管出发点，在变化中寻求不变，建立起更加主动的合规能力。

* * * * *

最后，需要再次强调，正如中国人民银行《金融领域科技伦理指引》所明确的，银行需要坚持“金融为本、科技为器”。科技作为银行金融业务经营活动的“器”，即是指科技为商业银行的第一生产力，也是商业银行创新这个第一动力的“芯”之所在，是银行转型发展过程中的能量棒、能量核。

创新活动并不从零创造新能量，科技创新中真正最初始的原生能源来自“社会需求、社会实践”，并以储能的形式储存于“科技”之中。创新活动起到的关键作用是激发、释放科技能量“芯”中的潜能，对其加以引导、调度，将其注入银行体，驱动银行转型，从而形成完整的银行敏捷转型动力链路。

后　记

2005—2023 年中国银行业进化剪影

马克·吐温（Mark Twain）曾经说过："历史不会重演，但总是惊人地相似。"2008 年，美国两位学者——卡门·莱因哈特（Carmen Reinhart）和肯尼斯·罗格夫（Kenneth Rogoff）写了一本关于金融危机的著作——《这次不一样?》，他们调查金融危机对国家经济影响的平均程度和持续时间，研究发现，当危机发生时，相关经济指标震荡幅度为：

房地产价格下跌 35.5%，持续时间为 6 年；

股价下跌 55.9%，持续时间为 3.4 年；

失业率上升 7%，持续时间为 4.8 年；

产出下跌 9.3%，持续时间为 1.9 年；

国家公债在危机发生后 3 年上升了 86.3%。

《这次不一样?》中透过研究指出，历史上金融危机发生的频率、持续的时间和影响程度都惊人地相似，发现危机总是肇因于自认为比以前更棒、更聪明，人们总是自信地以为"这次不一样"。有趣的是，鲁迪格·法伦布拉克（Rudiger Fahlenbrach）、罗伯特·普利莫尔（Robert Prilmeier）、勒内·斯图尔兹（Rene M. Stulz）2012 年写了一篇登在《金融期刊》（*The Journal of Finance*）上的文章"这次是一样的：1998 年银行绩效可否说明 2008 年金融危机期间的银行绩效"。事实已经证实了这一论断，根据联邦储备银行网站的相关数据，在 2007 年至 2011 年 8 月美国经济危机期间，美国有 402 家银行宣布破产。然而，每次金融危机发生后总有进化速度比较快的银行生存下来。这不禁使人们思考探寻，是什么样的风险免疫系统和进化基因密码，使这些银行获得了可持续的生存和发展。

从 2005 年的《银行全面风险管理体系》到 2023 年的《敏捷银行的实践——以创新为第一动力》，在这 19 年中，笔者以及合作伙伴对于现代商业银行的进化方向做了一系列大胆假设和小心求证。正如清朝赵藩所做“攻心联”之言：“能攻心则反侧自消，从古知兵非好战；不审势即宽严皆误，后来治蜀要深思。”从 2021 年起，每逢一本新书出版，笔者就对这一系列书籍所构成的基因测序动态回顾一番，以期透视 2005—2023 年商业银行进化史的瑰丽画卷，解析那些资优银行构筑了何等的看似无序、实则有条不紊的内生免疫系统，面对挑战时如何自我调适，为进一步校准发展进化方向提供参考借鉴。

第一本：2005 年出版的《银行全面风险管理体系》。巴塞尔委员会于 2004 年推出《巴塞尔新资本协议》，COSO 组织于 2004 年推出企业全面风险管理（ERM 2004）理念框架，当时在国内金融监管上和实践上尚未有相应的体系化规范。在 2005 年建设银行上市所开启的商业银行上市潮中，该书为中资商业银行在全面风险管理方面与国际接轨发挥了参考借鉴作用。该书梳理介绍了当时国外银行广泛采用的一些风险计量、评估、控制等管理模式和方法，从理念、模式、方法等视角传播了银行全面风险管理体系国际领先实践，在中国首次提出构建“银行全面风险管理体系”的总体框架和实施路线图。迄今为止，在中国主流银行全面风险管理模式中，诸如风险垂直管理、风险总监派驻制、“三道防线”、风险经理与客户经理平行作业等，均可见该书“银行内生免疫系统”基因图谱的塑型作用。

第二本：2012 年出版的《银行产品工厂——创新能力评价解析》。该书从银行业务与科技融合的视角（即现在的流行词汇“业技融合”），从狭义与广义两个层次全面阐释了银行产品工厂的概念。其中，狭义银行产品工厂——产品的各种条件、规则等信息预先进行参数化定义，并按照其功能或者特定服务在进行组件化封装的基础上，根据客户需求进行配置、测试、开通的一种快速创新；广义银行产品工厂——内涵和外延包括银行产品创新流程运行、产品创新需求分析、产品创新功能设计、产品成果适用、银行产品组织管理的实现等功能模块，并采用多个案例全面阐释了计量建模方法在产品创新中的应用，围绕迅速响应客户化定制的内部自我调节和自洽能力是核心。这些理论历经近10年的实践，演化出当今中国大型国有控股银行的“产品工厂”和“产品创新管理体系”的最领先实践。

第三本：2015年出版的《实时智能银行》。该书预见了零售客户生态平台服务将从B2C转向C2B（个性化定制），公司客户生态平台服务将从B2C转向B4B（生态价值链协同）；银行业务和数据中台为适应这种趋势，采用银行业务能力基因组梳理（AS-IS）现状建模，以及向业务能力基因组进化（TO-BE）的目标建模方法论；在银行业科技书籍中首次介绍了传统IT架构和互联网IT架构的“双模IT”构建方法，实现在智能分析的基础上，实时感知和响应客户需求，实时识别与应对风险的实时智能银行模式，在业界首次采用企业级视角，从数、智、云多维度综合分析银行自我调节进化之路，其所倡导的“企业级+精益化+敏捷化”的范式，以其少投入、多产出效应，已成为“十四五”期间主流中小银行数字化转型的现实路径。

第四本：2015年出版的《银行精益服务——体验制胜》。该书介绍了运用客户之声，以及精益六西格玛等计量建模方法，进行流程梳理优化和创新设计，实现客户旅程最佳体验服务的方法与实践。银行精益服务是精益生产理念在金融服务业的创造性应用，是一种贯穿于客户服务旅程及内部运营全过程的经营理念。该书重点从银行精益服务与客户体验（顾客）、银行精益服务与产品创新（产品）、银行精益服务与渠道变革（渠道）、银行精益服务与流程优化（流程）四个方面阐述了实现银行精益服务的具体路径，展望了银行精益服务的未来前景，在业界首次分析了银行产品服务流程自我调节方法论，其所倡导的“自省”“内洽”、抑制“内卷”“躺平”的精益文化至今仍是“流程银行建设”重塑理念、重梳制度、再理流程的经典方法论。如果银行业务流程不能适应客户需求和监管要求的不断优化，“业务中台”和“数据中台”也无法充分发挥效用。

第五本：2017年出版的《银行科技——构建智能金融价值网》。该书指出“智能金融价值网”是包括价值结构、价值交换和价值保管在内的网络时代金融价值扩增体系，“智能金融价值网”将重构金融服务的前台、中台、后台作业模式。介绍了构建“智能金融价值网”的九项技术：前台作业的社交网络媒体运用、移动技术和APP；中台作业的API（Application Program Interfaces，应用程序接口）和即时网络连接；后台作业的云计算、大数据、区块链、人工智能和机器学习。在“智能金融价值网”生态系统中，银行依托BanTech、科技企业依托FinTech都是服务实体经济金融价值网的元件供应商，在监管RegTech规范下，在法律约束和行业自律下各自持牌经营，协作“互洽”，防止“互卷”，形成“价值创新共同体”和“协同创新工厂”，才是题中应有之义，这在各个行业按照国家“十四五”规划推进数字化转型的跨领域价值协同方面具有现实指导意义。

第六本：2019年出版的《敏捷银行——金融供给侧蝶变》。在供给侧结构性改革持续深化、经济迈向高质量发展的新时代，为有效提升服务实体经济的能力，中国银行业亟须踏上敏捷转型之路，即以金融科技为依托，借助数字化、智能化手段，实现组织和流程的高效率运转，快速洞察并实时智能响应客户个性化、差异化、定制化的金融需求。该书在分析银行业当前经营环境和发展趋势的基础上，探讨了商业银行如何坚持以市场需求为导向，以客户为中心，从外部差异化、内部简约化和精于协同三方面着手构建敏捷银行能力，实现包括组织敏捷、流程敏捷、IT敏捷、项目敏捷在内的全方位敏捷，成为金融供给侧结构性改革的践行者，在业界首次提出了有助于银行实现“企业级敏捷内洽”和“生态级敏捷互洽”的“杠铃原则”。据新华社2022年12月18日消息，中财办有关负责人在回答记者问题时指出：“中央经济工作会议要求统筹好供给侧结构性改革和扩大内需”，进一步表明了敏捷银行金融供给侧蝶变的深远意义。

第七本：2020年出版的《未来银行全面风险管理》。该书在《巴塞尔协议》（2017年修订版）、COSO组织企业全面风险管理（ERM 2017）理念框架下，以及金融科技和监管科技最新形势下做了新的探索。与2005年《银行全面风险管理体系》相比，已经是与国际同步接轨的实战探索思考，而不是简单介绍国外的经验、方法。目标是结合最新的金融科技和展望，系统性提出了未来银行风险管理构想：做到既高度警惕“黑天鹅”事件，也提前防范“灰犀牛”事件；既有防范风险的先手，也有应对和化解风险挑战的高招；既要打好防范和抵御风险的有准备之战，也要打好化险为夷、转危为机的战略主动战。该书倡导风险管理融入银行战略、融入价值创造流程、融入绩效考核的最新理念，全面阐述了“银行内生免疫系统”进化模式与未来方向。

第八本：2021 年出版的《生态银行——敏捷进化实践》。在国家“十四五”规划深化金融供给侧结构性改革新形势下，中国银行业应进一步提升在“黑天鹅”“灰犀牛”事件频发环境下的风险源头治理能力，以科技创新驱动发展，运用云原生、区块链、数据孪生、联邦学习、一湖两库、面向未来的多维系统架构 SOX 等技术激活金融服务微循环，将实时智能工作流无缝链接嵌入客户消费旅程，穿行于企业上下游价值链，穿透母子公司价值网，穿越货币市场和资本市场，以服务于实体经济畅通内循环、打通外循环的需要，成为在敏捷基础上自进化，与分布式商业模式下的合作伙伴协同进化的生态银行。至此，前七本书所积淀的免疫系统和内洽自调节模式，以及孕育的“生态银行”概念呼之欲出：“是以有条不紊的内部迭代构筑自进化能力，以数、智、云的比较优势敏捷赋能合作伙伴，以无缝衔接的协作融合打造生态系统，围绕用户全方位需求实现无感泛在、浸润式服务的‘金融 + ’机构。”

第九本：2023 年出版的《敏捷银行的实践——以创新为第一动力》。正如《未来银行全面风险管理》一书所警示的，2020—2022 年全球疫情肆虐，美国和欧洲国家一直在极力摆脱陷入“明斯基时刻”陷阱。同期，中国也在经历类似美国 2008 年情形的挑战，房地产泡沫虽未破裂但危机重重，为解决经济增长动能不足问题，可能会重启以银行为主渠道的融资之路，为避免整个社会企业部门杠杆率低效上升，势必统筹供给侧结构性改革和扩大内需。在这一关键时期，商业银行必须在党的二十大报告关于“科技是第一生产力、人才是第一资源、创新是第一动力”理论指导下，提升在生态平台、产品服务、风险管理、科技转型等领域的敏捷银行实践能力，助力国家打通内循环和畅通外循环。事实上，从未来银行发展前景看，无论是对于诸如政务系统、财政零余额账户，围绕核心制造企业供应链、农业产业链及其农村“三资”普惠客户，还是对于长尾细分市场的零售普惠客户群，都有着先入为主的先发优势，谁能领先一步创新实践，将在极大程度上影响着同业竞争态势。

作为读者，与其说读书，不如说是在书中读自己。在这九本书中，《银行产品工厂——创新能力评价解析》《实时智能银行》《银行精益服务——体验制胜》《银行科技——构建智能金融价值网》《敏捷银行——金融供给侧蝶变》《生态银行——敏捷进化实践》介绍了商业银行作为金融中介服务方式的自调节变迁，其中作为面额中介（化零为整或化整为零）、期限中介（错配和组合）、风险中介（风险回报平衡）、信息中介（缓解信息不对称）的持牌经营角色没有根本变化，演变的是需求驱动、战略推动和科技拉动下的产品服务模式和客户体验。《银行全面风险管理体系》和《未来银行全面风险管理》一脉相承的是结合 COSO 组织企业全面风险管理框架、《巴塞尔新资本协议》最新研究成果，及其对银行“内生免疫系统”——全面风险管理实践方式的影响。有所进化的是理念（融入经营管理和战略）、框架（从文化、能力、实践角度加强风险管理）、科技工具及由此带来的模式和管理变化。而《敏捷银行的实践——以创新为第一动力》，是融合前面八本书理论框架和方法体系，闭门造车有法度，出门合辙显高效。

《生态银行——敏捷进化实践》一书中提及的“地方政府偿债能力模型”所使用的差分进化法打破了遗传进化法关于“生物的基本遗传信息来自父母”的约束，突破了遗传进化法的边界，使用群体遗传信息进行迭代，使迭代过程能够以更快的自调节、自进化速度向最优解收敛。生态带来的多元化，降低了银行对单一业务类型的依赖，使其自身免疫系统抗风险能力提升。

2019 年的《敏捷银行——金融供给侧蝶变》出版后，我的同事建议我撰写一本《敏捷银行的实践》，本书成稿后有幸得到博鳌亚洲论坛秘书长李保东先生和翊景资本合伙人丁琳先生为这本书欣然作序，精见似醍醐灌顶。渤海银行李本靖先生为整理书稿花费了很多心血，中国金融出版社张铁先生对本书的审校、出版给予了很大的支持。在此一并致谢！

“生态银行”是银行数字化转型的高级形式，“敏捷银行”是银行数字化转型的能力特征；生态可以造就敏捷，敏捷更易融入生态。读者在读这九本书时，也许会体会到，商业银行进化水平的差异在于，自己如何把握好斜坡推球的四种力，即客户需求驱动力、银行战略推动力、科技上升拉动力以及防止下滑的风险止动力。

序号	著作名称	出版年份	主要内容	政策背景	市场环境
1	《银行全面风险管理体系》	2005 年	本书梳理介绍了当时国际上银行广泛采用的管理模式和方法，从理念、模式、方法等视角传播了银行全面风险管理体系的国际实践，提出了在中国构建"银行全面风险管理体系"的路线图	巴塞尔委员会于 2004 年推出《巴塞尔新资本协议》，COSO 组织于 2004 年推出企业全面风险管理（ERM 2004）理念框架，当时国内尚未有相应的体系化规范	随着我国金融体制改革的不断深入，特别是银行业开放过渡期即将结束，中国银行业的发展面临着诸多机遇和挑战，资本监管进一步强化，市场竞争更加复杂
2	《银行产品工厂——创新能力评价解析》	2012 年	本书在业内率先从银行业务与 IT 融合的视角，从狭义与广义两个层次全面阐释了银行产品工厂的概念，并对银行产品创新能力进行评价解析	2012 年，中国银监会发布《关于鼓励和引导民间资本进入银行业的实施意见》，民营银行逐渐兴起	市场竞争进入白热化阶段，互联网金融崭露头角，部分领先商业银行开始注重发展线上渠道
3	《实时智能银行》	2015 年	本书预见了零售服务转向 C2B（个性化定制），公司服务转向 B4B（价值链协同）；介绍了"双模 IT"构建方法。基于智能分析，实现实时感知和响应客户需求，实时识别与应对风险的实时智能银行模式	2015 年，中国人民银行等部门发布《关于促进互联网金融健康发展的指导意见》，提出了一系列鼓励创新、支持互联网金融稳步发展的政策措施，明确了监管细则	2013 年以来，第三方支付迅速崛起，相关机构的大数据分析和应用能力快速提升，技术不断迭代更新，互联网金融呈现爆炸性增长的态势。商业银行则在竞争中逐渐落于下风

续表

序号	著作名称	出版年份	主要内容	政策背景	市场环境
4	《银行精益服务——体验制胜》	2015 年	本书介绍了运用客户之声，以及精益六西格玛等方法，进行流程梳理优化和创新设计，实现客户旅程最佳体验服务的方法与实践	在加强消费者权益保护的同时，监管部门更加注重保障信息安全，提升客户体验，促使行业正向发展	随着移动互联网的爆发性发展，互联网在改变产业结构，重塑金融边界的同时，也在改变消费者的行为模式和消费心理
5	《银行科技——构建智能金融价值网》	2017 年	本书提出“智能金融价值网”是包括价值结构、价值交换和价值保管在内的网络时代金融价值扩增体系，“智能金融价值网”将重构金融服务的前台、中台、后台作业模式	2017 年，监管部门进一步加强对互联网第三方支付、互联网小额贷款的监管，加大交易监测力度；同时，对符合监管要求的金融创新给予必要的支持	随着监管的强化，互联网金融结束“野蛮生长”，行业进入稳定规范和风险化解阶段。银行通过寄生于互联网平台开展业务的弊端逐步显现，领先银行开始探索构建智能金融价值网
6	《敏捷银行——金融供给侧蝶变》	2019 年	本书在分析银行业当前经营环境和发展趋势的基础上，探讨了商业银行如何坚持以市场需求为导向，以客户为中心，从外部差异化、内部简约化和精于协同三方面着手构建敏捷银行能力	2019 年，中国金融业对外开放取得了多项积极成果，推进更高水平的金融对外开放。服务实体经济是金融业的重要任务，开始强化重点领域，更加精准施策	中美贸易摩擦进入相持阶段，国内新旧动能转换提速。银行加快适应新的金融业态，满足从客户到用户新的需求，提升银行供给侧能力
7	《未来银行全面风险管理》	2020 年	本书系统性提出了未来银行风险管理构想：做到既高度警惕“黑天鹅”事件，也提前防范“灰犀牛”事件；既有防范风险的先手，也有应对和化解风险挑战的高招；既要打好防范和抵御风险的有准备之战，也要打好化险为夷、转危为机的战略主动战	《巴塞尔协议》（2017 年修订版）推出，COSO 组织推出企业全面风险管理（ERM 2017）理念框架，国内监管部门在引导让利实体经济、对冲疫情影响的同时持续强化银行的风险防范与化解	为应对新冠肺炎疫情对经济社会运行的冲击，央行积极运用货币政策工具，降准、降息，社融、M2 增速快速抬升，货币政策处于 2016 年以来最宽松的时期。银行积极支持实体经济，助力复工复产，但资产质量普遍承压